Nomos Universitätsschriften

Recht

Band 1003

Melanie Epe

Der Gefährdungsschaden

Eine kritische Untersuchung der Rechtsprechung zu §§ 253, 263, 263a, 266, 266b StGB

Nomos

Onlineversion
Nomos eLibrary

Die Deutsche Nationalbibliothek verzeichnet diese Publikation in der Deutschen Nationalbibliografie; detaillierte bibliografische Daten sind im Internet über http://dnb.d-nb.de abrufbar.

Zugl.: Potsdam, Univ., Diss., 2022

ISBN 978-3-8487-8630-5 (Print)
ISBN 978-3-7489-3159-1 (ePDF)

1. Auflage 2022

Meinen Eltern und Benedikt

Vorwort

Die vorliegende Arbeit wurde im November 2021 an der juristischen Fakultät der Universität Potsdam als Dissertation eingereicht. Die hier gewonnenen Erkenntnisse und verwendeten Quellen sind somit grundsätzlich auf dem Stand von November 2021. Nachfolgendes in Rechtsprechung und Schrifttum wurde berücksichtigt, soweit dies zum Zweck der Arbeit erforderlich war.

Großen Dank schulde ich meinem Doktorvater Herrn Professor Dr. Georg Steinberg, der mich nicht nur beim Verfassen dieser Arbeit stets unterstützt hat, sondern dem ich auch meine Begeisterung für die Wissenschaft und das Strafrecht verdanke. Er hat mich bereits in meinen ersten Jahren als Studentin der Rechtswissenschaft an seinem Lehrstuhl ausgebildet, die Erstellung dieser Arbeit durch kritisches Nachfragen gefördert und gab mir stets den nötigen Freiraum zum selbstständigen Arbeiten. Danken möchte ich auch Frau Professorin Dr. Anna Albrecht für die Anfertigung des Zweitgutachtens und Herrn Professor Dr. Tobias Gutmann für den Austausch über die betriebswirtschaftlichen Aspekte meiner Arbeit.

Ein besonderer Dank gilt meinen Eltern und meinem Freund Benedikt für deren in jeder Hinsicht wundervolle Unterstützung. Ihnen widme ich diese Arbeit.

Düsseldorf, im April 2022 *Melanie Epe*

Inhaltsübersicht

Inhaltsverzeichnis

Abbildungsverzeichnis

Abkürzungsverzeichnis

a.A.	andere Ansicht
a.F.	alte(r) Fassung
AABG	Arzneimittelausgaben-Begrenzungsgesetz
AG	Amtsgericht/Aktiengesellschaft
AktG	Aktiengesetz
Alt.	Alternative
Anm.	Anmerkung
AO	Abgabenordnung
AO-StB	Abgabenordnung-Steuerberater
ApoBetrO	Apothekenbetriebsordnung
Art.	Artikel
ArztR	ArztRecht
AStA	Allgemeiner Studierendenausschuss
AT	Allgemeiner Teil
BauR	Zeitschrift für das Baurecht
BB	Betriebsberater
BeamtStG	Beamtenstatusgesetz
Bearb.	Bearbeiter:innen
BeckOK	Beck'scher Online-Kommentar
BeckRS	Beck-online Rechtsprechung
Begr.	Begründer:innen
BGB	Bürgerliches Gesetzbuch
BGBl.	Bundesgesetzblatt
BGH	Bundesgerichtshof
BGHSt	Entscheidungen des Bundesgerichtshofs in Strafsachen
BGHZ	Entscheidungen des Bundesgerichtshofs in Zivilsachen
BHO	Bundeshaushaltsordnung
BKR	Zeitschrift für Bank- und Kapitalmarktrecht
BLJ	Bucerius Law Journal
BND	Bundesnachrichtendienst
BT	Besonderer Teil

BVerfG	Bundesverfassungsgericht
BVerfGE	Entscheidungen des Bundesverfassungsgerichts
bzw.	beziehungsweise
CaS	Causa Sport
CB	Compliance Berater
CCZ	Corporate Compliance Zeitschrift
CDU	Christlich Demokratische Union Deutschlands
CR	Computer und Recht
d. h.	das heißt
DB	Der Betrieb
DDR-ZGB	Zivilgesetzbuch der DDR
ders./dies.	derselbe/dieselbe(n)
DStR	Deutsches Steuerrecht
DWiR	Deutsche Zeitschrift für Wirtschaftsrecht
EBA	Europäische Bankenaufsicht
EL	Ergänzungslieferung
et al.	und andere
EWiR	Entscheidungen zum Wirtschaftsrecht
EZB	Europäische Zentralbank
f./ff.	folgende/fortfolgende
FAZ	Frankfurter Allgemeine Zeitung
FD-StrafR	Fachdienst Strafrecht
FIW	Fremdspracheninstitut für Industrie und Wirtschaft
Fn.	Fußnote
GA	Goltdammer's Archiv für Strafrecht
GbR	Gesellschaft bürgerlichen Rechts
gem.	gemäß
GesR	GesundheitsRecht
GG	Grundgesetz
ggf.	gegebenenfalls
GmbH	Gesellschaft mit beschränkter Haftung
GmbH & Co. KG	Gesellschaft mit beschränkter Haftung & Compagnie Kommanditgesellschaft
GmbH-StB	GmbH-Steuerberater
GmbHG	Gesetz betreffend die Gesellschaften mit beschränkter Haftung

GmbHR	GmbH-Rundschau
GRUR	Gewerblicher Rechtsschutz und Urheberrecht
GuP	Gesundheit und Pflege
GVG	Gerichtsverfassungsgesetz
GWB	Gesetz gegen Wettbewerbsbeschränkungen
GWG	Geldwäschegesetz
GWR	Gesellschafts- und Wirtschaftsrecht
h.M.	herrschende Meinung
HGB	Handelsgesetzbuch
HK	Handkommentar
HOAI	Honorarordnung für Architekten und Ingenieure
HOG	Gesetz über die Haushaltsordnung der DDR
HRR	HöchstRichterliche Rechtsprechung
HRRS	HöchstRichterliche Rechtsprechung im Strafrecht
Hrsg.	Herausgeber:innen
i. S. d.	im Sinne des/der
i. S. v.	im Sinne vom/von
i. V. m.	in Verbindung mit
IBR	Immobilien & Baurecht
IRZ	Zeitschrift für Internationale Rechnungslegung
ITRB	IT-Rechts-Berater
IWF	Internationaler Währungsfonds
JA	Juristische Arbeitsblätter
jM	jurisMonatszeitschrift
JR	Juristische Rundschau
Jura	Juristische Ausbildung
jurisPR-Compl	juris PraxisReport Compliance
jurisPR-HaGesR	juris PraxisReport Handels- und Gesellschaftsrecht
jurisPR-StrafR	juris PraxisReport Strafrecht
JuS	Juristische Schulung
JVA	Justizvollzugsanstalt
JW	Juristische Wochenschrift
JZ	Juristenzeitung
KFZ	Kraftfahrzeug
KG	Kommanditgesellschaft/Kammergericht

KWG	Kreditwesengesetz
LG	Landgericht
LK	Leipziger Kommentar
LPK	Lehr- und Praxiskommentar
LTO	Legal Tribune Online
MAH	Münchener Anwaltshandbuch
MDR	Monatsschrift für Deutsches Recht
MedR	Medizinrecht
medstra	Zeitschrift für Medizinstrafrecht
MfS	Ministerium für Staatssicherheit
MIP	Mitteilungen des Instituts für Parteienrecht und Parteienforschung
MittBayNot	Mitteilungen des Bayrischen Notarvereins
MMR	Multimedia und Recht
MüKo	Münchener Kommentar
mwN	mit weiteren Nachweisen
n.F.	neue(r) Fassung
NJ	Neue Justiz
NJW	Neue Juristische Wochenschrift
NJW-RR	Neue Juristische Wochenschrift – Rechtsprechungsreport
NJW-Spezial	Neue Juristische Wochenschrift – Spezial
Nr.	Nummer
NSDAP	Nationalsozialistische Deutsche Arbeiterpartei
NStZ	Neue Zeitschrift für Strafrecht
NStZ-Sonderheft	Neue Zeitschrift für Strafrecht – Sonderheft
NVwZ	Neue Zeitschrift für Verwaltungsrecht
NZBau	Neue Zeitschrift für Baurecht und Vergaberecht
NZG	Neue Zeitschrift für Gesellschaftsrecht
NZI	Neue Zeitschrift für das Recht der Insolvenz und Sanierung
NZKart	Neue Zeitschrift für das Kartellrecht
NZWiSt	Neue Zeitschrift für das Wirtschafts-, Steuer- und Unternehmensstrafrecht
OGH	Oberster Gerichtshof
OLG	Oberlandesgericht
OVG	Oberverwaltungsgericht
OWiG	Gesetz über Ordnungswidrigkeiten

PartG	Parteiengesetz
PharmR	Pharmarecht
PKW	Personenkraftwagen
ProstG	Prostitutionsgesetz
RG	Reichsgericht
RGSt	Entscheidungen des Reichsgerichts in Strafsachen
Rn.	Randnummer
S.	Seite(n)/Satz
SchwarzArbG	Gesetz zur Bekämpfung der Schwarzarbeit und illegalen Beschäftigung
SGB V	Fünftes Buch Sozialgesetzbuch
SK	Systematischer Kommentar
sog.	sogenannte(r)
SpuRt	Zeitschrift für Sport und Recht
st. Rspr.	ständige Rechtsprechung
Stbg	Die Steuerberatung
StBW	Steuerberater-Woche
StGB	Strafgesetzbuch
StPO	Strafprozessordnung
StV	Strafverteidiger
StVollstrO	Strafvollstreckungsordnung
u. a.	unter anderem
UWG	Gesetz gegen den unlauteren Wettbewerb
Var.	Variante
VersVG	Versicherungsvertragsgesetz
VG	Verwaltungsgericht
vgl.	vergleiche
VIZ	Zeitschrift für Vermögens- und Immobilienrecht
WEG	Wohnungseigentumsgesetz
WiB	Wirtschaftsrechtliche Beratung
wistra	Zeitschrift für Wirtschafts- und Steuerstrafrecht
WM	Wertpapier-Mitteilungen
WuB	Wirtschafts- und Bankrecht
WuW	Wirtschaft und Wettbewerb
z. B.	zum Beispiel
ZBB	Zeitschrift für Bankrecht und Bankwirtschaft

ZfBR	Zeitschrift für deutsches und internationales Bau- und Vergaberecht
ZfPW	Zeitschrift für die gesamte Privatrechtswissenschaft
ZfWG	Zeitschrift für Wett- und Glücksspielrecht
ZG	Zeitschrift für Gesetzgebung
Ziff.	Ziffer
ZIP	Zeitschrift für Wirtschaftsrecht
ZIS	Zeitschrift für Internationale Strafrechtsdogmatik
ZJS	Zeitschrift für das Juristische Studium
ZPO	Zivilprozessordnung
ZRP	Zeitschrift für Rechtspolitik
ZStW	Zeitschrift für die gesamte Strafrechtswissenschaft
ZWH	Zeitschrift für Wirtschaftsstrafrecht und Haftung im Unternehmen
zzgl.	zuzüglich

Siehe auch *Kirchner*, Abkürzungsverzeichnis der Rechtssprache, 10. Auflage 2021.

Kapitel 1: Einführung

A. *Untersuchungsziel und -methode*

Bereits 1883 hat das RG festgestellt, dass eine Vermögensgefährdung unter bestimmten Umständen ein tatbestandsmäßiger Schaden sein kann.[1] Angesichts seiner mindestens über 130-jährigen Geschichte gehört die Rechtsfigur des Gefährdungsschadens zum festen strafrechtlichen Repertoire der Rechtsprechung und des wissenschaftlichen Diskurses.

Der Gefährdungsschaden ist eine gegenwärtige, konkret berechenbare Gefährdung von Vermögenswerten.[2] Dagegen ist ein endgültiger Schaden gegeben, wenn der Ausgang der Vermögensentwicklung abschließend feststeht.[3] Zwischen dem Gefährdungsschaden und dem endgültigen Schaden (also der Gefahr des Ausfalls und dem Ausfall selber) besteht bei wirtschaftlicher Betrachtung regelmäßig kein qualitativer, sondern allenfalls ein quantitativer Unterschied.[4] Liegt ein Gefährdungsschaden vor und tritt beim Geschädigten später endgültig ein Schaden ein oder bleibt ein endgültiger Schaden aus, wirkt sich dies nur auf das Maß der Schuld aus.[5] Da die Annahme eines Schadens bei §§ 263, 263a, 266b StGB bzw. eines Nachteils bei §§ 253, 266 StGB den gleichen Voraussetzungen unterliegt, gelten die Konzepte von Gefährdungsschaden und endgültigem Schaden für alle diese Tatbestände gleichsam.[6]

---

1 RGSt 8, 68 (70); dazu schon *Merkel*, Die Vermögensbeschädigung beim Betrug, 1900, S. 33 ff.; *Weber*, Die Vermögensbeschädigung beim Betrug, 1909, S. 40 ff.; *Jacobowitz*, Vermögen, Vermögensbeschädigung und Vermögensdisposition beim Betruge, 1918, S. 57 ff.

2 Darstellend statt aller *Perron*, in: Schönke/Schröder (Hrsg.), StGB, 30. Auflage 2019, § 263 Rn. 143.

3 Dazu statt aller *Brüning/Wimmer*, ZJS 2009, 94 (97).

4 H.M., statt vieler *Perron*, in: Schönke/Schröder (Hrsg.), StGB, 30. Auflage 2019, § 263 Rn. 143; *Riemann*, Vermögensgefährdung und Vermögensschaden, 1989, S. 7; *Cramer*, Vermögensbegriff und Vermögensschaden im Strafrecht, 1968, S. 125; *Lenckner*, JZ 1971, 320 (321).

5 Vgl. statt vieler BGH NJW 2016, 2585 (2596); *El-Ghazi*, HRRS 2015, 386 (387); *Saliger*, in: Matt/Renzikowski (Hrsg.), StGB, 2. Auflage 2020, § 263 Rn. 196.

6 Ebenso BVerfGE 126, 170 Rn. 97 ff.; BVerfGK 15, 193 Rn. 23 ff.; *Saliger*, in: Hilgendorf/Kudlich/Valerius (Hrsg.), Handbuch des StGB, Band 5, 2020, § 36 Rn. 45; *ders.*, Die Normativierung des Schadensbegriffs in der neuen Rechtsprechung zu

Allerdings hat die Rechtsfigur des Gefährdungsschadens in den letzten Jahren einzelne Zurückweisungen durch Entscheidungen verschiedener Strafsenate des BGH erfahren.[7] Der 1. Strafsenat hat den Gefährdungsschaden dabei sogar als „Scheinproblematik"[8] bezeichnet. Hintergrund dieser Ablehnung ist die regelmäßig schwierige Feststellung und Berechnung des Gefährdungsschadens.[9] Einerseits steht der Rechtsanwender[10] vor der Herausforderung, den Eintritt eines Gefährdungsschadens von dem eines endgültigen Schadens zu unterscheiden. Andererseits ist der Gefährdungsschaden von der fehlenden Tatbestandserfüllung abzugrenzen. Bei § 266 I StGB spielt dies aufgrund der Straflosigkeit des Versuchs eine besonders wichtige Rolle (vgl. § 23 I, II StGB), zumal der Untreuetatbestand selbst nur wenig weitere präzise Grenzen aufweist.[11] Es stellt sich daher dem

---

Betrug und Untreue, in: Festschrift für Samson, 2010, S. 455 (455 ff.); *Geißler*, Strukturen betrugsnaher Tatbestände, 2011, S. 24 f.; *Evers*, Das Verhältnis des Vermögensnachteils bei der Untreue (§ 266 StGB) zum Vermögensschaden beim Betrug (§ 263 StGB), 2018, S. 104 ff.; *Vogel*, in: LK StGB, 12. Auflage 2010, Band 8, § 253 Rn. 22 ff.; gegen eine parallele Behandlung: *Safferling*, NStZ 2011, 376 (378).

7 Vgl. BGHSt 52, 323 (sog. *Siemens-Fall*); 53, 199; 55, 266 (sog. *Fall Trienekens*); 56, 203; BGH NJW 2008, 2451; 2015, 1190; NStZ 2014, 646; 2016, 280.

8 BGHSt 53, 199 (202); für eine Trennung ebenfalls plädierend: *Werner*, Der Gefährdungsschaden als Nachteil im Sinne des Untreuetatbestandes, 2011, S. 128 f.; *Cramer*, Vermögensbegriff und Vermögensschaden im Strafrecht, 1968, S. 131; *Lenckner*, JZ 1971, 320 (321); *Strelczyk*, Die Strafbarkeit der Bildung schwarzer Kassen, 2008, S. 48; *Matt/Saliger*, Straflosigkeit der versuchten Untreue, in: Irrwege der Strafgesetzgebung, 1999, S. 217 (230 ff.); *Riemann*, Vermögensgefährdung und Vermögensschaden, 1989, S. 157; *Dierlamm*, NStZ 1997, 534 (535); *Fischer*, StraFo 2008, 269 (271); *ders.*, NStZ-Sonderheft 2009, 8 (11 f.); *Brüning*, ZJS 2009, 300 (301); *Schmitt*, Zur Untreue durch Kreditbewilligung, in: Festschrift für Nobbe, 2009, S. 1009 (1018 f.); *Nitsche*, Die schadensgleiche Vermögensgefahr im Untreuerecht, 2014, S. 24; *Ensenbach*, Der Prognoseschaden bei der Untreue, 2016, S. 49 ff., 53 ff., 82 f.

9 Vgl. *Fischer*, Wer den Schaden hat, Die Zeit vom 8.12.2015, https://www.zeit.de/gesellschaft/zeitgeschehen/2015-12/vermoegen-betrug-schaden-strafrecht-fischer-im-recht/komplettansicht?sort=desc.

10 In dieser Arbeit wird aus Gründen der besseren Lesbarkeit das generische Maskulinum verwendet. Weibliche und andere Geschlechtsidentitäten werden dabei mitgemeint und nur explizit benannt, soweit es für die Aussage erforderlich ist.

11 *Perron*, in: Schönke/Schröder (Hrsg.), StGB, 30. Auflage 2019, § 266 Rn. 1a; *ders.*, Bemerkungen zum Gefährdungsschaden bei der Untreue, in: Festschrift für Tiedemann, 2008, S. 737 (739 ff.); vgl. dazu auch *Riemann*, Vermögensgefährdung und Vermögensschaden, 1989, S. 60 ff.; *Schauer*, Ist eine Vermögensgefährdung als Vermögensbeschädigung im Sinne des § 263 StGB anzusehen?, 1973, S. 1 ff.; *Werner*, Der Gefährdungsschaden als Nachteil im Sinne des Untreuetatbestan-

Rechtsanwender die Aufgabe, die Grenzen zwischen vermögensrelevanten und -irrelevanten Gefährdungen herauszuarbeiten. Bis heute ist nicht geklärt, wo diese Grenzen verlaufen. Durch klare, dogmatische Kriterien für die Feststellung eines Gefährdungsschadens kann auch die Konturierung der Untreuestrafbarkeit verbessert werden.[12]

Mit dieser Arbeit soll aufgezeigt werden, dass eine systematische Annäherung an das Konzept des Gefährdungsschadens durch induktiv-dogmatische Fallgruppen sachgerecht ist.[13] Zu diesem Zweck werden zunächst die Vermögensbegriffe sowie die Grundsätze der Dogmatik des Gefährdungsschadens umrissen.[14] In diesem Rahmen wird die Verfassungsmäßigkeit der Rechtsfigur des Gefährdungsschadens geklärt und – so viel sei vorweggenommen –, warum ein Gefährdungsschaden als ein gegenwärtiger wirtschaftlicher Schaden verstanden werden muss. Er ist kein „Scheinproblem", sondern ein ökonomisch abgrenzbarer und vorhandener Schaden und bildet ein wesentliches Element des Wirtschaftsstrafrechts.

Sodann wird in den Fokus genommen, ab wann ein Gefährdungsschaden eingetreten ist. Betrachtet man Schrifttum und Rechtsprechung, fällt auf, dass dafür bisher kaum eine dogmatische Systematisierung stattgefunden hat, was die Figur des Gefährdungsschadens für den Rechtsanwender schwer greifbar macht. Bisher erfolgt die Fallgruppenbildung im Schrifttum delikts- bzw. situationsbezogen anstatt dogmatisch orientiert.[15]

---

des, 2011, S. 22; *Nitsche*, Die schadensgleiche Vermögensgefahr im Untreuerecht, 2014, S. 44 ff.

12 Dazu auch *Becker*, Gefährdungsschaden und betriebswirtschaftliche Vermögensbewertung, 2019, S. 27 f.

13 Dogmatische Fallgruppen fordernd *Satzger*, in: ders./Schluckebier/Widmaier (Hrsg.), StGB, 5. Auflage 2021, § 266 Rn. 4.

14 Dazu monografisch schon u. a.: *Merkel*, Die Vermögensbeschädigung beim Betrug, 1900, S. 33 ff.; *Weber*, Die Vermögensbeschädigung beim Betrug, 1909, S. 40 ff.; *Cramer*, Vermögensbegriff und Vermögensschaden im Strafrecht, 1968; *Hefendehl*, Vermögensgefährdung und Exspektanzen, 1994; *Riemann*, Vermögensgefährdung und Vermögensschaden, 1989. Weiterführend in Anbetracht der neuen Rechtsprechung des BVerfG u. a.: *P. Graf*, Das Vermögensstrafrecht vor den Schranken des Verfassungsrechts, 2016; *Ensenbach*, Der Prognoseschaden bei der Untreue, 2016; *Maeder*, Gefährdung – Schaden – Vermögen, 2017; *Nitsche*, Die schadensgleiche Vermögensgefahr im Untreuerecht, 2014; *Becker*, Gefährdungsschaden und betriebswirtschaftliche Vermögensbewertung, 2019; *Wostry*, Schadensbezifferung und bilanzielle Berechnung des Vermögensschadens bei dem Tatbestand des Betruges (§ 263 StGB), 2014.

15 Vgl. exemplarisch zu den meist bisher verwendeten Fallgruppen: *Kindhäuser/Schumann*, in: Hilgendorf/Kudlich/Valerius (Hrsg.), Handbuch des StGB, Band 5, 2020, § 33 Rn. 231 ff.

Teilweise systematisiert die Literatur auch gar nicht, sondern nennt nur Beispiele, wann das Vermögen in der Vergangenheit durch die Rechtsprechung als hinreichend konkret gefährdet angesehen wurde.[16] Beide Ansätze dienen nicht zu einer sachgerechten Erfassung des Konzepts des Gefährdungsschadens. Es ist deswegen das zentrale Anliegen dieser Arbeit, mittels des induktiv-dogmatischen Vorgehens einen Beitrag zur Verbesserung der Rechtssicherheit zu leisten. Daher wird die einschlägige Rechtsprechung induktiv untersucht und auf dieser Basis ein Konzept von generalisierungsfähigen Rechtssätzen für dogmatische Fallgruppen erarbeitet.

Es ist zu beachten, dass die Feststellung eines Gefährdungsschadens in der Praxis stets ein zweistufiges Vorgehen erfordert: Zunächst bedarf es einer Risikobewertung, also einer Prüfung, ob ein Gefährdungsschaden dogmatisch eingetreten ist. Im zweiten Schritt muss auf Grundlage dieser Risikobewertung der Schaden nach wirtschaftlichen Maßstäben – ggf. mit Hilfe von Sachverständigen – beziffert werden.[17] Diese Arbeit soll sich dabei *primär* dem ersten Schritt widmen, also den vom seitens des BVerfG geforderten Konkretisierungs- und Präzisierungsbedarf[18] bezüglich der Figur des Gefährdungsschadens klären.

Die Fallgruppen werden danach gruppiert, ob die Gefährdung im Rahmen eines Vertragsverhältnisses (Kapitel 2) oder aus einer wirtschaftlich-faktischen Gefährdung (Kapitel 3) resultiert. Innerhalb dieser Einteilung werden Kriterien als dogmatischer Anknüpfungspunkt für die Annahme eines Gefährdungsschadens herausgearbeitet. Einem Kriterium können wiederum mehrere induktiv-dogmatische Fallgruppen zugeordnet werden.

---

16 So beispielsweise *Tiedemann*, in: LK StGB, 12. Auflage 2012, Band 9/1, § 263 Rn. 170 f.

17 Vgl. zu diesem geforderten Vorgehen auch: *Wittig*, ZWH 2017, 377 (378); *Richter*, Die Unbestimmtheit bei der Definition und Berechnung wirtschaftlicher Schäden, in: Unbestimmtes Wirtschaftsstrafrecht und gesamtwirtschaftliche Perspektiven, 2017, S. 145 (147 f.); *Bräunig*, Untreue in der Wirtschaft, 2011, S. 294. Grundsätzlich eine dreischrittige Prüfung fordernd: *Saliger*, in: Matt/Renzikowski (Hrsg.), StGB, 2. Auflage 2020, § 263 Rn. 194; eher a.A. *Wostry*, Schadensbezifferung und bilanzielle Berechnung des Vermögensschadens bei dem Tatbestand des Betruges (§ 263 StGB), 2014, S. 44. Zu Schwierigkeiten bei der Bezifferung: *Saliger*, Die Normativierung des Schadensbegriffs in der neuen Rechtsprechung zu Betrug und Untreue, in: Festschrift für Samson, 2010, S. 455 (470 f.); gegen eine zwingende Bezifferung auf Ebene der Strafzumessung noch: *Becker*, JR 2012, 82 (85 f.); vgl. auch *Schlösser*, StV 2008, 548 (549 ff.); *ders.*, StV 2010, 157 (157 ff.). Zu den Vorteilen bei der Strafverteidigung dabei: *Kuhn*, EWiR 2012, 63 (64). Zu dem zweiten Schritt wesentliche Hinweise liefernd: *Becker*, Gefährdungsschaden und betriebswirtschaftliche Vermögensbewertung, 2019, S. 30 ff.

18 Statt vieler dazu *Becker*, HRRS 2012, 237 (238).

Zu der Erarbeitung dieses Konzepts wurden alle für die Begründung eines Gefährdungsschadens in der Standardliteratur publizierten 382 Entscheidungen[19] des RG, des BGH und der Obergerichte ausgewertet, die eine relevante Äußerung zum Vorliegen eines Gefährdungsschadens treffen. Urteile der Tatsacheninstanzen wurden – sofern zumindest auf die Aktenzeichen zugegriffen werden konnte – unterstützend herangezogen, wenn und soweit die Revisionsinstanzen die Entscheidungen bestätigt haben. An Normen waren §§ 253, 263, 263a, 266 und 266b StGB zu berücksichtigen, da nur bei diesen Tatbeständen des StGB ein Gefährdungsschaden vorliegen kann. Entscheidungen zu § 370 AO waren nicht heranzuziehen, da dieser im Gegensatz zu den einschlägigen Tatbeständen des StGB ein Gefährdungsdelikt darstellt.[20] Daher stellen sich andere Fragen an die Dogmatik.[21] Auch indirekte Rückschlüsse sind nicht möglich, da die Anforderungen anders im Gesetz normiert sind.

Grundsätzlich wird die Rechtsprechung chronologisch dargestellt. Falls aus Gründen der Übersichtlichkeit eine zusammenfassende Darstellung gleichgelagerter Fälle geboten war, wurde ausnahmsweise von der chronologischen Reihenfolge abgewichen. Die Schilderung ist dabei nicht auf die Wiedergabe der Leit- oder Kernsätze der Entscheidungen beschränkt, sondern vielmehr wird auf den Sachverhalt und die konkreten Entscheidungsgründe eingegangen, damit daraus substantielle Erkenntnisse für die Figur des Gefährdungsschadens destilliert werden können. Bei der kritischen Analyse der Rechtsprechung im Rahmen der gebildeten induktiv-dogmatischen Fallgruppen werden alle wichtigen in der Literatur vertretenen Ansätze in Bezug auf das Konzept des Gefährdungsschadens berücksichtigt. Dafür findet eine intensive Auseinandersetzung mit der Rechtsprechung und den Einwänden aus der Literatur statt, die sich mit den einschlägigen Entscheidungen beschäftigt hat.

Primär soll aufgezeigt werden, dass eine teilweise seitens der Literatur vorgeworfene Entgrenzung des Schadensbegriffs durch die Rechtspre-

---

19 Nicht aussagekräftige publizierte Rechtsprechungen zum Gefährdungsschaden sind im Anhang begründet aufgeführt ab S. 297.

20 *Merkt*, in: BeckOK OWiG, 32. Edition, Stand: 1.10.2021, § 370 AO Rn. 2. § 370 AO schützt das öffentliche Interesse des Staates am vollständigen und rechtzeitigen Aufkommen der einzelnen Steuerarten (h.M., vgl. BGHSt 51, 356 Rn. 21; *Hadamitzky/Senge*, in: Erbs/Kohlhaas [Begr.], Strafrechtliche Nebengesetze, Werkstand: 236. EL Mai 2021, § 370 AO Rn. 2; *Schmitz/Wulf*, in: MüKo StGB, Band 7, 3. Auflage 2019, § 370 AO Rn. 2 jeweils mwN).

21 Vgl. zur Problematik der Bestimmtheit: *Schmitz/Wulf*, in: MüKo StGB, Band 7, 3. Auflage 2019, § 370 AO Rn. 24.

chung nicht stattgefunden hat, sondern dass die Anwendung der Figur des Gefährdungsschadens wirtschaftlich geboten und erforderlich ist. Dafür sollen – soweit möglich – betriebswirtschaftliche Methoden als Erläuterung geliefert sowie zivilrechtliche Pendants herausgearbeitet werden. Im Gegensatz dazu beschäftigt sich der Großteil der Literatur bisher nur mit der Übertragung der Wertungen des Bilanzrechts auf das Strafrecht.[22] Dies ist jedoch nicht ausreichend, da das Bilanzrecht zwar Indizien beinhaltet, wann der Gesetzgeber eine Vermögensgefährdung als hinreichend konkret bewertet, aber keine Methoden für eine zahlenmäßig belegbare Wahrscheinlichkeitsermittlung. Diese Lücke soll mit dieser Arbeit geschlossen werden. Es wird aufgezeigt, warum betriebswirtschaftliche Verfahren und Methoden helfen können, das dogmatische Vorliegen eines Gefährdungsschadens zu begründen. Allgemein sei vorweggenommen, dass, um die hinreichende Konkretheit eines Schadens dogmatisch festzustellen, teilweise auf recht einfache Methoden der Betriebswirtschaftslehre zurückgegriffen werden kann. Dafür bedarf es grundsätzlich in der strafprozessualen Praxis noch keiner Hinzuziehung eines Sachverständigen. Ein solcher müsste dann erst für eine konkrete Bezifferung des Gefährdungsschadens hinzugezogen werden.

Daneben zeigen die erarbeiteten zivilrechtlichen Pendants eine einheitliche Schadensdogmatik auf und führen zu einer höheren Rechtssicherheit. Durch diese Herangehensweise können zusammengehörige dogmatische Phänomene von anderen Erscheinungen abgegrenzt werden. Selbstverständlich meinen diese keine Zivilrechtsakzessorietät zum Strafrecht im strengen Sinn. Sie zielen vielmehr darauf ab, aus der zivilrechtlichen Struktur Konkretisierungspotenzial für die strafrechtliche Schadensdogmatik zu gewinnen.

Die Auswertung der Rechtsprechung soll Leitlinien für die Beurteilung von Tathandlungen generieren. Für künftige Judikate soll die Praxis auf die dogmatisch-induktiven Fallgruppen zurückgreifen können. Neuartige Sachverhalte, falls diese nicht einer Fallgruppe zugeordnet werden können, lassen sich durch Vergleiche zu den aufgestellten Kriterien in die erarbeitete Methodik einarbeiten. So können auf judikativen Grundlagen basierende substanzielle Aussagen zu den Problemen der Praxis getroffen und eine konsequente Handhabung des Konzepts des Gefährdungsschadens erreicht werden. Zugleich soll dies ein Beitrag zu der grundsätzlichen

22 Wirtschaftliche Ansätze teilweise liefernd bisher nur: *Becker*, Gefährdungsschaden und betriebswirtschaftliche Vermögensbewertung, 2019, S. 30 ff.

Debatte um eine restriktive Anwendung der Rechtsfigur des Gefährdungsschadens liefern.

Nach der Analyse werden die Resultate der Fallgruppenbildung zusammengefasst und daraus Schlussfolgerungen für das Wirtschaftsstrafrecht, insbesondere durch die Digitalisierung insgesamt sowie für den Bereich des sog. Crypto Crime, gezogen (Kapitel 4).

B. Schadensberechnung und Vermögensbegriffe

Da §§ 253, 263, 263a, 266, 266b StGB das Vermögen des Geschädigten schützen,[23] ist für die Begriffsklärung zunächst auf die Vermögenslehre einzugehen. Ein Vermögensschaden i. S. d. §§ 263, 263a, 266b StGB und ein Vermögensnachteil i. S. d. §§ 253, 266 StGB[24] liegen nach dem sog. Gesamtsaldierungsprinzip vor, wenn bei einer Gesamtbetrachtung nach der Tathandlung das Vermögen aus wirtschaftlicher Sicht geringer ist als vor der Tathandlung. Eine Mehrung des Vermögens darf nicht nur ausbleiben (d. h. entgangener Gewinn bleibt unberücksichtigt), sondern es muss sich der Wert des Vermögens verringern oder es müssen neue Verbindlichkeiten begründet werden.[25] Ein Schaden bzw. Nachteil scheidet daher aus, wenn ein Vermögensabfluss vollständig, gleichzeitig und unmittelbar kompensiert wird.[26]

---

23 Darstellend *Perron*, in: Schönke/Schröder (Hrsg.), StGB, 30. Auflage 2019, § 263 Rn. 3, § 263a Rn. 1, § 266 Rn. 1, § 266b Rn. 1. Zusätzlich ist das Rechtsgut des § 253 StGB daneben auch die Freiheit, vgl. *Bosch*, in: Schönke/Schröder (Hrsg.), StGB, 30. Auflage 2019, § 253 Rn. 1.

24 Darstellend statt vieler BVerfGE 126, 170 Rn. 120; *Heger*, in: Lackner/Kühl (Hrsg.), StGB, 29. Auflage 2018, § 266 Rn. 16 ff. mwN; *Sander*, in: MüKo StGB, Band 4, 4. Auflage 2021, § 253 Rn. 24; *Werner*, Der Gefährdungsschaden als Nachteil im Sinne des Untreuetatbestandes, 2011, S. 7.

25 St. Rspr., vgl. dazu beispielsweise BGH NStZ 1996, 191 (191); 1997, 32 (32 f.); 1999, 353 (354) jeweils mwN; statt aller *Kindhäuser/Schumann*, in: Hilgendorf/Kudlich/Valerius (Hrsg.), Handbuch des StGB, Band 5, 2020, § 33 Rn. 197.

26 Der Vermögensschaden muss unmittelbar auf der Vermögensverfügung beruhen (sog. Unmittelbarkeitskriterium): darstellend BGHSt 14, 170 Rn. 25; *Brüning/Wimmer*, ZJS 2009, 94 (97); *Perron*, in: Schönke/Schröder (Hrsg.), StGB, 30. Auflage 2019, § 263 Rn. 61 f.; *Kühl*, in: Lackner/Kühl (Hrsg.), StGB, 29. Auflage 2018, § 263 Rn. 22, 26 f.; *Hoyer*, in: SK-StGB, Band V, 9. Auflage 2019, § 263 Rn. 158 ff. jeweils mwN; *Gähler*, Der Gefährdungsschaden im Untreuetatbestand, 2016, S. 123 ff., 250 ff.; *Wostry*, Schadensbezifferung und bilanzielle Berechnung des Vermögensschadens bei dem Tatbestand des Betruges (§ 263 StGB), 2014, S. 129 ff.

Der Vermögenswert ist grundsätzlich objektiv zu bestimmen (sog. Prinzip der objektiven Schadensberechnung).[27] Erst kürzlich hat der BGH entschieden, dass bei Austauschverträgen den Wertvorstellungen der Parteien ein hohes Gewicht bei der Bestimmung der Schadenshöhe zu komme (sog. intersubjektive Wertsetzung).[28] Diese gelte aber nicht, wenn gemessen am Marktwert ein auffälliges Missverhältnis von Leistung und Gegenleistung besteht.[29] Was zum Vermögen einer Person gehört, hängt von dem vertretenen Vermögensbegriff ab.[30] Innerhalb der Vermögenslehre werden heute nur noch der wirtschaftliche und juristisch-ökonomische Vermögensbegriff diskutiert:

Nach dem wirtschaftlichen Vermögensbegriff gehört zum Vermögen die Summe aller geldwerten Güter, über die eine Person faktisch verfügen kann. Es komme nicht darauf an, ob das Vermögen der Person durch die Rechtsordnung zugesprochen ist. Mithin gehöre jede wirtschaftliche Position zum Vermögen, die im Geschäftsverkehr einen wirtschaftlichen Wert habe.[31] Nach diesem Vermögensbegriff kann auch durch eine Vermögensgefährdung ein Schaden entstehen. Diese Auffassung trägt der ökonomischen Realität vollumfänglich Rechnung.[32] Allerdings kann der Begriff des „Wirtschaftlichen“ nur schwer greifbar definiert werden.[33] Ferner kann

---

27 Darstellend statt vieler *Hefendehl*, in: MüKo StGB, Band 5, 3. Auflage 2019, § 263 Rn. 533; *Rengier*, Strafrecht BT I, 23. Auflage 2021, Rn. 155 ff.; *Küper/Zopfs*, Strafrecht BT, 10. Auflage 2018, S. 407; kritisch *Ransiek*, ZStW 2004, 634 (649 ff.).

28 BGH wistra 2020, 511 (513). Ob die intersubjektive Wertsetzung weiter durch den BGH verfolgt wird, bleibt abzuwarten. Auf die konkrete Berechnung der Schadenshöhe soll jedoch nicht weiter im Rahmen dieser Arbeit eingegangen werden, weshalb dazu keine Auseinandersetzung erfolgen muss.

29 BGH NStZ-RR 2020, 281 (282); kritisch *Satzger*, in: ders./Schluckebier/Widmaier (Hrsg.), StGB, 5. Auflage 2021, § 263 Rn. 261.

30 Vgl. zu der Diskussion um die Vermögensbegriffe: *Kühl*, in: Lackner/Kühl (Hrsg.), StGB, 29. Auflage 2018, § 263 Rn. 32 ff.

31 Statt vieler BVerfGE 126, 170 Rn. 85; vgl. auch *Hoyer*, in: SK-StGB, Band V, 9. Auflage 2019, § 263 Rn. 93 ff.; *Fischer*, StGB, 68. Auflage 2021, § 263 Rn. 90; *Riemann*, Vermögensgefährdung und Vermögensschaden, 1989, S. 12 f.; *Bruns*, Gilt die Strafrechtsordnung auch für und gegen Verbrecher untereinander?, in: Festschrift für Mezger, 1954, S. 335 (343 f.); *Naucke*, Die Anfänge des wirtschaftlichen Vermögensbegriffs- und Schadensbegriffs beim Betrug, in: Festschrift für Kargl, 2015, S. 333 (333 ff.). Zum Vermögensbegriff des RG schon: *Ka. Lackner*, Vermögen und Vermögensbeschädigung in der Betrugstheorie des Reichsgerichts, 1946, S. 18.

32 Ebenso *Werner*, Der Gefährdungsschaden als Nachteil im Sinne des Untreuetatbestandes, 2011, S. 17.

33 So auch *Tiedemann*, in: LK StGB, 12. Auflage 2012, Band 9/1, § 263 Rn. 130 f.; vgl. auch *Thalhofer*, Kick-Backs, Exspektanzen und Vermögensnachteil nach § 266

es im Einzelfall, nämlich bei illegalen Vermögenswerten, zu erheblichen Wertungswidersprüchen zwischen der zivilrechtlichen und der strafrechtlichen Akzeptanz kommen.[34] Daher muss bei einer ausdrücklichen Missbilligung einer wirtschaftlichen Position durch die Rechtsordnung der Schutz durch das Strafrecht ausnahmsweise versagt werden.[35]

Der juristisch-ökonomische Vermögensbegriff zählt zum Vermögen die Summe der wirtschaftlichen Güter einer Person, soweit sie unter dem Schutz der Rechtsordnung stehen oder wenigstens nicht missbilligt werden.[36] Danach können auch Vermögensgefährdungen grundsätzlich zum Eintritt eines Schadens führen.[37] Beispielsweise zählen nach dem juristisch-ökonomischen Vermögensbegriff Forderungen aus nichtigen Verträgen nicht zum Vermögen, weil die Rechtsordnung durch z. B. §§ 134, 138 BGB ihre Missbilligung zum Ausdruck gebracht hat. Dieser Auffassung liegt vor allem der Gedanke der Einheit der Rechtsordnung zu Grunde, um Wertungswidersprüche mit anderen Rechtsgebieten zu vermeiden. Denn das Strafrecht könne nur zum Schutz von Rechtsgütern dienen, die auch unter dem Schutz der Rechtsordnung stehen.[38] Allerdings wird dadurch möglicherweise ein rechtsfreier Raum „unter Ganoven“ geschaffen.[39]

StGB, 2008, S. 78; *Riemann*, Vermögensgefährdung und Vermögensschaden, 1989, S. 13; *Hoyer*, in: SK-StGB, Band V, 9. Auflage 2019, § 263 Rn. 105; *Werner*, Der Gefährdungsschaden als Nachteil im Sinne des Untreuetatbestandes, 2011, S. 16 ff.

34 *Werner*, Der Gefährdungsschaden als Nachteil im Sinne des Untreuetatbestandes, 2011, S. 17; *Lenckner*, JZ 1967, 105 (107); *Thalhofer*, Kick-Backs, Exspektanzen und Vermögensnachteil nach § 266 StGB, 2008, S. 78.

35 *Perron*, in: Schönke/Schröder (Hrsg.), StGB, 30. Auflage 2019, § 263 Rn. 80; *Wessels/Hillenkamp/Schuhr*, Strafrecht BT II, 43. Auflage 2020, Rn. 534; *Werner*, Der Gefährdungsschaden als Nachteil im Sinne des Untreuetatbestandes, 2011, S. 18.

36 Statt vieler *Dierlamm*, in: MüKo StGB, Band 5, 3. Auflage 2019, § 266 Rn. 205.

37 Vgl. *Riemann*, Vermögensgefährdung und Vermögensschaden, 1989, S. 17.

38 Vgl. statt vieler *Kühl*, in: Lackner/Kühl (Hrsg.), StGB, 29. Auflage 2018, § 263 Rn. 35; *Werner*, Der Gefährdungsschaden als Nachteil im Sinne des Untreuetatbestandes, 2011, S. 19 f.

39 Vgl. zu der Diskussion *Beukelmann*, in: BeckOK StGB, 50. Edition, Stand: 1.5.2021, § 263 Rn. 40 ff.; *Hefendehl*, in: MüKo StGB, Band 5, 3. Auflage 2019, § 263 Rn. 384 ff.; *Hoyer*, in: SK-StGB, Band V, 9. Auflage 2019, § 263 Rn. 109.

Daneben gab es früher mit dem personalen[40], funktionalen[41] und rein juristischen[42] Vermögensbegriff weitere Ansätze in der Vermögenslehre, die aber heute nicht mehr ernsthaft diskutiert werden, weshalb auf diese nicht weiter einzugehen ist.[43] Heute ist also nur noch umstritten, ob alle oder nur legale wirtschaftliche Güter zum strafrechtlich geschützten Vermögen gehören. Da nach dem juristisch-ökonomischen und dem wirtschaftlichen Vermögensbegriff eine Vermögensgefährdung unter dem Begriff des „Vermögens" bzw. „Nachteils" zu subsumieren ist, kann eine grundsätzliche Streitentscheidung zwischen diesen beiden Vermögenstheorien zum Zwecke dieser Arbeit offenbleiben und wird nur an den betreffenden Stellen im Einzelfall entschieden.[44]

---

40 Darstellend *Hefendehl*, in: MüKo StGB, Band 5, 3. Auflage 2019, § 263 Rn. 387; *Otto*, Die Struktur des strafrechtlichen Vermögensschutzes, 1970, S. 34 ff.

41 Darstellend *Kindhäuser*, in: ders./Neumann/Paeffgen (Hrsg.), StGB, 5. Auflage 2017, § 263 Rn. 35.

42 Vgl. dazu *Gallas*, Der Betrug als Vermögensdelikt, in: Festschrift für Schmidt, 1961, S. 401 (408); darstellend *Kindhäuser/Hilgendorf*, LPK-StGB, 8. Auflage 2020, § 263 Rn. 163; *Cramer*, Vermögensbegriff und Vermögensschaden im Strafrecht, 1968, S. 120; *Riemann*, Vermögensgefährdung und Vermögensschaden, 1989, S. 10 f.; *Schauer*, Ist eine Vermögensgefährdung als Vermögensbeschädigung im Sinne des § 263 StGB anzusehen?, 1973, S. 2 f.; ablehnend *Tiedemann*, in: LK StGB, 12. Auflage 2012, Band 9/1, § 263 Rn. 128 f.; *Hefendehl*, in: MüKo StGB, Band 5, 3. Auflage 2019, § 263 Rn. 368; *ders.*, Vermögensgefährdung und Exspektanzen, 1994, S. 94, 99 f.; *Werner*, Der Gefährdungsschaden als Nachteil im Sinne des Untreuetatbestandes, 2011, S. 9 f.; *Schünemann*, in: LK StGB, 12. Auflage 2012, Band 9/1, § 266 Rn. 165; *Perron*, in: Schönke/Schröder (Hrsg.), StGB, 30. Auflage 2019, § 263 Rn. 79; *Hoyer*, in: SK-StGB, Band V, 9. Auflage 2019, § 263 Rn. 88 f.; *Thalhofer*, Kick-Backs, Exspektanzen und Vermögensnachteil nach § 266 StGB, 2008, S. 75; *Samson*, JA 1989, 510 (512); *Nelles*, Untreue zum Nachteil von Gesellschaften, 1991, S. 349.

43 Ebenso *Perron*, in: Schönke/Schröder (Hrsg.), StGB, 30. Auflage 2019, § 263 Rn. 79, 81.

44 Vgl. allgemein zu dieser Feststellung *Tiedemann*, in: LK StGB, 12. Auflage 2012, Band 9/1, § 263 Rn. 168.

C. Dogmatik des Gefährdungsschadens

I. Verfassungsrechtliche Zulässigkeit der Rechtsfigur des Gefährdungsschadens

Teilweise wird der Gleichstellung eines endgültigen Schadens und eines Gefährdungsschadens entgegengehalten, dass eine solche Auslegung den Anwendungsbereich der Strafnormen zu weit ausdehne. Die Rechtsfigur des Gefährdungsschadens sei eine verbotene Analogie zuungunsten des Täters und widerspreche dem Grundsatz *nulla crimen, nulla poena sine lege* aus Art. 103 II GG. Wenn der Gesetzgeber einen Schaden bzw. Nachteil fordere, könne eine Gefährdung nicht tatbestandsmäßig sein. Es würden Erfolgs- zu Gefährdungsdelikten umgewandelt werden. Der Bereich des vollendeten Vorsatzdelikts werde zulasten der Versuchsstrafbarkeit nach vorn verschoben. Gleichzeitig würden mittelbare Zusammenhänge zwischen Verfügung und Schaden zu unmittelbaren Zusammenhängen umgedeutet.[45]

Diese Argumentation überzeugt nicht.[46] Art. 103 II GG normiert, dass eine Tat nur bestraft werden darf, wenn die Strafbarkeit vor der Tatbegehung gesetzlich bestimmt war (vgl. auch § 1 StGB). Ein Aspekt ist das

---

45 So beispielsweise *Ranft*, wistra 1994, 41 (43); *Nauke*, StV 1985, 187 (187); *ders.*, Zur Lehre vom strafbaren Betrug, 1964, S. 182 ff.; *Dammann/Kutscha*, NJ 1999, 281 (285); *Aldenhoff/Kuhn*, ZIP 2004, 103 (106 f.); *Amelung*, NJW 1975, 624 (625); *Labsch*, NJW 1986, 104 (105); *Radtke*, GmbHR 2010, 1121 (1123); *Bernsmann*, GA 2007, 219 (229); *Sonnen*, StV 1989, 479 (480); *Otto*, Jura 1991, 494 (495 f.); *ders.*, Die Struktur des strafrechtlichen Vermögensschutzes, 1970, S. 275; vgl. auch *Watzka*, Über die Vermögensgefährdung beim Betrug, 1965, S. 4; *Wolf*, KJ 2000, 531 (534 f.); offenbar auch *Beulke*, Wirtschaftslenkung im Zeichen des Untreuetatbestands, in: Festschrift für Eisenberg, 2009, S. 245 (261 ff.); *Günther*, Die Untreue im Wirtschaftsrecht, in: Festschrift für Weber, 2004, S. 311 (317); *Reuter*, Die Vermögensbeschädigung beim Betrug, 1927, S. 38 f. Detailliert die den Gefährdungsschaden ablehnenden Ansichten darstellend: *Ensenbach*, Der Prognoseschaden bei der Untreue, 2016, S. 40 ff.

46 Ebenso *Brüning*, ZJS 2009, 300 (301); *Fischer*, StV 2010, 95 (97 ff.); *ders.*, NStZ-Sonderheft 2009, 8 (11); *Perron*, in: Schönke/Schröder (Hrsg.), StGB, 30. Auflage 2019, § 263 Rn. 143; *Riemann*, Vermögensgefährdung und Vermögensschaden, 1989, S. 7; *Schauer*, Ist eine Vermögensgefährdung als Vermögensbeschädigung im Sinne des § 263 StGB anzusehen?, 1973, S. 30; *Dietrich*, Die Vermögensbeschädigung beim Betrug, 1926, S. 40 f. Vgl. zur parallelen Bewertung im Recht der Schweiz: *Maeder*, Gefährdung – Schaden – Vermögen, 2017, S. 104 ff.

Analogieverbot,[47] wobei eine Analogie als jede Rechtsanwendung, die über den Inhalt des gesetzlichen Straftatbestandes hinausgeht und sich außerhalb der Grenzen des Wortlauts bewegt, zu verstehen ist.[48] Der Bürger soll erkennen können, welches Verhalten mit Strafe bedroht ist.[49] Allerdings dürfen Straftatbestände Generalklauseln oder auslegungsbedürftige Begriffe enthalten. Es genügt also, wenn sich Tragweite und Anwendungsbereich mittels Auslegung ermitteln lassen.[50] Andernfalls könnte die Legislative „der Vielgestaltigkeit des Lebens"[51] nicht gerecht werden.

Zunächst handelt es sich bei der Rechtsfigur des Gefährdungsschadens um keine verbotene Analogie, weil nicht auf den Eintritt eines Schadenserfolgs verzichtet und damit nicht die Wortlautgrenze überschritten wird. Da §§ 253, 263, 263a, 266 und 266b StGB Erfolgsdelikte sind, muss der Erfolg für die Vollendung ein Schaden bzw. Nachteil tatsächlich eingetreten sein.[52] Einen Schaden umschreibt die Lexikonliteratur als „etwas, was die Gegebenheiten, die bestehende Situation in einer negativen, nicht wünschenswerten Weise verändert".[53] Vergleichbar wird ein Nachteil als ein Umstand beschrieben, der „sich für jemanden gegenüber anderen negativ auswirkt, ihn beeinträchtigt, ihm schadet."[54] Fraglich ist, ob eine Gefährdung ein solcher *tatsächlich bestehender* Umstand ist. Eine Gefährdung ist als die mehr oder minder ferne Möglichkeit einer Verletzung zu verste-

---

47 St. Rspr. zum Analogieverbot, anstatt aller BVerfGE 14, 174 Rn. 33; 73, 206 Rn. 61 f.; 75, 329 Rn. 33 ff. jeweils mwN; *Adam*, Die Verfassungsrechtliche Kontrolldichte im materiellen Strafrecht, in: Emmenegger/Wiedmann (Hrsg.), Linien der Rechtsprechung des BVerfG, Band 2, 2011, S. 422 (426 f.); *Schulze-Fielitz*, in: Dreier (Hrsg.), GG, 3. Auflage 2018, Art. 103 Abs. 2 Rn. 23 ff., 46 ff.

48 St. Rspr., vgl. BVerfGE 126, 170 Rn. 77; 130, 1 Rn. 165 jeweils mwN; dazu auch *Riemann*, Vermögensgefährdung und Vermögensschaden, 1989, S. 6 f.

49 Statt aller vgl. BVerfGE 48, 48 Rn. 30 ff.; 71, 108 Rn. 14 ff.; 75, 329 Rn. 35; 92, 1 Rn. 44 ff. jeweils mwN; *Schulze-Fielitz*, in: Dreier (Hrsg.), GG, 3. Auflage 2018, Art. 103 Abs. 2 Rn. 38 ff.

50 St. Rspr., vgl. exemplarisch BVerfGE 48, 48 Rn. 31; 75, 329 Rn. 38; 92, 1 Rn. 46; 126, 170 Rn. 73 jeweils mwN; dazu auch *Radtke*, in: BeckOK GG, 48. Edition, Stand: 15.8.2021, Art. 103 Rn. 24, 26.

51 BVerfGE 28, 175 Rn. 27; 126, 170 Rn. 72; als „Vielgestalt des Lebens" bezeichnend: BVerfGE 47, 109 Rn. 39

52 St. Rspr., vgl. BGH NStZ 2001, 650 (650); NStZ-RR 2006, 378 (379); NZG 2016, 703 (713); *Becker*, Gefährdungsschaden und betriebswirtschaftliche Vermögensbewertung, 2019, S. 38 ff.

53 Vgl. „Schaden, der", in: Duden, https://www.duden.de/rechtschreibung/Schaden.

54 Vgl. „Nachteil, der", in: Duden, https://www.duden.de/rechtschreibung/Nachteil.

hen.[55] Im strafrechtlichen Kontext ist das Wort „Gefahr“ vor allem von den konkreten und abstrakten Gefährdungsdelikten (z. B. §§ 315 ff. StGB) bekannt. Auch verlangen §§ 34, 35 StGB eine „gegenwärtige Gefahr“. Eine Gefahr ist dabei ein Zustand, in dem nach den konkreten Umständen der Eintritt oder die Intensivierung eines Schadens ernstlich zu erwarten ist.[56] Grundsätzlich liegen Gefährdungen dem Wortlaut nach also tendenziell im Vorfeld einer Verletzung. Je näherliegend eine Gefahr jedoch ist, umso eher kann sie ein gegenwärtig beeinträchtigender Umstand sein.[57] Nur diese hinreichend konkreten Vermögensgefährdungen, die aus ökonomischer Sicht gegenwärtig zu einem Schaden führen, erfasst die Rechtsfigur des Gefährdungsschadens.[58]

Ferner ist die Rechtsfigur des Gefährdungsschadens auch nicht zu unbestimmt. Im Grundsatz ist unter allen Befürwortern anerkannt, dass nicht jede Vermögensgefährdung als ein tatbestandsmäßiger Schaden angesehen werden kann. Eine bloße abstrakte Möglichkeit reicht nicht aus.[59] Auf-

---

55 Vgl. BGHSt 18, 271 Rn. 2; vgl. „Gefahr, die“, in: Duden, https://www.duden.de/rechtschreibung/Gefahr; *Spendel*, Zur Neubegründung der objektiven Versuchstheorie, in: Festschrift für Stock, 1966, S. 89 (101); *von Hippel*, Gefahr in der Strafrechtspraxis, 1972, S. 81 f.

56 Statt aller *Dannecker*, in: Graf/Jäger/Wittig (Hrsg.), Wirtschafts- und Steuerstrafrecht, StGB, 2. Auflage 2017, § 34 Rn. 8, § 35 Rn. 7.

57 Vgl. dazu *Würz*, Die Vermögensgefährdung als Vermögensschaden beim strafbaren Betrug, 1970, S. 5 ff.

58 Vgl. dazu auch *Hefendehl*, wistra 2012, 325 (325); *ders.*, Vermögensgefährdung und Exspektanzen als Prüfsteine eines normativ-ökonomischen Vermögensbegriffs, in: Schünemann (Hrsg.), Strafrechtssystem und Betrug, 2002, S. 185 (187); *ders.*, Auslaufmodell „Vermögensgefährdung“?, in: Festschrift für Samson, 2010, S. 295 (298 ff.); *Fischer*, NStZ-Sonderheft 2009, 8 (11); *ders.*, StV 2010, 95 (95 ff.); *Saliger*, in: Matt/Renzikowski (Hrsg.), StGB, 2. Auflage 2020, § 263 Rn. 225; *ders.*, Die Normativierung des Schadensbegriffs in der neuen Rechtsprechung zu Betrug und Untreue, in: Festschrift für Samson, 2010, S. 455 (470); *Satzger*, in: ders./Schluckebier/Widmaier (Hrsg.), StGB, 5. Auflage 2021, § 263 Rn. 248; *Evers*, Das Verhältnis des Vermögensnachteils bei der Untreue (§ 266 StGB) zum Vermögensschaden beim Betrug (§ 263 StGB), 2018, S. 180; kritisch, ob diese Begrenzung der aktuellen Rechtsprechung gelingt: *Schünemann*, StraFo 2010, 477 (477 ff.). Der Vergleich von *Fischer*, dass niemand auf die Idee kommen würde, dass § 223 I StGB die „verletzungsgleiche Körpergefährdung“ oder § 212 I StGB die „tötungsgleiche Lebensgefährdung“ bestrafe, ist daher unpassend (im Ergebnis ebenfalls ablehnend *ders.*, StraFo 2008, 269 [271]).

59 Vgl. dazu BVerfGE 126, 170 Rn. 137; 130, 1 Rn. 176, 179; *Hinrichs*, wistra 2013, 161 (161 ff.); *El-Ghazi*, HRRS 2015, 386 (387); *Dannecker*, in: Graf/Jäger/Wittig (Hrsg.), Wirtschafts- und Steuerstrafrecht, StGB, 2. Auflage 2017, § 263 Rn. 95; *Strelczyk*, Die Strafbarkeit der Bildung schwarzer Kassen, 2008, S. 48; *Ensenbach*,

grund des sog. Präzisierungsgebots ist die Judikative angehalten Unklarheiten im Wege der Auslegung der Tatbestandsmerkmale nach Möglichkeit zu beseitigen.[60] Diesem Auftrag ist sie bei dem Konzept des Gefährdungsschadens durch ihre mindestens über 130 Jahre lange Entscheidungspraxis nachgekommen. Ergänzt durch die Argumente in der Literatur, hat die Dogmatik des Gefährdungsschadens einen sicheren Rahmen erhalten.[61] Es ist bei auslegungsbedürftigen Begriffen, wie einem Schaden bzw. Nachteil, evident, dass es im Detail zu Schwierigkeiten bei der Feststellung eines Gefährdungsschadens kommt.[62]

Zur weiteren Bestimmbarkeit hat das BVerfG[63] überzeugenderweise das sog. Bezifferungsgebot entwickelt. Erst die konkrete wirtschaftliche bezif-

---

Der Prognoseschaden bei der Untreue, 2016, S. 44 f.; *Ufer*, in: Flohr/Wauschkuhn (Hrsg.), Vertriebsrecht, 2. Auflage 2018, § 263 Rn. 56.

60 Statt vieler BVerfGE 126, 170 Rn. 80; *Remmert*, in: Maunz/Dürig (Begr.), GG, Stand: 94. EL Januar 2021, Art. 103 Abs. 2 Rn. 85; *Radtke*, in: BeckOK GG, 48. Edition, Stand: 15.8.2021, Art. 103 Rn. 27 f.

61 Ebenso BVerfGE 126, 170 Rn. 137. So auch der Generalbundesanwalt bezogen auf die Fallgruppe der Vermögensgefährdung durch Auszahlung eines Darlehensbetrags in BVerfGE 126, 170 Rn. 62; vgl. auch *Perron*, in: Schönke/Schröder (Hrsg.), StGB, 30. Auflage 2019, § 263 Rn. 143a; *Fischer*, StV 2010, 95 (101); *Krüger*, NStZ 2011, 369 (369 ff.); *El-Ghazi*, HRRS 2015, 386 (387); *Ensenbach*, Der Prognoseschaden bei der Untreue, 2016, S. 44 f.

62 Unterschiedliche Ansätze darstellend *Hassemer*, JuS 1988, 161 (161); *Fischer*, StV 2010, 95 (97 ff.); *Satzger*, in: ders./Schluckebier/Widmaier (Hrsg.), StGB, 5. Auflage 2021, § 263 Rn. 251 f.; *Kindhäuser/Hilgendorf*, LPK-StGB, 8. Auflage 2020, § 263 Rn. 192 ff.; *Strelczyk*, Die Strafbarkeit der Bildung schwarzer Kassen, 2008, S. 54 ff.; *Evers*, Das Verhältnis des Vermögensnachteils bei der Untreue (§ 266 StGB) zum Vermögensschaden beim Betrug (§ 263 StGB), 2018, S. 50 ff.; *Riemann*, Vermögensgefährdung und Vermögensschaden, 1989, S. 7 ff.; *Hoyer*, in: SK-StGB, Band V, 9. Auflage 2019, § 263 Rn. 230 ff.; *Ransiek*, ZStW 2004, 634 (658 ff.); *Hefendehl*, Auslaufmodell „Vermögensgefährdung"?, in: Festschrift für Samson, 2010, S. 295 (299).

63 BVerfG NJW 1998, 2589 (2589 f.); BVerfGE 130, 1 Rn. 162 ff.; 126, 170 Rn. 144; BVerfGK 15, 193 Rn. 17 ff.; eingehend *P. Graf*, Das Vermögensstrafrecht vor den Schranken des Verfassungsrechts, 2016, S. 7 ff.; *Werner*, Der Gefährdungsschaden als Nachteil im Sinne des Untreuetatbestandes, 2011, S. 39 ff.; *Becker*, Gefährdungsschaden und betriebswirtschaftliche Vermögensbewertung, 2019, S. 14 ff. Allgemein zur Wechselbeziehung von Strafrecht und Verfassungsrecht: *Landau*, ZStW 2009, 965 (970 ff.). Ausführlich zu den verfassungsrechtlichen Konsequenzen für die Annahme eines Gefährdungsschadens statt vieler: *Hinrichs*, wistra 2013, 161; *Kudlich*, JA 2012, 230 (232); *Schlösser*, NStZ 2012, 473 (474 ff.); *Krehl*, Reichweite und Bindungswirkung der Verfassungsgerichtsentscheidungen zu Schaden und Nachteil bei Betrug und Untreue, in: Dogmatik und Praxis des strafrechtlichen Vermögensschadens, 2015, S. 133 (133 ff.).

ferbare Auswirkung mache eine Verlustgefahr zu einem gegenwärtigen Schaden. Der Minderwert müsse anhand anerkannter Berechnungsverfahren und -methoden dem Grunde und der Höhe nach ggf. unter Heranziehung eines Sachverständigen festgestellt werden. Bei verbleibenden Unklarheiten müsse unter Berücksichtigung des Zweifelssatzes *in dubio pro reo* ein Mindestschaden geschätzt werden. Denn die Schadenshöhe hänge wesentlich von der Wahrscheinlichkeit und vom Risiko eines zukünftigen Verlustes ab.[64] Eine Ausnahme von der konkreten Bezifferung könne nur bei einfach gelagerten und eindeutigen Fällen, wie bei einem problemlos greifbaren Mindestschaden, gemacht werden. Dies gelte aber nur bei Evidenzfällen, da andernfalls die Gefahr bestehe, dass undifferenziert eine künftige Verlustgefahr mit einem gegenwärtigen Schaden gleichgesetzt werde.[65]

II. Sachgerechtigkeit des Konzepts des Gefährdungsschadens

Mit der Feststellung der verfassungsrechtlichen Zulässigkeit der Rechtsfigur des Gefährdungsschadens ist allerdings noch nichts über dessen wirtschaftliche Sachgerechtigkeit gesagt. Das Konzept des Gefährdungsschadens trägt der ökonomischen Realität Rechnung, dass unter bestimmten Umständen bereits die Gefahr eines künftigen Verlustes eine gegenwärtige Vermögensminderung darstellt. Denn in einem marktorientierten Wirtschaftssystem werden die Preise über den Angebot-Nachfrage-Mechanismus gebildet, worauf sich auch die Zukunftserwartungen der Marktteil-

---

64 BVerfGE 126, 170 Rn. 113; 130, 1 Rn. 178; vgl. *Kudlich*, JA 2011, 66 (69); *Küper/Zopfs*, Strafrecht BT, 10. Auflage 2018, S. 411; *Wostry*, Schadensbezifferung und bilanzielle Berechnung des Vermögensschadens bei dem Tatbestand des Betruges (§ 263 StGB), 2014, S. 43 ff. Ferner darf, laut BVerfG, das Entstehen eines Gefährdungsschadens bei § 266 I StGB nicht schlicht wertend aufgrund der Pflichtwidrigkeit der Tathandlung angenommen werden (sog. Verschleifungsverbot).

65 Zwar können normative Gesichtspunkte bei der Schadensbewertung eine Rolle spielen, jedoch dürfen diese nicht die wirtschaftliche Betrachtung überlagern oder vollständig verdrängen, vgl. BVerfGE 126, 170 Rn. 112, 138 ff., 144, 148 f.; 130, 1 Rn. 176; *Otto*, JZ 1985, 69 (72); *ders.*, JZ 1993, 652 (657); *Aldenhoff/Kuhn*, ZIP 2004, 103 (106 f.); *Schlösser*, NStZ 2012, 473 (477); *Graßhof*, Nachschlagewerk der Rechtsprechung des BVerfG, 213. EL Dezember 2020, § 263 Strafbarkeit des Eingehungsbetrugs (Vermögensschaden). Zur Bezifferung *Evers*, Das Verhältnis des Vermögensnachteils bei der Untreue (§ 266 StGB) zum Vermögensschaden beim Betrug (§ 263 StGB), 2018, S. 201 ff.

nehmer auswirken.[66] Dies dient auch § 8 S. 2 StGB, da nicht auf den Zeitpunkt des Erfolgseintritts, sondern auf den des Handlungsvollzugs abgestellt wird.[67]

Ferner ist die Berücksichtigung von Zukunftserwartungen auch dem Rechtssystem nicht fremd, denn Bewertungen und Wertberichtigungen gehören zum kaufmännischen Alltag.[68] Beispielsweise werden Zukunftsaussichten in den allgemeinen Bewertungsvorschriften des Bilanzrechts vor allem zu Drohverlustrückstellungen berücksichtigt, vgl. § 249 I 1 HGB. Auch sieht § 253 IV HGB im Interesse einer realitätsgerechten Bewertung vor, dass bei Vermögensgegenständen des Umlaufvermögens ausgehend von deren Anschaffungs- oder Herstellkosten (vgl. § 253 I HGB) Abschreibungen vorzunehmen sind, um diese mit dem niedrigersten Wert anzusetzen, der sich aus einem Börsen- oder Marktpreis am Abschlussstichtag ergibt. Falls kein Börsen- oder Marktpreis festzustellen ist oder die Anschaffungs- oder Herstellkosten den Wert, der den Vermögensgegenständen am Abschlussstichtag beizulegen ist, übersteigen[69], so ist dieser Wert abzuschreiben. Somit ist eine Erfassung der Risiken und der damit einhergehenden Aufwendungen erforderlich. Des Weiteren schreibt § 340e I 2 HGB vor, dass Zukunftserwartungen bei der Bewertung von valutierten Krediten einer Bank in deren Buchhaltung berücksichtigt werden müssen.[70] Ist infolge einer nicht ausreichenden Bonität des Schuldners, fehlender Sicherheiten oder sonstiger Rückgriffsmöglichkeiten erkennbar, dass mit einem teilweisen oder vollständigen Forderungsausfall zu rechnen

---

66 Vgl. *Fischer*, NStZ-Sonderheft 2009, 8 (11); vgl. auch *Plümacher*, in: Haus/Krumm/Quarch (Hrsg.), Gesamtes Verkehrsrecht, 3. Auflage 2021, § 263 StGB Rn. 150; *Saliger*, in: Matt/Renzikowski (Hrsg.), StGB, 2. Auflage 2020, § 263 Rn. 225.

67 Ebenso zur sog. Tätigkeitstheorie und dies untermauernd mit dem Rückwirkungsverbot aus Art. 103 II GG: *Gähler*, Der Gefährdungsschaden im Untreuetatbestand, 2016, S. 117 f.; anscheinend a.A. *Krüger*, NJW 2002, 1178 (1179 f.); *ders.*, NStZ 2011, 369 (Fn. 58). Vgl. ausführlich zu § 8 StGB: *Heintschel-Heinegg*, in: BeckOK StGB, 50. Edition, Stand: 1.5.2021, § 8 Rn. 4 f.

68 Ebenso BVerfGE 126, 170 Rn. 145; vgl. auch BGH NStZ 2009, 330 (331); *Nack*, StraFo 2008, 277 (280); *Ensenbach*, Der Prognoseschaden bei der Untreue, 2016, S. 28 ff. Zur Anwendbarkeit des Bilanzrechts *Hefendehl*, Vermögensgefährdung und Exspektanzen, 1994, S. 166 ff.

69 Sog. außerplanmäßige Abschreibungen, die den voraussichtlich dauerhaft niedrigeren beizulegenden Wert des Vermögens ausdrücken (vgl. *Schubert/Andrejewski*, in: Beck'scher Bilanz-Kommentar, 12. Auflage 2020, § 253 Rn. 201). Dazu auch BVerfGE 126, 170 Rn. 140 ff.; eingehend zu diesen Normen *Ballwieser*, in: MüKo HGB, Band 4, 4. Auflage 2020, § 249 Rn. 1 ff.; *Schubert/Beberich*, in: Beck'scher Bilanz-Kommentar, 12. Auflage 2020, § 253 Rn. 501 ff.

70 Vgl. *W. Schneider*, BB 1995, 2155 (2155 ff.).

ist, muss eine Einzelwertberichtigung oder Direktabschreibung vorgenommen werden[71], wodurch sich das Vermögen der Bank bei dem Vertragsschluss aufgrund der Minderwertigkeit des Gegenanspruchs verringert.[72]

Natürlich dient das Handelsbilanzrecht *prima facie* dem Zweck, Informationen über den Kaufmann selbst zu offenbaren, Personen zu schützen, die am (wirtschaftlichen) Erfolg des Kaufmanns beteiligt sind, sowie dem Gläubigerschutz.[73] Auch herrscht im Bilanzrecht das Vorsichtsprinzip aus § 252 I Nr. 4 HGB, weshalb die Bewertungsvorschriften tendenziell eher pessimistisch ausgestaltet sind.[74] Das daraus folgende sog. Höchstwertprinzip für Passiva und das sog. Niederwertprinzip für Aktiva sind aus strafrechtlicher Sicht kritisch, da diese darauf gerichtet sind, in der Handelsbilanz im Zweifel geringere als die tatsächlichen Werte anzusetzen. § 253 I HGB verlangt vom Kaufmann, Vermögensgegenstände höchstens zu den Anschaffungs- oder Herstellungskosten zu veranschlagen. Darüberhinausgehende wirtschaftliche Werte dürfen nicht in die Handelsbilanz aufgenommen werden.[75] Allerdings wäre es eine Verkennung des Vorsichtsprinzips, ginge man davon aus, dass bei irgendwelchen abstrakten Risiken „zur Sicherheit" Rückstellungen nach § 249 I HGB passiviert werden müssten. Denn auch hier bedarf es eines konkreten Verdachtsmoments.[76] Freilich dürfen handelsrechtliche Regelungen nicht streng akzessorisch angewendet werden. Allerdings bietet das Bilanzrecht gute Orientierungspunkte für die wirtschaftliche Betrachtungsweise des Vermögens.[77]

---

71 Vgl. *Fischer/Sittmann-Haury*, IRZ 2006, 217 (219 ff.).

72 Vgl. BGHSt 53, 199 Rn. 13 ff.; statt vieler *Hellmann*, ZIS 2007, 433 (439 f.).

73 Vgl. zum Ganzen *Graf von Kanitz*, Bilanzkunde für Juristen, 3. Auflage 2014, Rn. 143 ff.; *Wöhe/Mock*, Die Handels- und Steuerbilanz, 7. Auflage 2020, S. 14 ff., 38 ff.; *Ensenbach*, Der Prognoseschaden bei der Untreue, 2016, S. 28.

74 Zum Vorsichtsprinzip *Hubert*, Einführung in die Bilanzierung und Bewertung, 2. Auflage 2017, S. 33 ff.

75 Vgl. *Burkard Thiele*, Die Anwendung steuer- und bilanzrechtlicher Bewertungsmaßstäbe zur Ermittlung des strafrechtlichen Vermögensschadens, 2001, S. 82 ff.; *Merkt*, in: Baumbach/Hopt (Hrsg.), HGB, 40. Auflage 2021, § 252 Rn. 10. Zum Zusammenhang mit dem Imparitätsprinzip des § 252 I Nr. 4 HGB: *Schubert/Andrejewski*, in: Beck'scher Bilanz-Kommentar, 12. Auflage 2020, § 253 Rn. 1.

76 Vgl. *Merkt*, in: Baumbach/Hopt (Hrsg.), HGB, 40. Auflage 2021, § 249 Rn. 9 f.; *Schubert*, in: Beck'scher Bilanz-Kommentar, 12. Auflage 2020, § 249 Rn. 16; *Hefendehl*, Auslaufmodell „Vermögensgefährdung"?, in: Festschrift für Samson, 2010, S. 295 (302); *Schrimpf-Dörges*, in: Heide/Schall (Hrsg.), HGB, 3. Auflage 2020, § 249 Rn. 23 ff.

77 In diese Richtung auch BVerfGE 126, 170 Rn. 140 ff.; *Begemeier/Wölfel*, JuS 2015, 307 (308); *Gaede*, in: Leipold/Tsambikakis/Zöller (Hrsg.), AnwaltKommentar

Neben den Normen des Bilanzrechts untermauern auch betriebswirtschaftliche Methoden die Sachgerechtigkeit des Konzepts des Gefährdungsschadens und können für dessen Feststellung herangezogen werden. Damit wird im Sinne des wirtschaftlichen und juristisch-ökonomischen Vermögensbegriffs eine Normativierung des Schadens verhindert. Beispielsweise kennt das die Betriebswirtschaft mit der der sog. 9-Felder-Risikomatrix[78] eine Methode zur Erfassung von hinreichend konkreten Vermögensgefährdungen:

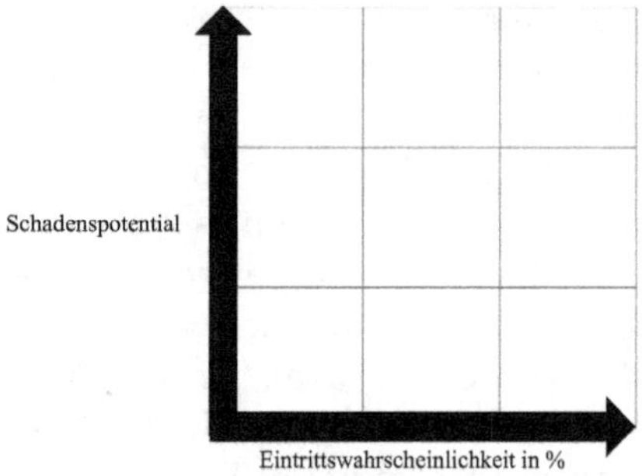

Abbildung 1: Beispielhafte Darstellung einer 9-Felder-Risikomatrix (Quelle: Eigene Darstellung in Anlehnung an Brauweiler, Risikomanagement in Unternehmen, 2. Auflage 2019, S. 9).

StGB, 3. Auflage 2020, § 263 Rn. 114; vgl. auch *Rübenstahl*, HRRS 2012, 501 (505); *Rönnau*, StV 2011, 753 (758 f.); *Saliger*, ZIS 2011, 902 (907); *Burkard Thiele*, Die Anwendung steuer- und bilanzrechtlicher Bewertungsmaßstäbe zur Ermittlung des strafrechtlichen Vermögensschadens, 2001, S. 87; *Wostry*, Schadensbezifferung und bilanzielle Berechnung des Vermögensschadens bei dem Tatbestand des Betruges (§ 263 StGB), 2014, S. 196 ff. Als „Modellcharakter" bezeichnend *Hefendehl*, in: MüKo StGB, Band 5, 3. Auflage 2019, § 263 Rn. 536 ff.; *ders.*, Vermögensgefährdung und Exspektanzen, 1994, S. 169; *ders.*, wistra 2012, 325 (328); *ders.*, Auslaufmodell „Vermögensgefährdung"?, in: Festschrift für Samson, 2010, S. 295 (301); *Becker*, HRRS 2009, 334 (336 f.); *ders.*, HRRS 2010, 383 (391); *ders.*, JR 2012, 82 (84 f.). Kritisch *Kempf*, „Schwarze Kassen": Effektiver Schaden?, in: Festschrift für Volk, 2009, S. 231 (242); *Evers*, Das Verhältnis des Vermögensnachteils bei der Untreue (§ 266 StGB) zum Vermögensschaden beim Betrug (§ 263 StGB), 2018, S. 54 f. Vertiefend zu den systematischen Inkompatibilitäten des Handelsbilanzrechts und des Strafrechts: *Ensenbach*, Der Prognoseschaden bei der Untreue, 2016, S. 28, 207 ff.; *Schulze*, Die Konkretisierung und Quantifizierung des Vermögensnachteils bei ungetreuen Kreditgeschäften, 2014, S. 76 ff.

78 Eingehend *Brauweiler*, Risikomanagement in Unternehmen, 2. Auflage 2019, S. 8.

Eine Berücksichtigung des Konzepts des Gefährdungsschadens als gegenwärtigen Schaden ist daher aus ökonomischer und bilanzrechtlicher Betrachtung überzeugend. Dem wird allerdings die oft verwendete Bezeichnung als „schadensgleiche konkrete Vermögensgefährdung“[79] nicht gerecht. Diese missverständliche und unpräzise Formulierung suggeriert, dass darunter eine nicht tatbestandliche, vielmehr abstrakte Gefährdungslage zu verstehen ist.[80] Auch ist der Gefährdungsschaden nicht nur schadensgleich, sondern schadensbegründend.[81] Denn er ist nicht einem Schaden gleich, sondern ist aus wirtschaftlicher Sicht ein Schaden. Daher greift auch der Einwand von *Otto* nicht, dass es sich bei jeglicher Gefährdung stets nur um eine Vorstufe eines Schadens handele.[82] Denn dies ist keine terminologische Kritik, sondern eine Kritik an dem Konzept des Gefährdungsschadens als solchen.

Auch das Argument von *Strelczyk* überzeugt nicht, dass der Terminus der „schadensgleichen Vermögensgefährdung“ beibehalten werden sollte, da aufgrund dessen Festigung eine Änderung Verwirrung stiften würde.[83] Allerdings ist auch der vorzugswürdige Begriff „Gefährdungsschaden“ nicht neu und schon oft zur Bezeichnung einer gegenwärtigen, hinreichend konkreten Vermögensgefährdung verwendet worden.[84]

---

79 So aber noch als Synonym vom BVerfG zum Begriff „Gefährdungsschaden“ verwendet, vgl. BVerfGE 126, 170 Rn. 136; gegen eine solche Bezeichnung der Generalbundesanwalt in seiner Stellungnahme, vgl. BVerfGE 126, 170 Rn. 62.

80 Statt vieler *Sonnen*, StV 1989, 479 (480); *Fischer*, StV 2010, 95 (99 ff.); *ders.*, StraFO 2008, 269 (271); vgl. auch *Beukelmann*, in: BeckOK StGB, 50. Edition, Stand: 1.5.2021, § 263 Rn. 65; *Dannecker*, in: Graf/Jäger/Wittig (Hrsg.), Wirtschafts- und Steuerstrafrecht, StGB, 2. Auflage 2017, § 263 Rn. 92; *Hefendehl*, Auslaufmodell „Vermögensgefährdung“?, in: Festschrift für Samson, 2010, S. 295 (299 f.).

81 Als schadensdarstellende Vermögensgefährdung bezeichnend: *Riemann*, Vermögensgefährdung und Vermögensschaden, 1989, S. 7; ebenso *Hefendehl*, Vermögensgefährdung und Exspektanzen, 1994, S. 130.

82 *Otto*, Die Struktur des strafrechtlichen Vermögensschutzes, 1970, S. 275; *ders.*, JZ 1985, 69 (72).

83 *Strelczyk*, Die Strafbarkeit der Bildung schwarzer Kassen, 2008, S. 41; vgl. auch *Hefendehl*, Vermögensgefährdung und Exspektanzen, 1994, S. 130.

84 Ebenso *Brüning*, ZJS 2009, 300 (301); *Becker*, HRRS 2009, 334 (336 f.); *Tiedemann*, in: LK StGB, 12. Auflage 2012, Band 9/1, § 263 Rn. 168; *Fischer*, StGB, 68. Auflage 2021, § 263 Rn. 157 f.; *Rotsch*, ZStW 2005, 577 (584 f.); *Brettel*, in: ders./Schneider (Hrsg.), Wirtschaftsstrafrecht, 2. Auflage 2018, Rn. 56; vgl. *Ensenbach*, Der Prognoseschaden bei der Untreue, 2016, S. 21 ff.; kritisch *Knauer*, NStZ 2009, 151 (151); *Beulke/Witzigmann*, JR 2008, 430 (433). Vgl. zur parallelen Bewertung im Recht der Schweiz: *Maeder*, Gefährdung – Schaden – Vermögen, 2017, S. 104 f. Eine Vermögensgefährdung und einen endgültigen Schaden gleichset-

Die Bezeichnung „Gefährdungsschaden“ spiegelt daher die aufgezeigte wirtschaftliche Sachgerechtigkeit am besten wider und sollte künftig in der Rechtswissenschaft einheitlich verwendet werden.

---

zend: *Kindhäuser*, in: ders./Neumann/Paeffgen (Hrsg.), StGB, 5. Auflage 2017, § 263 Rn. 301 ff.

Kapitel 2: Gefährdungen im Rahmen eines Vertragsverhältnisses

A. *Kriterium: Ungleichgewicht der vertraglichen Gegenleistung*

I. Manipulierte Prognosegrundlage

1. Einführung in die Konstellation

Zwölf aussagekräftige publizierte Entscheidungen befassen sich mit Fällen, die zur Feststellung eines Gefährdungsschadens dogmatisch der Konstellation der manipulierten Prognosegrundlage zuzuordnen sind.[85] In der bisherigen Literatur wurde diese Fallgruppe meist unter die Stichworte „Eingehungsbetrug“, also dass der Schaden schon im Zeitpunkt des Vertragsschlusses entstand,[86] oder „Sportwettenbetrug“ gefasst.[87]

Es wird sich zeigen, dass vor allem die allgemeine systematische Erfassung unter dem Begriff „Eingehungsbetrug“ nicht überzeugt, da schadensrechtlich unterschieden werden muss, worauf sich die Täuschung bezieht und welche Besonderheiten der Vertragsschluss in sich birgt. Vorliegend

---

85 RGSt 48, 186; BGHSt 51, 165 (sog. *Hoyzer-Fall*); 54, 69 (sog. *Al Qaida-Fall*); 58, 102; BGH NJW 1985, 1563; 2011, 2675; 2012, 2370 (sog. *LBS Darlehen-Fall*); wistra 2021, 320; OLG Hamm NJW-RR 2011, 326; OLG Düsseldorf, Urteil vom 5.12.2007 – III-VI 10/05 (unveröffentlicht); LG Detmold, Urteil vom 28.9.2009 – 1 O 182/09 (unveröffentlicht); LG Berlin, Urteil vom 17.11.2005 – 68 Js 451/05, BeckRS 2006, 5289.

86 Zur h.M. statt vieler BVerfG NJW 1998, 2589 (2590); BGHSt 23, 300 Rn. 10; *Weber*, Die Vermögensbeschädigung beim Betrug, 1909, S. 46 ff.; *Schlösser*, wistra 2010, 164 (165); *Saliger*, in: Matt/Renzikowski (Hrsg.), StGB, 2. Auflage 2020, § 263 Rn. 236; *Rengier*, Strafrecht BT I, 23. Auflage 2021, Rn. 186; *Hoyer*, in: SK-StGB, Band V, 9. Auflage 2019, § 263 Rn. 238; *Dietrich*, Die Vermögensbeschädigung beim Betrug, 1926, S. 36 ff.; *Wostry*, Schadensbezifferung und bilanzielle Berechnung des Vermögensschadens bei dem Tatbestand des Betruges (§ 263 StGB), 2014, S. 143 ff.; vgl. dazu auch *Hebenstreit*, in: Müller-Gugenberger (Hrsg.), Wirtschaftsstrafrecht, 6. Auflage 2015, § 47 Rn. 58 ff. jeweils mwN.

87 Exemplarisch darstellend statt vieler *Kindhäuser/Schumann*, in: Hilgendorf/Kudlich/Valerius (Hrsg.), Handbuch des StGB, Band 5, 2020, § 33 Rn. 237 ff.; *Kindhäuser*, in: ders./Neumann/Paeffgen (Hrsg.), StGB, 5. Auflage 2017, § 263 Rn. 316 ff., 319b.

sind dafür die wesentlichen Umstände für die Prognose des Vertragspartners beim Vertragsschluss zu berücksichtigen. Aus wirtschaftlicher Sicht geht das Verlustrisiko deutlich über das übliche Vertragsrisiko hinaus, weshalb schadensrechtlich die Grundlage für die Prognose besonders geschützt werden muss.

Schon das RG hat herausgearbeitet, dass ein unausgeglichener Vertrag aus einer manipulierten Prognosegrundlage bei verschiedenen Risikoverträgen resultiere. Dieser Linie blieb der BGH treu und stellte weiter fest, dass ein Gefährdungsschaden eingetreten sei, wenn ein täuschungsbedingtes erhöhtes subjektives Risiko nicht in die Prämie/Gegenleistung einberechnet wird. Nur einmal wich der BGH von seiner Leitlinie ab, indem er einen Gefährdungsschaden in Höhe der Quotendifferenz bei Sportwettverträgen annahm, denn durch die Manipulationen sei die Chance des Wettanbieters auf eine erfolgreiche Wette nicht angemessen in der Quote ausgedrückt worden. Dabei verzichtete das Gericht auf eine Bezifferung des Gefährdungsschadens. Dies überzeugt in Anbetracht von Art. 103 II GG nicht, da auch kein Evidenzfall vorlag bei dem auf eine Bezifferung hätte verzichtet werden können. Im versicherungsrechtlichen Kontext kann sich zur Bezifferung beispielsweise an § 341e II Nr. 3 HGB orientiert werden.

Daher verwarfen die Gerichte überzeugend diese Rechtsprechung wieder und erblickten den Eintritt eines Gefährdungsschadens (generell) darin, dass die erhöhte Verlustwahrscheinlichkeit täuschungsbedingt verkannt wurde. Heute wird überzeugend durch die Rechtsprechung der Eintritt eines Gefährdungsschadens angenommen, wenn wegen der manipulierten Prognosegrundlage den Vertragspartner ein höheres Ausfallrisiko trifft und dieses bei Kenntnis in die vertragliche Gegenleistung einkalkuliert worden wäre.

Somit ist die Bezeichnung „Eingehungsbetrug" für diese Fallgruppe zu weit und unterscheidet keine schadensrechtlichen Besonderheiten. Auch wird ferner aufgezeigt, dass die Erfassung dieser Fallgruppe unter dem Stichwort „Sportwettenbetrug" zu speziell ist, da ein dogmatischer Zusammenhang zwischen Sportwettverträgen und anderen Risikogeschäften, deren Schwerpunkt auf einer Prognose bzw. einer Wette liegt (z. B. bei einem Versicherungsvertrag), bei der Schadensbegründung besteht. Dies muss zur Erhöhung der Rechtssicherheit deutlich gemacht werden. Bei diesen Verträgen geht das Verlustrisiko deutlich über das übliche Vertragsrisiko hinaus, weshalb schadensrechtlich die Grundlage für diese Prognose besonders geschützt werden muss.

Somit ist ein dogmatischer Zuschnitt der hier vorgeschlagenen Konstellation der manipulierten Prognosegrundlage zur Feststellung eines Gefährdungsschadens sinnvoll, da diese dogmatisch zusammengehörige Phänomene einheitlich erfasst, aber gleichzeitig auch angemessen von anderen Erscheinungen abgrenzt. Das zivilrechtliche Pendant zu der Fallgruppe ist die Verletzung der Aufklärungspflicht gem. § 241 II BGB,[88] da der Täter seinen Vertragspartner nicht über alle für den Vertrag wesentlichen Umstände informiert hat. Der strafrechtsdogmatische Nutzen des Vergleichs liegt vor allem darin, dass zivilrechtliche Wertungen, wann ein Umstand wesentlich ist, sodass über diesen hätte aufgeklärt werden müssen, in die strafrechtliche Entscheidung für die Feststellung eines Gefährdungsschadens übertragen werden können. Auf diese Weise kann die Rechtsfigur des Gefährdungsschadens stärker konkretisiert und präzisiert werden.

2. RGSt 48, 186

1914 hatte sich das RG mit einem Sachverhalt auseinanderzusetzen, in dem ein Versicherungsvertrag aufgrund einer Übersicherung gem. § 51 II VersVG a.F. nichtig war. Das RG bejahte den Eintritt eines Gefährdungsschadens aufgrund des scheinbar wirksamen Vertragsschlusses und der Unkenntnis der Versicherungsgesellschaft von der Willensrichtung des Angeklagten.[89]

> „Denn die Gesellschaft verpflichtete sich zufolge des [...] Irrtums, eine *weit größere Gefahr (vermögensrechtlichen Inhalts) zu tragen, als sie dem in der Prämie ausgedrückten*, demgemäß auch vereinbarten gewöhnlichen Verlaufe der Dinge entsprach, und die Möglichkeit einer die Gesellschaft treffenden tatsächlichen Einbuße an ihrem Vermögen war bei der von den Angeklagten in Aussicht genommenen alsbaldigen Brandstiftung unmittelbar gegeben [...].“[90]

---

88 Vgl. *Sutschet*, in: BeckOK BGB, 59. Edition, Stand: 1.8.2021, § 241 Rn. 77 ff.; *Bachmann*, in: MüKo BGB, Band 2, 8. Auflage 2019, § 241 Rn. 129, 138; in diese Richtung auch hinsichtlich der strafrechtlichen Bewertung von § 263 StGB bei Finanzinstrumenten: *Siegel/Rulands*, ZWH 2018, 293 (295 f.). Aufklärungspflichten sind nur in jenen Fällen gegeben, wenn eine Partei eines Vertragsverhältnisses eine Aufklärung aufgrund der hohen Bedeutung erwarten darf, beispielsweise um ein Geschäftsrisiko zu minimieren. Regelmäßig wäre es bei einer ordnungsgemäßen Aufklärung zu keinem Vertragsabschluss gekommen.

89 RGSt 48, 186 (190).

90 RGSt 48, 186 (190) – Hervorhebungen durch Verf.

3. BGH NJW 1985, 1563

1985 hatte der BGH über einen Fall zu entscheiden, in dem der Angeklagte mehrere Unfallversicherungen abgeschlossen hatte. Er schwieg bei dem Abschluss der Versicherungsverträge über das Bestehen der anderen Unfallversicherungen. Laut BGH herrscht bei der Unfallversicherung als Personenversicherung zwar das Prinzip der abstrakten Bedarfsdeckung und nicht das versicherungsrechtliche Bereicherungsverbot. Eine Kumulierung verschiedener Versicherungssummen sei daher grundsätzlich zulässig. Allerdings könne das subjektive Risiko der Versicherungsgesellschaft als Vertragspartner dadurch stark erhöht sein, wobei je nach Art der Versicherung (Leistungsart) unterschiedliche Kriterien maßgeblich seien. Bei der differenzierten Betrachtung sollen die Erfahrungen der Unfallversicherer berücksichtigt werden, inwieweit jeweils ein subjektives Risiko prämienerhöhend einkalkuliert wurde.[91]

Zunächst ist die Überlegung, dass hier ein Gefährdungsschaden eingetreten sein soll, erstaunlich, da der Angeklagte zwar aus dem jeweiligen Versicherungsvertrag einen Anspruch auf Zahlung gegen mehrere Versicherungsgesellschaften für die gleiche Unfallsituation hatte. Jedoch hatte er auch die Versicherungsprämien für die Abdeckung des Schadenfalls bezahlt. Allerdings ist der Abschluss mehrerer (fast) identischer Versicherungen ein Indiz für eine höhere als die statistisch ermittelbare Schadenswahrscheinlichkeit, die in der Prämienberechnung berücksichtigt wird.[92] Es ist nicht ersichtlich, warum sonst das gleiche Risiko betreffend mehrere Versicherungen durch einen Versicherungsnehmer abgeschlossen werden, wenn nicht hinreichend konkret mit dem Eintritt des entsprechenden Risikos zu rechnen ist. Darüber hatte der Angeklagte seine Vertragspartner nicht aufgeklärt. Durch diese Nichteinkalkulierung ist überzeugenderweise ein Gefährdungsschaden entstanden.[93]

---

91 BGH NJW 1985, 1563 (1564).

92 Vgl. grundsätzlich zur Berücksichtigung von Schadenswahrscheinlichkeiten bei der Prämienberechnung: *Kl. Schmidt*, Versicherungsmathematik, 2. Auflage 2006, S. 1 ff.

93 Zustimmend *Sonnen*, JA 1985, 663 (663); *Seelmann*, JR 1986, 346 (346).

4. BGHSt 54, 69 – sog. *Al Qaida-Fall*

2009 hatte der 3. Strafsenat des BGH im sog. *Al Qaida-Fall* über einen Sachverhalt zu entscheiden, in dem einer der Angeklagten mehrere Lebensversicherungen mit Bezugsberechtigung für den anderen Angeklagten abgeschlossen hatte. Die Angeklagten beabsichtigten mit falsch ausgestellten Dokumenten einen tödlichen Verkehrsunfall vorzutäuschen, um die Versicherungen zur Auszahlung zu veranlassen und mit dem Gewinn die Terrororganisation *Al Qaida* zu unterstützen. Laut BGH bildet der Bezugspunkt für die Annahme des Gefährdungsschadens nicht die angestrebte Auszahlung der Versicherungssumme, sondern die Höhe der vereinbarten Prämienzahlungen.[94] Die Prämie sei der Preis, den der Versicherungsnehmer dafür zu zahlen habe, dass der Versicherer bei Eintritt des Versicherungsfalls die Versicherungssumme leiste. Der Versicherer kalkuliere die Versicherungsprämie auf Basis seiner allgemeinen Kosten, der statistisch voraussichtlichen Lebensdauer und ggf. besonderer Risiken. In einer späteren Auszahlung liege nur eine Schadensvertiefung.[95] Hier sei der Versicherer mit Abschluss des Vertrags

> „[...] rein wirtschaftlich gesehen nicht [...] nur mit einer aufschiebend bedingten Verpflichtung zur Zahlung der Versicherungssumme für den Fall belastet, dass sich das – nach allgemeinen Maßstäben bewertete – Risiko des Todeseintritts während der Vertragslaufzeit verwirklichen sollte. Vielmehr war seine Inanspruchnahme aufgrund *der von den Angeklagten beabsichtigten Manipulation des Vertragsgegenstandes sicher zu erwarten*. Der entsprechenden Forderung hätte er sich nur durch den Beleg der Unredlichkeit des Versicherungsnehmers, etwa durch den Nachweis der Unrichtigkeit der [...] Todesbescheinigung, entziehen können. *Damit war die Leistungswahrscheinlichkeit gegenüber dem vertraglich vereinbarten Einstandsrisiko signifikant erhöht*."[96]

---

94 Dazu ausführlich *Schlösser*, NStZ 2012, 473 (474).

95 BGHSt 54, 69 (122, 124); vorgehend so auch OLG Düsseldorf, Urteil vom 5.12.2007 – III-VI 10/05 (unveröffentlicht); kritisch *Thielmann*, HRRS 2012, 149 (151 f.); *ders./Groß-Bölting/Strauß*, HRRS 2010, 38 (41); *Waßmer*, HRRS 2012, 368 (369); *Satzger*, in: ders./Schluckebier/Widmaier (Hrsg.), StGB, 5. Auflage 2021, § 263 Rn. 257 f.; *von der Meden*, BLJ 2007, 61 (64). Anmerkungen zu BGHSt 54, 69, die fürs Hiesige nicht relevant sind: *Gusy*, HRRS 2009, 489; *Beukelmann*, NJW-Spezial 2009, 712; *Löffelmann*, JR 2010, 455.

96 BGHSt 54, 69 (123 f.) – Hervorhebungen durch Verf.

Es gibt zwei Arten von Lebensversicherungen: erstens die Versicherung auf den Todesfall, die Schutz vor den finanziellen Folgen des Todes der versicherten Person gewährt; zweitens die Versicherung auf den Erlebensfall, die der Versorgung im Alter dient. Im *Al Qaida-Fall* wurde eine Versicherung auf den Todesfall abgeschlossen. Lebensversicherungen basieren in der Regel nur auf einem einzigen Risiko: der Dauer des Lebens. Dieses Risiko wird mit Hilfe von sog. Sterbetafeln berechnet, die u. a. die Sterbewahrscheinlichkeit einer Person enthalten.[97] Die Sterbewahrscheinlichkeit ist für die Berechnung der Risikoprämie ausschlaggebend, denn nur ausreichende Prämien können gewährleisten, dass ein Versicherungsunternehmen sein Leistungsversprechen gegenüber den Versicherungsnehmern im Versicherungsfall einlösen kann. Die Risikoprämie setzt sich aus der Nettoprämie und einem Sicherheitszuschlag zusammen.[98] Die Argumentation des BGH ist mit Blick auf die nicht in der Prämienberechnung berücksichtigte signifikant erhöhte Leistungswahrscheinlichkeit überzeugend. Dazu erklärt *Joecks* anschaulich:

> „Der Lebensversicherer wird anhand der Sterbetafeln und des Geburtsdatums sowie der persönlichen Eigenschaften des potentiellen Versicherungsnehmers die Versicherung ablehnen oder die Prämie in einer bestimmten Art und Weise kalkulieren: Ein Nichtraucher bezahlt für eine Risikolebensversicherung mit einer Laufzeit von zehn Jahren einen Jahresbeitrag von 900 €; ein Raucher einen Jahresbeitrag von 1200 €."[99]

Die Argumentation entspricht also der versicherungswirtschaftlichen Realität. Da der BGH den Eintritt des Gefährdungsschadens allerdings nicht konkret bezifferte, hob das BVerfG diese Entscheidung aufgrund eines Verstoßes gegen Art. 103 II GG auf. Es muss laut BVerfG tragfähig geschätzt werden, wie hoch zum Zeitpunkt der Vertragsschlüsse die Wahrscheinlichkeit war, dass Vertragsleistungen tatsächlich an die Täter ausgezahlt werden würden. Eine vage Beschreibung der Verlustwahrscheinlichkeit reiche nicht aus. Es müsse insbesondere berücksichtigt werden, dass die Täter intensiv durch Sicherheitsbehörden überwacht wurden und eine

---

97 Vgl. *Kl. Schmidt*, Versicherungsmathematik, 2. Auflage 2006, S. 109, 239 ff.

98 Darüber hinaus, wofür allerdings vermutlich Sachverständige hinzugezogen werden müssen, zur genauen Berechnung der Prämien bei Lebensversicherungen sowie zur Kalkulation von Prämien: *Kl. Schmidt*, Versicherungsmathematik, 2. Auflage 2006, S. 109 ff., 239 ff.

99 *Joecks*, wistra 2010, 179 (180).

Auszahlung daher von Anfang an wenig wahrscheinlich war.[100] Auch lag vermutlich kein Evidenzfall vor, sodass auf eine Bezifferung hätte verzichtet werden können.[101] Dazu hat das BVerfG jedoch keine Stellung genommen.

Eine Bezifferung des Prämienschadens wäre mit einer Orientierung am Bilanzrecht im hiesigen Fall grundsätzlich möglich gewesen: Bilanziell müssen gem. § 341e II Nr. 3 HGB Rückstellungen für Verluste passiviert werden, die in Folgejahren aus vor dem Abschlussstichtag abgeschlossenen Verträgen (noch) zu erwarten sind. Ein Beispiel dafür sind die als zu niedrig erkannten Beiträge, was auf Kalkulationsmängeln oder scharfen Prämienwettbewerb beruhen kann.[102] Mit Blick auf ökonomische Methoden muss ferner berücksichtigt werden, dass im vorliegenden Fall die zeitnahe Sterbewahrscheinlichkeit bei der Prämienberechnung aufgrund des Tatplans fast bei 100 % lag. Somit war die Schadenswahrscheinlichkeit eindeutig über der üblicherweise zur Lebensversicherungsprämienberechnung herangezogenen Sterbewahrscheinlichkeit, die unter Berücksichtigung verschiedener Lebensumstände mittels der Sterbetafeln berechnet wird.[103] Für die konkrete Berechnung müsste jedoch ein Sachverständiger herangezogen werden.[104]

5. BGHSt 51, 165 – sog. *Hoyzer-Fall*

Im sog. *Hoyzer-Fall* hatte sich der 5. Strafsenat des BGH mit einem Sportwettbetrug auseinanderzusetzen. Der Angeklagte hatte Fußballspiele durch Schmiergeldzahlungen an Spieler und Schiedsrichter manipuliert. Anschließend schloss er Wetten mit festen Wettquoten ab. Wie bei jedem Wettvertrag habe der Angeklagte auch bei dem vorliegenden Vertrags-

---

100 BVerfGE 130, 1 Rn. 171, 176, 179; zustimmend *Jahn*, JuS 2012, 266 (268); *Waßmer*, HRRS 2012, 368 (369).

101 Vgl. auch *Schlösser*, NStZ 2012, 473 (477). Eingehend zu den verfassungsrechtlichen Anforderungen bereits ab S. 37.

102 So *Schubert*, in: Beck'scher Bilanz-Kommentar, 12. Auflage 2020, § 249 Rn. 60; vgl. auch *Wessing/Krawczyk*, NZG 2010, 1121 (1124).

103 Vgl. zu den Sterbetafeln *Kl. Schmidt*, Versicherungsmathematik, 2. Auflage 2006, S. 297 ff.

104 Dies kann z. B. mit Hilfe von Fachleuten der Versicherungsmathematik geschehen, vgl. zur Berechnung von Lebensversicherungsprämien: *Kl. Schmidt*, Versicherungsmathematik, 2. Auflage 2006, S. 109 ff. Dagegen *Thielmann*, StraFo 2010, 412 (418); *ders./Groß-Bölting/Strauß*, HRRS 2010, 38 (45).

schluss konkludent erklärt, dass er keine vorsätzlich sittenwidrige Manipulation vorgenommen habe.[105] Laut BGH liegt ein sog. Quotenschaden in der Quotendifferenz, denn bei Sportwetten mit festen Quoten bilden diese den Verkaufspreis der Wettchance. Die Quote bestimme im Gewinnfall, mit welchem Faktor der Einsatz multipliziert werde. Durch die Manipulation wurde das Wettrisiko erheblich zugunsten des Angeklagten verschoben und entsprach beim Vertragsschluss nicht mehr den vom Wettanbieter kaufmännisch ermittelten Quoten.[106] Der Angeklagte habe bei einer realistischen Einschätzung des Wettrisikos unter Berücksichtigung der verabredeten Manipulationen nur die Chance auf einen erheblich geringeren Gewinn erkaufen können.[107] Ein Quotenschaden müsse nicht beziffert werden. Ein möglicher Wettgewinn abzüglich des Einsatzes könne nicht berücksichtigt werden, weil der tatsächliche Gewinn noch zu abstrakt und unwahrscheinlich sei, da der Gewinn noch von ungewissen, zukünftigen Verhaltensweisen der Spieler, der Schiedsrichter und des Spielverlaufs abhinge.[108] In den Fällen, in denen es zu Gewinnauszahlungen gekommen ist, sei der Quotenschaden in einen endgültigen Schaden der Wettanbieter in Höhe der Differenz zwischen Wetteinsatz und Wettgewinn umgeschlagen.[109]

---

105 Neben der konkludenten Miterklärung ist alternativ auch eine Täuschung durch Unterlassen denkbar. Dies ist zu entscheiden, ist jedoch nicht Gegenstand dieser Arbeit.

106 Insoweit ist zum Zweck dieser Arbeit unerheblich, dass teilweise angenommen wird, dass die Wettquote ohne hin schon eine Gewinnspanne für den Wettanbieter beinhalte und die Gewinnquote nicht gleich der Risikoquote entspreche, vgl. *Saliger/Rönnau/Kirch-Heim*, NStZ 2007, 361 (366); *Schulz/Slowinski*, Jura 2010, 706 (709). Dies ist lediglich für die spätere tatsächliche Berechnung des konkreten einzelnen Schadens ausschlaggebend und nicht für die Berücksichtigung des Kriteriums an sich. Anmerkungen zu BGHSt 51, 165, die fürs Hiesige nicht relevant sind: *Kubiciel*, HRRS 2007, 68; *Trüg/Habetha*, JZ 2007, 878; *Pawlik*, Das unerlaubte Verhalten beim Betrug, 1999, S. 250 f.; *Jäger*, JA 2013, 868 (870); *Hecker*, JuS 2013, 656 (658).

107 Zustimmend *Bosch*, JA 2007, 389 (391); *Rönnau/Soyka*, NStZ 2009, 12 (14); *Schild*, ZfWG 2007, 10 (12 f.); *Ostermeier*, ZfWG 2007, 253 (260); den Schaden als woanders liegend sehend *Jahn/Maier*, JuS 2007, 215 (219); *Saliger/Rönnau/Kirch-Heim*, NStZ 2007, 361 (366); *Schulz/Slowinski*, Jura 2010, 706 (708); *Radtke*, Jura 2007, 445 (451); *Petropoulos/Morozinis*, wistra 2009, 254 (257 f.).

108 BGHSt 51, 165 (174 ff.); zustimmend *Kutzner*, JZ 2006, 712 (717); vgl. auch *Mosbacher*, NJW 2006, 3529 (3530); *von der Meden*, BLJ 2007, 61 (64). Äußerst kritisch zur fehlenden Bezifferung *Rönnau/Soyka*, NStZ 2009, 12 (14).

109 BGHSt 51, 165 (176); teilweise durch die Literatur als sog. Auszahlungsschaden bezeichnet *Saliger/Rönnau/Kirch-Heim*, NStZ 2007, 361 (367 f.). Zur Schadensberechnung näher *Fasten/Oppermann*, JA 2006, 69 (72 f.); *Fischer*, StGB, 68. Auflage

Bei einer Sportwette liegen die vertraglichen Gegenleistungen in dem Austausch von dem Wetteinsatz und dem Wettschein. Der Wettende enthält grundsätzlich mit dem Wettschein eine Inhaberschuldverschreibung gem. § 793 BGB, die eine bedingte Forderung des Wettenden gegen den Wettveranstalter verbrieft. Im *Hoyzer-Fall* wurden sog. Oddset-Wetten abgeschlossen. Bei einer solchen steht die Gewinnquote durch den Wettanbieter von vornherein fest und der Spieler weiß bereits vor Vertragsschluss, wie viel er im Falle einer erfolgreichen Wette gewinnt. Im Gegensatz zu der sog. Toto-Wette sind dem Wettenden bei der Oddset-Wette kaum Grenzen gesetzt, da auf alle möglichen Ereignisse, wie z. B. ein konkretes Spielergebnis, gewettet werden kann. Bei der Toto-Wette steht bei Abschluss des Wettvertrags die Gewinnquote noch nicht fest, da sich der Gewinn am Gesamteinsatz der Teilnehmenden der jeweiligen Spielrunde orientiert. Durch die Individualisierbarkeit von Oddset-Wetten ist der Manipulationsprozess steuerbar sowie der finanzielle Aufwand und das Entdeckungsrisiko geringer, weshalb diese grundsätzlich anfälliger für Manipulationen sind.[110]

a. Relevanter Zeitpunkt

Mangels Schadensbezifferung ist die *Hoyzer*-Rechtsprechung verfassungswidrig.[111] Eine Entscheidung des BVerfG gab es darüber aber nicht. Seit der Rechtsprechung zum *Hoyzer-Fall* ist ferner fraglich, ob der BGH die Feststellung eines Gefährdungsschadens zu weit nach vorn verlagert.[112] Beispielsweise kritisiert *Kutzner*, dass das Prinzip der Gesamtsaldierung unberücksichtigt bleibe, da kein Vergleich des Gesamtvermögens vor und nach der Verfügung vorgenommen werde. Ein Vermögensschaden trete

---

2021, § 263 Rn. 132a mwN. Dagegen *Kutzner*, JZ 2006, 712 (717); *Schild*, ZfWG 2006, 213 (218 f.). Vgl. eingehend zur Strafbarkeit eines Schiedsrichters als Beteiligter: *v. Komorowski/Bredemeier*, SpuRt 2005, 181.

110 Ausführlich zu den verschiedenen Wettarten und den Begrifflichkeiten: *Müller-Metge*, CaS 2010, 118 (118 f.); *Fasten/Oppermann*, JA 2006, 69 (72 f.). Vgl. auch zum Begriff der Sportwette mit fester Gewinnquote: BGH NJW 2005, 150 (150 ff.).

111 So ebenfalls *Rönnau/Soyka*, NStZ 2009, 12 (14); *Saliger*, HRRS 2012, 363 (367); *Kulhanek*, NZWiSt 2013, 246 (250). Auch noch die BGHSt 58, 102 aus 2012 als verfassungswidrig bezeichnend: *Schlösser*, NStZ 2013, 629 (631).

112 So *Thielmann/Groß-Bölting/Strauß*, HRRS 2010, 38 (41); *Jahn/Maier*, JuS 2007, 215 (219).

erst bei einer Gewinnausschüttung ein. In Fällen, in denen die Manipulation keinen Erfolg habe, sei kein tatbestandlicher Schaden eingetreten. Der Vermögensschaden hänge mit dem unbedingten Entstehen des Gewinnanspruchs zusammen. Andernfalls werde die Verschiebung des Wettrisikos nicht ausreichend berücksichtigt.[113]

Dieser Ansicht wird entgegengehalten, dass so der unzulässige Quotenschaden auf einen Auszahlungsschaden übertragen werde. Das allgemeine Wettrisiko sei bereits bei der Frage, ob ein Schaden entstanden sei, zu berücksichtigen und nicht erst bei der Berechnung der Schadenshöhe. Daher behauptet *Schlösser*, dass die Vollendung erst im Zeitpunkt des Abpfiffes des Spiels liege. Bei Vertragsschluss sei noch zu unsicher, ob die Manipulation des Spiels entsprechend der Abrede gelinge.[114] Diese Ansicht baut am ehesten eine „goldene Brücke" zum Rücktritt.

Dagegen nimmt *Krack* mit dem BGH unabhängig von einer Gewinnzahlung einen Vermögensschaden durch das als Folge der Manipulation eingetretene Ungleichgewicht der Gewinnchancen zugunsten des Wettenden an. Dadurch stünden die Gewinnchancen in keinem äquivalenten Verhältnis mehr zu dem ursprünglich erbrachten Wetteinsatz.[115] Diese Ansicht überzeugt, da sie systemgerecht die Anforderungen an das Vorliegen eines Eingehungsbetrugs befolgt[116] und für mehr Rechtssicherheit sorgt.[117] Bei einem staatlich genehmigten Ausspielvertrag ist nämlich die Gewinnzusage nach § 763 S. 1 BGB verbindlich geworden. Diese Gewinnzusage bestimmt das Risiko des Auszahlenmüssens bei einer richtigen Vorhersage des Ausgangs des Wettereignisses. Die zugrundeliegende Kalkulation des Wettanbieters bildet die Basis für die Ausgewogenheit von Risiko und Chance der Vertragsparteien. Bei Vertragsschluss erklärt der Wettende konkludent, dass er den Eintritt des Gewinnereignisses nicht manipuliert habe und somit das wettgegenständliche Risiko vom Zufall abhinge. Es stehen sich daher Gewinnchance und Kaufpreis als Gegenleistungen gegenüber.[118] Die Vermögensgefährdung geht infolge der Täuschung deutlich über die übliche Gefahr bei einem Risikogeschäft hinaus, also einem

---

113 *Kutzner*, JZ 2006, 712 (717).

114 *Schlösser*, NStZ 2005, 423 (428).

115 *Krack*, ZIS 2007, 103 (109 f.).

116 Vgl. auch *Bittmann*, ZWH 2013, 137 (138).

117 Ebenso *Winkler*, jurisPR-StrafR 3/2010 Anm. 2 aE; *von der Meden*, BLJ 2007, 61 (63); *Engländer*, JR 2012, 477 (479).

118 Dazu *von der Meden*, BLJ 2007, 61 (62); *Bittmann*, ZWH 2013, 137 (138); *Satzger*, Jura 2016, 1142 (1143).

Geschäft, das unter Unsicherheiten erfolgt und ein erhöhtes Verlustrisiko innehat.[119]

Sowohl trivial als auch zutreffend ist der Hinweis, dass nahezu jede Entscheidung im Wirtschaftsleben ein Risiko beinhaltet.[120] Allerdings basieren Risikogeschäfte immer auf einer zugrunde gelegten Prognosegrundlage für die Berechnung der Wahrscheinlichkeit des Erfolgs und die Bestimmung der gegenseitigen Vertragspflichten. Daher muss die konkrete Kalkulation des Wettanbieters ermittelt werden, um dessen Kriterien bei der Festlegung des Preises feststellen zu können.[121] So kann der Verkaufspreis des Wettscheins bei Kenntnis der Manipulation errechnet werden. Die Gefährdung des Vermögens infolge der manipulierten Prognosegrundlage ist durch die im Vertrag festgelegten Gegenleistungen, sei es durch eine Prämie oder die Gewinnquote, also hinreichend konkretisiert. Von nur abstrakten Risiken und einer extremen Vorverlagerung kann daher keine Rede sein. Schwierigkeiten bei der wirtschaftlichen Wertbestimmung der Risikoverschiebung können nicht den Vollendungszeitpunkt bestimmen.[122]

b. Berücksichtigung der Gewinnzahlungen

Fraglich ist, ob mögliche Gewinnzahlungen zur Berechnung eines Gefährdungsschadens herangezogen werden müssen. Dem BGH ist jedoch darin zuzustimmen, dass Gewinnzahlungen im Zeitpunkt des Vertragsschlusses

---

119 *Hillenkamp*, NStZ 1981, 161 (162 ff.); vgl. auch *Waßmer*, Untreue bei Risikogeschäften, 1997, S. 7 ff. Eingehend zu den unterschiedlichen Arten insbesondere hinsichtlich der erforderlichen Intensität des Risikos: *P. Graf*, Das Vermögensstrafrecht vor den Schranken des Verfassungsrechts, 2016, S. 165; *Hermann*, Die Begrenzung der Untreuestrafbarkeit in der Wirtschaft am Beispiel der Bankenuntreue, 2011, S. 65 f.

120 Dazu auch BGH NStZ 2006, 221 (222 f.); *Adick*, HRRS 2008, 460 (460); *Ransiek*, ZStW 2004, 634 (634); *Fischer*, StGB, 68. Auflage 2021, § 266 Rn. 63; *Dierlamm*, in: MüKo StGB, Band 5, 3. Auflage 2019, § 266 Rn. 228 ff.; *Piel*, Einführung in die Thematik des Risikogeschäfts, in: Dogmatik und Praxis des strafrechtlichen Vermögensschadens, 2015, S. 109 (109 ff.).

121 So auch *Bittmann*, ZWH 2013, 137 (141).

122 Ebenfalls zustimmend *Bittmann*, ZWH 2013, 137 (140); a.A. *Krüger/Hilbert/Wegenroth*, CaS 2013, 188 (195); *Thielmann/Groß-Bölting/Strauß*, HRRS 2010, 38 (42); *Reinhart*, SpuRt 2007, 52 (55); *Hohmann*, NJ 2007, 132 (133). Ähnlich kritisch, der für keine Differenzierung von Eingehungs- und Erfüllungsbetrug beim Versicherungsbetrug plädiert: *Waßmer*, HRRS 2012, 368 (373).

aufgrund erheblicher Unsicherheiten beim Spielverlauf und Verhalten der Manipulierten noch zu ungewiss sind und daher bei der Berechnung nicht berücksichtigt werden dürfen.[123] Beispielsweise könnte sich für einen unredlichen Fußballschiedsrichter gar keine Möglichkeit ergeben, dass dieser einen unberechtigten Elfmeter gewährt oder eine grundlose Rote Karte vergibt oder dass ein manipulierter Torwart gar keine Bälle ins Tor lassen kann, weil er keinen Schuss auf sein Tor bekommt. In solchen Fällen kommt es eventuell zu keiner Gewinnauszahlung. Wenn nicht konkrete Anhaltspunkte bei Vertragsschluss bestehen, dass es zu keinerlei Unsicherheiten beim Spielverlauf und Verhalten der Manipulierten kommt, ist eine Anknüpfung an die Gewinnhöhe für die Feststellung eines Gefährdungsschadens noch zu abstrakt. In einem solchen Fall dürfen mögliche Gewinnzahlungen nicht einberechnet werden, sondern nur die Verschiebung des Wettrisikos zugunsten des Wettenden durch die Manipulation.[124] Kommt es dennoch später zu einer tatsächlichen Gewinnauszahlung, vertieft dies den eingetretenen Gefährdungsschaden, da der Wetteilnehmer aus dem Wettvertrag keinen Anspruch auf Gewinnauszahlung bei einem manipulierten Spiel hatte (sog. Arglisteinwand, vgl. § 242 BGB)[125] und somit das Vermögen des Geschädigten weiter geschädigt wird.

6. BGHSt 58, 102: Teilweise Überwindung der *Hoyzer*-Rechtsprechung

Ob der BGH im *Hoyzer-Fall* den Quotenschaden als eine besondere Ausprägung des Konzepts des Gefährdungsschadens ansah oder eine neue Schadenskategorie bilden wollte, ist umstritten.[126] Im Jahr 2012 referierte der 4. Strafsenat des BGH in einem vergleichbaren Fall des Sportwettbetrugs die Anforderungen an den Quotenschaden aus dem *Hoyzer-Fall*, aller-

123 Anders *Hohmann*, NJ 2007, 132 (133).

124 Ebenso *Schlösser*, NStZ 2005, 423 (428).

125 Dazu *Bosch*, JA 2007, 389 (389).

126 Vgl. auch LG Berlin, Urteil vom 17.11.2005 – 68 Js 451/05, BeckRS 2006, 5289; dafür plädierend, dass der BGH den Quotenschaden als Gefährdungsschaden einordnet: *Petropoulos/Morozinis*, wistra 2009, 254 (258); *Rettenmaier*, FD-StrafR 2007, 212572; *Rönnau/Soyka*, NStZ 2009, 12 (13); *Jahn/Maier*, JuS 2007, 215 (219); *Hohmann*, NJ 2007, 132 (133); *von der Meden*, BLJ 2007, 61 (63); dagegen *Saliger/Rönnau/Kirch-Heim*, NStZ 2007, 361 (365); *Feinendegen*, NJW 2007, 787 (788); *Radtke*, Jura 2007, 445 (449, 451); *Gaede*, HRRS 2007, 16 (17); *Schild*, ZfWG 2007, 10 (12); *Reinhart*, SpuRt 2007, 52 (54); *Müller-Metge*, CaS 2010, 118 (123); *Saliger*, Die Normativierung des Schadensbegriffs in der neuen Rechtsprechung zu Betrug und Untreue, in: Festschrift für Samson, 2010, S. 455 (458 f.).

dings wandelte er diese aufgrund der verfassungsrechtlichen Anforderungen an die Feststellung eines Gefährdungsschadens aus der BVerfG-Entscheidung zum *Al Qaida-Fall* ab.[127] Damit machte der BGH deutlich, dass er den Quotenschaden als eine Form des Gefährdungsschadens ansieht. Laut dem 4. Strafsenat liegt ein Gefährdungsschaden jedoch nicht in der Quotendifferenz, sondern in der Verlustwahrscheinlichkeit. Weiter führte das Gericht aus:

> „Der Anspruch des Wettenden ist auf den seinen Einsatz entsprechend der vereinbarten Quote übersteigenden Wettgewinn und der Anspruch des Wettanbieters auf ein Behaltendürfen des vorgeleisteten Wetteinsatzes gerichtet. *Ihr Geldwert bestimmt sich nach der vereinbarten Höhe* (Einsatz x Quote - Einsatz bzw. Einsatz) *sowie der Wahrscheinlichkeit des Eintrittes des zur Bedingung gemachten Spielausganges.* Wird durch eine nicht offen gelegte Manipulation des Wettenden die Wahrscheinlichkeit erhöht, dass es zu dem von ihm gewetteten Spielausgang kommt, erhöht sich damit auch der Geldwert seines Anspruchs gegen den getäuschten Wettanbieter und das *korrespondierende Haftungsrisiko*. Zugleich vermindert sich der Geldwert des alternativen Anspruchs des Wettanbieters auf ein Behaltendürfen des Einsatzes. Die getäuschten Wettanbieter haben mithin einen Vermögensschaden erlitten, wenn bei objektiver Betrachtung die von ihnen gegenüber den Angeklagten eingegangene – *infolge der Manipulationen mit einem erhöhten Realisierungsrisiko behaftete* – Verpflichtung zur Auszahlung des vereinbarten Wettgewinns nicht mehr durch den Anspruch auf den Wetteinsatz aufgewogen wird.“[128]

Die Wahrscheinlichkeit eines Wetterfolgs, dessen Veränderung durch die Manipulationen und die jeweiligen Ansprüche seien wirtschaftlich zu beziffern:

> „Dabei können die auf dem Wettmarkt für die jeweiligen Spiele anfänglich angebotenen Quoten einen Anhalt für die Bewertung des Wettrisikos vor der Manipulation bieten. Für die Bewertung der Beeinflussung des Wettrisikos durch die Manipulation geben die Zahl und

127 BGHSt 58, 102 (111 f., 115). Anmerkungen dazu, die fürs Hiesige nicht relevant sind: *Engländer*, JR 2012, 477; *Eisenberg*, JR 2013, 232; *Beukelmann*, NJW-Spezial 2010, 56; *Hüttenrauch*, NJ 2013, 351.

128 BGHSt 58, 102 (112 f.) – Hervorhebungen durch Verf.

> die Bedeutung der beeinflussten Spieler oder sonstigen Teilnehmer einen wesentlichen Anhaltspunkt."[129]

Falls eine Anknüpfung an § 249 I 1 HGB in Betracht komme[130], müsse berücksichtigt werden, dass es vorliegend um die Ermittlung eines Mindestschadens ginge. Das handelsrechtliche Vorsichtsprinzip komme im Strafrecht somit nicht vollumfassend zu tragen.[131] Wichtig sei, dass die dem Wettanbieter verbleibenden Einsätze von Wettverlierern keine Schadenskompensation darstellen, da diese auf selbstständigen rechtlichen Handlungen beruhen.[132] Die Auszahlung des Gewinnbetrags vertiefe nur den Schaden.[133]

Im hiesigen Fall ist der BGH bei der Feststellung einer Schadensvertiefung konsequent: Während beim Eingehungsbetrug der Schaden schon im Zeitpunkt des Vertragsschlusses vorliegt,[134] ist ein Schaden beim

---

129 BGHSt 58, 102 (114).

130 Zu den Anforderungen daran *Schubert*, in: Beck'scher Bilanz-Kommentar, 12. Auflage 2020, § 249 Rn. 60; *Kraatz*, JR 2012, 329 (334).

131 BGHSt 58, 102 (114); *Schuhr*, ZStW 2011, 517 (530); *Becker*, HRRS 2009, 334 (338 f.); *Kempf*, „Schwarze Kassen": Effektiver Schaden?, in: Festschrift für Volk, 2009, S. 231 (240); *Tiedemann*, Der Vergleichsbetrug, in: Festschrift für Klug, Band II, 1983, S. 405 (415); *Scheinfeld*, NZWiSt 2014, 180 (182); kritisch *Schiemann*, NJW 2013, 888 (888).

132 BGHSt 58, 102 (113 f.); *Satzger*, in: ders./Schluckebier/Widmaier (Hrsg.), StGB, 5. Auflage 2021, § 263 Rn. 214 ff.; *Bittmann*, ZWH 2013, 137 (140); dagegen plädierend *Saliger/Rönnau/Kirch-Heim*, NStZ 2007, 361 (366); *Reinhart*, SpuRt 2007, 52 (54 f.); *Rönnau*, Schadensfiktionen in der Rechtsprechung der Strafgerichte, in: Festschrift für Rissing-van Saan, 2011, S. 517 (528); vgl. auch *Saliger*, Die Normativierung des Schadensbegriffs in der neuen Rechtsprechung zu Betrug und Untreue, in: Festschrift für Samson, 2010, S. 455 (459), der die verbleibenden Wetteinsätze der Wettverlierer als im Verhältnis zu den manipulativ verbleibenden Wettgewinnen als Schadenskompensation ansieht.

133 BGHSt 58, 102 (109); dagegen *Schlösser*, NStZ 2013, 629 (632).

134 H.M., beispielsweise BVerfG NJW 1998, 2589 (2590); BGHSt 23, 300 Rn. 10; *Weber*, Die Vermögensbeschädigung beim Betrug, 1909, S. 46 ff.; *Schlösser*, wistra 2010, 164 (165); *Saliger*, in: Matt/Renzikowski (Hrsg.), StGB, 2. Auflage 2020, § 263 Rn. 236; *Rengier*, Strafrecht BT I, 23. Auflage 2021, Rn. 186; *Hoyer*, in: SK-StGB, Band V, 9. Auflage 2019, § 263 Rn. 238; *Dietrich*, Die Vermögensbeschädigung beim Betrug, 1926, S. 36 ff.; *Wostry*, Schadensbezifferung und bilanzielle Berechnung des Vermögensschadens bei dem Tatbestand des Betruges (§ 263 StGB), 2014, S. 143 ff.; vgl. dazu auch *Hebenstreit*, in: Müller-Gugenberger (Hrsg.), Wirtschaftsstrafrecht, 6. Auflage 2015, § 47 Rn. 58 ff. jeweils mwN.

sog. Erfüllungsbetrug erst mit der tatsächlichen Erbringung der geschuldeten, minderwertigen Leistung gegeben.[135]

Heute spielt diese Rechtsprechung in Fällen des Sportwettbetrugs nur eine untergeordnete Rolle. Um eventuellen Beweisschwierigkeiten zu entgehen, ist seit 2017 durch § 265c StGB der Sportwettbetrug und durch § 265d StGB die strafbare Manipulation von berufssportlichen Wettbewerbern normiert.[136] Allerdings haben die Leitlinien weiterhin Auswirkungen auf andere Arten von Risikogeschäften, in denen mit Hoffnungen und Erwartungen, also Zukunftsprognosen, gehandelt wird.[137]

7. OLG Hamm NJW-RR 2011, 326

2010 hatte das OLG Hamm über einen Sachverhalt zu entscheiden, in dem der Angeklagte bei Abschluss einer Berufsunfähigkeitsversicherung eine psychische Erkrankung verschwiegen hatte. Das Gericht bejahte den Eintritt eines Gefährdungsschadens, wenn eine Berufsunfähigkeit des Versicherungsnehmers konkret absehbar ist. Wenn der Angeklagte nur einen Vertrag abschließe, der die Möglichkeit schafft, dass der Getäuschte demnächst in Erfüllung dieses Vertrags eine ihn schädigende Leistung erbringen könnte, liege kein Gefährdungsschaden vor.[138] Mithin muss im Einklang mit der *Al Qaida*-Rechtsprechung die Frage geklärt werden, ob die konkrete Schadenswahrscheinlichkeit durch die psychische Erkrankung bei Vertragsschluss höher war, als die in die Prämienkalkulation einbezogene. Denn dann geht die Verlustgefahr in Folge der Täuschung über die vertraglich zugrunde gelegte hinaus.

---

135 Statt vieler *Perron*, in: Schönke/Schröder (Hrsg.), StGB, 30. Auflage 2019, § 263 Rn. 128 ff.; *Dannecker*, in: Graf/Jäger/Wittig (Hrsg.), Wirtschafts- und Steuerstrafrecht, StGB, 2. Auflage 2017, § 263 Rn. 98; *Satzger*, in: ders./Schluckebier/Widmaier (Hrsg.), StGB, 5. Auflage 2021, § 263 Rn. 265 ff.

136 BGBl. 2017 I, S. 815; vgl. dazu statt vieler *Kindhäuser/Schumann*, in: Hilgendorf/Kudlich/Valerius (Hrsg.), Handbuch des StGB, Band 5, 2020, § 34 Rn. 171 ff.

137 Dazu auch *Tasamibikakis/Conen*, StRR 2007, 35 (35).

138 OLG Hamm NJW-RR 2011, 326 (327); so vorgehend LG Detmold, Urteil vom 28.9.2009 – 1 O 182/09 (unveröffentlicht). Eingehend zum Risikomanagement für die Versicherungswirtschaft: *Perlet/Guhe*, Anforderungen an ein unternehmerisches Risikomanagement, in: Gündl/Perlet (Hrsg.), Solvency II & Risikomanagement, 2005, S. 145 ff. Ausführlich zu Betrugsbekämpfungsmechanismen für die Versicherungsunternehmen: *Köneke/Müller-Peteres/Fetchenhauer*, Versicherungsbetrug verstehen und verhindern, 2015, S. 265 ff.

8. BGH NJW 2011, 2675

Ein Jahr später stellte sich dem BGH der Fall eines Eingehungsbetrugs durch eine betrügerische Kapitalerhöhung, bei der mit den Geldanlagen ähnlich wie in einem Schneeballsystem[139] umgegangen wurde. Laut BGH ging die Wahrscheinlichkeit der ausbleibenden Rückzahlung deutlich über das vertraglich zugrunde gelegte Risiko hinaus. Die Höhe des Schadens bestimme sich nach dem Wert der Aktie zum jeweiligen Zeichnungszeitpunkt und der Gegenüberstellung zu dem jeweiligen Erwerbspreis. Es bestehe ein Gefährdungsschaden.[140]

9. BGH NJW 2012, 2370 – sog. *LBS Darlehens-Fall*

Im sog. *LBS Darlehens-Fall* hatte der BGH über einen Sachverhalt zu entscheiden, in dem höhere Beträge als die tatsächlich vereinbarten Kaufpreise in Kreditverträgen bei Immobilienverkäufen ausgewiesen wurden. Die Kredite sollten an Personen ohne Eigenkapital oder Geringverdiener ausgezahlt werden, um den Wohnungsmarkt anzukurbeln. Der Bank wurde hingegen mitgeteilt, dass ausreichend Eigenkapital der Kreditnehmer nachgewiesen sei. Laut BGH ist ein Gefährdungsschaden durch das täuschungsbedingte Risikoungleichgewicht entstanden. Für die Berechnung sei maßgeblich, ob und in welchem Umfang die Bank ein höheres Ausfallrisiko treffe, als es bestanden hätte, wenn die angegebenen risikobestimmenden Faktoren zutreffend gewesen wären.

> „Dann verschiebt sich zu ihren Lasten der synallagmatische Zusammenhang. So hätte die kreditgewährende Bank in Kenntnis dieser Umstände die von ihr verlangte Gegenleistung, die Zinshöhe des Darlehens, entsprechend angepasst oder weitergehende Sicherheiten verlangt."[141]

---

139 Vgl. eingehend zu Schnellballsystemen *Hohnel*, in: ders. (Hrsg.), Kapitalmarktstrafrecht, 1. Auflage 2013, § 263 Rn. 31.

140 BGH NJW 2011, 2675 (2675 f.).

141 BGH NJW 2012, 2370 (2371).

Nur dabei seien die bestellten Sicherheiten von Bedeutung.[142] Die Schadensfeststellung habe durch eine bilanzielle Bewertung des von der Bank zu Grunde gelegten Vertragsinhalts zu erfolgen.[143]

Überzeugend hat das Gericht die wirtschaftlichen Auswirkungen einer Manipulation bei einem Vertragsschluss herausgearbeitet: Wenn bei Kenntnis der wahren Vertragsumstände der Vertragspartner die Vertragsleistungen anders festgelegt hätte und bilanzielle Korrekturen hätte vornehmen müssen, ist ein Gefährdungsschaden entstanden. Hätten sich die Gegenleistungen bei Kenntnis der wahren Umstände nicht geändert, kann auch kein Gefährdungsschaden vorliegen.[144] Die Manipulation und das vertragliche Ungleichgewicht müssen sich daher *absehbar* auf die vertragliche Gegenleistung ausgewirkt haben. Ferner darf bei der Schadensbezifferung nicht schlicht auf die Höhe der Darlehenssumme abgestellt werden, da sich darin nicht das Risiko der Täuschung, sondern nur das allgemeine Darlehensrisiko realisiert.[145]

10. BGH wistra 2021, 320

Klarstellend führte der BGH im Jahr 2021 aus, dass eine bloße Identitätstäuschung bei Abschluss eines (Krankheitskosten-)Versicherungsvertrags für die Annahme eines Gefährdungsschadens nicht ausreiche, da dies nur eine abstrakte Gefährdungslage schaffe. Dies könne nicht einem endgültigen Schadenseintritt gleichgesetzt werden. Dafür genüge auch keine mögliche Absicht des Angeklagten gegenüber der Versicherung künftig unberechtigte Ansprüche geltend zu machen, deren Wert der vom Angeklagten mit Vertragsschluss versprochenen Leistung, d. h. die Zahlung

---

142 Deshalb habe die Rechtsprechung einen Vermögensschaden dann immer verneint, wenn der Rückzahlungsanspruch auf Grund der Vermögenslage des Darlehensnehmers oder sonstiger Umstände, die den Gläubiger vor einem Verlust seines Geldes schützen, wirtschaftlich gesichert sei, vgl. BGH NJW 2012, 2370 (2371). Das LG Berlin hatte dagegen noch vorinstanzlich den Schaden aus der Differenz der Kreditsumme zum tatsächlichen Kaufpreis (welcher als maximaler Verkehrswert angenommen wurde) errechnet. Gestellte Bürgschaften wurden hiervon in Abzug gebracht.

143 BGH NJW 2012, 2370 (2371). Zu den Auswirkungen des Bilanzrechts auf die Dogmatik des Gefährdungsschadens bereits ab S. 41.

144 Ebenso *Meyer-Lohkamp*, ZWH 2012, 318 (318).

145 Vgl. *Tierel*, jurisPR-StrafR 11/2012 Anm. 2; *Lilie*, FD-StrafR 2012, 332942; *Rübenstahl*, HRRS 2012, 501 (504 f.); *Scheinfeld*, NZWiSt 2014, 180 (181).

der monatlichen Versicherungsbeiträge, unberührt lasse wie den Wert der Leistung des Versicherers.[146]

> „Der vom Versicherer geschuldete Versicherungsschutz erstreckt sich nämlich von vornherein nicht auf Kosten, die dem Versicherten oder Versicherungsnehmer nicht angefallen sind (Scheinrechnungen) oder aber bereits ausgeglichen wurden (Mehrfachabrechnungen). Eine etwa beim Versicherungsnehmer bei Vertragsschluss vorhandene Vorstellung oder gar Absicht, das Versicherungsverhältnis für eine spätere unberechtigte Geltendmachung von Versicherungsleistungen zu nutzen, schlägt sich daher nicht wirtschaftlich messbar im vertraglichen Äquivalenzverhältnis wieder."[147]

Mithin muss überzeugenderweise festgestellt werden, dass sich die (geplante) Handlung auf den Wert der vertraglichen Gegenleistung ausgewirkt hat. Andernfalls fehlt es an einer hinreichend konkreten Gefährdung des Vermögens des Vertragspartners zur Annahme eines Gefährdungsschadens. Die einzelnen Kostenabrechnungen sind dann nicht als Schadensvertiefungen, sondern als selbstständige Betrugstaten zu werten.

11. Zwischenfazit

Die historisch-chronologische Darstellung seit der Rechtsprechung des RG hat die überzeugend konsequente Entwicklung der Rechtsprechungslinie – mit Ausnahme des *Hoyzer-Falls* – aufgezeigt. Die Gerichte entwickelten eine wirtschaftlich fundierte Schadenssystematik. Es hat sich zeigt, dass das RG schon früh erkannt hat, dass ein unausgeglichener Vertrag aus einer manipulierten Prognosegrundlage, insbesondere bei Risikoverträgen, resultiert. Dieser Linie blieb der BGH treu und stellte fest, dass ein Gefährdungsschaden vorliegt, wenn ein täuschungsbedingtes erhöhtes subjektives Risiko nicht in die Prämie/Gegenleistung einberechnet wurde. Im *Al Qaida-Fall* erörterte er konsequenterweise, dass die signifikant erhöhte Leistungswahrscheinlichkeit des Geschädigten zu einer erhöhten Verlustwahrscheinlichkeit und damit zum Eintritt eines Gefährdungsschadens führt. Von dieser Leitlinie wich der BGH nicht überzeugend im *Hoyzer-Fall* ab, indem er einen Gefährdungsschaden in Höhe der Quotendifferenz bei Sportwettverträgen feststellte, denn durch die Manipulationen sei die

---

146 BGH wistra 2021, 320 (320).
147 BGH wistra 2021, 320 (321).

Chance des Wettanbieters auf eine erfolgreiche Wette nicht angemessen in der Quote ausgedrückt worden. Da verfassungswidrig der Quotenschaden nicht beziffert wurde, gab der BGH später diese Rechtsprechungslinie überzeugend auf. Er schloss sich wieder seiner vorherigen Leitlinie an und erblickte den Gefährdungsschaden in der täuschungsbedingten gestiegenen Verlustwahrscheinlichkeit. Im *LBS Darlehens-Fall* stellte der BGH konsequent dar, dass nur ein Gefährdungsschaden eingetreten sein kann, wenn wegen der manipulierten Prognosegrundlage den Vertragspartner ein höheres Ausfallrisiko treffe und bei Kenntnis in die vertragliche Gegenleistung einkalkuliert worden wäre. Ferner haben die Gerichte überzeugend herausgearbeitet, dass im Einzelfall noch wesentliche Unsicherheitsfaktoren eine hinreichende Konkretheit der Vermögensgefährdung ausschließen können, wie z. B. die Wahrscheinlichkeit für die Erlangung der Versicherungsleistung im Schadensfall. Auch können mögliche Gewinnzahlungen bei der Ermittlung des Gefährdungsschadens aufgrund regelmäßig erheblicher Unsicherheiten im weiteren Verlauf und Verhalten der Manipulierten im Zeitpunkt des Vertragsschlusses nicht berücksichtigt werden.

Somit existieren besondere dogmatische Probleme in der vorliegenden Fallgruppe, die durch die bisherige Literatur nicht sachgerecht erfasst wurden. Diese können nicht allgemein unter „Eingehungsbetrug“ oder speziell unter „Sportwettenbetrug“ gefasst werden. Beides hat keinen schadensrechtlichen Nutzen, denn es wird nicht klar, an welche Aspekte zur Begründung eines Schadens angeknüpft wird. Angemessener ist die Fallgruppe der Konstellation der manipulierten Prognosegrundlage. Eine solche Gruppierung systematisiert das Phänomen am besten, da auf diese Weise dogmatische Zusammenhänge und Gemeinsamkeiten erfasst werden und das Konzept des Gefährdungsschadens angemessen wirtschaftlich abgebildet werden kann.

Zur Erleichterung bei der Feststellung der Schadensbegründung kann das zivilrechtliche Pendant der Verletzung der Aufklärungspflicht gem. § 241 II BGB herangezogen werden. Die Übertragung der zivilrechtlichen Wertungen auf die strafrechtliche Schadensbestimmung führt zu mehr Rechtssicherheit und -klarheit sowie ist im Sinne der Einheit der Rechtsordnung zu begrüßen. Ferner überzeugen die Wertungen zum Schuldrecht, da in dieser Fallgruppe zivilrechtlich vergleichbare Aktionen getätigt wurden, was typischerweise zu einem bestimmten Schaden und damit zu einer einheitlichen Schadensdogmatik führen muss.

II. Ausgebliebener Preisaufschlag oder -nachlass

1. Einführung in die Konstellation

29 aussagekräftige in der Standardliteratur publizierte Judikate befassen sich mit Sachverhalten, die dogmatisch der Konstellation des ausgebliebenen Preisaufschlags oder -nachlasses zur Feststellung eines Gefährdungsschadens zuzuordnen sind.[148] Im bisherigen Schrifttum wurde diese Fallgruppe meist unter den Bezeichnungen „Eingehungsbetrug", „Submissionsuntreue", „Ausschreibungs- oder Submissionsbetrug" oder „Verbotene Geschäfte" geführt.[149]

In der Darstellung und Analyse der Rechtsprechung wird sich zeigen, dass die pauschale Erfassung der Fallgruppe unter der Bezeichnung „Eingehungsbetrug" zusammen mit fast allen vertraglichen Sachverhalten, bei denen ein Gefährdungsschaden entsteht, nicht überzeugt. Eine getrennte Systematisierung zu anderen schadensrechtlichen Phänomenen hat dagegen den Vorteil, dass dogmatische Besonderheiten dieser Konstellation aufgezeigt werden können. Dem werden auch die Bezeichnungen „Submissionsuntreue", „Ausschreibungs- oder Submissionsbetrug" oder „Verbotene Geschäfte" nicht gerecht, da durch die Spezialbezeichnungen und teilweise Unterscheidungen zwischen den Tatbeständen dogmatische Zusammenhänge nicht klar werden. Vielmehr ist eine Zusammenfassung unter der Konstellation des ausgebliebenen Preisaufschlags oder -nachlasses zur Feststellung eines Gefährdungsschadens sachgerecht.

---

148 RGSt 63, 186; 66, 337; BGHSt 16, 367 (sog. *Freiburger Mensa-Fall*); 38, 186 (sog. *Rheinausbau-I-Entscheidung*); 43, 96; 46, 310; 47, 83; 47, 295; 49, 317 (sog. *System Schreiber-Fall*); 50, 299 (sog. *Kölner Müllskandal-Urteil*); BGH NJW 1995, 737 (sog. *Rheinausbau-II-Entscheidung*); 2013, 3590; NStZ 1991, 488; 1997, 542; 2004, 568; 2004, 2603; 2010, 330; 2010, 502; NStZ-RR 2017, 313; wistra 2019, 190; 2021, 201; OLG Hamm NJW 1958, 1151; NStZ-RR 2006, 13; OLG Frankfurt am Main NJW 1990, 1057; BayObLG NJW 1996, 268; LG Köln, Urteil vom 13.5.2004 – 107-3/04, BeckRS 2004, 150928; LG München I, Urteil vom 30.5.2000 – 5 KLs 565 Js 410192/95 (unveröffentlicht); Urteil vom 19.4.2000 – 4 KLS 562 Js 43078/98 (unveröffentlicht); Urteil vom 18.4.1995 – 4 KLs 345a Js 22473/97 (unveröffentlicht).

149 Exemplarisch darstellend statt vieler *Kindhäuser/Schumann*, in: Hilgendorf/Kudlich/Valerius (Hrsg.), Handbuch des StGB, Band 5, 2020, § 33 Rn. 237 ff., 248 ff.; *Saliger*, in: Hilgendorf/Kudlich/Valerius (Hrsg.), Handbuch des StGB, Band 5, 2020, § 35 Rn. 91 ff.; *Hoyer*, in: SK-StGB, Band V, 9. Auflage 2019, § 263 Rn. 238, 249 ff.

Denn es wird sich herausstellen, dass das RG noch äußerst extensiv den Eintritt eines Gefährdungsschadens dadurch angenommen, dass der Vertragspartner einem mit einer Provisionsverpflichtung beschwerten Angebot gegenüberstehe und nicht aus mehreren möglichen Angeboten das günstigste habe wählen können. Im Gegensatz dazu entschied der BGH restriktiv, dass es für das Bestehen eines Gefährdungsschadens nur auf einen angemessenen Preis ankomme, der allerdings nicht gleich dem Marktpreis sein müsse.

Diese gegensätzlichen Ansichten führten zu der heute als ständige Rechtsprechung vertretenen Zwischenposition. Danach liege ein Gefährdungsschaden in Höhe z. B. des gezahlten Schmiergelds vor, wenn und soweit der Betrag auch in Form eines Preisnachlasses oder -aufschlags hätte gewährt werden können. Schmiergeldzahlungen und Ausgleichszahlungen an andere Kartellmitglieder seien nahezu zwingende Beweisanzeichen dafür, dass der ohne eine Preisabsprache erzielbare Preis den tatsächlich vereinbarten Preis unterschreiten würde. Eine Ausnahme liege vor, wenn Umstände erkennbar sind, die es nahelegen, dass die Leistungen nicht in der Kalkulation zulasten des Geschäftsherrn berücksichtigt wurden.

Die Konstellation spielt im zivilrechtlichen Bereich der *culpa in contrahendo* aus §§ 311 II, 241 II BGB, denn bei der vorvertraglichen Pflichtverletzung geht es regelmäßig um die Frage, zu welchen Konditionen der Vertrag bei ordnungsgemäßer Aufklärung geschlossen worden wäre.[150] Der Nutzen der zivilrechtlichen Parallelisierung liegt darin, dass auch in der vorliegenden Fallgruppe zur Feststellung eines Gefährdungsschadens die Frage geklärt werden muss, ob – je nach getäuschter Vertragsseite – ein günstigerer Vertrag durch Preisaufschläge oder -nachlässe hätte geschlossen werden können. Auf diese Weise wird eine höhere Rechtssicherheit erreicht.

2. RGSt 63, 186

1929 hatte das RG über einen Fall zu entscheiden, in dem der Angeklagte als Beamter für die Besorgung von Warenlieferungen zuständig war. Warenaufträge hatte er nicht öffentlich ausgeschrieben, sondern die Ware von einem Bekannten gegen eine Provisionszahlung bezogen. Laut RG ist ein Gefährdungsschaden des Staats eingetreten, da dieser einem durch eine Provisionsverpflichtung beschwerten Angebot gegenüberstand und nicht

---

150 Statt vieler *Lorenz*, in: BeckOK BGB, 59. Edition, Stand: 1.8.2021, § 280 Rn. 56.

aus mehreren Angeboten das günstigste wählen konnte.[151] Mindestens sei ein Vermögensschaden dadurch entstanden, dass der Angeklagte nicht versuchte ggf. bessere Gegenangebote einzuholen.[152]

Die aufgestellten Leitlinien des RG überzeugen nicht, da dieses den Eintritt eines Gefährdungsschadens nur aufgrund der abstrakten Möglichkeit annimmt, dass bei einer Einholung anderer Angebote ein günstigeres hätte dabei sein können. Eine konkrete Vermögensgefährdung lag nach heutigen Maßstäben nicht vor.

3. RGSt 66, 337

1932 urteilte das RG, dass für die Frage des Entstehens eines Vermögensschadens nur der allgemeine Handelswert, der sich nach den Handelsstufen unterscheide, maßgeblich sei. Wenn ein Verbraucher über seine Verbrauchereigenschaft täuscht und mittels eines Kaufvertrags die Ware zum Großhandelspreis erwirbt, liege ein Gefährdungsschaden vor.[153]

Diese Rechtsprechung ist begrüßenswert, da der Marktpreis sich je nach Handelsstufe unterscheidet. Der Getäuschte hätte die Ware zu einem höheren Preis anderweitig ohne einen höheren Kostenaufwand verkaufen können.

4. BGHSt 16, 367 – sog. *Freiburger Mensa-Fall*

1961 entschied der 1. Strafsenat des BGH im sog. *Freiburger Mensa-Fall*:

> „Wenn der Handelnde, um seinen Vertragsgegner zu täuschen, andere dazu bestimmt, günstigere Angebote zu unterlassen, oder mit ihnen verabredet, daß sie seinem Partner nicht ernst gemeinte höhere Angebote unterbreiten, so sind solche Umstände für den Tatbestand des Betrugs gleichgültig. Denn sie besagen unmittelbar nichts dafür, daß die vom Handelnden angebotene Leistung der geforderten Gegenleistung nicht gleichwertig ist und der Handelnde durch den Austausch von

151 RGSt 63, 186 (188); ebenso OLG Hamm in NJW 1958, 1151 (1152).
152 RGSt 63, 186 (188). Vgl. zu kartellrechtswidrigen Absprachen: BGHSt 8, 221.
153 RGSt 66, 337 (338 f.).

Leistung und Gegenleistung den Vertragspartner in seinem Vermögen schädigen will.“[154]

Ferner müssten bei einem Submissionsbetrug, als einer besonderen Form des Eingehungsbetrugs, die angebotene Leistung und die geforderte Gegenleistung in einem unangemessenen Missverhältnis stehen.[155] Fragwürdig an der vorliegenden Rechtsprechung ist, dass es für das Bestehen eines Gefährdungsschadens nur auf einen angemessenen Preis ankommen soll, der allerdings nicht gleich dem Marktpreis sein muss. Der BGH bewertete daher die Möglichkeit der Strafbarkeit von Submissionskartellen – im Gegensatz zur Auffassung des RG – zu restriktiv.[156] Überzeugenderweise müsste auf den hypothetischen Marktpreis abgestellt werden, der sich im Fall eines ordnungsgemäß funktionierenden Wettbewerbsmarkts gebildet hätte. Denn dieser Preisbildungsmechanismus des Marktes – in Form unbeeinflusster Angebote und Nachfragen – wurde gerade umgangen.

5. BGHSt 38, 186 – sog. *Rheinausbau-I-Entscheidung*

Diese überzeugende Zwischenposition zwischen der extensiven Ansicht des RG aus 1929 und der restriktiven Ansicht des 1. Strafsenats des BGH im *Freiburger Mensa-Fall* nahm auch der 2. Strafsenat des BGH in der sog. *Rheinausbau-I-Entscheidung* in dem Fall eines Submissionsbetrugs

---

154 BGHSt 16, 367 (373); kritisch *Göhler*, wistra 1996, 132 (132 f.); *Kramm*, JZ 1993, 422 (423 f.). Das LG Freiburg bejahte noch aufgrund Ausschaltung der – bei Kenntnis der Sachlage durch Einholung weiterer Angebote – zu erzielenden Ersparnis einen Vermögensschaden des Fiskus (in Anlehnung an OLG Hamm NJW 1958, 1151 [1152]).

155 BGHSt 16, 367 (372 f.); zustimmend *Gutmann*, MDR 1963, 3 (6 ff.); *Neye*, NStZ 1981, 369 (371). Bei einem Submissionsbetrug schließen sich mehrere Interessenten im Rahmen einer Ausschreibung zu einem Kartell zusammen. Sie vereinbaren z. B. welcher Interessent zu welchem Preis den Zuschlag bekommen soll. Die anderen Interessenten geben höhere Scheinangebote ab und erhalten als Gegenleistung eine Ausgleichszahlung vom abgesprochenen Gewinner der Ausschreibung. Dadurch wird der Preisbildungsmechanismus des Marktes umgangen, vgl. *Hohmann*, NStZ 2001, 566 (567 ff.); *Satzger*, ZStW 1997, 357 (357 ff.); *ders.*, JR 2002, 391 (391); *ders.*, Der Submissionsbetrug, 1994, S. 38 ff.; *M. Achenbach*, Strafrechtlicher Schutz des Wettbewerbs?, 2009, S. 46 ff.

156 Ebenfalls äußerst restriktiv bewertend *Cramer*, NStZ 1993, 42 (42); *ders.*, Strafbare Kartelle?, in: Dahs (Hrsg.), Kriminelle Kartelle?, 1998, S. 27 (29 ff.); *Perron*, in: Schönke/Schröder (Hrsg.), StGB, 30. Auflage 2019, § 263 Rn. 137a mwN; *H. Bruns*, NStZ 1983, 385 (388 ff.).

ein. Nach einer Ausschreibung hatten verschiedene Bietergemeinschaften interne Preisabsprachen bezüglich der Abgabe eines Angebots getätigt. Trotzdem waren die Preise angemessen. Laut BGH liegt ein Schaden vor, wenn der vereinbarte Preis höher ist als der hypothetische Vertragspreis, der ohne die Kartellabsprache und die Täuschung der Angeklagten zu zahlen gewesen wäre.[157] Der Gefährdungsschaden sei daher in Höhe der Differenz zwischen Zuschlags- und Wettbewerbspreis, also in Höhe der Zahlungen an die vermeintlichen Konkurrenten, eingetreten.[158] „Art und Umfang der beeinträchtigten Preisbildung wird [...] durch den Vergleich der geforderten Preise mit den Marktpreisen, die bei funktionsfähigem Wettbewerb erzielt worden wären“[159], festgestellt, erläuterte der BGH. Praktische Schwierigkeiten bei der Schadensfeststellung seien allein Sache der tatrichterlichen Beweiswürdigung. Ausreichend sei die Überzeugung des Tatrichters auf der Grundlage von Indizien, aus denen sich mit hoher Wahrscheinlichkeit ergebe, dass der Auftraggeber ohne die Absprache und die Täuschung des Auftragnehmers ein geringes Entgelt hätte zahlen müssen (sog. Indizienlösung). Eine absolute, das Gegenteil notwendig ausschließende, von niemandem anzweifelbare Gewissheit sei nicht erforderlich. Wenn eine genaue Schadensberechnung nicht möglich sei, dürfe die Höhe unter Beachtung des Zweifelssatz *in dubio pro reo* geschätzt werden.[160]

---

157 BGHSt 38, 186 (196); ähnlich auch OLG Frankfurt am Main NJW 1990, 1057 (dazu *Schulze Hagen*, IBR 1990, 405 [405]; *Ranft*, Jura 1992, 66 [73]); zustimmend *Baumann*, NJW 1992, 1661 (1664); *Hassemer*, JuS 1992, 616 (616 f.); *Kramm*, JZ 1993, 422 (423); *Satzger*, JR 2002, 391 (391); zweifelnd *D. Geerds*, DWiR 1992, 120 (121) unter Heranziehung des personalen Vermögensbegriffs; ebenfalls kritisch *Hefendehl*, JuS 1993, 805 (808 ff.); *Joecks*, wistra 1992, 247 (251); *Ranft*, wistra 1994, 41 (42 ff.); kontrovers diskutierend *Eichler*, BB 1972, 1347 (1347 ff.).

158 Der BGH begründet einen Vermögensschaden daher in erster Linie über den Eingehungsbetrug. Hilfsweise werden noch Kriterien für den Fall eines Erfüllungsbetrugs genannt, auf welche jedoch zum Zwecke dieser Arbeit nicht eingegangen wird.

159 BGHSt 38, 186 (192); zustimmend *Walter*, JZ 2002, 254 (255); *Rose*, NStZ 2002, 41 (41); *Schaupensteiner*, ZRP 1993, 250 (251 f.); vgl. auch *Häring*, Das Wettbewerbs- und Kartellrecht in der Bauwirtschaft, 1973, S. 6 ff.; kritisch *Joecks*, wistra 1992, 247 (251). *Quack* bezeichnet dies als dynamisch-marktbezogenen Schadensbegriff (*ders.*, BauR 1992, 387 [387]). Anmerkung zu BGHSt 38, 186, die fürs Hiesige nicht relevant ist: *Richter*, NZKart 2019, 90.

160 BGHSt 38, 186 (192); vgl. auch BGH NStZ 1988, 236 (237). Zur Problematik bei der Beweisführung: *Baumann*, NJW 1992, 1661 (1665); *Niederleithinger*,

a. Hypothetischer Wettbewerbspreis

Damit stimmte der BGH der herrschenden Literaturmeinung zu, dass die Ausschaltung des Wettbewerbs durch Submissionsabsprachen auch bei der Vergabe zu angemessenen Preisen zu einem Schaden führen kann.[161] Überzeugend wies der BGH in der *Rheinausbau-I-Entscheidung* ferner darauf hin, dass eine hohe Wahrscheinlichkeit dafür spreche, dass Submissionskartelle nicht gebildet werden würden, wenn es den Kartellmitgliedern nicht darauf ankäme, einen höheren als den sonst erzielbaren Marktpreis zu erhalten. Nach statistischen Untersuchungen würden Unternehmen unter dem Druck des Wettbewerbs strenger kalkulieren und Produkte zu einem niedrigeren Preis angeboten werden, als wenn mit keinem ernsthaften Konkurrenzangebot gerechnet werden müsste.[162]

Die Berücksichtigung des hypothetischen Wettbewerbspreises bei der Schadensermittlung wird teilweise seitens der Literatur kritisiert, da der Ausschreibende auf den Wettbewerbspreis bloß vage Aussichten und damit noch keine vermögenswerte Exspektanz, also keine tatsächliche Anwartschaft, auf ein günstigeres Angebot habe. Ein Schaden sei noch nicht eingetreten.[163] Eine Exspektanz liege nur vor, wenn der Inhaber die Ent-

---

EWiR 1992, 295 (296); *Kramm*, JZ 1993, 422 (423). Sowie zur Berechnung des Schadens beim Baubetrug: *F. Geerds*, NStZ 1991, 57 (62 f.).

161 Anders noch das LG Frankfurt am Main NStZ 1991, 86 (87). Die Ansicht der BGH bereits vorher vertretende Stimmen in der Literatur: *Baumann*, Zum Ärgernis Submissionsbetrug, in: Festschrift für Oehler, 1985, S. 291 (302); *Schmid*, wistra 1984, 1 (1 ff.); *Beulke*, JuS 1977, 35 (38 f.); *Eichler*, BB 1972, 1347 (1349 ff.); *Möschel*, Zur Problematik einer Kriminalisierung von Submissionsabsprachen, in: FIW-Schriftenreihe Heft 94, 1980, S. 24 ff.; *Jaath*, Empfiehlt sich die Schaffung eines strafrechtlichen Sondertatbestandes zum Ausschreibungsbetrug?, in: Festschrift für Schäfer, 1980, S. 89 (100); *Satzger*, JR 2002, 391 (391); a.A. *Oldings*, Möglichkeiten und Grenzen der strafrechtlichen Bekämpfung von Submissionsabsprachen, 1998, S. 64 ff. Auseinandersetzung mit der Literatur und einen Überblick gibt: *H. Bruns*, NStZ 1983, 385 (385 ff.). Ausführlich zur Rechtssprechungsänderung *Joecks*, wistra 1992, 247 (249 ff.); *Moosecker*, Die Beurteilung von Submissionsabsprachen nach § 263 StGB, in: Festschrift für Lieberknecht, 1997, S. 407 (413 ff.).

162 BGHSt 38, 186 (194 f.); vgl. BGH NStZ 1991, 488 (489); in diese Richtung auch *Zybon*, Wirtschaftskriminalität als gesamtwirtschaftliches Problem, 1972, S. 20; kritisch *Ranft*, wistra 1994, 41 (43); *Rutkowsky*, ZfBR 1994, 257 (257 f.); *Tiedemann*, ZRP 1992, 149 (150).

163 *S. Götting/B. Götting*, ZfBR 2003, 341 (343 f.); *Hefendehl*, ZfBR 1993, 164 (166 f.); *Ranft*, wistra 1994, 41 (43); *Cramer*, NStZ 1993, 42 (42); *ders.*, Zur Strafbarkeit von Preisabsprachen in der Bauwirtschaft, 1995, S. 8 ff.; *ders.*, Strafbare Kartelle?, in: Dahs (Hrsg.), Kriminelle Kartelle?, 1998, S. 27 (30); *Perron*, in: Schönke/

wicklung bis hin zum Vollrecht hinreichend sichern kann.[164] Ob der Begriff der Exspektanz derart eng verstanden werden muss,[165] ist für diese Arbeit nicht von Bedeutung. Denn der Ausschreibende wird durch die Marktmanipulation um die konkrete Möglichkeit auf einen wettbewerbskonform zustande gekommenen Preis gebracht, was für die Annahme eines Gefährdungsschadens ausreichend ist.[166] Eine konkrete Gefährdung des Vermögens schon in der Wahrscheinlichkeit zu sehen, dass unter theoretisch möglichen Konkurrenzangeboten ein günstigeres gewesen sein könnte, wie es das RG noch angenommen hat, ginge indes zu weit.[167] Es kommt also darauf an, was die vom Bieter versprochene Leistung auf dem Markt ohne eine Manipulation wert ist. Als Maßstab gilt dafür der Marktpreis, der sich – auch bei Ausschreibungen – durch den Wettbewerb hypothetisch bilden würde. Ansonsten sind für die heute herrschenden Vermögenstheorien, also dem juristischen und dem juristisch-ökonomischen Vermögensbegriff[168], auch unerheblich, wie der Wettbewerbspreis zustande gekommen ist. Ausschlaggebend ist nur, wie der vereinbarte Preis zu diesem steht.[169] Unbedeutend ist, dass sich aufgrund der Marktmanipulationen kein ordnungsgemäßer Wettbewerbspreis im Ausschreibungsmarkt bilden konnte.[170]

Schröder (Hrsg.), StGB, 30. Auflage 2019, § 263 Rn. 137a; *Hefendehl*, JuS 1993, 805 (808 ff.); *Joecks*, wistra 1992, 247 (250 f.); *Hoyer*, in: SK-StGB, Band V, 9. Auflage 2019, § 263 Rn. 122 ff.; *Bartmann*, Der Submissionsbetrug, 1997, S. 49 ff.; *Grüner*, JuS 2001, 882 (884 f.); *Hohmann*, NStZ 2001, 566 (569 f.); *Rönnau*, JuS 2002, 545 (550); *Lüdersen*, wistra 1995, 243 (248); *Otto*, wistra 1999, 41 (43); ähnlich *Beulke*, JuS 1977, 35 (39); eine vermögenswerte Exspektanz annehmend *Eichler*, BB 1972, 1347 (1350 f.).

164 Exemplarisch *Hefendehl*, ZfBR 1993, 164 (166 f.).

165 Dagegen *Diehl*, ZfBR 1994, 105 (107 f.).

166 Vgl. *Baumann*, Zum Ärgernis Submissionsbetrug, in: Festschrift für Oehler, 1985, S. 291 (302).

167 Ebenso *Diehl*, BauR 1993, 1 (4 f.).

168 Zu den Vermögensbegriffen ab S. 33.

169 So auch *Baumann*, NJW 1992, 1661 (1664 f.); *Walter*, JZ 2002, 254 (255); *Diehl*, BauR 1993, 1 (4); *Best*, GA 2003, 157 (165); *Maurach/Schroeder/Maiwald/Hoyer/Momsen*, Strafrecht BT 1, 11. Auflage 2019, § 41 Rn. 108 f.; *Oldings*, Möglichkeiten und Grenzen der strafrechtlichen Bekämpfung von Submissionsabsprachen, 1998, S. 74 f.

170 Kritisch dazu *Cramer*, NStZ 1993, 42 (42), wie ein hypothetischer Preis herangezogen werden könnte, da ein funktionsfähiger Wettbewerb wegen der Submissionsabsprache gerade nicht stattgefunden hätte und der spezifische Vergleichsmarkt nur der Ausschreibungsmarkt sein kann.

b. Kein Durchgreifen des Kausalitätsarguments

Des Weiteren wird im Schrifttum bemängelt, dass es vorliegend an der Kausalität zwischen Täuschung und Schaden fehle, da andernfalls eventuell überhaupt kein Vertrag zustande gekommen wäre (sog. Kausalitätsargument).[171] Allerdings ist nur entscheidend, ob die konkrete Verbindlichkeit sonst nicht eingegangen worden wäre.[172] Die Abgabe eines wettbewerbskonformen Angebots wird durch den BGH nicht im Sinne einer alternativen Schadensbegründung hinzugedacht, sondern vielmehr dient dieses nur zur Schadensberechnung. Den hypothetischen Marktpreis zu berücksichtigen ist ferner sachgerecht, da nur so alle marktspezifischen, preisbildenden Faktoren berücksichtigt werden können.[173] Dies entspricht der Bestimmung von Preisen im freien Markt.[174] Auch wird ein hypothetischer Marktpreis z. B. im Kartellrecht zur Berechnung des das Bußgeld bestimmenden Mehrerlöses (vgl. § 81c GWB)[175] herangezogen.

Außerdem wird an den Leitlinien seitens des Schrifttums kritisiert, dass die Schadenskriterien schwer bezifferbar seien.[176] Grundsätzliche Schwierigkeiten bei der Bezifferung können aber nicht der Grund für eine Straflosigkeit einer Tat sein. Solange der Gefährdungsschadens bezifferbar ist, ist eine Strafbarkeit gegeben. Die konkrete Höhe des Schadens spielt erst auf der Ebene der Strafzumessung regelmäßig eine Rolle.[177]

---

171 So beispielsweise *Hefendehl*, JuS 1993, 805 (807 f.); *Joecks*, wistra 1992, 247 (251); *Lüderssen*, wistra 1995, 243 (243 ff.); *Otto*, ZRP 1996, 300 (300 ff.); *Ranft*, wistra 1994, 41 (43).

172 Ebenso *Best*, GA 2003, 157 (165); *Hohmann*, NStZ 2001, 566 (570).

173 Eingehend *Oldings*, Möglichkeiten und Grenzen der strafrechtlichen Bekämpfung von Submissionsabsprachen, 1998, S. 63 ff., 73; *Satzger*, Der Submissionsbetrug, 1994, S. 72 ff., 88.

174 *Diehl*, BauR 1993, 1 (4).

175 Vgl. *Bosch*, in: Bechtold/Bosch (Hrsg.), GWB, 9. Auflage 2018, 3. Bußgeldleitlinien mit Erläuterungen des Bundeskartellamts, II. Konkrete Bußgeldzumessungen.

176 Dazu *S. Götting/B. Götting*, ZfBR 2003, 341 (344); *Lüderssen*, wistra 1995, 243 (246 f.).

177 Vgl. auch *Satzger*, Der Submissionsbetrug, 1994, S. 156 f.; *ders.*, JR 2002, 391 (391); *Rose*, NStZ 2002, 41 (41).

6. BGH NJW 1995, 737 – sog. *Rheinausbau-II-Entscheidung*

Nachdem der 2. Strafsenat des BGH mit seiner *Rheinausbau-I-Entscheidung*[178] das entgegenstehende vorinstanzliche Urteil des LG Frankfurt am Main aufgehoben hatte, gelangte der Fall nach einer erneuten Entscheidung des LG Frankfurt am Main wieder beim BGH. In der sog. *Rheinausbau-II-Entscheidung* stellte der BGH aufgrund der vorher erläuterten anzunehmenden Intention der Kartellmitglieder den Erfahrungssatz auf,

> „[d]aß die Bundesrepublik Deutschland bei einem freien Wettbewerb die Arbeiten zu einem wesentlich niedrigeren Preis an eine die [sic!] Bietergemeinschaften hätte vergeben können, ergibt sich *nahezu zwingend* aus den der Vereinbarung und Leistung der genannten hohen Ausgleichzahlungen an andere Unternehmen. Es liegt nahe, dass [...] die Bieter[gemeinschaft] [...] ein um die Ausgleichszahlungen verringertes Angebot hätte abgeben können und auch abgegeben hätte, wenn sie sich nicht zur Zahlung der genannten Beträge an [andere] Bieter verpflichtet hätte. [...] Der Bieter, der den Zuschlag erhielt, mußte sich in diesem Falle keine Gedanken über eine Nichtauslastung von Gerät und Personal machen, so daß er insoweit – wäre es nicht zu einer Absprache gekommen – keinen ‚Risikozuschlag' in Höhe der Ausgleichszahlungen in sein Angebot hätte aufnehmen müssen."[179]

Damit erleichterte der 2. Strafsenat des BGH die Anforderungen für die Feststellung eines Submissionsbetrugs deutlich, da er es für „nahezu zwingend" erachtet, dass ein Gefährdungsschaden beim ausgebliebenem Preisnachlass eingetreten ist.[180] Strukturanalog muss dies auch für den ausgebliebenen Preisaufschlag gelten. Durch diesen Erfahrungssatz sollen die regelmäßig mit erheblichen Beweisschwierigkeiten belasteten Fälle des Submissionsbetrugs Erleichterung erfahren. Bisher wurden durch die Rechtsprechung die Sonderzahlungen der Marktmanipulation nur als „sehr gewichtiges Indiz"[181] bezeichnet. Die im hiesigen Fall aufgestellten Leitlinien überzeugen, da aus anderen Gründen, als um einen höheren Vertragspreis zu erzielen, Submissionskartelle kaum gebildet werden.[182]

---

178 BGHSt 38, 186.

179 BGH NJW 1995, 737 (738) – Hervorhebung durch Verf.

180 Kritisch dazu *Best*, GA 2003, 157 (166); *Rutkowsky*, NJW 1995, 705 (706); *Lüderssen*, wistra 1995, 243 (243).

181 BGHSt 38, 186 (195).

182 Teilweise wurde in der Literatur davon ausgegangen, dass Kartelle zur Vermeidung eines ruinösen Wettbewerbs gebildet werden würden: *Klages*, Submissi-

Zudem hat sich das den Zuschlag erhaltende Mitglied, den Zahlungsansprüchen gegenüber den anderen Kartellmitgliedern zum Ausgleich des Zuschlags ausgesetzt, die sich für ihn profitabel auswirken sollen.[183] Freilich muss stets der Einzelfall berücksichtigt werden. Nicht ohne weiteres feststellbar sind beispielsweise kartellbedingte Preisaufschläge bei langfristig angelegten Kartellen, die *primär* für eine gleichmäßige Auftragsverteilung und nicht für einen höheren Preis sorgen sollen.[184]

Teilweise wird dem aufgestellten Erfahrungssatz des BGH entgegnet, dass er eine nicht mit Art. 103 II GG vereinbare Schadenspauschalierung bewirke.[185] Die Herangehensweise führe faktisch zu einer unzulässigen Beweislastumkehr bzw. zumindest zu einer unzulässigen Anwendung der zivilprozessualen Regeln über den Beweis des ersten Anscheins im Strafverfahren, was mit dem Grundsatz *in dubio pro reo* nicht vereinbar sei.[186] Denn das Aufbürden einer objektiv-materiellen Beweislast auf den Angeklagten sei im Strafprozess unbestritten unzulässig.[187] Es sei die Aufgabe des Staates, dem Angeklagten seine Straftat nachzuweisen.[188] Die Argumentation lässt jedoch außer Acht, dass in der *Rheinausbau-II-Entscheidung* der BGH keine Vermutung im zivilrechtlichen Sinne oder gar eine Beweislastumkehr aufstellt. Es wird den Tatrichtern eine Hilfestellung gegeben, deren Weg der BGH in der *Rheinausbau-I-Entscheidung* durch die Indizienlösung schon vorbereitet hat. Es handelt sich *de facto* um einen anwend-

---

onskartelle, 1932, S. 29 ff., 45; *Kantzenbach*, Die Funktionsfähigkeit des Wettbewerbs, 2. Auflage 1967, S. 105 ff.

183 So auch *Kramm*, JZ 1993, 422 (423 f.).

184 Dazu bereits *Best*, GA 2003, 157 (168 f.).

185 In diesem Sinn *Lüderssen*, wistra 1995, 243 (244); *Best*, GA 2003, 157 (170 ff.).

186 Vgl. *Bernsmann*, StV 2005, 576 (577); *Dierlamm*, in: MüKo StGB, Band 5, 3. Auflage 2019, § 266 Rn. 275; *Rönnau*, „kick-back": Provisionsvereinbarungen als strafbare Untreue – Eine kritische Bestandaufnahme, in: Festschrift für Kohlmann, 2003, S. 239 (252 ff.); *ders.*, JuS 2002, 545 (550).

187 Statt aller BGH NStZ 1983, 133 (133); StV 1986, 421 (422); *Geppert*, Wechselwirkungen zwischen materiellem Strafrecht und Strafprozeßrecht, in: Gedächtnisschrift für Schlüchter, 2002, S. 43 (61); *E. Schmidt*, Lehrkommentar zur StPO und zum GVG Teil I, 1952, Rn. 365 ff.; *Volk*, NStZ 1996, 105 (106).

188 Vgl. *Musielak*, Die Grundlagen der Beweislast im Zivilprozeß, 1975, S. 23; ähnlich *Stuckenberg*, Untersuchungen zur Unschuldsvermutung, 1998, S. 470 („Entscheidungsregel"). Früher teilweise als „Beweislastregel verstanden, so z. B.: *Deubner*, NJW 1969, 147 (147); *Volk*, NStZ 1996, 105 (106); *ders.*, JuS 1975, 25 (26 f.). Hiergegen wegen der Assoziation des Wortes „Last" als nachteilhaft: *Montenbruck*, In dubio pro reo aus normtheoretischer, straf- und strafverfahrensrechtlicher Sicht, 1985, S. 72 ff.; *E. Schmidt*, Lehrkommentar zur StPO und zum GVG Teil I, 1952, Rn. 367 ff.

baren Erfahrungssatz, wie ihn die Beweispraxis des § 261 StPO traditionell kennt.[189] Dieser muss umfassend bewiesen werden. Überzeugend führt *Kraatz* fort:

> „Die Verurteilung ergeht dann nach zulässiger Beweiswürdigung und keinesfalls aufgrund bloßer Spekulationen und Mutmaßungen. Unzulässig wäre allenfalls die Annahme einer *unwiderleglichen* Vermutung einer Leistungsverringerungsoption und damit eines Vermögensnachteils, wie es wohl der Oberste Gerichtshof Österreichs annimmt und damit faktisch das (auch in Österreich als solches ausgestaltete) Vermögensschädigungsdelikt der Untreue in ein Vermögensgefährdungsdelikt umfunktioniert."[190]

7. BayObLG NJW 1996, 268

1995 hatte das BayObLG über einen Sachverhalt zu entscheiden, in dem ein Verwalter der bayerischen Schlösser während einer ausgeschriebenen Baumaßnahme einem Anbieter die Konkurrenzangebote mitgeteilt hatte, weshalb dieser das niedrigste Angebot abgeben konnte. Der Angeklagte hatte für seine Tätigkeit eine geldwerte Gegenleistung erhalten. Das Gericht bejahte einen Gefährdungsschaden, da die Bekanntgabe der Angebote ein ordnungsgemäßes Funktionieren des Ausschreibungsmarktes unmöglich gemacht habe und die Gefahr eines erhöhten Angebots gegenüber einem Angebot im Rahmen eines ordnungsgemäßen Ausschreibungsverfahrens vorprogrammiert gewesen sei.[191]

---

189 So auch *Diehl*, BauR 1993, 1 (7); vgl. dazu ferner *Bernsmann/Schoß*, GesR 2005, 193 (194). Den Vergleich zu der Beweisregel bei der 1,1 Promillegrenze bei der absoluten Fahruntüchtigkeit herausarbeitend: *S. Götting/B. Götting*, ZfBR 2003, 341 (344).

190 *Kraatz*, ZStW 2010, 521 (541); vgl. dazu OGH Wien, Entscheidung vom 15.6.1988 – 15Os9/88; § 153 I öStGB lautet: „Wer die ihm durch Gesetz, behördlichen Auftrag oder Rechtsgeschäft eingeräumte Befugnis, über fremdes Vermögen zu verfügen oder einen anderen zu verpflichten, wissentlich missbraucht und dadurch dem anderen einen Vermögensnachteil zufügt, ist mit Freiheitsstrafe bis zu sechs Monaten oder mit Geldstrafe bis zu 360 Tagessätzen zu bestrafen."

191 BayObLG NJW 1996, 268 (271). Gegen eine Strafbarkeit nach § 266 StGB aufgrund des Fehlens eines (Gefährdungs-)Schadens und für eine Strafbarkeit nach § 17 UWG plädierend: *Haft*, NJW 1996, 238 (238). Vgl. zum Schaden i. S. v. § 17 UWG: BGH NJW 1995, 2301. Eingehend zum Amtsträgerbegriff im Strafrecht in diesem Fall: *Vahle*, DVP 1997, 172.

8. BGH NStZ 1997, 542 und weitere Entscheidungen

Dem schloss sich der 2. Strafsenat des BGH zwei Jahre später in einem ähnlich gelagerten Fall an, in dem Zahlungen zwischen einem Bauunternehmer und einem städtischen Mitarbeiter im Zusammenhang mit einer Ausschreibung vereinbart wurden. Laut BGH ist ein Gefährdungsschaden in Höhe der Schmierzahlung eingetreten, weil die eingegangene Zahlungsverpflichtung den Schmiergeldanteil mitumfasse.[192]

Im selben Jahr erläuterte der 1. Strafsenat des BGH, dass dies insbesondere gelte, da die Schmiergeldbeträge sachfremde Rechnungsposten darstellen. Die Aufwendungen hätten bei wettbewerbskonformem Handeln nicht in das Angebot einberechnet werden müssen.[193] Damit passte der 1. Strafsenat seine Leitlinie den Entscheidungen der anderen Strafsenate an. Die im Jahr 1961 noch äußerst restriktive Rechtsprechung[194] würde dem heutigen Wirtschaftsleben auch nicht gerecht werden. Überzeugenderweise berücksichtigte der BGH nun auch den Einzelfall intensiver, da geprüft werden muss, ob es sich um einen sachfremden Rechnungsposten gehandelt hat.

Ergänzend führte der 5. Strafsenat des BGH im Jahr 2001 zu Schmiergeldzahlungen aus:

> „Solche Zahlungen können auch – ohne daß der Bestechende im gleichen Umfang seine Preise verhandelbar stellen würde – im Hinblick auf noch unbestimmte zukünftige Geschäftsbeziehungen erfolgen oder allgemein der Kundenpflege dienen. Für die Preisgestaltung im Blick auf den jeweiligen Kunden sind nämlich eine Reihe von Faktoren mitbestimmend. Deshalb wird es auch im Einzelfall, je geringer der Umsatzanteil und je niedriger die Beträge in ihrer absoluten Höhe

---

192 BGH NStZ 1997, 542 (543); zusammenfassend *Janovsky*, WiB 1997, 893 (893). Zur Strafverfolgungsverjährung führte der BGH weiter aus, dass die Zahlung des Schmiergelds den Nachteil vertiefe und führe den der vermögensnachteiligen Verpflichtung entsprechenden Schaden endgültig herbei. Es handele sich daher um einen Erfüllungsbetrug, bei welchem der Eingehungsbetrug bloßes Durchgangsstadium zur Erfüllungsphase sei (BGH NStZ 1997, 542 [543]; dazu auch schon RGSt 66, 175 [180]).

193 BGHSt 43, 96 Rn. 56 f.; so auch vorgehend LG München I, Urteil vom 18.4.1995 – 4 KLs 345a Js 22473/97 (unveröffentlicht). Kurz die Rechtsprechungslinie zum Submissionsbetrug darstellend: *H. Achenbach*, NStZ 1998, 560 (561). Anmerkungen zu BGHSt 43, 96, die fürs Hiesige nicht relevant sind: *Haft*, NStZ 1998, 29; *Ransiek*, NStZ 1997, 519; *Schramm*, JuS 1999, 333; *Otto*, JR 1998, 73.

194 Vgl. BGHSt 16, 367 (373).

sind, umso gewichtigerer Anhaltspunkte bedürfen, die den Schluß zulassen, daß die Schmiergeldzahlungen in die Kalkulation des Bestechenden eingestellt waren."[195]

9. BGHSt 47, 83

Vergleichbar bewertete der 1. Strafsenat des BGH ebenfalls 2001 den Fall eines Vergabebetrugs, in dem zwei Unternehmen im Wege der sog. freihändigen Vergabe zur Abgabe von Angeboten aufgefordert wurden. Die Vertreter der Unternehmen verabredeten ihre Angebote und Ausgleichszahlungen und zahlten Schmiergelder an die Sachbearbeiter. Laut BGH ist ein Gefährdungsschaden in Höhe der Differenz zwischen der vereinbarten Vertragssumme und dem Preis, der bei wettbewerbskonformen Verhalten erzielbar gewesen wäre, entstanden:

> „Dabei sind Schmiergeldzahlungen und Ausgleichszahlungen (an die anderen an der Absprache beteiligten Unternehmer gezahlten Abstandssummen) *nahezu zwingende* Beweisanzeichen dafür, daß der ohne Preisabsprache erzielbare Preis den tatsächlich vereinbarten Preis unterschritten hätte."[196]

Ein Betrugsschaden sei mindestens in Höhe der Schmiergeldbeträge und Ausgleichszahlungen entstanden. Solche sachfremden Rechnungsposten wären bei einer wettbewerbskonformen Preiskalkulation nicht in die Angebotssumme eingeflossen. Dies gelte auch für die freihändige Vergabe mit Angebotsanfragen.[197] Es komme nur darauf an, ob der Auftraggeber einen höheren Preis gezahlt habe, als er ohne die Preisabsprache vereinbart hätte. Es sei unerheblich, ob der tatsächlich vereinbarte Preis den Wertvorstellungen des Marktes entspreche.[198]

Überzeugend wendete der BGH die Leitlinien zur Feststellung eines Gefährdungsschadens in der hiesigen Fallgruppe auf die freihändige Vergabe

---

195 BGHSt 46, 310 Rn. 41; in die Richtung auch vorgehend LG München I, Urteil vom 19.4.2000 – 4 KLS 562 Js 43078/98 (unveröffentlicht). Anmerkung zu BGHSt 46, 310, die fürs Hiesige nicht relevant ist: *Lampert/Götting*, WuW 2002, 1069.

196 BGHSt 47, 83 (88) – Hervorhebung durch Verf.

197 BGHSt 47, 83 (88); so auch vorgehend LG München I, Urteil vom 30.5.2000 – 5 KLs 565 Js 410192/95 (unveröffentlicht); dagegen *Perron*, in: Schönke/Schröder (Hrsg.), StGB, 30. Auflage 2019, § 263 Rn. 137a mwN.

198 BGHSt 47, 83 (89).

an.[199] Vorher wurde nur über Sachverhalte entschieden, in denen eine öffentliche Ausschreibung manipuliert wurde. Bei der freihändigen Vergabe ist es dagegen dem Auftraggeber überlassen, welchen Verhandlungsweg er wählt, weshalb er weitgehend „freie Hand“ hat.[200] Problematisch kann bei der freihändigen Vergabe sein, dass, wenn nur ein Angebot eingeholt wird, von vornherein kein Wettbewerb geschaffen wird und dadurch kein Wettbewerbspreis gebildet werden kann. Allerdings sind Sachverhalte, in denen nur ein Anbieter im Spiel ist, im Zusammenhang mit Preisabsprachen, denkbar begrenzt. Jedoch wäre es auch hier die Aufgabe des Tatgerichts, Feststellungen zum hypothetischen Wettbewerbspreis für die Schadensberechnung zu treffen.

10. BGHSt 47, 295

2002 hatte der 1. Strafsenat des BGH über einen Fall zu entscheiden, in dem ein an einer Klinik tätiger Hochschullehrer Bonuszahlungen in Höhe von 5 % der getätigten Umsätze von einem Lieferanten von Produkten an das Klinikum erhalten hatte. Das Geld wurde auf einem bei dem Lieferanten geführten Bonuskonto gehalten und musste der Universität selbst oder einer ihr zugehörigen Institution zugute kommen. Über die konkrete Verwendung konnte der Angeklagte selbst bestimmen. Der BGH verneinte bezogen auf § 266 StGB bereits eine Verletzung einer Vermögensbetreuungspflicht, da die Zahlungen nicht der Universität als Vertragspartnerin zugutekommen sollten und diese daher nicht Berechtigte sei. Zur Feststellung eines Gefährdungsschadens führte das Gericht aus, dass

> „differenziert [hätte] erörtert werden müssen, daß der Angeklagte die Zuwendungen in seinem dienstlichen Aufgabenfeld verwandt hat und diese möglicherweise auch der Universität – jedenfalls teilweise – zugute gekommen sind. Eine solche kompensatorische Betrachtung setzt zwar grundsätzlich voraus, daß die ungetreue Verfügung Vermögenseinbuße und Kompensation zugleich hervorbringt. Eine Ausnahme von diesem Gleichzeitigkeitserfordernis kann indessen angebracht sein, wenn – bei wirtschaftlicher Betrachtung – nach einem vernünftigen Gesamtplan mehrere Verfügungen erforderlich sind, um den

---

199 Vgl. auch *Schulze-Hagen*, IBR 2001, 593 (593).

200 Vgl. dazu § 3 Nr. 3 VOB/A. Zur freihändigen Vergabe statt vieler: *Stickler*, in: Kapellmann/Messerschmidt (Hrsg.), VOB-Kommentar, Teil A/B, 7. Auflage 2020, § 3 VOB/A Rn. 7.

ausgleichenden Erfolg zu erreichen [...] und eine konkrete, schadensgleiche Gefährdung des zu betreuenden Vermögens ausscheidet."[201]

Somit sei ein Gefährdungsschaden nicht nachgewiesen, da weder überhöhte Preise vereinbart wurden noch die Verkaufspreise in Höhe der *kick-back*-Zahlungen[202] an den Angeklagten hätten niedriger ausgefallen können.[203]

Kritisch merken *Kindhäuser* und *Goy* zu dem hiesigen Fall an, dass zwar die aus Drittmitteln finanzierten Vorhaben universitäre Zwecksetzungen seien, jedoch habe die Universität hierfür keine Mittel zur Verfügung gestellt und mithin keine einsparen können. Es könne sich daher nicht um einen Posten im Rahmen eines „vernünftigen Gesamtplans" handeln, der weder mit den Mehrausgaben verrechnet noch als Erfüllung bestehender Verbindlichkeiten angesehen werden könne. Eine Kompensation komme nur in Betracht, wenn die Differenzsumme ungeschmälert in die von der Universität zu bewirtschafteten Mittel eingeflossen ist.[204] Das überzeugt

---

201 BGHSt 47, 295 (302); zustimmend *Ambos*, JZ 2003, 345 (346). Vgl. eingehend zur Pflichtverletzung durch *kick-back*-Zahlungen: BGHSt 49, 17 Rn. 4 ff.

202 Bei *kick-back*-Zahlungen vereinbart der Treupflichtige beim Vertragsschluss im Namen des Geschäftsherrn mit dem Vertragspartner, dass dieser ihm einen Teil des vom Geschäftsherrn zu bezahlenden Entgelts zurückgibt. Dadurch entsteht eine Äquivalenzstörung von Leistung und Gegenleistung, weil die Vereinbarung von *kick-back*-Zahlungen zu einer Erhöhung der vertraglichen Gegenleistung vom Geschäftsherrn führt. Die deutsche gängige Bezeichnung ist „Rückvergütung", die das Zurückspielen eines Teils der erhaltenen Leistung wieder die Sphäre des Leistenden bezeichnet, vgl. dazu eingehend *Thalhofer*, Kick-Backs, Exspektanzen und Vermögensnachteil nach § 266 StGB, 2008, S. 26 ff.; *Kraatz*, ZStW 2010, 521 (521 ff.); *Bernsmann/Gatzweiler*, Verteidigung bei Korruptionsfällen, 2. Auflage 2014, S. 136; *Schünemann*, NStZ 2006, 196 (200). Eine relevante Grundsatzentscheidung zu den *kick-back*-Fällen stellt der sog. *Pfarrpfunde-Stiftungs-Fall* dar (BGHSt 31, 232), welcher jedoch mangels Vorliegens eines Gefährdungsschadens nicht in die folgende Betrachtung mit einbezogen wurde. Die Auswirkungen des Urteils auf heutige Entscheidungen entfalten sich regelmäßig auf das Tatbestandsmerkmal der Treuepflichtverletzung im Rahmen des § 266 StGB.

203 Ebenso *Rönnau*, JuS 2003, 232 (234). Anmerkungen dazu, die fürs Hiesige nicht relevant sind: *Korte*, NStZ 2003, 156; *Bruns*, ArztR 2003, 103; *Michalke*, NJW 2002, 3381. Eingehend zur Strafbarkeit der Korruption und Vorteilsannahme in diesem Kontext: *Bruns*, ArztR 2003, 260 (260 ff.); *Greco*, GA 2016, 249 (249 ff.); *Knauer/Kaspar*, GA 2005, 385 (385 ff.); *Wachter*, GA 2019, 735 (735 ff.); *Lippert*, GesR 2003, 144 (144 ff.); *Mansdörfer*, wistra 2003, 211 (212 f.); *Sanchez-Hermosilla*, Kriminalistik 2002, 506 (506 ff.); *Schloßer*, MedR 2011, 623 (624 ff.).

204 *Kindhäuser/Goy*, NStZ 2003, 291 (292); in diese Richtung auch *Taschke*, PharmR 2002, 417 (424).

nicht. Selbst wenn man annimmt, dass bei wirtschaftlicher Betrachtung nach einem umfassenden Gesamtplan mehrere Verfügungen erforderlich sein können, um einen Ausgleich zu erreichen, kann ein Gefährdungsschaden eingetreten sein. Dafür ist eine Betrachtung des Einzelfalls und ein Blick in die Finanzierungsarten eines Krankenhauses maßgeblich: Der Träger eines Krankenhauses stellt die Ausstattung zur Verfügung. Jedoch übernehmen die Krankenkassen die Kosten der Heilbehandlung. Je nach der Vereinbarung zwischen Krankenhaus und Krankenkasse werden Kosten für Medizinprodukte beim Krankenhaus als Durchlaufposten oder als Teil von Sonderentgelten berechnet. Die Krankenkasse ist nur dazu verpflichtet, den Anteil zu zahlen, der tatsächlich auf das Produkt entfällt. Kosten, wie Provisionen an den Arzt, der damit Geräte für seine Abteilung anschafft, müssen nicht bezahlt werden, wenn sie den Produktpreis erhöhen. Überzeugenderweise könnte das Krankenhaus daher Rückforderungen der Krankenkasse ausgesetzt sein, wenn zu Tage träte, dass der Produktpreis um Komponenten erhöht wurde, die nicht vom Leistungskatalog der Kassen erfasst sind.[205] In einem solchen Fall ist ein Gefährdungsschaden festzustellen.

11. BGH NJW 2004, 2603

In einem Judikat aus dem Jahr 2004 hatte der BGH über einen Sachverhalt zu entscheiden, in dem sich ein Käufer einen Großkundenrabatt erschlichen hatte. Laut BGH ist ein Gefährdungsschaden eingetreten, wenn der Verkäufer die Ware zu einem höheren Preis anderweitig ohne einen höheren Kostenaufwand hätte verkaufen können. Somit seien hypothetische Umsatzerlöse zu berücksichtigen, die bei einem Verkauf auf einer anderen Handelsstufe erzielbar gewesen wären.[206] Damit stimmte der BGH überzeugend der Auffassung des RG aus dem Jahr 1932 zu.

12. BGH NStZ 2004, 568

2004 hatte sich der BGH mit einem Fall von *kick-back*-Zahlungen im Zusammenhang mit der Abrechnung einer kassenärztlichen Verordnung auseinanderzusetzen. Der BGH stellte fest, dass, wenn Kassenärzte für die

205 Dazu auch *Tholl*, wistra 2003, 181 (182).
206 BGH NJW 2004, 2603 (2604).

Verordnung von Augenlinsen und Medikamenten umsatzbezogene Rückvergütungen vom Lieferanten erhalten, bezüglich der Augenlinsen ein Betrug und bezüglich der Medikamente eine Untreue vorliegen könne, denn ein Gefährdungsschaden könne durch die überhöhte Rechnungsstellung eingetreten sein.[207] Die Abrechnung enthalte die stillschweigende Erklärung, dass die aufgeführten Kosten tatsächlich und endgültig angefallen sind. Es müsse festgestellt werden, wer konkret geschädigt war (Krankenkasse oder kassenärztliche Vereinigung), sowie ob ein günstiger Vertragsabschluss für den Geschäftsherrn konkret realisierbar gewesen wäre. Dies sei fragwürdig, wenn mit den Leistungen an den Angeklagten der Absatz der Produkte des Unternehmens zielgerichtet gesteigert werden sollte. Eine solche reine Marketingmaßnahme könne nur gelingen, wenn dem verschreibenden Arzt und nicht den Krankenkassen die Vorteile zugewendet werden.[208]

Grundsätzlich unterscheidet sich die Schadensfeststellung bei *kick-back*-Vereinbarungen je nach dem vertretenen Vermögensbegriff,[209] denn *kick-back*-Vereinbarungen sowie der Hauptvertrag sind regelmäßig wegen Kollusion nach § 138 I BGB oder wegen evidenten Missbrauchs der Vertretungsmacht nach § 242 BGB nichtig. Solche Forderungen können nach dem wirtschaftlichen Vermögensbegriff einen Vermögensnachteil begründen, wenn die Geschäftspartner den Vertrag als wirksam erachten und erfüllungsbereit sind, d. h. die nichtige Forderung faktisch realisierbar ist. Denn dann ist trotz der Nichtigkeit eine Drohverlustrückstellung nach § 249 I HGB zu bilden.[210] Dagegen zählt nach dem juristisch-ökonomi-

207 BGH NStZ 2004, 568 (579 f.); ebenso BGH NStZ-RR 2017, 313 (313); OLG Hamm NStZ-RR 2006, 13 (14). Kritisch zur Vermögensbetreuungspflicht *Sebastian/Lorenz*, medstra 2018, 283 (284 ff.); *Ger. Steinhilper*, MedR 2005, 238 (240). Anmerkungen dazu, die fürs Hiesige nicht relevant sind: *T. Schneider*, medstra 2019, 280; *Götz*, GuP 2018, 34; *Röß*, NStZ 2018, 441; *Meyer*, NZWiSt 2018, 79; *Gaede*, medstra 2018, 1; *Schumann*, HRRS 2017, 511; *Tekin*, ZWH 2018, 112; *Krawczyk*, medstra 2018, 167; *Fischer*, medstra 2019, 257.

208 Vgl. auch *Geis*, GesR 2006, 345 (353); *Bernsmann/Schoß*, GesR 2005, 193 (195); *H. Schneider*, HRRS 2010, 241 (243). Generell kritisch zur Ausweitung des Untreuetatbestands in diesem Kontext: *Ulsenheimer*, MedR 2005, 622 (623 ff.); *T. Schneider*, wistra 2019, 454 (456). Eingehend zur Berücksichtigung der sozialrechtlichen Komponente in der Schadensbestimmung: *Saliger*, medstra 2019, 258 (260 f.); *Weinrich/Wostry*, medstra 2019, 74 (78 f.).

209 Einen Überblick zu den Vermögensbegriffen ab S. 33.

210 Eine Ausnahme gilt wiederum nur dann, wenn bei einer AG der Aufsichtsrat nach § 111 IV 2 AktG bzw. in einer GmbH die Gesellschaftergesamtheit aufgrund bindender Weisung (vgl. § 37 GmbHG) oder der Aufsichtsrat nach § 52 I GmbHG i. V. m. § 111 IV 2 AktG einen Zustimmungsvorbehalt haben.

schen Vermögensbegriff die Forderung wegen der zivilrechtlichen Nichtigkeit der Verträge nicht zum Vermögen. Damit liegt unter Anwendung dieses Vermögensbegriffs kein Gefährdungsschaden mit dem Abschluss des um den Schmiergeldanteil erhöhten Vertrags vor. Erst der tatsächliche Vollzug des nachteilhaften Geschäfts führt nach der juristisch-ökonomischen Vermögenslehre somit zum Eintritt eines Vermögensschadens.[211] Mithin wendete die Rechtsprechung hier – überzeugend – den wirtschaftlichen Vermögensbegriff an, da der Forderung ein wirtschaftlich realisierbarer Wert zu kam.

13. BGHSt 49, 317 – sog. *System Schreiber-Fall*

Im sog. *System Schreiber-Fall* stellte der BGH klar, dass der aufgestellte Erfahrungssatz, dass Schmiergeldzahlungen zu einem Preisaufschlag führen, nicht uneingeschränkt gilt und somit nicht jede Schmiergeldzahlung einen Schaden begründet. Der *Thyssen*-Konzern und ein saudi-arabisches Unternehmen hatten einen Kaufvertrag geschlossen. Daneben vereinbarten sie ein sog. Logistikpaket durch das zunächst Provisions- und Schmiergeldzahlungen von dem saudi-arabischen Vertragspartner an den *Thyssen*-Konzern gezahlt wurden. Im Anschluss erhielt *Karl-Heinz Schreiber*, der an dem Kaufvertrag mitgewirkt hatte, die Gelder aus dem Logistikpaket aufgrund eines Marketingvertrags mit *Thyssen*. *Schreiber* hat dann den beiden mitangeklagten Managern des *Thyssen*-Konzerns ihre Anteile aus dem Logistikpaket überwiesen. Ohne die Mitwirkungen von *Schreiber* und den beiden Managern wäre es vermutlich zu keinem Abschluss des Kaufvertrags gekommen. Der BGH verneinte den Eintritt eines Gefährdungsschadens, da Umstände erkennbar gewesen seien, dass die Provisionszahlungen nicht zwangsläufig mit in der Kalkulation zulasten des Geschäftsherrn berücksichtigt wurden. Es liege nahe, dass die Zahlungen auf das Logistikpaket einen in sich abgeschlossenen Teil der Preisvereinbarungen betrafen. Die Gelder wurden durch das Logistikpaket nur nach außen getarnt, da in Saudi-Arabien die Zahlung von (Vermittlungs-)Provisionen verboten sei. Allerdings liege ein Nachteil darin, dass die angeklagten Manager zulasten des *Thyssen*-Konzerns dafür gesorgt hatten, dass die bereits an *Thyssen* gezahlten Gelder, aus denen *Schreiber* bezahlt wurde, später durch

---

Dann kann noch keine vollständige Bindung zum (nichtigen) schwebenden Geschäft bestehen (vgl. dazu *Kraatz*, ZStW 2010, 521 [528]).

211 So auch *Kraatz*, ZStW 2010, 521 (529).

Schreiber an sie zurückgeleitet werden sollten. Somit liege der Nachteil in der Vereinbarung der *kick-back*-Zahlungen, soweit die Angeklagten hieraus zeitnah Gelder erhalten sollten. Ein solcher Nachteil sei auch nicht deshalb ausgeschlossen, weil dadurch faktisch der Arbeitslohn erhöht wurde. Solche Vereinbarungen seien nach §§ 134 BGB i. V. m. §§ 84, 87, 112 AktG nichtig.[212] Die beiden *Thyssen*-Manager hatten daher keinen Anspruch auf die Gelder. Ferner seien die Provisionszahlungen bei dem Konzern nicht nur durchlaufende Posten gewesen.

Am Sachverhalt ist beachtlich, dass die Schmiergeldzahlungen nur um saudi-arabische Verbote zu umgehen zunächst an den *Thyssen*-Konzern gezahlt wurden. Auf den ersten Blick ist daher die Annahme eines Gefährdungsschadens erstaunlich. Allerdings wies der BGH grundsätzlich überzeugend darauf hin, dass mit der Zahlung des Gesamtkaufpreises an den *Thyssen*-Konzern eine Vermögensmehrung bei diesem eintrat, ohne dass dieser verpflichtet war, den auf die *kick-back*-Zahlungen an die *Thyssen*-Manager entfallenden Betrag an *Schreiber* zu zahlen.[213] Wären die Gelder direkt durch den saudi-arabischen Vertragspartner an die beiden angeklagten Manager gezahlt worden, wäre kein Gefährdungsschaden eingetreten.[214] Vorliegend wurden die Schmiergelder aber durchgereicht und somit bestand die zeitnahe Möglichkeit der Erlangung der Gelder durch die beiden *Thyssen*-Manager. An dieser Deutung wird seitens des Schrifttums teilweise kritisiert, dass die für das Vorliegen eines Gefährdungsschadens

---

212 BGHSt 49, 317 (333 f.).

213 Dem zustimmend *Pananis*, NStZ 2005, 572 (572). Kritisch dazu *Schünemann*, welcher eine Vermögensmehrung aufgrund des Erhalts der Zahlung ablehnt. Er erachtet eine Schädigung jedoch als denkbar, wenn mit einer Rückforderung des Geldes aus dem Logistikpaket aus Saudi-Arabien zu rechnen war, denn dann hätte *Thyssen* das Risiko der Rückforderung bilanzieren und die Beträge zur Verfügung halten müssen, um damit das Risiko abzudecken und später den eventuellen Zahlungsanspruch erfüllen zu können (*ders.*, NStZ 2006, 196 [201]). In der Literatur entbrannte über die mögliche Vermögensmehrung in dem *System Schreiber-Fall* ein Streit, welcher jedoch hier für die untersuchten generellen Anforderungen an einen Gefährdungsschaden nicht weiter relevant ist (vgl. exemplarisch *Vogel*, JR 2005, 123 [125]).

214 *Pananis* führt ferner an, eine Untreuestrafbarkeit habe auch dadurch begründet werden können, dass aufgrund des Verstoßes gegen saudi-arabisches Recht der Käufer berechtigt war, den Kaufvertrag in Höhe des Logistikpakets zu reduzieren. Nach Abwicklung und Auszahlung der Schmiergeld- und Provisionszahlungen des *Thyssen*-Konzerns an *Schreiber* bestand damit die Gefahr, dass die zu viel gezahlten Summen durch den saudi-arabischen Vertragspartner zurückgefordert werden würden, obwohl die Gelder im Rahmen des Marketingvertrags schon ausgezahlt wurden (*ders.*, NStZ 2005, 572 [572]).

angenommene Handlung eine bloße nicht selbstständig schadenstiftende Erfüllung sei.[215] Bei dieser Argumentation wird allerdings übersehen, dass erst durch diese Handlung das Vermögen konkret gefährdet wird. Im hiesigen Fall war die Vermögensgefahr im Zeitpunkt des Abschlusses des Logistikpakets für die Annahme eines Gefährdungsschadens noch zu abstrakt.

14. BGHSt 50, 299 – sog. *Kölner Müllskandal-Urteil*

Im Jahr 2005 gefällten sog. *Kölner Müllskandal-Urteil* entschied der BGH über einen Fall, in dem der Angeklagte Schmiergelder zur Erlangung eines öffentlich ausgeschrieben Müllentsorgungsauftrags bezahlt hatte. Ohne die Bestechungsgelder wäre es vermutlich zu keinem Vertragsschluss zwischen der Stadt und dem Angeklagten gekommen. Der BGH stellte klar, dass durch den Abschluss des um den Schmiergeldanteil erhöhten Vertrags ein Gefährdungsschaden eingetreten sei.[216] Dies beruhe darauf, dass mindestens

> „der Betrag, den der Vertragspartner für Schmiergelder aufwendet, auch in Form eines Preisnachlasses dem Geschäftsherrn des Empfängers hätte gewährt werden können [...]".[217]

Der Schmiergeldbetrag sei in der Regel der Mindestschaden des Auftraggebers, wenn auf der Hand liege, dass der Vertrag auch für einen um den Schmiergeldanteil verminderten Preis geschlossen worden wäre. Dies sei hier gegeben, da das Schmiergeld nur ein bloßen Durchlaufposten sei. Es sei unerheblich, ob andere Anbieter noch höhere Angebote eingereicht hätten.[218] Bei der Feststellung eines Gefährdungsschadens bei *kickback*-Fällen müssen die Spezifika des Einzelfalls berücksichtigt werden, wie z. B., ob es sich um einen Durchlaufposten oder einen eigenständi-

215 *Vogel*, JR 2005, 123 (125).

216 BGHSt 50, 299 Rn. 77; so auch vorgehend LG Köln, Urteil vom 13.5.2004 – 107–3/04, BeckRS 2004, 150928. Anmerkungen zu BGHSt 50, 299, die fürs Hiesige nicht relevant sind: *Noltensmeier*, StV 2006, 132; *J. Wagner*, NStZ 2012, 381.

217 BGHSt 50, 299 Rn. 65 f.; vgl. auch *Raum*, in: Wabnitz/Janovsky/Schmitt (Hrsg.), Handbuch Wirtschafts- und Steuerstrafrecht, 5. Auflage 2020, S. 336 f. mwN; kritisch *Hohn*, wistra 2006, 321 (325).

218 BGHSt 50, 299 Rn. 66 f.; ebenso BGHSt 31, 207 Rn. 15 ff.; BGH wistra 1986, 67 (67 f.); 2001, 295 (296 f.).

gen Vertragsbestandteil handelt. Es ist im Einzelfall zu prüfen, ob eine Schmiergeldzahlung tatsächlich zu einem Preisaufschlag geführt hat.

a. Nichtigkeit von Schmiergeldabsprachen nach § 138 BGB

Laut *Bernsmann* ist diese Linie unhaltbar, da ein mittels einer Schmiergeldabsprache zustande gekommener Vertrag regelmäßig nach § 138 BGB nichtig sei. Daran ändere sich auch nichts, wenn das Schmiergeld an den Geschäftsherrn gelangen würde, so dass es „von vornherein an einer dem Geschäftsführer zur Verfügung stehenden Möglichkeit der legalen Preisreduzierung“[219] fehlt. Ein Geschäft zum verminderten Preis hätte gar nicht erst abgeschlossen werden dürfen.[220] Teilweise wird durch andere Stimmen im Schrifttum noch ergänzt, dass keine vermögenswerte Anwartschaft bestehen könne, wenn der Vertragsschluss zu einem niedrigeren Preis rechtlich nicht zulässig ist. Daher sei auch kein Gefährdungsschaden entstanden.[221]

Dem entgegnete der BGH in dem *Kölner Müllskandal-Urteil* überzeugend, dass es Teil der Treuepflicht (§ 266 StGB) des Angeklagten sei, den Vertrag in Höhe des um das Schmiergeld verminderten Preises abzuschließen. Der Abschluss eines verbotenen oder wettbewerbswidrigen Geschäfts werde nicht verlangt.[222] Für den Eintritt eines Gefährdungsschadens muss es allein auf die konkrete Lage und den Zeitpunkt des Vertragsschlusses ankommen. Ferner kann der Auftraggeber nicht durch eine pflichtwidrige Handlung eines Angestellten unfähig zum Abschluss von Verträgen gemacht werden.[223] Ansonsten würde untragbar eine Art Dauernichtigkeit für künftige Verträge angenommen werden. *Bernsmann* ist ferner entgegenzuhalten, dass der hypothetische Wettbewerbspreis nur der Schadensberechnung dient.

---

219 *Bernsmann*, StV 2005, 576 (578).

220 So der Einwand der Revision in BGHSt 50, 299 stützend auf: *Bernsmann*, StV 2005, 576 (578).

221 *Bernsmann*, StV 2005, 576 (578); sich dem anschließend *Schünemann*, NStZ 2006, 196 (201).

222 BGHSt 50, 299 Rn. 67, 70 f.

223 Dazu *Schünemann*, NStZ 2006, 196 (202); vgl. auch *Köhler*, in: ders./Bornkamm/Feddersen (Hrsg.), UWG, 39. Auflage 2021, § 3 Rn. 2.15 f.

b. Berücksichtigung von Alternativszenarien

Während der BGH Alternativszenarien für bedeutungslos hält,[224] spricht *Schünemann* diesen erhebliche Bedeutung zu, da seiner Ansicht nach nur über diese im *Kölner Müllskandal-Urteil* ein Schaden begründet werden kann: Es gehe um die Frage, zu welchem Zeitpunkt eine Anwartschaft auf den Vertragsschluss zu einem um den Schmiergeldanteil verminderten Preis bestanden habe.[225] *Schünemann* ist insoweit zuzustimmen, als überhaupt für den vermeintlich Geschädigten die Möglichkeit zum Tatzeitpunkt bestanden haben muss, ein um den Preisaufschlag oder -nachlass vermindertes Angebot zu erhalten. Entgegen der Auffassung des RG aus dem Jahr 1929[226] ist davon regelmäßig noch nicht auszugehen, wenn nicht einmal andere Angebote eingeholt wurden, da dann nur darauf eine abstrakte Chance bestand. Wurde allerdings beispielsweise ein Auftrag ausgeschrieben, hatte der Ausschreibende die konkrete Möglichkeit der Erlangung von manipulationsfreien Angeboten.

15. BGH NStZ 2010, 330

2009 hatte der BGH über einen Fall eines treuwidrigen Architektenvertrags zu entscheiden. Den angeklagten Architekten sollte eine Provision in Höhe von 5 % gezahlt werden. Laut BGH besteht hier ein Schaden darin, dass der Treupflichtige die konkret sichere Möglichkeit eines günstigeren Vertragsschlusses für den Geschäftsherrn nicht realisiert habe. Denn mindestens der Betrag, den der Vertragspartner für Schmiergelder aufwende, hätte auch in Form eines Preisnachlasses an den Geschäftsherren des Empfängers gewährt werden können. Bei einem Architektenvertrag scheide dies aus, wenn der ausgehandelte Pauschalpreis die Mindestsätze der HOAI unterschreitet.[227]

---

224 BGHSt 50, 299 Rn. 70 f.

225 Vgl. *Schünemann*, NStZ 2006, 196 (202).

226 RGSt 63, 186 (188).

227 BGH NStZ 2010, 330 (332); 2010, 502 (503); NJW 2013, 3590 (3592); zustimmend *Fuchs*, IBR 2010, 394 (394); *Kraatz*, JR 2010, 407 (409); *Wessing*, NZG 2014, 97 (98). Zu den gesellschaftsrechtlichen Fragen in dem zu entscheidenden Fall: *Ka. Schmidt*, JZ 2014, 878. Anmerkungen dazu, die fürs Hiesige nicht relevant sind: *Brand*, NJW 2013, 3594; *Radtke*, NStZ 2016, 639; *Lindemann/Hehr*, NZWiSt 2014, 350.

16. BGH wistra 2019, 190

2018 stellt der BGH klar, dass es der ständigen Rechtsprechung entspreche, dass ein Gefährdungsschaden in Höhe des (Schmiergeld-)Betrags vorliege, der für Zahlungen aufgewendet werde und dem keine Gegenleistungen gegenüberstehe, wenn und soweit der Betrag auch in Form eines Preisnachlasses oder -aufschlags hätte gewährt werden können. Eine Ausnahme liege vor, wenn Umstände erkennbar sind, die es nahelegen, dass die Leistungen nicht in der Kalkulation zulasten des Geschäftsherrn berücksichtigt wurden. Im hiesigen Fall sei ein solcher Ausnahmefall gegeben: Die Schmiergelder wurden gezahlt, um überhaupt Medikamente im Ausland verkaufen zu können. Es sei es nicht erkennbar gewesen, dass ohne die Schmiergeldzahlungen höhere Netto-Preise für gelieferte Medikamente hätten erzielt werden können. Die Vereinbarung der Schmiergeldzahlungen gingen zum einen auf die Importeure zurück, die bestimmte russische Vorgaben im Bereich des Devisenerwerbs umgehen wollten. Zum anderen sollte die Gewinnspanne künstlich erhöht werden, da der staatliche Handelsaufschlag auf Grundlage der offiziellen Einkaufspreise, also der vereinbarten Bruttopreise, ermittelt werde. Die Verantwortlichen für den russischen Markt beugten sich diesen Forderungen, um überhaupt dort Waren absetzen zu können. Auswirkungen auf die Preisgestaltungen waren daher nicht ersichtlich gegeben.[228]

Diese Ansicht ist überzeugend, denn es kann kein Gefährdungsschaden eingetreten sein, wenn trotz der Leistungserhöhung aufgrund integrierter *kick-back*-Zahlungen keine Nichtäquivalenz festgestellt werden kann. Letztlich verbietet § 266 StGB nur eine Nachteilszufügung und verlangt keine Gewinnmaximierung.[229] Ein Gefährdungsschaden kann erst vorliegen, wenn sich die Aussicht des Vertretenen auf den Abschluss eines für ihn günstigeren Vertragsschlusses bereits rechtlich oder tatsächlich zu

---

228 BGH wistra 2019, 190 (192); in diese Richtung jüngst BGH wistra 2021, 201 (202); grundsätzlich zustimmend *Brand*, GmbHR 2019, 408 (409). Im Folgenden prüfte der BGH noch einen Schaden aufgrund einer schwarzen Kasse, dazu in einer anderen Fallgruppe ab S. 182.

229 Vgl. dazu BGHSt 31, 232; *Kraatz*, ZStW 2010, 521 (531); *Waßmer*, in: Graf/Jäger/Wittig (Hrsg.), Wirtschafts- und Steuerstrafrecht, StGB, 2. Auflage 2017, § 266 Rn. 176.

einer Anwartschaft verfestigt hat und somit zu einem Vermögensbestandteil geworden ist.[230]

17. Zwischenfazit

Mittels der historisch-chronologischen Darstellung und Analyse konnten die verschiedenen Ansätze zur Erfassung des dogmatischen Phänomens bis hin zur heutigen ständigen Rechtsprechung entwickelt werden. Das RG hat noch zu extensiv den Eintritt eines Gefährdungsschadens angenommen, da ausreichen sollte, dass der Vertragspartner einem mit einer Provisionsverpflichtung beschwerten Angebot gegenübergestanden habe und nicht aus mehreren möglichen Angeboten das günstigste habe wählen können. Eine konkrete Gefährdung des Vermögens schon in der Wahrscheinlichkeit zu sehen, dass unter theoretisch möglichen Konkurrenzangeboten ein günstigeres gewesen sein könnte, überzeugt nicht. Im Gegensatz zum RG entschied der BGH im *Freiburger Mensa-Fall* äußerst restriktiv, dass es für das Bestehen eines Gefährdungsschadens nur auf einen angemessenen Preis ankommen solle, der allerdings nicht gleich dem Marktpreis sein müsse.

Eine begrüßenswerte Zwischenposition nahm der BGH seit der *Rheinausbau-I-Entscheidung* ein. Ein Gefährdungsschaden liege vor, wenn der vereinbarte Preis höher ist als der hypothetische Vertragspreis, der ohne die Kartellabsprache und die Täuschung der Angeklagten zu zahlen gewesen wäre. Der Gefährdungsschaden sei in Höhe der Differenz zwischen Zuschlags- und Wettbewerbspreis, also in Höhe der Zahlungen an die vermeintlichen Konkurrenten, eingetreten. Zur Schadensfeststellung führte er aus, dass dafür die Überzeugung des Tatrichters auf der Grundlage von Indizien ausreiche, aus denen sich mit hoher Wahrscheinlichkeit ergebe, dass der Auftraggeber ohne die Absprache und die Täuschung des Auftragnehmers ein geringes Entgelt hätte zahlen müssen (sog. Indizienlösung). Dies führte der BGH in der *Rheinausbau-II-Entscheidung* fort, in dem er es für „nahezu zwingend" erachtete, dass ein Gefährdungsschaden beim ausgebliebenem Preisnachlass eingetreten sei. Denn Submissionskartelle würden nicht gebildet werden, wenn es den Kartellmitgliedern nicht darauf ankomme, einen höheren als den sonst erzielbaren Marktpreis zu

230 Dazu auch *Kraatz*, ZStW 2010, 521 (531). Wann genau eine Anwartschaft anzunehmen ist, ist nicht Gegenstand dieser Arbeit und soll daher nicht diskutiert werden.

erhalten. Strukturanalog muss dies auch für den ausgebliebenen Preisaufschlag gelten.

Dies grenzte der BGH in der *System Schreiber*-Rechtsprechung ein. Er stellte fest, dass der aufgestellte Erfahrungssatz, dass Schmiergeldzahlungen zu einem Preisaufschlag führen, nicht uneingeschränkt gelte und somit nicht jede Schmiergeldzahlung zu einem Schaden führe. Es liege kein Gefährdungsschaden vor, wenn es sich bei dem Schmiergeldposten um einen eigenständigen Vertragsbestandteil handelt. Dagegen führte der BGH im *Kölner Müllskandal-Urteil* aus, dass für einen Gefährdungsschaden spreche, wenn das Schmiergeld nur ein bloßer Durchlaufposten ist. Ferner sei unerheblich, ob andere Anbieter noch höhere Angebote eingereicht hätten. Somit müssen die Spezifika des Einzelfalls genau berücksichtigt werden.

Mithin wurde eine wirtschaftlich fundierte Schadenssystematik durch die Gerichte entwickelt. Es ist heute überzeugenderweise ständige Rechtsprechung, dass ein Gefährdungsschaden in Höhe z. B. des gezahlten Schmiergelds vorliegt, dem keine Gegenleistungen gegenübersteht, wenn und soweit der Betrag auch in Form eines Preisnachlasses oder -aufschlags hätte gewährt werden können. Eine Ausnahme liegt vor, wenn Umstände erkennbar sind, die es nahelegen, dass die Leistungen nicht in der Kalkulation zulasten des Geschäftsherrn berücksichtigt wurden. Denn es kann kein Gefährdungsschaden eingetreten sein, wenn trotz der Leistungserhöhung aufgrund integrierter *kick-back*-Zahlungen keine Nichtäquivalenz festgestellt werden kann. Letztlich verbieten §§ 253, 263, 263a, 266 und 266b StGB nur eine Nachteilszufügung und verlangen keine Gewinnmaximierung. Wenn der Geschädigte zum Tatzeitpunkt die Möglichkeit hatte, ein um die *kick-back*-Zahlung vermindertes Angebot zu erhalten, muss nach den Vermögensbegriffen differenziert werden, denn *kick-back*-Vereinbarungen sind regelmäßig wegen Kollusion nach § 138 I BGB oder wegen evidenten Missbrauchs der Vertretungsmacht nach § 242 BGB nichtig. Somit zählen mögliche Anwartschaften darauf nach dem juristisch-ökonomischen Vermögensbegriff nicht zum Vermögen.

Es hat sich gezeigt, dass die Konstellation des ausgebliebenen Preisaufschlags eine dogmatisch abgrenzbare Fallgruppe des Konzepts des Gefährdungsschadens ist. Diese Systematisierung erfasst das dogmatische Phänomen am besten, da durch diesen Zuschnitt Besonderheiten aufgezeigt, aber auch gleichzeitig sachgerecht abgegrenzt werden können. Durch die pauschale Erfassung der Fallgruppe unter der Bezeichnung „Eingehungsbetrug" ist das nicht möglich. Ebenfalls zeigt die hohe Anzahl der im bisherigen Schrifttum gebildeten Spezialfallgruppen („Submissionsuntreue",

„Ausschreibungs- oder Submissionsbetrug“ oder „Verbotene Geschäfte“) die bisher fehlende Erfassung von dogmatischen Zusammenhängen.

Zur Erleichterung können bei der Schadensbegründung die zivilrechtlichen Wertungen der *culpa in contrahendo* aus §§ 311 II, 241 II BGB herangezogen werden. Dadurch kann die strafrechtliche Entscheidung über bestimmte Arten von Vertragsschlüssen mit Einklang mit dem Zivilrecht erfolgen, wodurch eine höhere Rechtssicherheit erreicht wird. Denn in der vorliegenden Fallgruppe muss zur Feststellung eines Gefährdungsschadens die Frage geklärt werden, ob – je nach getäuschter Vertragsseite – ein günstigerer Vertrag durch Preisaufschläge oder -nachlässe hätte geschlossen werden können. Im Strafrecht und Zivilrecht kann regelmäßig das gleiche Verhalten zu einem vergleichbaren Schaden führen. Daher ist, wenn möglich, eine einheitliche Schadenssystematik anzustreben.

B. Kriterium: Ausfallrisiko bezüglich der vertraglichen Gegenleistung

I. Nicht (jederzeit) ausgleichsfähiger oder -bereiter Täter

1. Einführung in die Figur

Dogmatisch sind der Figur des nicht (jederzeit) ausgleichsfähigen oder -bereiten Täters 77 aussagekräftige publizierte Entscheidungen zuzuordnen.[231] Im bisherigen Schrifttum wurde diese Fallgruppe meinst unter

231 RGSt 43, 171; 68, 379; 73, 283; RG JW 1934, 615 Nr. 8; 1937, 3092 Nr. 17; HRR 1935, Nr. 1100; 1938, Nr. 352; 1938, Nr. 997; BGHSt 1, 262; 15, 24; 15, 342; 15, 372; 38, 281; 41, 224; 47, 160; 52, 182; 58, 205; BGH wistra 1988, 191; 2009, 107; 2012, 438; 2016, 152; 2019, 150; MDR 1952, 408 zu § 263; 1971, 546 zu § 263; 1973, 370 zu § 263; 1975, 23 zu § 266; 1975, 196 zu § 263; 1983, 280 zu § 266; NStZ 1981, 351; 1982, 331; 1986, 361; 1993, 283; 1995, 233; 1998, 85; 2005, 160; 2009, 329; 2011, 160; 2015, 277; 2016, 343; 2017, 413; 2019, 144; 2020, 418; NStZ-RR 2001, 328; 2004, 54; 2020, 33; NJW 1983, 461; 2010, 1764; 2018, 3040; StV 1985, 186; 1992, 117; StraFo 2011, 238; NZWiSt 2020, 322; GmbHR 2019, 1343; ZWH 2013, 191; BGH, Urteil vom 20.3.1956 – 5 StR 580/55; Urteil vom 31.5.1960 – 1 StR 106/60; Urteil vom 15.11.1960 – 1 StR 483/60; Urteil vom 6.3.1962 – 5 StR 652/61; Urteil vom 24.11.1964 – 1 StR 471/64, BeckRS 1964, 00100; Urteil vom 18.6.1965 – 2 StR 435/64; Urteil vom 4.5.1976 – 5 StR 624/75; KG NJW 1972, 218; OLG Köln MDR 1975, 244 Nr. 75; ZWH 2020, 184; OLG Stuttgart NJW 1968, 1340; OLG Karlsruhe wistra 1997, 109; NStZ 1990, 82; OLG Düsseldorf wistra 1996, 32; OLG Hamm GA 1974, 26; wistra 2010, 76; 2012, 161; BayObLG GA 1969, 308; OLG München NJW

den Bezeichnungen „Eingehungsbetrug", „Scheck- oder Wechselbetrug", „Stundungsbetrug" oder „Kontoeröffnungsbetrug" gefasst.[232] Die teilweise genutzte Benennung „Ersatzbereitschaft und Ausgleichsfähigkeit" kommt schon recht nah an die hier vertretene Systematisierung heran, allerdings wurden die darin enthaltenen Fälle nicht überzeugend auf Kaufvertragsangelegenheiten beschränkt.[233]

Eine Erfassung der hiesigen Fallgruppe – wie auch schon die vorherigen Konstellationen – unter der Bezeichnung „Eingehungsbetrug" ist nicht sachgerecht. Ein Eingehungsbetrug beschreibt nämlich nur einen bestimmten Sachverhalt, aber kein dogmatisches Phänomen. Ferner wird sich zeigen, dass eine sachverhalts- und situationsbezogene Unterteilung nicht überzeugt, da durch diese vielen verschiedenen Bezeichnungen das dogmatische Phänomen nicht einheitlich erfasst wird, wodurch Gemeinsamkeiten nicht ersichtlich werden. Denn es wird sich herausstellen, dass schon das RG entschieden hat, dass ein Gefährdungsschaden entstehe, wenn eigene liquide Mittel nicht in entsprechender Höhe zum Einsatz bereitgehalten werden. Dem schloss sich der BGH an, der einen Gefährdungsschaden feststellte, wenn der Täter nicht uneingeschränkt bereit oder jederzeit in der Lage ist, die Forderung des Geschädigten aus eigenen liquiden Mitteln vollständig zu erfüllen. Diese Leitlinie wurde im Laufe der Rechtsprechungslinie immer weiter präzisiert und konkretisiert, wie z. B. dahingehend, dass die Ausgleichsmittel im alleinigen Machtbereich des Schädigers liegen müssen und gerade zum Ausgleich vorgesehen wurden.

Dabei wird sich zeigen, dass eine Rechtsprechung des OLG Köln nicht überzeugt, in der dieses entschied, dass ein möglicherweise in Anspruch zu nehmender Dispositionskredit diese Anforderungen erfülle. Als Kritikpunkt verbleibt daneben die Annahme des BGH in einer Entscheidung, dass, wenn es tatsächlich zu einem Vermögensabfluss durch eine Abbu-

---

2007, 3734; LG Limburg, Urteil vom 29.1.2015 – 4 Js 11791/13 – 5 KLs, BeckRS 2016, 8275; LG Aachen, Urteil vom 30.1.2014 – 61 KLs – 804 Js 493/13 – 22/13 (unveröffentlicht); LG Oldenburg, Urteil vom 10.2.2003 – 140 Js 328/99 – 5 KLs 14/02 (unveröffentlicht); LG Kiel, Urteil vom 27.10.1986 – VII KLs (7/84) 41 Js 1130/80 (unveröffentlicht).

232 Exemplarisch darstellend statt vieler *Kindhäuser*, in: ders./Neumann/Paeffgen (Hrsg.), StGB, 5. Auflage 2017, § 263 Rn. 316 ff., 337 f.; *Fischer*, StGB, 68. Auflage 2021, § 263 Rn. 164 ff.

233 Dazu *Saliger*, in: Hilgendorf/Kudlich/Valerius (Hrsg.), Handbuch des StGB, Band 5, 2020, § 35 Rn. 94 ff.; vgl. auch *Fischer*, StGB, 68. Auflage 2021, § 263 Rn. 164 f.; *Brand*, GmbHR 2019, 1346 (1347).

chung ohne eigene Ausgleichsmittel kommt, ein endgültiger Schaden vorliege. Dies überzeugt nicht, da es sich nur um eine Schadensvertiefung des bereits mit dem Fehlen der jederzeitigen Ausgleichsfähigkeit und -willigkeit eingetretenen Gefährdungsschadens handelt.

Die dogmatische Gruppierung spielt im Bereich der zivilrechtlichen subjektiven Unmöglichkeit (§ 275 I Var. 1 BGB), da der Schuldner in der hiesigen Fallgruppe selbst nicht zur Leistung im Stande ist, diese aber von einem Dritten oder unter Mitwirkung eines Dritten erbracht werden kann.[234] Durch diese Erkenntnis kann eine rechtsgebietsübergreifende einheitliche Schadensdogmatik entwickelt werden. Dies dient erheblich der Konkretisierung des Konzepts des Gefährdungsschadens.

2. RGSt 43, 171

1910 hatte das RG über einen Fall zu entscheiden, in dem der Angeklagte zwar zahlungsfähig, aber zahlungsunwillig war. Das Gericht stellte fest, dass der Darlehensrückzahlungsanspruch nahezu wertlos sei, da der Schuldner es von vornherein darauf angelegt hat, die Forderung nicht zurückzuzahlen und dem Gläubiger die Befriedigungsmittel zu entziehen. Somit zogen die Gerichte schon früh die Ausgleichsfähigkeit und -bereitschaft für die wirtschaftliche Bewertung einer vertraglichen Gegenleistung heran. Laut RG reicht allerdings bereits allgemein die reine Zahlungsunwilligkeit bei Zahlungsfähigkeit noch nicht für den Eintritt eines Gefährdungsschadens aus,

> „[...] da der andere Teil gegenüber einem Schuldner mit erreichbarem Vermögen sich in der Lage befinden kann, und häufig sich befinden wird, die Leistung des Geschuldeten trotz der Böswilligkeit des Gegners zu erzwingen."[235]

a. Berücksichtigung von Bonität und Rückzahlungsbereitschaft

Fraglich ist jedoch, ob die fehlende Bonität und die fehlende Zahlungsbereitschaft eines Vertragspartners überhaupt grundsätzlich ausreichen kön-

---

234 Statt vieler zu den Anforderungen an die zivilrechtliche subjektive Unmöglichkeit: *Lorenz*, in: BeckOK BGB, 59. Edition, Stand: 1.8.2021, § 275 Rn. 45.

235 RGSt 43, 171 (172); vgl. ebenso RG JW 1934, 615 Nr. 8 (615 f.); RG HRR 1938, Nr. 352.

nen, einen Gefährdungsschaden anzunehmen. Bei beiden handelt es sich um eine Voraussetzung, die regelmäßig nicht unmittelbar Vertragsinhalt wird. Räumt man der Zahlungsfähigkeit des Vertragspartners ein derartiges Gewicht ein, kann dies zur Konsequenz haben, dass redliche, aber finanzschwache Täter Vermögensdelikte vollenden, zahlungskräftige Täter dagegen nicht.[236] Dieses Argument greift jedoch nicht durch, da nicht pauschal auf die Bonität des Täters abgestellt wird, sondern auf dessen vorgetäuschte Zahlungsfähigkeit für das konkrete Geschäft. Des Weiteren ist die Hoffnung des Vertragspartners, dass jemand, der einen Vertrag abschließt auch zahlungswillig und -fähig ist, grundsätzlich schutzwürdig. *Mühlbauer* stellt dazu überzeugend fest, dass das Verhalten gegenüber Menschen aufgrund der vielschichtigen Willensbildung ein weitreichendes Erklärungspotential habe. Dies erlaube es, innerhalb bestehender oder abzuschließender Verträge umfassende Tatsachenbehauptungen über innere und äußere Umstände (z. B. Zahlungswilligkeit und -fähigkeit) zu unterstellen.[237] Daher gilt: Der Wert des Gegenleistungsanspruchs ist geringer als der Wert des Zahlungsanspruchs, wenn der Schuldner nicht zahlungsfähig oder -bereit ist. Dann kann dieser seinen Vertragspartner über seine Zahlungsfähigkeit bzw. seinen Zahlungswillen täuschen.[238]

Ferner überzeugt die Berücksichtigung dieser beiden Faktoren aus wirtschaftlicher Sicht, da im wirtschaftlichen Alltag der Wert eines Anspruchs von dem Wert der versprochenen Leistung und der Bonität,[239] also der Wahrscheinlichkeit, dass der Vertragspartner die notwendigen Einnahmen erwirtschaftet und seine Zahlungsbereitschaft aufrechterhält, abhängt.[240] Insbesondere bei der Kreditvergabe ohne Sicherheiten (z. B. regelmäßig bei Dispositionskrediten) kommt der Bonität eine besondere Bedeutung zu.[241]

Entgegen der Ansicht des RG kann allerdings nur die theoretische Möglichkeit der Zwangsvollstreckung nicht ausreichen, den Eintritt eines Gefährdungsschadens bei fehlender Zahlungswilligkeit auszuschließen. Vielmehr müssen die Erfolgsaussichten zum Zeitpunkt des Vertragsschlusses berücksichtigt werden, wie das Bereithalten eigener liquider Mittel in entsprechender Höhe.

---

236 Dazu *Klemm*, NStZ 2015, 223 (224).

237 *Mühlbauer*, wistra 2003, 244 (251).

238 Eingehend *Schlösser*, wistra 2010, 164 (167 f.).

239 Vgl. dazu eingehend *Albrecht*, NStZ 2014, 17 (18).

240 Vgl. *Guserl/Pernsteiner*, Finanzmanagement, 2. Auflage 2015, S. 317, 323.

241 Vgl. *Guserl/Pernsteiner*, Finanzmanagement, 2. Auflage 2015, S. 275.

b. Verschuldungsgrad

Zur Ermittlung der Gefährdung der Bonität kann z. B. der Verschuldungsgrad, als eine wesentliche ökonomische Kennzahl, herangezogen werden. Der statische Verschuldungsgrad wird durch das Verhältnis vom Fremdkapital zum Eigenkapital berechnet:

$$\text{Statischer Verschuldungsgrad} = \frac{\text{Fremdkapital}}{\text{Eigenkapital}} * 100$$

Dieser drückt jedoch nur eine Momentaufnahme der Finanzsituation aus. Daher ist für Darlehensgeber regelmäßig der dynamische Verschuldungsgrad interessanter, da dieser die sog. Schuldentilgungsfähigkeit angibt:

$$\text{Dynamischer Verschuldungsgrad} = \frac{\text{Fremdkapital}}{\text{Cashflow}} * 100$$

Mit dem dynamischen Verschuldungsgrad wird berechnet, wie lange es dauern würde, das Fremdkapital aus dem Cashflow zu tilgen, vorausgesetzt, dass dieser konstant bleibt und in vollem Umfang ausschließlich zur Rückzahlung des Fremdkapitals verwendet wird.[242] Der Cashflow zeigt die Veränderung der liquiden Mittel an und ist damit ist eine der wichtigsten Messgrößen zur Beurteilung der Finanzlage (eines Unternehmens).[243]

3. RG JW 1937, 3092 Nr. 17 und RGSt 73, 283

Im Jahr 1937 bejahte das RG den Eintritt eines Gefährdungsschadens bereits allgemein aufgrund der Verwahrung von eingegangenen Mandantengeldern auf dem privaten Konto eines Rechtsanwalts anstatt auf einem Anderkonto. Dadurch hinge der Wert der Mandantenforderung von der privaten wirtschaftlichen Lage des Rechtsanwalts und seinem Verhalten ab.[244] Restriktiver führte 1939 das RG in einem vergleichbaren Fall überzeugend aus, dass ein Gefährdungsschaden nur vorliege, wenn der Angeklagte über fremde Gelder des Mandanten zu seinen Gunsten verfügt,

242 Vgl. *Guserl/Pernsteiner*, Finanzmanagement, 2. Auflage 2015, S. 215 f.

243 Zur Berechnung des Cashflows *Guserl/Pernsteiner*, Finanzmanagement, 2. Auflage 2015, S. 207, 209 f.

244 RG JW 1937, 3092 Nr. 17 (3092); in diese Richtung auch RGSt 68, 379 (380); RG HRR 1935, Nr. 1100; 1938, Nr. 997.

ohne eigene liquide Mittel in entsprechender Höhe zum Einsatz bereit zu halten.[245]

4. BGHSt 1, 262

1951 hatte der BGH über den Fall eines Stundungsbetrugs zu entscheiden. Es komme für die Annahme eines Gefährdungsschadens nicht auf die mit der Stundung verbundene rechtliche Schlechterstellung der Gläubiger an, sondern darauf, ob der wirtschaftliche Wert der Forderung durch die Stundung geringer geworden sei. Der wirtschaftliche Wert der Forderung sei gesunken, wenn der Angeklagte im Zeitpunkt der Stundung in einem höheren Maße zahlungsfähig war als später. Kein Gefährdungsschaden liege dagegen vor, wenn der Wert der Forderungen schon zur Zeit der Stundung derart gefährdet war, dass sie hierdurch nicht mehr an Wert verlieren konnten.[246] Diese wirtschaftlich fundierte Judikatur überzeugt in Anbetracht der heute vertretenen Vermögensbegriffe, denn rechnerisch verändert sich der Wert des Vermögens in einem solchen Fall nicht.

5. BGH MDR 1952, 408 zu § 263 und weitere Entscheidungen

In den Jahren 1952 und 1960 stellte der BGH für den Fall der Darlehensgewährung fest, dass ein gleichwertiger Rückzahlungsanspruch der Bank nur vorliege, wenn der Schuldner sich in einer so ausgezeichneten Vermögenslage befindet, dass eine sofortige Rückzahlung durch eine anderweitige Beschaffung von Barmitteln jederzeit sicher erscheint und der Schuldner das Darlehen auch zurückzahlen will.[247] Andernfalls sei ein Gefährdungsschaden eingetreten. Für die Schadensbestimmung komme es auf den Zeitpunkt des Vertragsschlusses und nicht auf den Zeitpunkt der Fälligkeit des Rückzahlungsanspruchs an.[248]

> „Für Art und Umfang der eingetretenen Vermögensgefährdung wird es im Wesentlichen auf folgende weiteren [sic!] Gesichtspunkte an-

245 RGSt 73, 283 (285).

246 BGHSt 1, 262 (264).

247 BGH MDR 1952, 408 zu § 263 (408); in diese Richtung auch BGHSt 15, 24 Rn. 13; 15, 342 (344); BGH, Urteil vom 31.5.1960 – 1 StR 106/60 Rn. 20 f.; Urteil vom 18.6.1965 – 2 StR 435/64 Rn. 17 ff.

248 BGH, Urteil vom 15.11.1960 – 1 StR 483/60 Rn. 6.

kommen: auf die Höhe des Kredits im Verhältnis zum Vermögen und Einkommen des Kreditschuldners und auf sonstige Schulden des Kreditnehmers. [...] Es wird endlich auch auf die persönliche Kreditwürdigkeit des Angeklagten [...] ankommen."[249]

Dem schlossen sich überzeugend in den folgenden Jahren eine Reihe von OLG für Fälle der zweckgebundenen Verwendung von überlassenen Geldern bei nicht ausreichender Ersatzfähigkeit und -bereitschaft des Angeklagten an.[250] Der wirtschaftliche Wert des Ausgleichsanspruchs des Berechtigten entspreche nicht dem Wert des zweckgebundenen Geldes, wenn der Täuschende von vornherein nicht geplant hat, die Gelder entsprechend weiterzuleiten oder zurückzuerstatten.[251] Es stelle lediglich eine Schadenswiedergutmachung dar, wenn der Geschädigte in einem späteren möglichen Rechtsstreit siegt.[252]

6. BGHSt 15, 372

Ergänzend führte der BGH im Jahr 1961 aus, dass, selbst wenn ein Notar die hinterlegten Mandantengelder von dem Anderkonto abhob, diese für private Zwecke verwendete, später wieder auf das Anderkonto einzahlte und den Zinsverlust ersetzte, ein Gefährdungsschaden vorliegen könne. Ein solcher sei nicht eingetreten, wenn der Angeklagte ausreichende Mittel für den Ersatz ständig bereithalte. Dafür reiche jedoch nicht die Bereitschaft eines Dritten zur Ausgleichszahlung aus, da die Zahlungsbereitschaft des Dritten nicht allein in dem Machtbereich des Angeklagten liege und somit keine sichere Ersatzfähigkeit begründe.[253]

---

249 BGH, Urteil vom 31.5.1960 – 1 StR 106/60 Rn. 21.

250 OLG Stuttgart NJW 1968, 1340 (1341); BayObLG GA 1969, 308 (309); KG NJW 1972, 218 (218); OLG Hamm GA 1974, 26 (27).

251 OLG Hamm GA 1974, 26 (27); insoweit zustimmend *Schröder*, JR 1961, 268 (269); vgl. auch *Perron*, in: Schönke/Schröder (Hrsg.), StGB, 30. Auflage 2019, § 263 Rn. 120 ff.

252 KG NJW 1972, 218 (218 f.).

253 BGHSt 15, 372 Rn. 19; in diese Richtung ebenfalls BGH, Urteil vom 20.3.1956 – 5 StR 580/55 Rn. 17 f.

7. BGH MDR 1971, 546 zu § 263 und OLG Köln MDR 1975, 244 Nr. 75

In einem Judikat aus dem Jahr 1970 verneinte der BGH den Eintritt eines Gefährdungsschadens für den Fall, dass der Vertragspartner ein vertragliches Rücktrittsrecht habe. Dann könne der Vertragspartner den Vertrag einseitig rückabwickeln und müsse nicht den ungewissen Weg einer Anfechtung[254] gehen.[255] Dem schloss sich das OLG Köln im Jahr 1974 in einer Entscheidung an, da es die vertraglichen Gegenleistungen aufgrund eines vertraglichen Rücktrittsrechts als wirtschaftlich vollwertig ausgeglichen ansah. Ferner seien weder die Rückzahlungsansprüche im Rückgewährschuldverhältnis infolge der Vermögenslage des Vertragspartners gefährdet gewesen, noch habe dem Angeklagten die Bereitschaft gefehlt, im Rücktrittsfall den Kaufpreis sofort und vollständig zurückzuzahlen.[256]

Diese Judikatur überzeugt, wenn eine tatsächliche erfolgreiche Ausübung des vertraglichen Rücktrittsrechts zum Tatzeitpunkt hinreichend sicher ist. Denn durch dessen Ausübung hat der Vertragspartner eine Verhinderung des Schadens selbst in der Hand.

8. BGH, Urteil vom 4.5.1976 – 5 StR 624/75

1976 stellte der BGH im Fall der Verwendung von Mandantengeldern durch einen Rechtsanwalt klar, dass

> „Dispositionsgeld, selbst soweit es die Höhe der Mandantenforderung erreichte, nach der Art seiner üblichen Verwendung keine jederzeit bestehende Sicherheit war".[257]

Ebenso wie Dispositionsgeld könne weder Bargeld aus der Geschäftskasse, wenn dies für andere Zwecke bestimmt ist, noch die Möglichkeit eines Kredits durch Dritte eine ausreichende Ersatzfähigkeit begründen und

254 St. Rspr., statt vieler BGH NStZ-RR 2016, 12 (13) mwN; eingehend *Luipold*, Die Bedeutung von Anfechtungs-, Widerrufs-, Rücktritts- und Gewährleistungsrechten für das Schadensmerkmal des Betrugstatbestandes, 1998, S. 133 ff.

255 BGH MDR 1971, 546 zu § 263 (546). Ausführlich zu den dem Eingehungsbetrug entgegenstehenden Gegenrechten: *Walter*, JZ 2002, 254 (255 f.).

256 OLG Köln MDR 1975, 244 Nr. 75 (244).

257 BGH, Urteil vom 4.5.1976 – 5 StR 624/75 Rn. 6.

damit die Entstehung eines Gefährdungsschadens ausschließen.[258] Durch diese Entscheidung stellte die Rechtsprechung begrüßenswert früh klar, dass nur jederzeit verfügbare eigene und dafür vorgesehene Mittel des Angeklagten eine Ausgleichsfähigkeit begründen können.

9. BGH NStZ 1981, 351

Im Jahr 1981 fasste der BGH zusammen, dass

> „[d]er Eintritt eines Vermögensschadens in Form einer Vermögensgefährdung [...] davon [abhinge], ob das Gesamtvermögen des Kreditgebers nach der Darlehensgewährung einen geringeren Wert hat als zuvor. [...] Ergibt dieser Vergleich die Minderwertigkeit des Rückerstattungsanspruchs, weil der Darlehensnehmer von vornherein zahlungsunwillig oder zahlungsfähig ist, so kann das Vermögen des Gläubigers geschädigt sein."[259]

Falls sich die Rückzahlung eines Darlehens planmäßig über einen längeren Zeitraum erstrecke, könne ein Gefährdungsschaden entstehen, wenn die erforderliche Bonität des Schuldners zu dem Fälligkeitstermin bei der gewöhnlich zu erwartenden Entwicklung zwar möglich, aber nicht sicher sei. Dazu müsse die Unsicherheit hinsichtlich der Bonität jedoch einen Grad erreichen, der über das übliche, von den Beteiligten vorausgesetzte und auch in Kauf genommene Maß hinausgehe.[260] Diese Auffassung überzeugt, da eine hinreichende konkrete Vermögensgefährdung zum Tatzeitpunkt festgestellt werden muss.

---

258 BGH, Urteil vom 4.5.1976 – 5 StR 624/75 Rn. 6; ebenso hinsichtlich eines Architekten, der Gelder zur Finanzierung eines Bauprojekts zweckwidrig verwendete: BGH MDR 1975, 23 zu § 266 (23).

259 BGH, Urteil vom 20.5.1981 – 2 StR 209/81 Rn. 10, soweit in NStZ 1981, 351 nicht abgedruckt; in diese Richtung ebenfalls BGH NStZ 1982, 331 (331); MDR 1983, 280 zu § 266 (281).

260 BGH, Urteil vom 20.5.1981 – 2 StR 209/81 Rn. 11 ff., soweit in NStZ 1981, 351 nicht abgedruckt. Im Folgenden prüfte der BGH noch einen Gefährdungsschaden aufgrund nicht ausreichender Sicherheiten, dazu in einer anderen Fallgruppe ab S. 119.

10. BGH NJW 1983, 461 und BGHSt 33, 244

1982 hatte der BGH über einen Sachverhalt zu entscheiden, in dem ein ungedeckter Scheck ausgestellt wurde. Bei der Ausstellung wusste der Angeklagte, dass die Bank den Scheck bei Einreichung nicht einlösen würde. Laut BGH kommt es für den Eintritt einer Vermögensgefährdung darauf an, ob der Angeklagte bei Scheckhingabe zahlungsfähiger gewesen sei als später. Nur dann stehe der Geschädigte durch die Scheckannahme wirtschaftlich schlechter da als vorher.[261]

Vergleichbar verhielt es sich im Fall eines Kreditkartenmissbrauchs, in welchem der Angeklagte bei der Kartennutzung wusste, dass er die Schuldsalden künftig nicht ausgleichen könne. Da Kreditkarten einen Vermögenswert verkörpern, könne die Aushändigung an einen Ausgleichunfähigen einen Gefährdungsschaden i. S. d. § 263 I StGB begründen.[262] Im Anschluss an diese Rechtsprechung wurde im Jahr 1986 der Tatbestand des § 266b StGB eingeführt,[263] unter dem *primär* künftig derartige Sachverhalte zu subsumieren sind.

11. BGH StV 1985, 186

Im Jahr 1984 hatte der BGH über einen Sachverhalt zu entscheiden, in dem der Angeklagte seiner Hausbank unechte Münzen verkauft hatte. Vorbehaltlich einer positiven Echtheitsprüfung der Münzen erhielt der Angeklagte zunächst nur eine Anzahlung des Kaufpreises. Die Unechtheit der Münzen fiel der Bank jedoch später auf, woraufhin diese das Konto des Angeklagten in Höhe des an ihn ausgezahlten Anzahlungsbetrags rückbelastete. Laut BGH kann ein Gefährdungsschaden in Höhe des Minderwerts des Rückzahlungsanspruchs im Verhältnis zu der erlangten Anzahlung vorliegen. Der Eintritt eines Gefährdungsschadens sei jedoch ausgeschlos-

261 BGH NJW 1983, 461 (461).

262 BGHSt 33, 244 (246); zustimmend *U. Steinhilper*, NJW 1985, 300 (303); *Eckert*, EWiR 1985, 963 (963). Kritisch hinsichtlich der Vereinbarkeit mit Art. 103 II GG: *Labsch*, NJW 1986, 104 (105); in diese Richtung ebenfalls *Otto*, JZ 1985, 1008 (1008); *Altenhain*, JZ 1997, 752 (757). Anmerkung zu BGHSt 33, 244, die fürs Hiesige nicht relevant ist: *Hassemer*, JuS 1986, 70.

263 Eingeführt durch das Zweite Gesetz zur Bekämpfung der Wirtschaftskriminalität vom 15.5.1986, BGBl. 1986 I, S. 723. Eingehend dazu beispielsweise *Küpper*, NStZ 1988, 60; *Labsch*, NJW 1986, 104 (106 ff.); *Huff*, NJW 1986, 902 (903); *Otto*, wistra 1986, 150; *Altenhain*, JZ 1997, 752 (752 ff.).

sen, wenn der Getäuschte, wie hier die Bank, ohne Schwierigkeiten wieder an seine bereits gezahlte Gegenleistung kommen könne.[264]

Überzeugenderweise kann bei einer solchen Möglichkeit kein Gefährdungsschaden angenommen werden, da der Getäuschte – ähnlich wie bei der vertraglichen Rücktrittsmöglichkeit[265] – einseitig auf die Rückzahlung seiner bereits erbrachten Gegenleistung Einfluss nehmen kann. Im vorliegenden Fall hätten die Gerichte jedoch noch darauf eingehen müssen, inwieweit die Möglichkeit bestand, dass die Bank die Unechtheit der Münzen nicht erkennen und somit den vollständigen Kaufpreis an den Angeklagten auskehren würde.

12. BGH NStZ 1986, 361

1985 stellte sich dem BGH der Fall eines Rechtsanwalts, der nach einer Erbauseinandersetzung das Geld des Geschädigten von dem Nachlasskonto abhob und anschließend als Bargeld im Safe seines Hauses verwahrte. Laut BGH lässt sich nicht ausschließen, dass der Angeklagte den Betrag zur Sicherung seiner eigenen Honorarforderung gegen den Mandanten bereithielt. Ebenfalls sei das anvertraute Vermögen nicht durch einen baldigen Zugriff eines Gläubigers des Angeklagten gefährdet gewesen, da allein das Bestehen erheblicher Verbindlichkeiten und das Platzen von ausgestellten Schecks mangels Deckung nicht für den sicheren Schluss auf drohende Zwangsvollstreckungsmaßnahmen gegen den Angeklagten ausreichten. Ferner habe der Angeklagte den Geschädigten nicht im Unklaren über die Höhe der ihm zustehenden Forderung gelassen. Ein Gefährdungsschaden lag nicht vor.[266]

13. BGH wistra 1988, 191

Vergleichbar urteilte der BGH im Jahr 1988 über einen Sachverhalt, in dem der angeklagte Konkursverwalter Fremdgelder als solche nicht kennzeichnete und deren Herkunft verschleierte. Dadurch erhielt der Angeklag-

264 BGH StV 1985, 186 (186 f.).
265 Vgl. dazu schon exemplarisch BGH MDR 1971, 546 zu § 263 (546).
266 BGH NStZ 1986, 361 (362). Zur Treuepflicht eingehend *Keller*, JR 1983, 516 (516 f.); *Franzheim*, StV 1986, 409 (410).

te einen Kredit von seiner Bank, wobei die Fremdgelder als Sicherheit dienten. Dazu führte der BGH aus:

> „Entscheidend ist allein, daß durch die Sicherungsvereinbarung der Gefährdungsschaden eintrat und daß der Angeklagte zum vollständigen Ausgleich des veruntreuten Geldes den sich steigernden Betrag *nicht ständig in eigenen flüssigen Mitteln bereithielt und nicht sein Augenmerk darauf richtete, die so vorhandenen Mittel jederzeit zum Ausgleich benutzen zu können* [...]. Dafür, daß der Angeklagte solche eignen flüssigen Mittel ständig bereitgehalten habe, fehlt jeder Anhalt, zumal es der Finanzierungsmanipulationen des Angeklagten nicht bedurft hätte, wenn er tatsächlich über entsprechende eigene flüssige Mittel verfügt hätte."[267]

Zum Ausschluss eines Gefährdungsschadens reichen mögliche Ersatzmittel der finanzstarken Ehefrau des Angeklagten nicht aus, da nur die eigenen flüssigen Mittel des Angeklagten zum Ausgleich berücksichtigt werden können.[268]

14. BGH NJW 1992, 2167 und OLG Düsseldorf wistra 1996, 32

1992 hatte der BGH über einen Sachverhalt zu entscheiden, in dem der Angeklagte mit Künstlern Verträge abgeschlossen hatte, obwohl er wusste, dass er zur Zahlung der Gage an die Künstler nicht in der Lage sein wird. Die Getäuschten waren weder vorleistungspflichtig noch mussten sie Zug-um-Zug leisten. Vielmehr konnten sie ihre geschuldete Leistung erst nach der Zahlung durch den Täuschenden erbringen. Laut BGH sind damit die Getäuschten ausreichend selbstständig gegen einen Schadenseintritt abgesichert gewesen, weshalb kein Gefährdungsschaden entstanden sei.[269]

---

267 BGH wistra 1988, 191 (192) – Hervorhebungen durch Verf.; in diese Richtung auch BGH NStZ 1995, 233 (234).

268 BGH wistra 1988, 191 (192); vorgehend so ebenfalls LG Kiel, Urteil vom 27.10.1986 – VII KLs (7/84) 41 Js 1130/80 (unveröffentlicht).

269 BGH NJW 1992, 2167 (2169), soweit in BGHSt 38, 281 nicht abgedruckt; so ebenfalls BGH, Urteil vom 6.3.1962 – 5 StR 652/61 Rn. 6 ff.; Urteil vom 24.11.1964 – 1 StR 471/64, BeckRS 1964, 00100; BGH MDR 1973, 370 zu § 263 (370); 1975, 196 zu § 263 (196); StV 1992, 117 (117); NStZ 1998, 85 (85); NStZ-RR 2001, 328 (329). Im Folgenden prüfte der BGH bei NStZ-RR 2001, 328 noch einen Gefährdungsschaden aufgrund einer nicht ausreichenden Sicherheit, dazu in einer anderen Fallgruppe ab S. 119. Anmerkungen zu BGH

Mithin kommt es hier überzeugenderweise – wie bei einem vertraglichen Rücktrittsrecht oder einer einseitigen Einflussnahmemöglichkeit auf die Rückzahlung – auf die Unabhängigkeit des Getäuschten bei der Absicherung gegen den Eintritt eines Gefährdungsschadens an. Im Jahr 1995 fügte das OLG Düsseldorf dem hinzu, dass ein Gefährdungsschaden auch ausgeschlossen sein könne, „wenn der andere Vertragsteil den Vertrag ohne Beweisschwierigkeiten anfechten“[270] kann. Entscheidend ist daher eine hinreichend sichere Befriedigungsmöglichkeit des Geschädigten im Einzelfall.

15. BGHSt 41, 224

Im Jahr 1995 entschied der BGH über den Fall eines Wohnungsverwalters, der Mietkautionen treuwidrig nicht gesondert verwahrte. Dazu stellte das Gericht fest, dass der Eintritt eines Gefährdungsschadens hier auf dem Fehlen von besonderen Sicherungen beruhe, die das Bürgerliche Recht (vgl. § 550b II 1 BGB a.F., § 27 IV 1 WEG a.F.) für die Mietkaution vorsehe:

> „Denn die getrennte Anlage oder Haltung der Gelder dient dem Zweck, den Rückzahlungsanspruch des Mieters oder Wohnungseigentümers im Fall der Zahlungsunfähigkeit des Vermieters oder Verwalters vor dem Zugriff von dessen Gläubigern zu schützen.“[271]

Allerdings müsse im Einzelfall geprüft werden, ob eine solche hinreichend konkrete Wahrscheinlichkeit der Inanspruchnahme (hier: des Wohnungsverwalters) durch die Gläubiger bestehe. Fehle es daran, scheide das Entstehen eines Gefährdungsschadens aus. Allein die Existenz solcher Sicherungsvorschriften reiche nicht aus.[272] Diese Ansicht ist überzeugend, denn der Zweck einer Kaution ist lediglich die Bestellung einer Sicherheitsleistung für den Fall, dass vertraglichen Verpflichtungen nicht nachgekommen wird.[273]

NJW 1992, 2167, die fürs Hiesige nicht relevant sind: *Ranft*, NStZ 1993, 185; *Otto*, JZ 1992, 1139; *Marxen*, EWiR 1993, 395.

270 OLG Düsseldorf wistra 1996, 32 (33).

271 BGHSt 41, 224 Rn. 16.

272 BGHSt 41, 224 Rn. 17 f.

273 Vgl. *Theesfeld*, NJ 2011, 502 (502); *Sowada*, JR 1997, 28 (29).

16. OLG Karlsruhe wistra 1997, 109

Das OLG Karlsruhe bejahte im Jahr 1996 trotz eines zivilrechtlich geltend zumachenden Gegenanspruchs den Eintritt eines Gefährdungsschadens grundsätzlich. Das Gericht hatte über den Fall eines zahlungsunfähigen Angeklagten zu entscheiden, der Ersatzteile für das Haus seines Sohnes bestellte. Bei den Bestellungen war für den Vertragspartner nicht ersichtlich gewesen, dass der Sohn der Eigentümer des Hauses war. Der Sohn sagte dem Angeklagten intern zu, die Rechnung später begleichen zu wollen. Nach Erhalt der Rechnung weigerte sich der Angeklagte diese zu bezahlen und wurde anschließend im Zivilverfahren zur Zahlung verurteilt. Die rechtliche Möglichkeit, einen Ausgleichsanspruch gegen den zahlungsfähigen Sohn[274] geltend machen zu können, beseitigt laut dem OLG Karlsruhe nicht die bei der Lieferung entstehende konkrete Gefährdung des Zahlungsanspruchs des Verkäufers gegen den Angeklagten. Entgegenstehendes setze zumindest die Kenntnis des Vertragspartners vom vollständigen Sachverhalt voraus, erfordere den guten Willen des Angeklagten an der entsprechenden Abwicklung sowie die jederzeitige Kooperationsbereitschaft des Drittschuldners. Da die Befriedigung somit nicht ohne Zeit- und Kostenaufwand für den Geschädigten möglich war, sei ein Gefährdungsschaden entstanden.[275]

17. BGH wistra 2009, 107 und weitere Entscheidungen

Die bisher referierten Entscheidungen hinsichtlich der Kartenzahlungen und der Einlösung von Schecks[276] betrafen Fälle, in denen Banken die Zahlungen garantierten oder eine Rückgabe der Lastschrift nicht möglich war. Kartenzahlungen erfolgten früher im sog. POS-System[277]. Daher hat

274 Vgl. dazu *Grüneberg*, in: Palandt (Begr.), BGB, 80. Auflage 2021, § 257 Rn. 1.

275 OLG Karlsruhe wistra 1997, 109 (110); in diese Richtung auch BGH StraFo 2011, 238 (239).

276 Vgl. beispielsweise ab S. 100. Der garantierte Scheckverkehr wurde allerdings zum 31.12.2001 aufgegeben, vgl. *Kindhäuser*, in: ders./Neumann/Paeffgen (Hrsg.), StGB, 5. Auflage 2017, § 266b Rn. 6.

277 In dem sog. POS-System (point of sale-System, auch electronic cash-System genannt) verpflichtet sich die Bank, den aufgrund einer Online-Überprüfung der Karte über die Gesellschaft für Zahlungssysteme autorisierten Rechnungsbetrag den kartenemittierenden Kreditinstituten und Handelsunternehmen im Lastschriftverfahren zu begleichen. Im electronic cash-System wird also die EC-

die Rechtsprechung einen Gefährdungsschaden der Kreditinstitute unter den referierten Anforderungen angenommen. Da sich das Zahlungssystem im Laufe der Zeit verändert hatte, musste der 4. Strafsenat des BGH im Jahr 2008 überzeugenderweise überprüfen, ob die aufgestellten Leitlinien auf das neue Zahlungssystem noch zutrafen: In dem zu entscheidenden Fall eröffneten die Angeklagten Konten, um mit den ihnen überlassenen Karten sog. Verwertungsbetrugshandlungen zu begehen. Der BGH stellte fest, dass mangels durch die Bank garantierter Zahlungen im sog. POZ-System[278] nur ein Schaden bei dem Geschäftspartner entstanden sein könne. Daher müsse für die Prüfung des Eintritts eines Gefährdungsschadens im jeweiligen Sachverhalt überprüft werden, wie die Kontobelastungen erfolgen sollten und ob es zu den Kontobelastungen durch einen Überziehungskredit oder eines bei Kontoeröffnung vorhandenen Guthabens komme. So könne geprüft werden, ob die Bank überhaupt eine Vermögensverfügung bei Kontoeröffnung oder Kartenüberlassung vorgenommen habe.[279]

Karte nicht als Codekarte, sondern in ihrer Funktion als Kreditkarte (im Drei-Partner-System) eingesetzt. Die Zahlungsverpflichtung der Bank gegenüber dem Unternehmen hat auch dann Bestand, wenn dem Kunden im Innenverhältnis zur Bank die Befugnis zur Verwendung der EC-Karte fehlt (dazu nur *Kindhäuser*, in: ders./Neumann/Paeffgen [Hrsg.], StGB, 5. Auflage 2017, § 263a Rn. 52).

278 Das POZ-System (point of sale ohne Zahlungsgarantie-System) ermöglichte die Erstellung von elektronischen Einzugsermächtigungen durch das Auslesen der auf dem Magnetstreifen enthaltenen Daten, womit keine Zahlungsgarantie der kartenausgebenden Bank verbunden war. Mangels ausreichender Nachfrage wurde das POZ-System zum 21.12.2006 eingestellt (*Fandrich*, in: Graf von Westphalen/Thüsing [Hrsg.], Vertragsrecht und AGB-Klauselwerke, 46. EL Oktober 2020, Bankkartenbedingungen Rn. 4).

279 BGH wistra 2009, 107 (107); NStZ 2009, 329 (330); BGH, Beschluss vom 8.10.2019 – 2 StR 83/19, BeckRS 2019, 32574 Rn. 8, soweit in NStZ-RR 2020, 33 nicht abgedruckt; so auch OLG Hamm wistra 2012, 161 (162). In dem Fall prüfte das OLG Hamm noch unter Berücksichtigung der Lastschriftreiterei einen Gefährdungsschaden, dazu in einer anderen Fallgruppe ab S. 250. Gleichsam muss, wie *Rossa* richtig feststellt, ein Gefährdungsschaden ausscheiden, „wenn das Konto bei Erteilung der Einzugsermächtigung zwar nicht gedeckt ist, aber für den Zeitpunkt des Einreichens der Lastschrift eine ausreichende Kontodeckung mit hinreichender Wahrscheinlichkeit zu erwarten ist." (*ders.*, CR 1997, 219 [224]; in diese Richtung ebenfalls für den ungedeckten Scheck *Perron*, in: Schönke/Schröder [Hrsg.], StGB, 30. Auflage 2019, § 263 Rn. 112 mwN). Eingehend zum Missbrauch von Karten durch den Berechtigten *Schulz/Tschwerwinka*, JA 1991, 119 (124 ff.); *Brand*, JR 2008, 496; *Altenhain*, JZ 1997, 752; *Eisele/Fad*, Jura 2002, 305.

Der 2. Strafsenat des BGH differenzierte diese Leitlinie im gleichen Jahr weiter aus:

> „Zwar kann ein Schaden in Form einer schadensgleichen Vermögensgefährdung schon dann vorliegen, wenn der Täter unter Vorlage eines gefälschten Ausweises und Täuschung über seine Zahlungswilligkeit bei einer Bank Konten eröffnet und ihm antragsgemäß Kreditkarten [...] oder EC-Karten [...] ausgehändigt werden bzw. wenn ihm ein Überziehungskredit eingeräumt wird.“[280]

Führe die Bank das Konto allein auf Guthabenbasis, also ohne Dispositionskredit, entstehe kein Gefährdungsschaden.[281] *Kudlich* ergänzte überzeugend, dass zwar in der Einräumung eines Dispositionskredits nur ein allgemeines Geschäftsrisiko gesehen werden könne. „Indes handelt es sich durchaus um eine spezielle Gefährdung des Vermögens, wenn aufgrund der Identitätstäuschung bei der Kontoeröffnung im Fall des Ausbleibens einer Rückzahlung das Durchsetzungsrisiko so erschwert ist.“[282]

18. BGH NStZ-RR 2004, 54 und BGHSt 52, 182

Zuvor hatte der 3. Strafsenat des BGH über einen Fall der treuhänderisch gebundenen Gelder zu entscheiden, die ein Rechtsanwalt von einem Mandanten in Empfang genommen hatte und auf einem Anderkonto verwahren sollte, um die Kaution für eine anstehende Untersuchungshaft stellen zu können. Ein Gefährdungsschaden sei eingetreten, da der Rechtsanwalt die Gelder nicht absprachegemäß verwahrte und nicht uneingeschränkt bereit und jederzeit fähig war, den Betrag aus eigenen flüssigen Mitteln vollständig auszukehren. Der BGH führte aus, dass hier keine Ausnahme von den Leitlinien greifen könne, da die Gelder auch ordnungsgemäß verwahrt werden müssen, wenn der Treuhänder diese von dem Mandanten

---

280 BGH NStZ 2011, 160 (160); BGHSt 47, 160 (170); ebenso, allerdings nicht so ausdrücklich schon BGH NStZ 1993, 283 (283); OLG München NJW 2007, 3734 (3737). In diese Richtung ebenso für die Ausreichung eines kleinen Kreditbetrags BGH wistra 2012, 438 (440). Zur Schadensvertiefung BGH, Urteil vom 16.10.1990 – 5 StR 418/90, BeckRS 1990, 31093308. Anmerkungen zu BGHSt 47, 160, die fürs Hiesige nicht relevant sind: *Wülfing*, ITRB 2002, 159; *Kudlich*, JuS 2003, 537; *Zielinski*, JR 2002, 342; *Martin*, JuS 2002, 506; *Vahle*, Kriminalistik 2002, 384.

281 BGH NStZ 2011, 160 (160); ZWH 2013, 191 (191).

282 *Kudlich*, ZWH 2013, 192 (192).

selbst zur Ausführung eines Auftrags bekommen hat.[283] Offengelassen hat der BGH, ob dies auch gelte, wenn zwar die jederzeitige Verfügbarkeit von Ersatzmitteln nicht sichergestellt ist, aber nach dem Inhalt und den Umständen des Auftragsverhältnisses eine zeitliche Verzögerung bei der Erfüllung des Auftrags unwesentlich ist:

> „Für den Mandanten des Angekl[agten] war die naheliegende Gefahr einer – sei es auch nur kurzen – zeitlichen Verzögerung bei der Auftragsabwicklung als mögliche Folge der abredewidrigen Einzahlung dieser Gelder auf sein im Soll geführtes Geschäftskonto nicht ohne Bedeutung. [...] Auch wenn der Angekl[agte] über die Höhe der **Kaution** noch verhandeln sollte, musste er in dieser Situation jederzeit mit einem Aussetzungsbeschluss nach § 116 StPO rechnen und in der Lage sein, die erforderliche Kaution unverzüglich bereit zu stellen, um die umgehende Freilassung seines Mandanten zu gewährleisten. Eine ‚Vorlaufzeit', die es dem Angekl[agten] ermöglicht hätte, rechtzeitig Verhandlungen mit seiner Bank zur Beschaffung etwa einer Bürgschaft oder von Barmitteln unter Beleihung seines Immobilienvermögens zu führen, besteht bei einer solchen Sachlage entgegen der Auffassung der Revision nicht. Denn Haftverschonungsbeschlüsse werden von den Haftgerichten, sobald sie sich von den Voraussetzungen des § 116 StPO überzeugt haben, regelmäßig unverzüglich gefasst und bekannt gegeben."[284]

Eine vergleichbare Einschränkung stellte der 5. Strafsenat des BGH im Jahr 2008 für die nicht ordnungsgemäße Trennung von Eigen- und Treuhandgelder auf: Für die Entstehung eines Gefährdungsschadens sei entscheidend, dass bereits zu dem Zeitpunkt der Einzahlung auf das (gemischte) Konto eine drohende Überschuldung bevorstand, die die naheliegende Gefahr eines Zugriffs der Gläubiger auf das Geld erwarten ließ.[285]

Mithin schadet die rein theoretische Zugriffsmöglichkeit des Gläubigers auf das treuhänderisch verwaltete Geld nicht, wenn eigene liquide Mittel des Täters vorhanden sind und dieser uneingeschränkt und jederzeit be-

---

283 BGH NStZ-RR 2004, 54 (54); vorgehend so ebenfalls LG Oldenburg, Urteil vom 10.2.2003 – 140 Js 328/99 – 5 KLs 14/02 (unveröffentlicht).

284 BGH NStZ-RR 2004, 54 (54) – Hervorhebung im Original; zustimmend *Vahle*, Kriminalistik 2004, 456 (456).

285 BGHSt 52, 182 Rn. 26 ff.; so ebenfalls BGH NJW 2010, 1764 (1765); OLG Hamm wistra 2010, 76 (77); zustimmend *Fleßner*, IBR 2008, 217 (217); *Meyer-Mews*, NJ 2011, 36 (36). Anmerkung zu BGHSt 52, 182, die fürs Hiesige nicht relevant ist: *Kretschmer*, JR 2008, 348.

reit ist, diese Mittel zur Erfüllung der Schuld einzusetzen. Ferner ist das Abstellen auf eine mögliche Überschuldung des Täters zur Abgrenzung von konkreten und abstrakten Gefährdungen erforderlich. Denn eine Überschuldung des Täters führt regelmäßig dazu, dass eingezahlte Gelder direkt in die Insolvenzmasse fließen und keine Rückzahlung erfolgt. Somit seien keine wesentliche Zwischenschritte mehr erforderlich, weshalb gegenwärtig ein Gefährdungsschaden vorliegt.[286] Durch diese aufgestellten Leitlinien wurde die erforderliche Konkretheit für eine hinreichende Gefahr präzisiert. Die restriktive Handhabung des Konzepts des Gefährdungsschadens ist zu begrüßen.[287]

19. BGH NStZ 2005, 160

Im Jahr 2004 stellte der BGH im Einklang mit seiner bisherigen Rechtsprechungslinie zum Stundungsbetrug fest, dass zur Annahme eines Gefährdungsschadens erforderlich sei, dass die Möglichkeit der Erfüllung eines Anspruchs gerade durch den Zeitablauf verschlechtert werde und die Forderung daher an Wert verliere. Dies sei gegeben, wenn der Schuldner zum Zeitpunkt der Stundung noch zahlungsfähig oder in einem höheren Maße zahlungsfähig war als zu einem späteren Zeitpunkt.[288] Dies überzeugt, da die Strafbarkeit zum Tatzeitpunkt feststehen muss und nicht von künftigen Ereignissen abhängen darf.

20. BGH NStZ 2015, 277 und wistra 2016, 152

2014 und 2015 hatte sich der 2. Strafsenat des BGH jeweils erneut mit der fehlenden Weiterleitung von Mandantengelder an Anderkonten durch Rechtsanwälte zu beschäftigen. Der BGH stellte klar, dass ein Gefährdungsschaden eingetreten sei, wenn sich ein Rechtsanwalt bestimmte Fremdgelder auf sein Geschäftskonto einzahlen lässt und weder uneingeschränkt noch jederzeit fähig ist, den entsprechenden Betrag aus eige-

---

286 In diese Richtung auch *Werner*, Der Gefährdungsschaden als Nachteil im Sinne des Untreuetatbestandes, 2011, S. 120.

287 Ebenso zu BGHSt 52, 182: *Bosch*, JA 2008, 658 (660); *Rönnau*, NStZ 2009, 633 (635); *K. Schröder*, FD-StrafR 2009, 293313.

288 BGH NStZ 2005, 160 (161).

nen liquiden Mitteln vollständig auszukehren.[289] Der Feststellung eines Gefährdungsschadens könne jedoch entgegenstehen, dass der Angeklagte einen fälligen Zahlungsanspruch gegen das von ihm treuhänderisch verwaltete Geld habe, sodass der Treugeber von einer bestehenden Verbindlichkeit befreit werde. Dies setze aber einen entsprechenden Vorsatz des Angeklagten für die Verwendung der Mandantengelder zum Zweck der Honorarbefriedigung voraus.[290]

21. BGH NJW 2018, 3040

2018 befasste sich der 3. Strafsenat des BGH mit einem Sachverhalt, in dem der Angeklagte unter Vortäuschung von Zahlungswilligkeit und -fähigkeit einen notariellen Kaufvertrag über ein bebautes Grundstück abgeschlossen hatte. Zugunsten des Angeklagten wurde eine Auflassungsvormerkung eingetragen. Der Verkäufer händigte dem Angeklagten alle Hausschlüssel aus und erteilte sein Einverständnis, dass vorzeitig mit Umbauarbeiten am Haus begonnen werden durfte. Der BGH stellte fest, dass ein Gefährdungsschaden nicht schon mit dem Abschluss des notariellen Vertrags entstanden sei:

> „[Z]war [kann] bereits der Vertragsabschluss einen Gefährdungsschaden des Verkäufers begründen, wenn seine Gegenforderung (Zahlung des Kaufpreises) aufgrund mangelnder Zahlungsfähigkeit oder -willigkeit des Käufers der gegen ihn entstandenen Forderung (Übereignung und Übergabe der Kaufsache) nicht gleichwertig ist. Das gilt

---

289 BGH NStZ 2015, 277 (277); wistra 2016, 152 (153); vorgehend jeweils auch LG Aachen, Urteil vom 30.1.2014 – 61 KLs – 804 Js 493/13 – 22/13 (unveröffentlicht); LG Limburg, Urteil vom 29.1.2015 – 4 Js 11791/13 – 5 KLs, BeckRS 2016, 8275. Dagegen führte in einem vergleichbaren Fall im Jahr 2015 der 1. Strafsenat des BGH aus, dass mit der Kontokorrentbuchung der Bank oder dem Abfluss des Zahlungseingangs vom Konto des Berechtigten bereits ein endgültiger Schaden vorliege, BGH NJW 2015, 1190 (1191); in diese Richtung auch BGH NStZ 2014, 158 (159); dagegen vorgehend einen Gefährdungsschaden annehmend LG Coburg, Urteil vom 29.8.2014 – 1 KLs 105 Js 8958/1 (unveröffentlicht).

290 BGH NStZ 2015, 277 (277); vgl. auch BGH NStZ-RR 2011, 312 (313); wistra 1999, 420 (422 f.); OLG Karlsruhe NStZ 1990, 82 (84); zustimmend *Schmidt*, NStZ 2013, 498 (499 ff.); *ders.*, NStZ 2020, 420 (422); vgl. dazu auch *Jungk*, in: Borgmann/Jungk/Schwaiger (Hrsg.), Anwaltshaftung, 6. Auflage 2020, Kapitel III, § 8 Rn. 2 ff.

indes grundsätzlich nicht, wenn der Vertrag nur zur Zug-um-Zug-Leistung verpflichtet. Das Leistungsverweigerungsrecht sichert die in ihrer Bonität beeinträchtigte Gegenforderung [...]. Für Grundstückgeschäfte bedeutet dies, dass in einem notariellen Kaufvertragsabschluss noch kein Eingehungsbetrug liegt, wenn – wie im Regelfall – die Eintragung im Grundbuch von der vorherigen Kaufpreiszahlung abhängig ist."[291]

Der 3. Strafsenat des BGH bestätigte damit die entwickelte Leitlinie zur Dogmatik des Gefährdungsschadens bei vorleistungspflichtigen Gegenleistungen. Jedoch ist im hiesigen Fall fraglich, ob der Verkäufer durch die vorzeitige Besitzüberlassung und dem damit einhergehenden Verlust des Sicherungsmittels ausreichend vor dem Verlust seiner vertraglichen Gegenleistung geschützt war. „Ist die übliche Abhängigkeit der Eintragung vom Gelderhalt aber nicht mehr gegeben, so fehlt es an den vorausgesetzten Regelfall besicherter Risikolosigkeit"[292], stellte *Brammsen* überzeugend fest. Die Gerichte dürfen beim Fehlen einer Vorleistungspflicht nicht pauschal einen Gefährdungsschaden verneinen. Es muss geprüft werden, ob im Einzelfall Besonderheiten ausnahmsweise gegen das Bestehen eines Gefährdungsschadens sprechen.[293] „Der Betrug [darf nicht] vom Vermögensschädigungsdelikt zum Vergehen gegen die Wahrheit im Geschäftsverkehr umfunktioniert [werden]."[294]

22. BGH NStZ 2019, 144

Im gleichen Jahr wandte der BGH die Grundsätze zum Konzept des Eingehungsbetrugs in einem Fall nur bedingt an, in dem der Angeklagte für seine Kunden gefälschte Lohnbescheinigungen und Kontoauszüge erstellte. Laut BGH ist bei der Kreditvergabe die Zahlungsfähigkeit und -willigkeit des Schuldners sowie der Wert ggf. gestellter Sicherheiten für den Eintritt eines Gefährdungsschadens maßgeblich. Ferner sei jede Darlehensrückzahlungsforderung mit einem gewissen Ausfallrisiko behaftet,

291 BGH NJW 2018, 3040 (3040); vgl. ebenfalls BGHSt 58, 205 Rn. 22; zustimmend *Everts*, MittBayNot 2019, 320 (321).

292 *Brammsen*, EWiR 2019, 175 (176 Rn. 3.1).

293 Dazu ebenfalls *Brammsen*, EWiR 2019, 175 (176); *Becker*, NStZ 2018, 715 (715).

294 BGH NStZ-RR 2001, 41 (42); dazu auch schon eingehend *Hofbeck*, Der Charakter des Betrugs, ein Delikt gegen das Vermögen oder die Redlichkeit im Geschäftsverkehr, 1954.

das bereits in den jeweiligen Bedingungen des Vertrags berücksichtigt werde. Daher müsse das erhöhte Ausfallrisiko, das die Bank in Unkenntnis der schlechteren Einkommensverhältnisse unbewusst eingehe, mit dem vertraglich berücksichtigten Ausfallrisiko verglichen werden. Hier könne aus der Art und Weise der Kreditерschleichung geschlossen werden, dass ein Gefährdungsschaden entstanden sei, da es bei ausreichender Zahlungsfähigkeit keinen Fälschungen bedurft hätte.[295]

23. BGH GmbHR 2019, 1343 und OLG Köln ZWH 2020, 184

In einem sich dem 1. Strafsenat des BGH stellenden Sachverhalt hatten die Angeklagten Verträge zur Absicherung von Mindererlösen des Vertragspartners abgeschlossen. Rücklagen oder Rückversicherungen für die eingegangenen Versicherungsrisiken wurden nicht gebildet bzw. abgeschlossen. Laut BGH kommt es für den Eintritt eines Gefährdungsschadens darauf an, inwiefern die begünstigte Person finanziell dazu in der Lage war, die Gegenleistung zu erbringen. Dafür seien die Höhe anderweitiger fälliger Forderungen, das Kontoguthaben und generell die geldwerten Güter abzüglich der Verbindlichkeiten zu ermitteln.[296] Weiter führte der BGH aus:

> „[...] [A]n einem Nachteil fehlt es, wenn der Täter jederzeit zum Ersatz des Schadens fähig und bereit ist und hierfür ständig eigene flüssige Ersatzmittel bereithält, die den Ausgleich ermöglichen."[297]

Das OLG Köln fügte dem hinzu, dass ein Angeklagter auch jederzeit zum Ausgleich fähig sei, wenn ihm ein nicht ausgeschöpfter Dispositionskredit zur Verfügung steht, da dieser „jederzeit ohne weitere Voraussetzungen und daher (von der Zinspflicht abgesehen) im selben Maße wie ein Haben-Saldo abgerufen und eingesetzt werden [kann]".[298] Im Unterschied zu den bisher entschiedenen Fällen mussten vorliegend die Kreditmittel durch den Angeklagten nicht erst beschafft werden und die Mittelverwendung war nicht mit dem Risiko der Nichtgewährung der Fremdmittel belastet.[299]

---

295 BGH NStZ 2019, 144 (144 f.). Anmerkung dazu, die fürs Hiesige nicht relevant ist: *Lucke*, NZWiSt 2019, 229.
296 BGH GmbHR 2019, 1343 (1344 f.).
297 BGH GmbHR 2019, 1343 (1345); kritisch zum „Rekurs auf die Figur des ständig ausgleichsfähigen und -bereiten Täters": *Brand*, GmbHR 2019, 1346 (1347).
298 OLG Köln ZWH 2020, 184 (185); vgl. auch *Rübenstahl*, HRRS 2004, 54 (58, 61).
299 OLG Köln ZWH 2020, 184 (185).

Die Ansicht des OLG Köln überzeugt nicht, da es sich auch bei einem Dispositionskredit nicht um eigene, sondern – wie das OLG Köln selbst betont – um fremde Mittel handelt, die lediglich schnell zu beschaffen sind. Nur eigene Mittel können den Eintritt eines Gefährdungsschadens ausschließen. Auf die Schnelligkeit und Sicherheit des Zugriffs auf fremde Mittel kann es folglich nicht ankommen. Vielmehr muss das Geld allein im Machtbereich des Schädigers liegen.[300] Dass Dispositionsgeld hierfür nicht ausreicht, stellte der BGH überzeugenderweise bereits im Jahr 1976 klar.[301] Ferner ist fraglich, ob das Dispositionsgeld überhaupt zum Zwecke des Ausgleichs durch den Schädiger bereitgehalten wird. Diese Anforderung muss erfüllt werden, da andernfalls wohlhabendere Täter bevorzugt werden, die irgendwelche ungenutzte finanzielle Ressourcen jederzeit abrufen können.

24. BGH NStZ 2020, 418

Unter Rekurs auf die verfassungsrechtlichen Vorgaben des BVerfG[302] fasste der BGH im Jahr 2019 seine bisherigen Leitlinien zur Feststellung eines Gefährdungsschadens bei der ausbleibenden Weiterleitung von Mandantengeldern auf Anderkonten (teilweise) zusammen:

> „Maßgeblich ist [...], ob das Vermögen des Mandanten durch die Pflichtverletzung gemindert wird [...]. Das ist etwa dann der Fall, wenn in der unterlassenen Weiterleitung die Absicht liegt, die eingenommenen Gelder endgültig für sich zu behalten, der Rechtsanwalt die Gelder zwar nicht auf Dauer für sich behalten will, aber ein dem Geldeingang entsprechender Betrag nicht jederzeit für den Berechtigten zur Verfügung gehalten wird [...] oder die Gefahr eines Vermögensverlustes groß ist, weil die auf dem Geschäftskonto befindlichen Gelder dem (unabwendbaren und unausgleichbaren) Zugriff von Gläubigern offenstehen [...]. Tilgt der Rechtsanwalt durch Verwendung auf dem Geschäfts- oder dem Anderkonto eingegangenen Fremdgelds private Verbindlichkeiten oder erfüllt er vom Anderkonto aus geschäftliche Verbindlichkeiten, die keinen Zusammenhang mit den Zahlungseingängen aufweisen, ist mit der Kontokorrentbuchung

---

300 Vgl. BGHSt 15, 372 Rn. 19.
301 BGH, Urteil vom 4.5.1976 – 5 StR 624/75 Rn. 6.
302 Dazu schon ab S. 37.

der Bank des Rechtsanwalts oder dem Abfluss des Zahlungseingangs von dessen Konto – abgesehen vom Fall des Vorhandenseins ausreichender Mittel zum in Aussicht genommenen Ausgleich – bei dem Berechtigten ein endgültiger Vermögensschaden eingetreten."[303]

Die Ansicht des Gerichts für den Fall, dass, wenn es tatsächlich zu einem Vermögensabfluss durch Abbuchung ohne eigene Ausgleichsmittel kommt, ein endgültiger Schaden vorliege, ist nicht überzeugend. Es handelt sich nur um eine Schadensvertiefung, da bereits mit dem Fehlen der jederzeitigen Ausgleichsfähigkeit und -willigkeit ein Gefährdungsschaden eingetreten ist.[304] Im Einklang damit stellt *Schmidt* fest, dass bei einer verspäteten Weiterleitung des Geldes an den Mandanten eine Schadenswiedergutmachung vorliege.[305]

Es lässt sich nur spekulieren, warum der BGH hier von einem endgültigen Schaden anstatt von einem Gefährdungsschaden spricht. Ein Grund könnte sein, dass er den Tatgerichten die regelmäßig schwierige Bezifferung des Gefährdungsschadens ersparen wollte. Dogmatisch überzeugender ist jedenfalls die tatsächliche Abbuchung als eine Schadensvertiefung anzusehen.

25. BGH NStZ 2017, 413

Der BGH stellte im Jahr 2017 klar, dass bei der Gesamtsaldierung der Anspruch auf Zahlung der Leasingraten als auch der Anspruch auf Kaufpreiszahlung zum Verfügungszeitpunkt berücksichtigt werden müsse. Diese Ansprüche seien wertlos, wenn der Schuldner zahlungsunfähig war. Einer Zahlungsunfähigkeit stehe nicht entgegen, dass der Angeklagte die erforderlichen Gelder durch die Begehung neuer Straftaten erlangen könne.[306]

303 BGH NStZ 2020, 418 (419 f.); grundsätzlich zustimmend *Gerhold*, DStR 2020, 2336 (2336).
304 Ebenfalls kritisch *Schmidt*, NStZ 2020, 420 (421); vgl. BGH wistra 2009, 107 (107); NStZ 2009, 329 (330).
305 *Schmidt*, NStZ 2020, 420 (422).
306 BGH NStZ 2017, 413 (415).

26. BGH NStZ 2016, 343

2015 erläuterte der BGH, dass bei der Valutierung eines (unbesicherten) Bankdarlehens der Eintritt des Schadens und dessen Umfang davon abhingen, ob und inwieweit der Vermögensabfluss in Höhe des Kreditbetrags durch den Wert des Rückzahlungsanspruchs des Darlehensgläubigers gem. § 488 I 2 BGB ausgeglichen werde. Die Werthaltigkeit des Rückzahlungsanspruchs werde – bei grundsätzlich gegebener Zahlungswilligkeit des Schuldners – maßgeblich durch dessen Bonität und dem Wert bestellter Sicherheiten bestimmt. Da die Darlehensgewährung ein Risikogeschäft sei, sei der Gefährdungsschaden durch die Bewertung des täuschungsbedingten Risikoungleichgewichts zu ermitteln. Für dessen Berechnung sei maßgeblich, ob und in welchem Umfang die Gläubigerin ein höheres Ausfallrisiko treffe, als es bestanden habe, wenn die risikobestimmenden Faktoren vom Täter richtig angegeben worden sind. Das jeder Darlehenshingabe innenwohnende Risiko werde regelmäßig in den Darlehenskonditionen berücksichtigt. Der Minderwert des unbesicherten Rückzahlungsanspruchs werde so durch den im vereinbarten Zinssatz enthaltenen Risikozuschlag ausgeglichen. Bei der Bestimmung des Minderwerts des Rückzahlungsanspruchs dürfen bankenübliche Bewertungsmaßstäbe zugrunde gelegt werden. Besonderheiten aus der Sphäre des Kreditnehmers müssen jedoch beachtet werden.[307]

Der BGH geht damit auf das Vorgehen eines Kreditinstituts bei der sog. Kreditwürdigkeitsprüfung ein. Eine solche Kreditwürdigkeitsprüfung umfasst u. a. die Prüfung der tatsächlichen wirtschaftlichen und finanziellen Verhältnisse sowie ggf. die Art der gestellten Sicherheiten, um einschätzen zu können, ob ein Kredit gewährt werden kann, da eine pünktliche und vollumfängliche Rückzahlung des Darlehensbetrags erfolgen wird.[308]

Bei einer positiven Kreditentscheidung beginnt der Prozess der Kreditvergabe. Dazu gehört u. a. die Ermittlung der konkreten Höhe des vertraglichen Zinssatzes[309], der das Ausfallrisiko der Bank abdeckt:

---

307 BGH NStZ 2016, 343 (343 f.); insbesondere zum Problem der Berechnung: *Becker*, NStZ 2016, 345 (345 f.).

308 *Guserl/Pernsteiner*, Finanzmanagement, 2. Auflage 2015, S. 276, 323 f. Vgl. zur Einordnung in die Bonitätsklassen: *Tiedemann/Sasse*, Delinquenzprophylaxe, Kreditsicherung und Datenschutz in der Wirtschaft, 1973, S. 4 ff.

309 Vgl. *Guserl/Pernsteiner*, Finanzmanagement, 2. Auflage 2015, S. 337 f.; vgl. zur „Wert-Gegenüberstellung“ bei Kreditgeschäften auch: *Fischer*, StGB, 68. Auflage 2021, § 263 Rn. 165a.

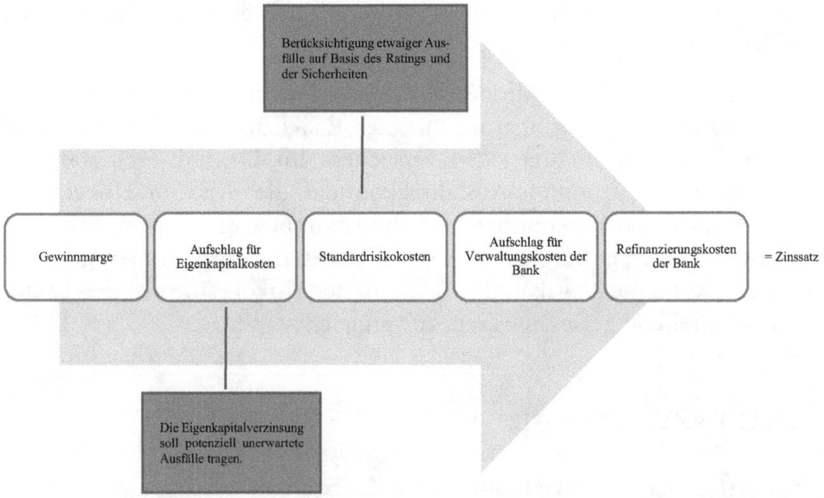

Abbildung 2: Komponenten des Kreditzinssatzes (Quelle: Eigene Darstellung in Anlehnung an Guserl/Pernsteiner, Finanzmanagement, 2. Auflage 2015, S. 327).

In der Kreditwürdigkeitsprüfung kann der Kreditnehmer durch Täuschung nur auf die Höhe der Standardrisikokosten Einfluss nehmen, zu denen maßgeblich die Bonität und die Sicherheiten zählen. Die anderen Bestandteile für die Zinssatzberechnung sind dagegen nicht durch eine Täuschung beeinflussbar. Die Irrtumsmöglichkeit ist durch eine asymmetrische Informationsbeziehung zwischen dem Kreditgeber und -nehmer geprägt, da der Kreditnehmer über seine eigene finanzielle Situation bessere Informationsmöglichkeiten hat als der Kreditgeber.[310]

27. BGH wistra 2019, 150

Im Jahr 2018 erklärte der BGH die Grundsätze zur Dogmatik des Eingehungsbetrugs nur für bedingt anwendbar, wenn die Bank durch die Valutierung des Darlehens ihre Verpflichtung aus § 488 I 1 BGB bereits erfüllt hat. Der Vertrag befinde sich dann im Erfüllungsstadium. Selbst

310 Vgl. *Guserl/Pernsteiner*, Finanzmanagement, 2. Auflage 2015, S. 274; *H. Staab/P. Staab*, Kreditvertrags- und Kreditsicherungsrecht, 2014, S. 199 ff. Dazu schon eingehend ab S. 91.

wenn somit kein typischer Eingehungsbetrug vorliege, könne dennoch ein Gefährdungsschaden eingetreten sein:

> „Die Bank wird den Minderwert des ungesicherten Rückzahlungsanspruchs durch Vereinbarungen eines Risikozuschlags bei der Höhe des Zinssatzes auszugleichen versuchen. Im Ergebnis ist damit der Umfang des erhöhten Ausfallrisikos, das die Bank in Unkenntnis der schlechten Einkommensverhältnisse unbewusst eingeht, mit dem Umfang des marktüblichen Ausfallsrisikos, das anzunehmen gewesen wäre, wenn die Angaben des Täters zu den risikobestimmenden Faktoren zutreffend gewesen wären, zu vergleichen."[311]

28. BGH NZWiSt 2020, 322

2020 setzte sich der BGH mit einem Sachverhalt auseinander, in dem der Angeklagte die Leistungen einer Prostituierten trotz seiner Zahlungsunfähigkeit in Anspruch nahm. Laut BGH ist ein Gefährdungsschaden eingetreten, da nach § 1 S. 1 ProstG ein wirksamer Anspruch durch die Erbringung einer sexuellen Leistung der Prostituierten gegen vereinbartes Entgelt entstanden sei, den der Angeklagte nicht erfüllen konnte. Das hieraus resultierende Ausfallrisiko treffe die Prostituierte. Eine mögliche eigenmächtige Durchsetzung der Forderung durch die Kenntnis der Wohnanschrift und eine in einigen Tagen zu erwartende Gehaltszahlung an den Angeklagten schließen den Eintritt eines Gefährdungsschadens nicht aus.[312]

29. Zwischenfazit

Es hat sich gezeigt, dass die systematische Einordnung der induktiv-dogmatischen Fallgruppe des nicht (jederzeit) ausgleichsfähigen oder -bereiten Täters am sachgerechtesten ist. Denn die historisch-chronologische Darstellung und Analyse der einschlägigen Entscheidungen hat bewiesen, dass die Gerichte beeindruckend (fast) einheitlich in 77 aussagekräftigen und publizierten Entscheidungen das dogmatische Phänomen zur Begründung eines Gefährdungsschadens herangezogen haben. Das RG hat noch nicht

---

311 BGH wistra 2019, 150 (150 f.).
312 BGH NZWiSt 2020, 322 (323 f.).

allgemein die reine Zahlungsunwilligkeit bei Zahlungsfähigkeit für den Eintritt eines Gefährdungsschadens als ausreichend erachtet, da die Leistung trotz der Böswilligkeit erzwingbar sei. Einschränkend zur Ansicht des RG müssen jedoch die Erfolgsaussichten der Zwangsvollstreckung zum Zeitpunkt des Vertragsschlusses mitberücksichtigt werden. Dies ergibt sich daraus, dass, wenn eine Zwangsvollstreckung keinen Erfolg haben wird, eine solche Möglichkeit auch keinen Gefährdungsschaden ausschließen kann.

Einige Jahre später hat das RG entschieden, dass ein Gefährdungsschaden entstehe, wenn eigene liquide Mittel nicht in entsprechender Höhe zum Einsatz bereitgehalten werden. Diese Leitlinie wurde durch die Rechtsprechung bis heute immer weiter konkretisiert und präzisiert: Als Ausschlussgrund für den Eintritt eines Gefährdungsschadens nahmen die Gerichte die uneingeschränkte jederzeitige vollständige Zahlungsbereitschaft und -fähigkeit des Schädigers aus eigenen flüssigen Mitteln an. Jedoch müssen die Ausgleichsmittel im alleinigen Machtbereich liegen, damit diese eine sichere Ersatzfähigkeit begründen und gerade zum Ausgleich vorgesehen wurden. Daher reichen z. B. Mittel des finanzstarken Ehepartners nicht zur Ersatzfähigkeit. Allerdings genügen eigene aufrechenbare Forderungen des Schädigers gegen den Geschädigten, wenn die Mittel des Geschädigten gerade zum Zweck des Ausgleichs der eigenen Forderung durch den Schädiger eingesetzt wurden. Auch ein vertragliches Rücktrittsrecht führe zu wirtschaftlich vollwertig ausgeglichenen Gegenleistungen und schließe das Entstehen eines Gefährdungsschadens aus, wenn bei Vertragsschluss ersichtlich ist, dass dem ohne Schwierigkeiten nachgekommen wird und dieses daher eine sichere Befriedigungsmöglichkeit des Geschädigten darstellt.

Nicht überzeugend ist in dem Zusammenhang eine Rechtsprechung des OLG Köln, in der das Gericht das Vorliegen eines möglichen Dispositionskredits als ausreichende Ersatzmöglichkeit erachtete. Denn nur eigene Mittel können den Eintritt eines Gefährdungsschadens ausschließen. Auf die Schnelligkeit und Sicherheit des Zugriffs auf fremde Mittel kann es nicht ankommen. Vielmehr muss das Geld allein im Machtbereich des Schädigers liegen. Auch wird Dispositionsgeld regelmäßig nicht zum Zwecke des Ausgleichs durch den Schädiger bereitgehalten. Diese Anforderung muss erfüllt werden, da andernfalls wohlhabendere Täter bevorzugt werden, die irgendwelche ungenutzte finanzielle Ressourcen jederzeit abrufen können.

Zur Prüfung der Zahlungsfähigkeit führten die Gerichte überzeugend aus, dass noch nicht das Bestehen erheblicher Verbindlichkeiten und das

Platzen ausgestellter Schecks mangels Deckung für den sicheren Schluss auf drohende Zwangsvollstreckungsmaßnahmen gegen den Angeklagten ausreichen. Ferner sei entscheidend, dass bereits zu dem Zeitpunkt der Einzahlung auf das Konto eine drohende Überschuldung bevorstehe, die die naheliegende Gefahr eines Zugriffs der Gläubiger auf das Geld erwarten lasse. Für eine Zahlungsunfähigkeit müsse festgestellt werden, dass die Möglichkeit der Erfüllung eines Anspruchs gerade durch den Zeitablauf verschlechtert werde und die Forderung daher an Wert verliere. Dies sei gegeben, wenn der Schuldner zum Zeitpunkt der Stundung noch zahlungsfähig oder in einem höheren Maße zahlungsfähig war als zu einem späteren Zeitpunkt. Allerdings führe nicht zu einer Zahlungsfähigkeit des Schädigers, wenn dieser die erforderlichen Gelder künftig durch die Begehung neuer Straftaten erlangen könnte.

Der BGH führte zur (unbesicherten) Darlehensgewährung aus, dass für die Berechnung des Gefährdungsschadens maßgeblich sei, ob und in welchem Umfang den Gläubiger ein höheres Ausfallrisiko treffe, als es bestanden habe, wenn die risikobestimmenden Faktoren vom Täter richtig angegeben worden sind. Der Minderwert des unbesicherten Rückzahlungsanspruchs werde durch den im vereinbarten Zinssatz enthaltenen Risikozuschlag ausgeglichen. Damit trägt der BGH überzeugend der wirtschaftlichen Realität Rechnung, dass in der Kreditwürdigkeitsprüfung der Kreditnehmer durch Täuschung nur auf die Höhe der Standardrisikokosten Einfluss nehmen kann, zu denen maßgeblich die Bonität und die Sicherheiten zählen. Die anderen Bestandteile zur Zinssatzberechnung sind dagegen nicht durch eine Täuschung beeinflussbar.

Daher ist die Rechtsprechung dem dogmatischen Phänomen insoweit sachgerecht begegnet, sodass nur ein Kritikpunkt bleibt: Der BGH hat entschieden, dass, wenn es tatsächlich zu einem Vermögensabfluss durch eine Abbuchung ohne eigene Ausgleichsmittel komme, ein endgültiger Schaden vorliege. Dies überzeugt nicht, da es sich nur um eine Schadensvertiefung des bereits mit dem Fehlen der jederzeitigen Ausgleichsfähigkeit und -willigkeit eingetretenen Gefährdungsschadens handelt. Ebenso muss mit der verspäteten Weiterleitung (z. B. von treuhänderisch verwaltetem Geld) eine Schadenswiedergutmachung vorliegen.

Somit ist die Fallgruppe des nicht (jederzeit) ausgleichsfähigen und -bereiten Täters am sachgerechtesten. Im Gegensatz dazu überzeugt die Erfassung in der bisherigen Literatur unter den Begriffen „Eingehungsbetrug", „Stundungsbetrug", „Kontoeröffnungsbetrug" oder „Scheck- oder Wechselbetrug" nicht. Auch die Bezeichnung „Ersatzbereitschaft und Ausgleichsfähigkeit" ist durch deren Begrenzung auf Kaufvertragssachverhalte nicht angemessen. Dadurch werden weder dogmatische Gemeinsamkeiten aufgezeigt, noch ist auf diese Weise möglich notwendige Schlussfolgerungen zu ziehen, um der Rechtsfigur des Gefährdungsschadens einheitlich und restriktiv begegnen zu können. Die bisherige Systematisierung hat somit – im Unterschied zur Hiesigen – keinen schadensrechtlichen Nutzen.

Einer einheitlichen Schadenserfassung und damit einer Erhöhung der Rechtssicherheit dient das zivilrechtliche Pendant der subjektiven Unmöglichkeit (§ 275 I Var. 1 BGB). Denn ist die zivilrechtliche Unmöglichkeit der Leistungserfüllung gegeben, kann zumindest regelmäßig auch von einer fehlenden Ausgleichsfähigkeit des Schädigers im Strafrecht ausgegangen werden. Die Übertragung der zivilrechtlichen Wertungen überzeugt, da in der vorliegenden Fallgruppe zivilrechtliche Aktionen getätigt werden, was typischerweise zu einem bestimmten Schaden führt. Daher ist eine rechtsgebietsübergreifende einheitliche Schadensdogmatik erforderlich, wobei den Besonderheiten des Einzelfalls Rechnung getragen werden muss.

II. Nicht ausreichende Sicherheit

1. Einführung in die Konstellation

51 aussagekräftige in der Standardliteratur publizierte Judikate befassen sich mit Fällen, die für die Feststellung eines Gefährdungsschadens dogmatisch in die Konstellation der nicht ausreichenden Sicherheit einzuordnen sind.[313] Im bisherigen Schrifttum wurde diese Fallgruppe unter den Be-

---

313 RGSt 61, 211; 74, 129; BGHSt 46, 30; 47, 148; 61, 48 (sog. *Nürburgring-Beschluss*); BGH GA 1966, 51; wistra 1985, 190; 1988, 188; 1992, 142; 1993, 265; 1994, 110; 1995, 28; 1995, 222; 2000, 60; 2007, 422; 2009, 189 (sog. *Berliner Bankenskandal-Beschluss*); 2009, 350; 2011, 22; 2020, 67; NStZ 1981, 351; 1999, 353; 2003, 539; 2007, 704; 2009, 150; 2010, 329; 2011, 160; 2013, 711; 2018, 111; NStZ-RR 2000, 331; 2001, 241; 2001, 328; 2005, 374; 2006, 378; 2009, 206; NJW 1964, 874; 1986, 1183; JR 1990, 517; StV 1997, 416; NZG 2021, 748; BGH, Urteil vom 8.5.1963 – 1 StR 87/53; Urteil vom 19.1.1954 – 1 StR 579/53, BeckRS 1954, 105317; Urteil vom 6.10.1959 – 1 StR 203/59, BeckRS 1959, 104549; Urteil vom 25.3.1960 – 1 StR 606/59; Entscheidung vom 29.1.1963 – 1 StR 526/62, BeckRS 1963, 00089; Urteil vom 14.3.1969 – 1 StR 353/68; Beschluss vom 9.1.1981 – 2 StR 766/80; OLG Köln, Beschluss vom 21.4.2016 – 2 Ws 162/15, BeckRS 2016, 117223; LG Düsseldorf, Urteil vom 30.11.2007 – 4 KLs 10/07 – 50 Js 14/07 (unveröffentlicht); LG Darmstadt, Urteil vom 11.12.2003 – 2 Js 6016/00 – 15 KLs (unveröffentlicht); LG Stuttgart, Urteil vom 29.8.1989 – 5 KLs 89/88 –

zeichnungen „Eingehungsbetrug“, „Kreditbetrug“ oder „Banken- und Kredituntreue“ erfasst.[314] Es wird sich herausstellen, dass diese Gruppierungen nicht überzeugen, da dogmatische Zusammenhänge bei der Schadensfeststellung bei §§ 253, 263, 263a, 266 und 266b StGB deutlich gemacht werden müssen. Eine Begrenzung der Fallgruppe auf nur Entscheidungen zu § 263 StGB oder § 266 StGB ist nicht sachgerecht.

Das hiesige dogmatische und wirtschaftliche Phänomen lässt sich am sachgerechtesten in der Konstellation der nicht ausreichenden Sicherheit zusammenfassen. Dieser Zuschnitt grenzt dogmatisch Zusammengehöriges von anderen Erscheinungen ab. Denn hier wird das Phänomen gebündelt, dass der Wert einer besicherten Forderung maßgeblich durch die bestellte Sicherheit bestimmt wird. Denn der rechtliche und wirtschaftliche Zweck eines Sicherungsmittels ist es, die Werthaltigkeit der Rückzahlungsforderung abzusichern.

Auch das RG hat schon festgestellt, dass zur Schadensermittlung bei der Darlehensgewährung die Höhe des Rückzahlungsanspruchs mit der Höhe des Darlehensbetrags zu vergleichen ist. Dieser Leitlinie pflichtete der BGH bei, als er den Eintritt eines Gefährdungsschadens durch die Täuschung über tatsächlich nicht vorhandene Sicherheiten oder wenn die Sicherheiten keineswegs sofort und ohne Schwierigkeiten liquidierbar waren, bejahte. Eingeräumte Sicherheiten müssen die Zahlungsunfähigkeit des Schuldners nach wirtschaftlicher Betrachtungsweise voll abdecken. Dieser Leitlinie blieb die Rechtsprechung bis heute soweit treu, sodass nur eine Kritik verbleibt: Der BGH verwendet nicht immer die richtige Terminologie, denn er nannte z. B. den Schaden, wenn der Sicherungsgeber aus der (persönlichen) Sicherheit in Anspruch genommen wird „Erfüllungsschaden“, obwohl es sich dabei um die Vertiefung eines Eingehungsschadens handelt.

Das zivilrechtliche Pendant dieser Fallgruppe ist die objektive Unmöglichkeit im Leistungsstörungsrecht (§ 275 I Var. 2 BGB), da auch hier die vertragliche Gegenleistung wegen der objektiv fehlenden Werthaltigkeit („Unmöglichkeit“) des Sicherungsmittels gefährdet und somit die

---

160 Js 68078/87 (unveröffentlicht); LG Augsburg, Urteil vom 18.3.1985 – 9 KLs 38b Js 15623/78 (unveröffentlicht).

314 Darstellend statt vieler *Kindhäuser/Schumann*, in: Hilgendorf/Kudlich/Valerius (Hrsg.), Handbuch des StGB, Band 5, 2020, § 33 Rn. 237 ff.; *Saliger*, in: Hilgendorf/Kudlich/Valerius (Hrsg.), Handbuch des StGB, Band 5, 2020, § 35 Rn. 103 f.; *Kindhäuser*, in: ders./Neumann/Paeffgen (Hrsg.), StGB, 5. Auflage 2017, § 263 Rn. 316 ff., 335 f.; *Hoyer*, in: SK-StGB, Band V, 9. Auflage 2019, § 263 Rn. 238, 259.

geschuldete konkrete Leistung für jedermann endgültig unmöglich ist.[315] Der Nutzen dieses Vergleichs liegt in der Annäherung einer einheitlichen Erfassung einer zivilrechtlichen Aktion im Strafrecht und Zivilrecht zur Erhöhung der Rechtssicherheit. Auf diese Weise kann eine höhere Präzisierung und Konkretisierung der Dogmatik des Gefährdungsschadens erreicht werden.

2. RGSt 61, 211

1927 hatte das RG über einen Sachverhalt zu entscheiden, in dem Angestellte der Sparkasse an ein Unternehmen einen zweiten Kredit bewilligten. Das Unternehmen sollte durch den zweiten Kredit saniert werden, um den ersten Kredit zu retten. Die Aussichten auf Rückzahlung der Kreditsumme waren angesichts des vorherigen Stillstands des Geschäftsbetriebs und einer ungünstigen Aussicht auf Wiedereröffnung sehr gering. Das RG stellte den Eintritt eines Gefährdungsschadens der Bank trotz der hypothekarischen Besicherung des zweiten Kredits fest, weil die ungewisse Aussicht auf Sanierung keine greifbare Verbesserung der Vermögenslage darstellt und nicht als Ausgleich der gefährdeten Rückforderung für den zweiten Kreditbetrag angesehen werden kann.[316] Damit spielt das Gericht auf die Zahlungsfähigkeit des Schuldners an. Allerdings kann diese allein nicht ausschlaggebend sein für die Feststellung eines Gefährdungsschadens, wenn die bestellte Hypothek ausreichend werthaltig und damit die Sparkasse als Gläubigerin vor einem etwaigen Forderungsausfall geschützt war. Zur Werthaltigkeit der bestellten Hypothek hätten daher Ausführungen durch das Gericht gemacht werden müssen.

3. RGSt 74, 129

So sah es auch das RG im Jahr 1940, als es den Fall eines Angeklagten bewertete, der bei Abschluss eines Darlehensvertrags über vorhandene Sicherheiten getäuscht hatte. Bei der Gewährung eines Darlehens sei die Höhe der Rückzahlungsforderung mit der des Darlehensbetrags zu vergleichen:

---

315 Statt vieler *Lorenz*, in: BeckOK BGB, 59. Edition, Stand: 1.8.2021, § 275 Rn. 21.
316 RGSt 61, 211 (212); vgl. zum Nachteilsausgleich schon RGSt 65, 422 (430 ff.); vgl. zur Schadenswiedergutmachung: RGSt 39, 80 (82 f.); 68, 371 (374).

> „In den Fällen, in denen die Ansprüche des Getäuschten, für sich betrachtet, mit Rücksicht auf die Vermögenslage des Darlehensnehmers oder auf sonstige Umstände auch ohne die gewährten Sicherheiten wirtschaftlich sicher sind, ist eine Prüfung der Sicherheiten entbehrlich. In den Fällen jedoch, in denen die sich aus dem Darlehensvertrag ergebenden Gegenansprüche des Darlehensgebers für sich dem Gegenstande des Darlehens nicht gleichwertig sind, bedarf es einer besonderen Prüfung, ob die gegebenen Sicherheiten vollwertig sind und die Gegenforderungen für den Zeitpunkt des Vertragsschlusses dem hingegebenen Darlehensbetrage gleichwertig machen. Minderwertige Gegenforderungen werden aber dem Gegenstande des Darlehens regelmäßig nur durch solche Sicherheiten gleichwertig, die es dem Darlehensgeber ermöglichen, bei Fälligkeit seiner Ansprüche ohne besondere Schwierigkeiten und Aufwendungen alsbald zu seinem Gelde zu kommen. Das kann unter Umständen durch Bestellung vollwertiger Faustpfänder, durch rechtswirksame und ausreichende Sicherungsübereignung oder durch die selbstschuldnerische Bürgschaft eines Zahlungsfähigen erreicht werden. Dagegen sind Sicherheiten, bei denen der Darlehensgeber, um sein Geld zu erhalten, z. B. einen Rechtsstreit führen oder erhebliche Kosten aufwenden muß, in der Regel auch dann keine vollwertige Sicherung der an sich minderwertigen Gegenforderung des Darlehensgebers, wenn deren Befriedigung aus den Sicherheiten schließlich zu erwarten steht.“[317]

Hier stellte das RG erste klare Kriterien zur Bewertung zum Zusammenhang zwischen einem Gefährdungsschaden und einer Besicherung auf. Diese als Ausschlussgrund für einen Gefährdungsschaden heranzuziehen ist sachgerecht, da es der rechtliche und wirtschaftliche Zweck eines Sicherungsmittels ist, die Werthaltigkeit der Rückzahlungsforderung abzusichern.[318] Sind solche Sicherheiten nicht werthaltig und damit nicht ausreichend, besteht grundsätzlich eine Gefährdung des Vermögens, wenn es im Rahmen des Möglichen liegt, dass der Sicherungsfall eintritt.

---

317 RGSt 74, 129 (130 f.).

318 Dazu auch *Brinkmann*, Kreditsicherheiten an beweglichen Sachen und Forderungen, 2011, S. 1, 50 ff.

4. BGH, Urteil vom 8.5.1953 – 1 StR 87/53

Dieser Leitlinie pflichtete der BGH im Jahr 1953 bei, als er entschied, dass ein Gefährdungsschaden eingetreten sei, wenn Geldmittel ohne Beachtung der zur Sicherung des Rückzahlungsanspruchs erlassenen Normen verliehen wurden:

> „Wurden diese Bestimmungen nicht eingehalten und war infolgedessen die Sicherheit geringer, als es vorgeschrieben war, so war damit auch der Anspruch auf Rückgewähr des Darlehns von minderem Wert. Eine Vermögensgefährdung war somit auch dann eingetreten, wenn die Schuldner [...] nicht zahlungsunfähig waren."[319]

5. BGH, Urteil vom 29.1.1963 – 1 StR 526/62 und weitere Entscheidungen

1963 bejahte der BGH den Eintritt eines Gefährdungsschadens durch die Täuschung über tatsächlich nicht vorhandene Sicherheiten. Die Gläubigerin habe hinsichtlich der Rückzahlungs- und Zinsforderungen einem zahlungsunfähigen Schuldner gegenübergestanden, der nur verhältnismäßig geringe Sicherheiten gestellt hatte, die keineswegs sofort und ohne Schwierigkeiten liquidierbar waren.[320]

Ein Jahr später führte der BGH in einem strukturanalogen Sachverhalt aus, dass für die Annahme eines Gefährdungsschadens ausschlaggebend sei, welchen Wert der Rückzahlungsanspruch im Zeitpunkt der Darlehenshingabe im Verhältnis zu dem Darlehensbetrag habe:

> „Ergibt dieser Vergleich die Minderwertigkeit des Rückerstattungsanspruchs im Verhältnis zu dem durch Täuschung erlangten Darlehen, so kann das Vermögen des Gläubigers (infolge der Gefährdung des Anspruchs, § 610 BGB) geschädigt sein. Das kann auch schon dann eintreten, wenn die künftige Befriedigung des Gläubigers zwar möglich, aber die beim Vertragsschluß vorausgesetzte ausreichende Sicherheit nicht vorhanden ist [...]. Eine Vermögensgefährdung ist jedoch

---

319 BGH, Urteil vom 8.5.1953 – 1 StR 87/53 Rn. 16.

320 BGH, Urteil vom 29.1.1963 – 1 StR 526/62, BeckRS 1963, 00089; dazu auch schon BGH, Urteil vom 19.1.1954 – 1 StR 579/53, BeckRS 1954, 105317; Urteil vom 6.10.1959 – 1 StR 203/59, BeckRS 1959, 104549; Urteil vom 25.3.1960 – 1 StR 606/59 Rn. 27 f.; Urteil vom 14.3.1969 – 1 StR 353/68 Rn. 17; Beschluss vom 9.1.1981 – 2 StR 766/80 Rn. 4; BGH GA 1966, 51 (51).

> ausgeschlossen, wenn sich der Gläubiger, was in den Grenzen des § 138 BGB zulässig ist, für seine Forderungen übermäßige Sicherheiten ausbedungen hat, die es ihm auch beim Fehlen einer der Sicherheiten (oder mehrerer) noch ermöglichen, sich ohne Schwierigkeiten wegen seiner Forderungen zu befriedigend, oder wenn sonst Umstände vorhanden sind, die ihn vor dem Verlust seines Geldes schützen."[321]

Hier hatte sich die Gläubigerin mehrere Mechanismen zur Besicherung ihrer Darlehensforderung einräumen lassen, wie z. B. Sicherungsübereignungen, gesamtschuldnerische Verpflichtungen und die Überwachungsmöglichkeit der bestimmungsgemäßen Verwendung der Mittel.[322] Da die anderen eingeräumten Sicherheiten trotz des Wegfalls eines Sicherungsmittels noch ausreichten, um den Rückzahlungsanspruch vollständig abzusichern, war, das überzeugt, kein Gefährdungsschaden entstanden.

Ergänzend führte der BGH im Jahr 1981 aus, dass ein Gefährdungsschaden ausgeschlossen sei, wenn belegt wird, dass eingeräumte Sicherheiten die Zahlungsunfähigkeit des Schuldners nach wirtschaftlicher Betrachtungsweise abdecken. Zweifelhaft seien vor allem Sachverhalte, in denen die Bank ihre Rückzahlungsansprüche nur dann für hinreichend sicher erachte, wenn ihr mehrere Sicherheiten eingeräumt werden. Ferner seien Sicherheiten nicht schon als ausreichend anzusehen, wenn die Gläubigerin Schritte zur Zwangsversteigerung unternehmen und die damit verbundenen Kosten tragen muss. Denn auch das Risiko einer künftigen Zwangsversteigerung sei absicherungsbedürftig und absicherbar. Weiter führte der BGH aus:

> „Einen vollständigen Ausgleich für den Minderwert des Rückzahlungsanspruchs bieten Sicherheiten nur dann, wenn sie – gemessen an ihrem Wert zur Zeit des Geschäftsabschlusses – nach dem Urteil eines unbeteiligten, sachkundigen und unterrichteten Beobachters im Hinblick auf die Gesamtumstände zur Deckung des vollen Kreditrisikos ausreichen und ohne nennenswerte Schwierigkeiten verwertbar sind [...]."[323]

321 BGH NJW 1964, 874 (874).

322 BGH NJW 1964, 874 (874).

323 BGH, Urteil vom 20.5.1981 – 2 StR 209/81 Rn. 13, soweit in NStZ 1981, 351 nicht abgedruckt. In dem Fall prüfte der BGH noch unter Berücksichtigung der Zahlungsunfähigkeit bzw. Zahlungsunwilligkeit einen Gefährdungsschaden, dazu in einer anderen Fallgruppe ab S. 91.

6. BGH wistra 1985, 190

Modifizierend zu seiner Rechtsprechung aus 1959 entschied der BGH im Jahr 1985, dass ein Gefährdungsschaden nicht bloß durch den Verstoß gegen die Normen im KWG oder sonstiger Kreditrichtlinien vorliege. Gleichzeitig stellte das Gericht klar, dass jede Kreditbewilligung ihrer Natur nach eine Gefahr in sich trage, was grundsätzlich noch nicht für den Eintritt eines Gefährdungsschadens ausreiche. Vielmehr komme es im konkreten Fall darauf an, dass im Zeitpunkt der Aushändigung der Bürgschaftsurkunde dem Ausfallrisiko der Rückzahlungsforderung der Gläubiger keine Sicherheiten gegenübergestanden haben, die im Falle einer Inanspruchnahme eine rechtlich und wirtschaftlich gesicherte Aussicht auf Befriedigung aus der Bürgschaft begründen.[324]

7. BGH NJW 1986, 1183

Im Jahr 1986 hatte der BGH über einen Sachverhalt zu entscheiden, in dem der Angeklagte mehrere Kreditverträge abgeschlossen hatte, trotz dass er zur Rückzahlung der valutierten Kreditbeträge nicht in der Lage war. Die Rückzahlung der Darlehensforderungen wurde durch vermeintliche Sicherungsübereignungen besichert, wobei die sicherungsübereigneten Gegenstände in Wahrheit nicht existierten. Für die Banken waren jeweils die Sicherungsübereignung für den Abschluss des Darlehensvertrags maßgeblich. Zusätzlich wurden alle Rückzahlungsforderung mit einer Bürgschaft und einem Schuldbeitritt durch einen Dritten besichert. Der BGH stellte klar, dass kein Gefährdungsschaden eintrete, wenn der Minderwert des Anspruchs auf Darlehensrückzahlung durch Sicherheiten ausgeglichen wird, die das Risiko der Kreditgewährung für den Gläubiger aus wirtschaftlicher Sichtweise voll abdecken.

> „Ist eine bei der Kreditgewährung ausdrücklich ausbedungene Sicherheit nicht vorhanden, so entfällt jedoch ein Vermögensschaden im allgemeinen nur dann, wenn – nach den Verhältnissen zur Zeit der Kreditgewährung – die verbleibenden Sicherheiten es dem Gläubiger ermöglichen, sich ohne Schwierigkeiten wegen seiner Forderung zu befriedigen, oder wenn sonst Umstände vorhanden sind, die ihn vor dem Verlust seines Geldes schützen [...], wenn also die fehlende zu-

324 BGH wistra 1985, 190 (191); zustimmend *Hillenkamp*, NStZ 1981, 161 (165).

> sätzliche Sicherheit zu einer Übersicherung geführt hätte. Fehlen vereinbarte ausreichende *dingliche* Sicherheiten, wird in der Regel eine vorhandene *persönliche* Sicherheit zum vollen Ausgleich nicht hinreichen, da im Wirtschaftsverkehr Kredite, die nur durch persönliche Mithaftung Dritter abgesichert sind, als riskanter gelten [...]."[325]

In ihren Rechtsprechung aus den Jahren 1940 und 1981 umschrieben das RG und der BGH diese Anforderungen jeweils noch abstrakter. Dort sollte es für eine ausreichende Sicherheit auf die Verwertbarkeit „ohne nennenswerte Schwierigkeiten"[326] ankommen. Die Konkretisierung dieser Floskel in dem Urteil aus dem Jahr 1986 ist mit Blick auf die Rechtsklarheit erfreulich.

In dem vorliegenden Fall könnten ausreichende Sicherheiten durch die persönliche Mithaftung des Dritten (Bürgschaft und Schuldbeitritt) vorgelegen haben, was den Eintritt eines Gefährdungsschadens ausschließen könnte. Allerdings stellte der BGH klar, dass diese persönlichen Sicherheiten neben der Sicherungsübereignung nur routinemäßig verlangt wurden, um das Restrisiko zu verringern. Für die Gläubigerin sei *primär* die Sicherungsübereignung für den Vertragsschluss zu den entsprechenden Konditionen entscheidend gewesen. Die alternativen Sicherheiten konnten den Eintritt eines Gefährdungsschadens daher im vorliegenden Fall nicht ausschließen.[327]

Diese Auffassung ist unter Anwendung des (juristisch-)ökonomischen Vermögenbegriffs[328] überzeugend: Für den Fall, dass nur juristisch eine Sicherheit nicht bestellt werden konnte, kann ein Nachteil wirtschaftlich durch ein gleichwertiges Äquivalent ausgeglichen werden.[329] Dabei muss zwischen persönlichen und dinglichen Sicherheiten differenziert werden. Denn im Wirtschaftsverkehr gelten persönliche Sicherheiten allgemein als riskanter als dingliche Sicherheiten.[330] Aus ökonomischer Sicht sind

---

325 BGH NJW 1986, 1183 (1183) – Hervorhebungen im Original; in diese Richtung auch schon vorinstanzlich LG Augsburg, Urteil vom 18.3.1985 – 9 KLs 38b Js 15623/78 (unveröffentlicht); vgl. dazu auch BGH wistra 1988, 188 (190).

326 BGH, Urteil vom 20.5.1981 – 2 StR 209/81 Rn. 13, soweit in NStZ 1981, 351 nicht abgedruckt. In dem Fall prüfte der BGH noch unter Berücksichtigung der Zahlungsunfähigkeit bzw. Zahlungsunwilligkeit einen Gefährdungsschaden, dazu in einer anderen Fallgruppe ab S. 91.

327 BGH NJW 1986, 1183 (1183).

328 Eingehend zu den Vermögensbegriffen ab S. 33.

329 Zustimmend *Hassemer*, JuS 1986, 657 (657).

330 Dazu *Guserl/Pernsteiner*, Finanzmanagement, 2. Auflage 2015, S. 337 f.; *H. Staab/ P. Staab*, Kreditvertrags- und Kreditsicherungsrecht, 2014, S. 200 f. Eingehend

erstrangige Grundpfandrechte für den Gläubiger als Sicherungsmittel am sichersten, da deren Wert nur von den Schwankungen des Immobilienmarkts abhängt. Mit anderen dinglichen Sicherungsmitteln, wie z. B. Grundpfandrechten an niedrigeren Rangstellen, Sicherungsübereignungen oder Abtretungen, erleidet der Gläubiger bei der Verwertung dagegen regelmäßig einen Wertverlust. Noch unbeständiger sind persönliche Sicherheiten, da deren Wert maßgeblich von der jeweiligen Bonität des Sicherungsgebers abhängt.[331]

8. BGH JR 1990, 517 und wistra 1993, 265

1990 entschied der BGH, dass bei der Schadensberechnung mögliche ausreichende Sicherungsmittel der Höhe nach im Zeitpunkt der Kreditvergabe bewertet werden müssen.[332] Drei Jahre später fügte das Gericht hinzu, dass es als eine alternative Sicherheit zum Ausschluss eines Gefährdungsschadens ausreiche, wenn aufgrund der Vermögenslage des Darlehensnehmers oder sonstiger Umstände erkennbar sind, dass der Gläubiger vor dem Verlust seines Geldes geschützt ist.[333] Damit eine solche Zahlungsfähigkeit einen Gefährdungsschaden ausschließt, müssen die Anforderungen der jederzeitigen Zahlungsfähigkeit erfüllt sein, die die Rechtsprechung zu der Figur des nicht (jederzeit) ausgleichsfähigen und ausgleichsbereiten Täters entwickelt hat.[334]

---

zu persönlichen Sicherheiten exemplarisch *J. Weber*, Kreditsicherungsrecht, 10. Auflage 2018, S. 7 f.; statt aller zu dinglichen Sicherheiten *Bülow*, Recht der Kreditsicherheiten, 9. Auflage 2017, Rn. 10 ff.

331 Eingehend dazu *H. Staab/P. Staab*, Kreditvertrags- und Kreditsicherungsrecht, 2014, S. 201.

332 BGH JR 1990, 517 (518); ebenso BGH wistra 1992, 142 (142); 1994, 110 (111); 1995, 28 (28); 1995, 222 (223 f.); 2000, 60 (61); StV 1997, 416 (417); NStZ 1999, 353 (354); NStZ-RR 2001, 241 (242); LG Stuttgart, Urteil vom 29.8.1989 – 5 KLs 89/88 – 160 Js 68078/87 (unveröffentlicht); dazu auch *Doster*, WM 2001, 333 (337 f.). Der BGH prüfte in JR 1990, 517 noch einen Gefährdungsschaden aufgrund des Angriffs auf eine Rechtsposition, dazu in einer anderen Fallgruppe ab S. 212.

333 BGH wistra 1993, 265 (265 f.).

334 Dazu ab S. 91; vgl. ansatzweise dazu auch BGH wistra 1993, 265 (266).

9. BGHSt 46, 30

Im Jahr 2000 hatte der BGH über einen Sachverhalt zu entscheiden, in dem ein Mitarbeiter der Sparkasse das Kreditlimit eines Unternehmens erhöht hatte, ohne ausreichende Sicherheiten dafür zu verlangen. Der BGH stellte fest, dass nur, weil ein Kredit später notleidend wird, dies allein noch nicht zur Annahme eines Gefährdungsschadens führe. Vielmehr müsse der Eintritt eines Gefährdungsschadens auf die fehlende Kontrolle der Bankmitarbeiter bezüglich ausreichender Sicherheiten bei Vertragsschluss oder Darlehensvalutierung zurückzuführen sein.[335]

10. BGH NStZ-RR 2005, 374

2005 hatte der BGH über einen Sachverhalt zu entscheiden, in dem ein Notar den Erwerb von Eigentumswohnungen für Vermittler beurkundet hatte. Diese hatten die Wohnungen mit einem Aufpreis von 50–100 % an Käufer vermittelt, die wegen fehlender Kreditwürdigkeit grundsätzlich keine Bankdarlehen erhielten. In den erhöhten Kaufpreisen kalkulierten die Vermittler hohe Vermittlungsprovisionen, Erwerbskosten und spätere *kick-back*-Zahlungen in bar an die Käufer ein. Für die Finanzierung der Kaufpreise wurden den Banken falsche Bonitätsnachweise der Käufer vorgelegt. Hätten die Banken die schlechte Bonität der Käufer und die vereinbarten *kick-back*-Zahlungen gekannt, hätten die Banken die Kreditverträge nicht geschlossen. Der BGH stellte fest, dass die kreditgewährenden Banken mit der Valutierung der Darlehen einen Gefährdungsschaden erlitten haben.[336] Zusätzlich führte das Gericht aus:

> „Gleichwohl kann es nach gefestigter Rechtsprechung am Merkmal eines Schadens i.S. einer konkreten **Vermögensgefährdung fehlen**, wenn der Minderwert des Anspruchs auf Darlehensrückzahlung durch

---

335 BGHSt 46, 30 (34); zustimmend *Knauer*, NStZ 2002, 399 (402); *Doster*, WM 2001, 333 (337 f.); *Schmitt*, BKR 2006, 125 (130 f.). Anmerkungen zu BGHSt 46, 30, die fürs Hiesige nicht relevant sind: *Marxen/Karitzky*, EWiR 2001, 391; *Luttermann*, ZIP 2000, 1212; *Steiner*, Kreditwesen 2002, 595; *Gallandi*, wistra 2001, 281; *Dierlamm/Links*, NStZ 2000, 656; *Eichhorn/Eichhorn-Schurig*, Kreditwesen 2004, 699; *Schünemann*, NStZ 2005, 473. Gegen die Annahme eines Gefährdungsschadens und für einen endgültigen Schaden plädierend, aber den Kriterien des BGH zustimmend: *Otto*, JR 2000, 517 (517).

336 BGH NStZ-RR 2005, 374 (375); so auch vorgehend LG Darmstadt, Urteil vom 11.12.2003 – 2 Js 6016/00 – 15 KLs (unveröffentlicht).

ausreichende Sicherheiten ausgeglichen wird, die das Risiko der Kreditgewährung nach wirtschaftlicher Betrachtungsweise voll abdecken und es dem Gläubiger ermöglichen, sich ohne Schwierigkeiten wegen seiner Forderung zu befriedigen [...].“[337]

11. BGH NStZ-RR 2001, 328

In allen bisher referierten Entscheidungen zu dem Kreditbetrug existierte regelmäßig nur ein Schuldner, weshalb bei dessen Zahlungsunfähigkeit zur Befriedigung der Forderung auf die bestellten Sicherheiten zurückgegriffen wurde. Wenn es jedoch zwei Hauptschuldner gibt, wovon einer nicht mehr zahlen kann und die vorgetäuschten Sicherheiten nicht ausreichen, kann, laut BGH, ein bestehender Zahlungsanspruch gegen den solventen Schuldner den Eintritt eines Gefährdungsschadens ausschließen. Interne Abreden der beiden Schuldner, dass die Bankverpflichtung nur von dem nun mehr insolventen Schuldner zu tragen sei, seien unbeachtlich. Dies gelte auch, wenn die Gläubigerin (hier: die Bank) von der internen Absprache der beiden Schuldner Kenntnis hat.[338]

12. BGH NStZ 2003, 539

2003 ergänzte der BGH, dass, wenn tatsächlich kein Sicherungsmittel besteht, festgestellt werden müsse, ob die Täuschung des Angeklagten die Rückzahlung der Darlehensschuld kausal gefährde.

„Zur Feststellung dieses hypothetischen Kausalverlaufes wäre zu prüfen gewesen, ob die [Bank] das Darlehen aus wichtigem Grund hätte kündigen und welchen Betrag sie in diesem Falle hätte realisieren

---

337 BGH NStZ-RR 2005, 374 (375) – Hervorhebungen im Original; in diese Richtung auch BGHSt 47, 148 (155 f.); BGH NStZ-RR 2000, 331 (332); 2006, 378 (379); NStZ 2009, 150 (151); wistra 2009, 350 (351); LG Düsseldorf, Urteil vom 30.11.2007 – 4 KLs 10/07 – 50 Js 14/07 (unveröffentlicht); zustimmend *Otto*, WuB I E 6 Sonstiges 1.02; *Klanten*, DStR 2002, 1190 (1190). Anmerkungen dazu, die fürs Hiesige nicht relevant sind: *Keller/Sauer*, wistra 2002, 365; *Marxen/Müller*, EwiR 2002, 307.

338 BGH NStZ-RR 2001, 328 (329 f.). In dem Fall prüfte der BGH ferner unter Berücksichtigung eines Leistungsverweigerungsrechts in Anbetracht einer Zahlungsunfähigkeit einen Gefährdungsschaden, dazu in einer anderen Fallgruppe ab S. 91.

> können. Nur die Verschlechterung oder Gefährdung der Beitreibung der Darlehensforderung, die durch die Täuschungshandlung des Angekl[agten] bedingt ist, darf für die Berechnung des Vermögensschadens i.S. des § 263 I StGB herangezogen werden."[339]

Der kausale Gefährdungsschaden könne dabei sogar wertmäßig höher sein als der Wert des Rückzahlungsanspruchs, wenn der Schaden durch spätere günstige Ereignisse verringert wird. Eine solche Art der Schadenswiedergutmachung könne z. B. ein höherer Verkaufspreis des Grundstücks sein. Dagegen könne die Vermögenslage des Angeklagten zum Tatzeitpunkt so schlecht gewesen sein, dass sich die Täuschungshandlung nicht mehr kausal zum Nachteil der Bank auswirke. In jedem Fall sei ein späterer, unvorhergesehener Verlauf nicht zu berücksichtigen.[340]

13. BGH NStZ 2007, 704 und wistra 2007, 422

Klarstellend führte der BGH im Jahr 2007 gleich zweimal aus, dass ein Gefährdungsschaden der Bank durch eine unzureichend besicherte Forderung eingetreten sei.[341] Dies gelte auch, wenn ein Notar unter Verletzung des Treuhandauftrags der Darlehensgeberin ein Darlehen auszahlt, obwohl die vertragliche Bedingung zur Sicherstellung der vereinbarten Sicherheit noch nicht erfüllt war.[342] Auch das BVerfG erachtete 2009 den Eintritt eines Gefährdungsschadens in dem Sachverhalt für hinreichend belegt. Neben der allgemeinen Feststellung, dass die Dogmatik des Gefährdungsschadens nicht gegen das Analogieverbot aus Art. 103 II GG verstoße,[343] merkte das BVerfG an, dass durch die Auszahlung einer nicht ausreichend besicherten Darlehensforderung

> „auch bei der gebotenen restriktiven Auslegung der schadensgleichen Vermögensgefährdung die Voraussetzungen eines Vermögensnach-

---

339 BGH NStZ 2003, 539 (539).

340 BGH NStZ 2003, 539 (539 f.).

341 BGH NStZ 2007, 704 (705); wistra 2007, 422 (422). Anmerkungen zu BGH NStZ 2007, 704, die fürs Hiesige nicht relevant sind: *Zimmermann*, FD-StrafR 2007, 237686; *Schlösser*, NStZ 2008, 397.

342 BGH wistra 2007, 422 (422); vgl. zur zivilrechtlichen Betrachtung BGH NJW 1987, 3201 (3202).

343 Zur verfassungsrechtlichen Zulässigkeit der Rechtsfigur des Gefährdungsschadens schon ab S. 37.

teils [erfüllt seien], zumal der Marktwert einer ungesicherten (Darlehens-)Forderung deutlich niedriger liegt, als der einer gesicherten."[344]

Die Valutierung eines Darlehens vor Sicherstellung aller Eintragungsvoraussetzungen für die Grundschuld gefährde das Vermögen der Darlehensgeberin hinreichend konkret, da zeitnah und unmittelbar ein endgültiger Vermögensverlust eintreten könne. Die Darlehensgeberin habe durch die verfrühte pflichtwidrige Auszahlung des Darlehensbetrags keinen Zugriff auf die besicherte Forderung.[345]

14. BGH wistra 2009, 189 – sog. *Berliner Bankenskandal-Beschluss* und weitere Entscheidungen

2009 hat der BGH den sog. *Berliner Bankenskandal-Beschluss* erlassen. Bankvorstände hatten unangemessen riskante Kredite bewilligt. Das Gericht stellte fest, dass ein Gefährdungsschaden dadurch entstanden sei, dass die Angeklagten mit der Kreditgewährung ein zu weitgehendes Risiko eingegangen seien, obwohl kein ausreichender Sicherheitsspielraum vorhanden war. Der BGH betonte, dass sich ein pflichtwidriges Risiko in einem Gefährdungsschaden zeige, der z. B. durch Leerstand, Wertberichtigung und Einstellung weiterer Rücklagen nach außen deutlich werde.[346] Allerdings bezifferte der BGH den Gefährdungsschaden nicht konkret, sondern entnahm diesen nur wertend aus der Pflichtwidrigkeit. Mangels Bezifferung des Gefährdungsschadens hob das BVerfG daher den *Berliner Bankenskandal-Beschluss* auf.[347]

15. BGH NStZ-RR 2009, 206

Ebenfalls 2009 hatte der 3. Strafsenat des BGH über den Fall einer Krediterlangung durch Täuschung über das Bestehen einer hohen Forderung zu entscheiden. Das Darlehen wurde in Höhe von 50 % durch eine Landesbürgschaft besichert. Der BGH hob mangels Berücksichtigung der Landes-

---

344 BverfGK 15, 193 Rn. 38; vgl. dazu auch BGH NStZ 2010, 329 (329 f.).

345 BverfGK 15, 193 Rn. 40.

346 BGH wistra 2009, 189 (189); in diese Richtung auch BGH NStZ 2011, 160 (161); wistra 2011, 22 (23).

347 BverfGE 126, 170 Rn. 152.

bürgschaft in der Schadensfeststellung das erstinstanzliche Urteil des LG Lübeck auf:

> „Daher liegt im Falle eines **Kreditbetruges** auch dann, wenn der Darlehensrückzahlungsanspruch infolge der Leistungsunfähigkeit des Darlehensnehmers wertlos ist, ein **Vermögensschaden** nicht vor, soweit dem Kreditgeber **werthaltige Sicherheiten** gegeben worden sind, die sein Ausfallrisiko abdecken und die er ohne finanziellen und zeitlichen Aufwand, namentlich ohne Mitwirkung des Schuldners und ohne Gefährdung durch ihn, sofort nach Fälligkeit realisieren kann [...].“[348]

Indem der BGH das sonst verwendete Wort „ausreichende“ durch „werthaltige“ Sicherheit ersetzte, stellte er überzeugend klar, dass nur eine Sicherheit, die einen entsprechenden Gegenwert aufweist, auch den Eintritt eines Gefährdungsschadens ausschließen kann. Im Gegensatz zu den vorherigen Sachverhalten, in denen persönliche Sicherheiten den Gläubigern bei Abschluss des Kreditvertrags nicht ausgereicht hatten, ließ sich die Gläubigerin im vorliegenden Fall ausschließlich eine persönliche Sicherheit (hier: Bürgschaft) zur Besicherung der Rückzahlungsforderung einräumen. Mithin muss das Bestehen einer wertmäßig ausreichenden persönlichen Sicherheit den Eintritt eines Gefährdungsschadens ausschließen und bei der Schadensfeststellung in entsprechender Höhe berücksichtigt werden.

---

348 BGH NStZ-RR 2009, 206 (206) – Hervorhebungen im Original; zustimmend *Nack*, StraFo 2008, 277 (279 f.); *Schäfer*, JR 2009, 289 (289 f.); *Mediger*, EwiR 2010, 31 (32); dagegen *Beulke/Witzigmann*, JR 2008, 430 (431); *Klötzer/Schilling*, StraFo 2008, 305 (305 ff.); *Rübenstahl*, NJW 2008, 2454 (2455). Im gleichen Jahr äußert der 3. Strafsenat des BGH, dass die Bezeichnung als schadensgleiche Vermögensgefährdung in den Fällen der Kreditgewährung missverständlich sei. Gefährdet sei allenfalls die Darlehensrückzahlung. Dagegen sei durch die Auszahlung des Kredits das Vermögen des Darlehensgebers unmittelbar in Höhe des Betrags vermindert, nicht etwa schadensgleich gefährdet (BGH wistra 2010, 21 [23] [sog. *WestLB-Fall*]). Der 3. Strafsenat des BGH stellte sich damit gegen die bisherige Rechtsprechung der Bundes- und Obergerichte hinsichtlich der Einstufung, dass ein Gefährdungsschaden bei der Valutierung vorliege. Dies wurde bereits als „Tod des Gefährdungsschadens“ bei Fällen der Kreditvergabe angesehen, *Wessing*, BKR 2010, 159 (161). Eingehend zu dieser Entwicklung mit kritischen Anmerkungen, aber für Fälle der Kreditvergabe letztlich zustimmend: *Fischer*, StGB, 68. Auflage 2021, § 263 Rn. 165; *Schünemann*, NStZ 2008, 430 (430 ff.). Anmerkung zu BGH wistra 2010, 21, die fürs Hiesige nicht relevant ist: *Schwennicke*, GWR 2009, 348.

16. BGH NStZ 2013, 711

Zu den Anforderungen an die Werthaltigkeit ergänzte der 2. Strafsenat des BGH im Jahr 2013, dass ein Minderwert des Rückzahlungsanspruchs aus § 488 I 2 BGB durch den Wert einer hinreichend werthaltigen und liquiden Sicherheit bei Vertragsschluss ausgeglichen werden könne.[349] Zur Bezifferung führte der BGH unter Bezugnahme auf die Rechtsprechung des BVerfG[350] aus:

> „Die banküblichen Bewertungsansätze für Wertberichtungen können hierbei Anwendung finden; denn ist auf Grund fehlender Bonität des Schuldners und nicht ausreichender Sicherheiten mit einem teilweisen Forderungsausfall zu rechnen, so müssen entsprechende bilanzielle Korrekturen vorgenommen werden [...]. Sofern genaue Feststellungen zur Einschätzung dieses Ausfallrisikos nicht möglich sind, sind Mindestfeststellungen zu treffen, um den dadurch bedingten Minderwert und den insofern eingetretenen wirtschaftlichen Schaden unter Beachtung des Zweifelsatzes zu schätzen."[351]

17. BGHSt 61, 48 – sog. *Nürburgring-Beschluss*

Im sog. *Nürburgring-Beschluss* aus dem Jahr 2015 prüfte der 3. Strafsenat des BGH einen Teil des Sachverhalts im Hinblick auf eine Strafbarkeit nach § 266 StGB zum Nachteil des Bundeslandes Rheinland-Pfalz: Den Gesellschaften, die den Ausbau der Hotel- und Gastronomieanlagen übernehmen sollten, fehlte das Kapital. Um das gewünschte Darlehen zu erhalten, veranlassten die Täter die rheinland-pfälzische Landesbank über ihre Tochtergesellschaft, eine stille Beteiligung an einer der Gesellschaften in Höhe des erforderlichen Finanzbedarfs zu übernehmen. Zur Sicherheit gewährte die Gesellschaft, an der die Tochtergesellschaft eine stille Beteiligung erwarb, der Landesbank werthaltige dingliche Grundsicherheiten. Das Land Rheinland-Pfalz wiederum sicherte die Darlehen, die die Landesbank ihrer Tochtergesellschaft gewährte, um die stillen Beteiligungen zu erwerben, mit einer Landesbürgschaft ab. Der BGH stellte fest, dass in der

---

349 BGH NStZ 2013, 711 (712); so ebenfalls BGH wistra 2013, 347 (350); NZG 2021, 748 (751); zustimmend *Schlösser*, NStZ 2013, 713 (714); *ders.*, wistra 2010, 164 (165 ff.).

350 Zur Verfassungsmäßigkeit der Figur des Gefährdungsschadens schon ab S. 37.

351 BGH NStZ 2013, 711 (712); vgl. dazu auch BGH NStZ 2012, 698 (699).

Übernahme einer Bürgschaft für den Bürgen ein verpflichtender Rechtsakt liege. Mangels eines unmittelbaren Zahlungsabflusses entstehe durch die Bürgschaftserklärung zunächst nur eine abstrakt wirkende wirtschaftliche Belastung, die jedoch die Gefahr einer späteren Inanspruchnahme in sich trage. Zur Dogmatik des Gefährdungsschadens führte der BGH aus:

> „Ein Vermögensnachteil iSd § 266 I StGB besteht bei der Abgabe der Bürgschaftserklärung nur dann, wenn sich die künftige Verlustgefahr auf Grund der Eintrittswahrscheinlichkeit des Bürgschaftsfalls schon zu diesem Zeitpunkt so weit verdichtet hat, dass sie als schadensgleich zu qualifizieren ist [...].“[352]

In der vollen Höhe der Bürgschaftssumme könne ein Gefährdungsschaden nur beziffert werden, wenn mit einer Inanspruchnahme von vornherein zu rechnen gewesen ist oder es sich bei dem durch die Bürgschaft besicherten Vorhaben um ein hochspekulatives Risikoprojekt handelt. Vorliegend widerspreche die Feststellung einer werthaltigen Grundschuld jedoch der Annahme einer höchst ausfallgefährdeten Forderung. Mithin sei die besicherte Rückzahlungsforderung ausreichend werthaltig und mit einer Inanspruchnahme des Landes aus der Bürgschaft nicht zu rechnen gewesen. Ein Gefährdungsschaden sei nicht eingetreten.[353]

Der BGH wendete hier überzeugenderweise problemlos das verfassungsrechtliche Bezifferungsgebot auf die entwickelten Leitlinien zur Feststellung eines Gefährdungsschadens an.[354] Künftig muss beachtet werden, dass es Fälle geben kann, in denen der Bürge z. B. durch eine Ausgleichszahlung von dem Schuldner kompensiert wird oder ein wirtschaftliches Interesse an der Einstandspflicht aus der Bürgschaft hat, weshalb die Bürg-

---

352 BGHSt 61, 48 (66); zustimmend *Saliger/Schweiger*, NJW 2016, 2600 (2601); *Bosbach*, WuB 2016, 662 (662 f.); *Rönnau/Becker*, JR 2017, 204 (211). Der BGH prüfte noch einen Gefährdungsschaden durch den Überweisungsauftrag aufgrund einer nutzlosen Gegenleistung, dazu in einer anderen Fallgruppe ab S. 160. Anmerkung zu BGHSt 61, 48, die fürs Hiesige nicht relevant ist: *Schlösser*, StV 2017, 123.

353 BGHSt 61, 48 (66 f.); vgl. zu einem ähnlichen Fall OLG Köln, Beschluss vom 21.4.2016 – 2 Ws 162/15, BeckRS 2016, 117223 Rn. 93 ff., 327 ff.

354 So auch *Bosbach*, WuB 2016, 662 (662 f.); *Rönnau/Becker*, JR 2017, 204 (204); *Hotz*, ZWH 2016, 355 (357). Zu den verfassungsrechtlichen Anforderungen bereits eingehend ab S. 37.

schaft wirtschaftlich sinnvoll und nachvollziehbar ist.[355] Ein Gefährdungsschaden liegt in solchen Fällen (ebenfalls) nicht vor.

a. Vorliegen eines Eingehungsschadens

Nicht überzeugend ist jedoch die folgende Aussage des BGH:

> „Sollte das Land Rheinland-Pfalz zwischenzeitlich auf die Bürgschaften [...] finanzielle Leistungen erbracht haben, käme es in dieser Höhe auf die exakte Bezifferung des Gefährdungsschadens im Tatzeitpunkt nicht mehr an. In diesem Fall hätte sich der ursprüngliche Eingehungsschaden in einem *Erfüllungsschaden* materialisiert und würde sich nach dessen Wert bemessen.“[356]

Wenn der BGH bei der Bezifferung von einem Erfüllungsschaden bei einer Inanspruchnahme aus der Bürgschaft spricht, verwendet er terminologisch einen irreführenden Begriff. Wie die in der Entscheidung vom BGH referierten Rechtsprechungen zeigen, meint der BGH hier keinen Schaden durch einen sog. Erfüllungsbetrug. Vielmehr beschreibt der BGH das Begehen eines sog. Eingehungsbetrugs.[357] Der für die Strafbarkeit relevante Schaden ist begrifflich als sog. Eingehungsschaden zu bezeichnen. Dieser vertieft sich mit der Inanspruchnahme aus der Bürgschaft.

b. Feststellung des Eingehungsschadens bei Vertragsschluss

Neben der Verwendung dieser falschen Terminologie ist die Annahme des BGH in der Sache ebenfalls nicht tragfähig: Der Gefährdungsschaden muss durch einen Vergleich der vertraglichen Gegenleistungen bei Vertragsschluss festgestellt werden. Dem widerspricht die Annahme des Senats, wonach ein Gefährdungsschaden in Höhe der tatsächlichen Inanspruchnahme aus der Bürgschaft entstehe. *Rönnau* und *Becker* stellen dazu überzeugend fest:

---

355 Zustimmend und Beispiele nennend *Rönnau/Becker*, JR 2017, 204 (212). In diesen Fällen wird es jedoch regelmäßig schon an der Pflichtwidrigkeit bei § 266 I StGB fehlen.

356 BGHSt 61, 48 (74) – Hervorhebung durch Verf.; zustimmend *Brand*, NZG 2016, 690 (692).

357 Ebenso *Rönnau/Becker*, JR 2017, 204 (212).

> „Hier kommt es nach der ganz herrschenden Meinung auf die spätere Entwicklung gerade nicht an; sofern im maßgeblichen Saldierungszeitpunkt kein (Gefährdungs-)Schaden vorliegt, ist ein späterer Verlust unbeachtlich, während umgekehrt ein im Saldierungszeitpunkt festgestellter Schaden nicht durch eine unerwartete positive Entwicklung beseitigt werden kann.“[358]

Erst recht ist sogar möglich, dass zu dem Zeitpunkt des Vertragsschlusses noch kein Gefährdungsschaden entsprechend den verfassungsrechtlichen Anforderungen beziffert werden kann. Dann kann nicht schlicht später die Höhe einer tatsächlich erfolgten Zahlung zur Bezifferung des Gefährdungsschadens herangezogen werden. Entwicklungen nach dem Vertragsschluss können nur noch im Rahmen der Strafzumessung berücksichtigt werden. Bemerkenswerterweise führt dies der BGH später in seinem Beschluss selbst aus: „Spätere Entwicklungen, die den Schaden vertiefen oder entfallen lassen, wirken sich allerdings auf das Maß der Schuld aus.“[359] Überzeugenderweise kann daher für die Bezifferung nicht einfach auf die Höhe der Inanspruchnahme aus der Bürgschaft abgestellt werden, denn bei der Bewertung der „Werthaltigkeit der Sicherheiten kommt es einzig auf den Zeitpunkt der Vermögensverfügung“[360] an.

18. BGH wistra 2020, 67

2019 entschied der BGH, dass bei einem Leasingvertrag ein Gefährdungsschaden entstanden sei, wenn und soweit die Möglichkeit zur Rückzahlung nicht besteht und auch bestellte Sicherheiten wertlos oder minderwertig sind. Neben dem Ausfallrisiko für die Leasingraten sei grundsätzlich, sofern der Leasingnehmer nicht von vornherein beabsichtige dem Leasinggeber den Gegenstand zu entziehen, auch der Wert des dem Leasinggeber sicherungsübereigneten Gegenstands zu berücksichtigen. Dabei muss die Verpflichtung, das Leasinggut dem Leasingnehmer zur Nutzung zu überlassen, einbezogen werden. Ferner müsse eine bestehende Verpfändung des Sicherungsguts bei Vertragsschluss als Ausschlussgrund eines Gefährdungsschadens beachtet werden. Der Grad der daraus resultie-

358 *Rönnau/Becker*, JR 2017, 204 (212); vgl. auch *Hermann*, Die Begrenzung der Untreuestrafbarkeit in der Wirtschaft am Beispiel der Bankenuntreue, 2011, S. 95.

359 BGH NZG 2016, 703 (713), soweit in BGHSt 61, 48 nicht abgedruckt.

360 Dazu BGH NStZ 2018, 111 (112).

renden Verlustgefahr hinge maßgeblich von der Wahrscheinlichkeit des Eintritts des Sicherungsfalls ab. Damit sei der Wert eines Gegenstands, eines Rechts oder einer Forderung, an dem sein Inhaber einem Dritten ein Sicherungsrecht eingeräumt habe, geringer, je wahrscheinlicher der Eintritt des Sicherungsfalls ist.[361] Diese Rechtsprechung überzeugt, da sich durch die Realisierung des Sicherungsrechts eines Dritten der Wert der verwerteten Sache wirtschaftlich mindert. Wenn somit ein Sicherungsfall hinreichend konkret ist, tritt bei fehlenden anderweitigen ausreichenden Sicherheiten ein Gefährdungsschaden ein.

19. Zwischenfazit

Die Konstellation der nicht ausreichenden Sicherheit erfasst das wirtschaftliche Phänomen, dass die Werthaltigkeit einer besicherten Forderung maßgeblich durch die bestellten Sicherheiten bestimmt wird. Denn der rechtliche und wirtschaftliche Zweck eines Sicherungsmittels ist, die Werthaltigkeit der Rückzahlungsforderung abzusichern. Sind solche Besicherungen nicht werthaltig und damit nicht ausreichend, besteht grundsätzlich eine Gefährdung des Vermögens. Dies hat die historisch-chronologische Darstellung und Analyse der sich stetig konkretisierenden Rechtsprechung aufgezeigt. Bereits das RG hat festgestellt, dass zur Schadensermittlung bei der Darlehensgewährung die Höhe des Rückzahlungsanspruchs mit der Höhe des Darlehensbetrags zu vergleichen ist. Da der Wert der Rückzahlungsforderung durch den Wert der Sicherungsmittel bestimmt werde, können Sicherheiten, bei denen der Darlehensgeber, um sein Geld zu erhalten, z. B. einen Rechtsstreit führen oder erhebliche Kosten aufwenden müsse, in der Regel auch keine vollwertige Sicherung der an sich minderwertigen Gegenforderung des Darlehensgebers sein.

Dieser Leitlinie pflichtete der BGH bei, als er den Eintritt eines Gefährdungsschadens durch die Täuschung über tatsächlich nicht vorhandene Sicherheiten oder wenn die Sicherheiten keineswegs sofort und ohne Schwierigkeiten liquidierbar waren, bejahte. Der BGH führte weiter aus, dass ein Gefährdungsschaden ausgeschlossen sei, wenn belegt wird, dass eingeräumte Sicherheiten die Zahlungsunfähigkeit des Schuldners nach wirtschaftlicher Betrachtungsweise voll abdecken. Ferner seien Sicherheiten nicht schon als ausreichend anzusehen, wenn der Gläubiger

---

361 BGH wistra 2020, 67 (69); zur Problematik der Schadensberechnung *Soyka*, NStZ 2020, 158 (158 ff.).

Schritte zur Zwangsversteigerung unternehmen und die damit verbundenen Kosten tragen muss. Denn auch das Risiko einer künftigen Zwangsversteigerung sei absicherungsbedürftig und absicherbar.

Ein Gefährdungsschaden trete ferner nicht bloß durch den Verstoß gegen die Normen im KWG oder sonstiger Kreditrichtlinien ein. Vielmehr komme es allein auf die wirtschaftliche vollwertige Abdeckung des Kreditgewährungsrisikos zum Zeitpunkt der Kreditvergabe – spätestens bei der Valutierung – an. Wenn mehrere Sicherungsmittel existieren, müsse zur Bewertung, ob eine Besicherung ausreichend ist, zwischen dinglichen und persönlichen Sicherungsmittel unterschieden werden, da im Wirtschaftsverkehr persönliche Kreditsicherheiten als riskanter gelten. Es muss geprüft werden, welche Art von Sicherungsmittel für den Gläubiger bei Vertragsschluss *primär* ausschlaggebend war. Als Ausschlussgrund eines Gefährdungsschadens komme auch grundsätzlich eine Zahlungsfähigkeit eines weiteren Schuldners in Betracht. Wenn es zwei Hauptschuldner gibt, wovon einer nicht mehr zahlen kann und die vorgetäuschten Sicherheiten nicht ausreichen, kann laut BGH, ein bestehender Zahlungsanspruch gegen den solventen Schuldner den Eintritt eines Gefährdungsschadens ausschließen. Der solvente Schuldner muss dann freilich zahlungsfähig und -willig sein.

Im *Berliner Bankenskandal-Beschluss* zeigte der BGH u.a. auf, dass ein Gefährdungsschaden z. B. durch Leerstand, Wertberichtigung und Einstellung weiterer Rücklagen nach außen deutlich werde. In dem konkreten Fall bezifferte der BGH den Schaden verfassungswidrigerweise nicht, sondern entnahm diesen nur wertend aus der Pflichtwidrigkeit. Allerdings überzeugt die Heranziehung von bankenüblichen Bewertungsansätzen für Wertberichtungen zur Feststellung eines Gefährdungsschadens. Begrüßenswert ist ferner die Schlussfolgerung des BGH im sog. *Nürburgring-Beschluss*, dass die Feststellung einer werthaltigen Grundschuld der Annahme einer höchst ausfallgefährdeten besicherten Forderung widerspreche. Zu kritisieren ist dagegen die Aussage des BGH, dass bei einer Inanspruchnahme aus der Bürgschaft ein „Erfüllungsschaden" vorliege. Dabei handelt es sich überzeugenderweise um einen Eingehungsschaden, der sich nur vertieft, was sich auf die Strafzumessung auswirkt. Der Gefährdungsschaden in Form des Eingehungsschadens muss durch einen Vergleich der vertraglichen Gegenleistungen bei Vertragsschluss festgestellt werden. Dem widerspricht die Annahme des Senats, wonach ein Gefährdungsschaden in Höhe der tatsächlichen Inanspruchnahme aus der Bürgschaft entstehe. Denn, wie der BGH selbst begrüßenswert ausführte, auch für die Werthaltigkeit der Sicherheiten kommt es einzig auf den Zeitpunkt der Vermögensverfügung an.

Mithin ist heute überzeugenderweise ständige Rechtsprechung, dass der Eintritt eines Gefährdungsschadens ausgeschlossen ist, wenn Sicherheiten das Ausfallrisiko des Vertragspartners vollständig abdecken und dieser ohne finanziellen und zeitlichen Aufwand, namentlich ohne Mitwirkung des Schuldners und ohne Gefährdung durch ihn, sofort nach Fälligkeit seine Sicherheiten realisieren kann. Nur, wenn solche hinreichend werthaltigen und liquiden Sicherheiten bei Vertragsschluss bestehen, tritt beim Vertragspartner kein Gefährdungsschaden ein. Dieses dogmatische und wirtschaftliche Phänomen lässt sich am sachgerechtesten in der Konstellation der nicht ausreichenden Sicherheit zusammenfassen. Eine anderweitige Systematisierung, wie sie beispielsweise in dem bisherigen Schrifttum durch die Bezeichnungen „Eingehungsbetrug", „Kreditbetrug" oder „Banken- und Kredituntreue" erfolgt, überzeugt nicht. Denn eine solche Gruppierung zeigt keine dogmatischen Zusammenhänge des Konzepts des Gefährdungsschadens bei den unterschiedlichen Tatbeständen des StGB auf. Immerhin kann eine nicht ausreichende Sicherheit nicht nur bei § 263 StGB, sondern eben auch bei §§ 253, 263a, 266 und 266b StGB zum Eintritt eines Gefährdungsschadens führen. Sachgerechter ist daher die Fallgruppe der nicht ausreichenden Sicherheit zu verwenden.

Das zivilrechtliche Pendant des hier erfassten dogmatischen Phänomens ist die objektive Unmöglichkeit aus § 275 I Var. 2 BGB. Der Nutzen dieses Vergleichs liegt in der Annäherung einer einheitlichen Erfassung einer zivilrechtlichen Aktion im Strafrecht und Zivilrecht. Denn in der vorliegenden Fallgruppe entsteht der Gefährdungsschaden durch die objektiv fehlende ausreichende Werthaltigkeit („Unmöglichkeit") des Sicherungsmittels. Die Übertragung der zivilrechtlichen Wertungen kann dem Rechtsanwender helfen den Eintritt eines Gefährdungsschadens rechtssicherer festzustellen. Dies trägt der vom BVerfG geforderten Präzisierung und Konkretisierung der Dogmatik des Gefährdungsschadens Rechnung.

C. Kriterium: Untauglichkeit der vertraglichen Gegenleistung

I. Für eine berufliche Position untauglicher Täter

1. Einführung in die Figur

26 aussagekräftige publizierte Entscheidungen sind dogmatisch in die Figur des untauglichen Täters für eine berufliche Position einzuordnen.[362] Im Schrifttum wurde diese Fallgruppe bisher unter den Bezeichnungen „Anstellungsbetrug" oder „Eingehungsbetrug" geführt.[363] Es wird sich herausstellen, dass die bisherigen Kategorisierungen nicht überzeugen, da dadurch das dogmatische Phänomen nicht sachgerecht erfasst wird. Besser geschieht dies durch die Figur des untauglichen Täters für eine berufliche Position, da dies die schadensrechtliche Besonderheit zusammenfasst und gleichzeitig herausstellt, wie der Wert von Arbeitsleistungen bestimmt werden kann.

Bereits das RG hat erkannt, dass ein Gefährdungsschaden eintrete, wenn nach den vertraglichen Vereinbarungen eine gewisse Ausbildung und Fähigkeit des Dienstverpflichteten vorausgesetzt und gerade deswegen eine höhere Vergütung vereinbart wird, der Dienstverpflichtete die vereinbarte Eigenschaft aber nicht besitzt. In der weiteren Rechtsprechungslinie wurde die besondere Stellung von Beamten im staatsrechtlichen Gefüge herausgearbeitet, die auch bei der Feststellung eines Gefährdungsschadens berücksichtigt werden müsse, sodass beispielsweise auch charakterliche Eigenschaften ausschlaggebend sein können. Dieser Auffassung schloss sich der BGH an und formte die Anforderung daran weiter aus. So stellte er z. B. fest, dass ausnahmsweise die für das Beamtentum entwickelten Grundsätze auf privatrechtliche Anstellungsverhältnisse anwendbar seien,

---

362 RGSt 54, 37; 64, 33; 65, 281; 73, 268; 75, 8; RG JW 1933, 1331; 1938, 2900; BGHSt 1, 13; 5, 358; 17, 254; 22, 38; 45, 1; BGH NJW 1961, 2027; 1978, 2042; GA 1956, 121; NStZ 2020, 291; BGH, Urteil vom 23.10.1951 – 1 StR 398/51; Urteil vom 13.12.1951 – 3 StR 841/51; Urteil vom 26.6.1952 – 5 StR 58/52; Urteil vom 13.8.1953 – 4 StR 320/53; Urteil vom 6.7.1954 – 5 StR 192/54; Urteil vom 20.1.1955 – 3 StR 388/54; Urteil vom 13.9.1956 – 1 StR 62/56; Urteil vom 10.1.1961 – 5 StR 353/60; OLG Celle MDR 1960, 696 Nr. 118; OLG Düsseldorf StV 2011, 734.

363 Exemplarisch darstellend statt vieler *Kindhäuser/Schumann*, in: Hilgendorf/Kudlich/Valerius (Hrsg.), Handbuch des StGB, Band 5, 2020, § 33 Rn. 237 ff., 240 f.; *Hoyer*, in: SK-StGB, Band V, 9. Auflage 2019, § 263 Rn. 238, 258; *Kindhäuser*, in: ders./Neumann/Paeffgen (Hrsg.), StGB, 5. Auflage 2017, § 263 Rn. 322 ff.

wenn die dem Arbeitnehmer gestellten Aufgaben eine besondere Vertrauenswürdigkeit oder Zuverlässigkeit erfordern und deshalb eine höhere Vergütung bei Vertragsschluss vereinbart wird oder die Tätigkeit – ähnlich wie bei einem Beamten – eine bestimmte Ausbildung oder Vorbeschäftigung voraussetzt.

Es wird sich zeigen, dass im Wesentlichen zwei Kritikpunkte an der im Folgenden untersuchten Rechtsprechung verbleiben: Erstens darf die Rechtsprechung den Staat als (privatrechtlichen) Arbeitgeber nicht privilegieren. Die Leitlinien zum Eintritt eines Gefährdungsschadens bei Beamtenverhältnissen dürfen nicht auf öffentlich-rechtliche Anstellungsverhältnisse übertragen werden. Ansonsten führt dies zu einer Personalpolitik des Staates mit den Mitteln des Strafrechts. Zweitens kann kein Gefährdungsschaden nur aufgrund des Verschweigens einer (vermögensrechtlichen) Vorstrafe festgestellt werden. Dies ist weder mit der Dogmatik des Gefährdungsschadens mangels einer konkreten Schadenswahrscheinlichkeit noch mit dem aus Art. 2 I GG abgeleiteten Resozialisierungsgedanken und der Menschenwürde aus Art. 1 I GG vereinbar.

Das zivilrechtliche Pendant der Figur des untauglichen Täters für eine berufliche Position ist die anfängliche Unmöglichkeit aus § 311a I BGB.[364] Der Nutzen dieses Vergleichs liegt vor allem darin, dass zivilrechtliche Wertungen, wann ein Täter bei Vertragsschluss untauglich ist, d. h. wann von Anfang an die angenommenen Voraussetzungen nicht gegeben waren und auch künftig nicht vorliegen können, rechtseinheitlich im Strafrecht übernommen werden können. Denn auch hier wird ermittelt, ob der Täter infolge seiner eigenen Untauglichkeit nicht in der Lage sein wird, die vereinbarte vertragliche Leistung zu erfüllen.

2. RGSt 54, 37 und 64, 33

Im Jahr 1919 urteilte das RG über einen Sachverhalt, in dem ein Dienstverhältnis durch Täuschung des Dienstleisters eingegangen wurde.[365] Das Gericht stellte formelhaft fest, dass ein Gefährdungsschaden eintrete, wenn nach den vertraglichen Vereinbarungen eine gewisse Ausbildung und Fähigkeit des Dienstverpflichteten vorausgesetzt und gerade deswegen eine höhere Vergütung vereinbart wird, der Letztere diese vereinbarte Eigen-

364 Statt vieler zur anfänglichen Unmöglichkeit *Ernst*, in: MüKo BGB, Band 3, 8. Auflage 2019, § 311a Rn. 11.

365 Statt vieler *Kindhäuser/Hilgendorf*, LPK-StGB, 8. Auflage 2020, § 263 Rn. 207 ff.

schaft jedoch gar nicht besitzt.[366] Rund zehn Jahre später ergänzte das RG, dass für die Schadensfeststellung allein der Zeitpunkt des Vertragsschlusses maßgeblich sei.[367]

Eine spätere ordnungsgemäße Ausführung der Tätigkeit kann überzeugenderweise nur im Rahmen der Strafzumessung berücksichtigt werden. Fraglich ist, wann aus prognostischer Sicht eine vertraglich geschuldete Arbeitskraft keine gleichwertige Gegenleistung darstellt.[368] Für die Beantwortung muss geklärt werden, wie – unter Beachtung der erforderlichen Restriktion – eine Täuschung, z. B. über die Persönlichkeit oder Fähigkeit eines Vertragspartners, schadensrechtlich bewertet werden kann.

3. RGSt 65, 281

Von einer streng wirtschaftlichen Betrachtung wandte sich das RG im Fall eines vorbestraften Täters, der durch ein gefälschtes Empfehlungsschreiben eine Stellung als Polizeibeamter erhalten hatte, ab und stellte fest:

> „Einen wegen eines Verbrechens oder entehrenden Vergehens bestraften Menschen, eine mit einem sittlichen Makel behaftete oder eine wegen gröblicher Dienstpflichtverletzung aus einer früheren Amtsstelle entlassene Persönlichkeit können weder der Staat noch die Gemeinden als öffentlichen Beamter brauchen; er ist für sie zu den nach dem Anstellungsverhältnis vorausgesetzten Zwecken *schlechterdings untauglich und wertlos, mögen seine Leistungen auch sonst völlig befriedigen*. Mit anderen Worten: Die Tauglichkeit eines Beamten hängt nicht nur von seinen Leistungen, sondern wesentlich auch von seiner Persönlichkeit ab.“[369]

Ein Gefährdungsschaden des Staats sei dadurch entstanden, dass der Staat die beamtenrechtliche Fürsorge übernommen und aufgrund der Untauglichkeit des Täuschenden keinen Gegenwert erhalten habe.[370]

Mit dieser Rechtsprechung arbeitete das RG die besondere Stellung von Beamten im staatsrechtlichen Gefüge heraus. Die Leistungen in einem

---

366 RGSt 54, 37 (38).
367 RGSt 64, 33 (38).
368 Eingehend zur Arbeitskraft als Vermögenswert: *Oğlakcıoğlu*, JR 2020, 258 (258 ff.).
369 RGSt 65, 281 (282) – Hervorhebungen durch Verf.
370 RGSt 65, 281 (282); RG JW 1933, 1331 (1331).

Beamtenverhältnis beschränken sich nicht auf den Austausch von Dienstleistung gegen Geld; vielmehr übernimmt der Staat die Fürsorgepflicht für den Beamten, während dieser im Gegenzug zur Treue verpflichtet ist, vgl. Art. 33 IV, V GG.[371] Bei Anstellungsverhältnissen, die kein Beamtenverhältnis betreffen, ist dies nicht gegeben. Die besondere beamtenrechtliche Stellung ist daher auch bei der Prüfung des Eintritts eines Gefährdungsschadens zu beachten, weshalb auch die Persönlichkeit des Beamten zu untersuchen ist. Folglich ist der Gegenwert für die strafrechtliche Schadensbewertung bei einem privatrechtlichen Dienstvertrag und bei einem Beamtenverhältnis unterschiedlich zu beurteilen.[372]

4. RGSt 73, 268

Ein Jahr später hatte das RG über einen Sachverhalt zu entscheiden, in dem der Angeklagte durch eine verfälschte Militärdienstzeitbescheinigung eine privatrechtliche Anstellung als Fahrer des PKW eines Kommandeurs anstatt für einen herkömmlichen Militärwagen erhalten hatte. Das RG stellte fest, dass ein Gefährdungsschaden eintrete, wenn bei einem privatrechtlichen Arbeitsvertrag eine besondere Vertrauenswürdigkeit und Zuverlässigkeit vorausgesetzt und die Bezahlung mit Rücksicht darauf besonders hoch festgesetzt wird. Hier sei zwar eine besondere Vertrauenswürdigkeit und Zuverlässigkeit erforderlich. Da allerdings die Bezahlung nicht hochgesetzt worden war, nachdem der Angeklagte die verfälschte Militärdienstzeitbescheinigung vorgelegt hatte, stehe der besonderen Vertrauensstellung keine in Geld messbare Gegenleistung gegenüber.[373] Eine in Geld messbare Gegenleistung sei

> „[...] z. B. anzunehmen, wenn ein Kaufmann einen Angestellten, der ihm falsche Zeugnisse vorgelegt und verschwiegen hat, daß er aus seiner früheren Stellung wegen Unzuverlässigkeit entlassen worden ist, auf den Vertrauensposten eines Prokuristen beruft. Hier wird regelmäßig ein Vermögensschaden entstanden sein, auch wenn die Fachleistungen des Angestellten durchaus einwandfrei gewesen sind.“[374]

---

371 Statt vieler *Graßhof*, Nachschlagewerk der Rechtsprechung des BVerfG, 213. EL Dezember 2020, Art. 33 GG Abs. 5 Öffentlicher Dienst.

372 Dazu auch *Protzen*, NStZ 1997, 525 (525).

373 RGSt 73, 268 (269); in die Richtung auch schon RG JW 1938, 2900 (2901 f.).

374 RGSt 73, 268 (269 f.).

Es liege nur ein ideeller Schaden vor. Die zu dem Beamtentum aufgestellten Grundsätze zur Feststellung eines Gefährdungsschadens, wie etwa die Berücksichtigung der Persönlichkeit, finden auf den vorliegenden Sachverhalt keine Anwendung. Zwar sei der Staat Vertragspartner, jedoch handele es sich hier nicht um ein Beamtenverhältnis mit den darin enthaltenen Verpflichtungen.[375]

5. RGSt 75, 8

Anders stellte sich im Jahr 1940 ein Fall dar, in dem der Angeklagte über seine Vorstrafen getäuscht hatte. Hier durften für die spezifische Stellung nur

> „völlig einwandfreie und zuverlässige Gefolgsleute [...] beschäftigt werden [...], da sonst die Gefahr bestanden hätte, dass die erforderliche Geheimhaltung des Bauvorhabens, seiner Ziele und seiner Einzelheiten nicht gewahrt werden würde."[376]

Der Angeklagte hätte nach Auffassung des RG wegen seiner persönlichen Untauglichkeit für die Tätigkeit aufgrund seiner Vorstrafen nicht angestellt werden dürfen. Mit der Beschäftigung des Angeklagten erwarb das Unternehmen zwar einen Anspruch auf seine Dienstleistung, durfte diese jedoch für das Bauvorhaben nicht einsetzen. Der Anspruch sei daher wertlos bzw. zumindest kein voller Ausgleich für die übernommenen Belastungen, weshalb ein Gefährdungsschaden des Bauunternehmens entstanden sei.[377]

6. BGHSt 1, 13

1951 entschied der BGH über einen Sachverhalt, in dem der Angeklagte infolge unrichtiger Angaben über seinen beruflichen Werdegang eine Anstellung als Eisenbahnsekretär erhalten hatte. Laut BGH ist für die Entstehung eines Gefährdungsschadens ausschlaggebend, dass dem Ange-

---

375 RGSt 73, 268 (271).

376 RGSt 75, 8 (9); soweit zustimmend *Bockelmann*, JZ 1952, 461 (462); a.A. einige Jahre zuvor noch *ders.*, Der Unrechtsgehalt des Betrugs, in: Festschrift für Kohlrausch, 1978 (ursprünglich erschienen 1944), S. 226 (250).

377 RGSt 75, 8 (9 f.).

klagten die für seine Stellung erforderliche Vorbildung gefehlt habe und er deshalb nicht in der Lage gewesen sei, eine „vollwertige Arbeit als Gegenleistung für die *besondere* materielle Vergünstigung“[378] zu erbringen. Der BGH schloss sich daher überzeugend der Rechtsprechung des RG zu der differenzierten Feststellung eines Gefährdungsschadens bei privatrechtlichen Dienstverträgen und Beamtenverhältnissen an.

7. BGH, Urteil vom 23.10.1951 – 1 StR 398/51 und Urteil vom 13.12.1951 – 3 StR 841/51

Im gleichen Jahr hatte der BGH über zwei ähnliche Fälle zu entscheiden, in denen die Angeklagten ihre Anstellung im öffentlichen Dienst durch Täuschung über ihre Vorstrafen, ihre nationalsozialistische Gesinnung und Zugehörigkeit zur NSDAP erhielten. Dabei nahm der BGH den Eintritt eines Gefährdungsschadens bei Abschluss der Dienstverträge an, da insbesondere die persönliche Zuverlässigkeit der Angeklagten fehle. Die Angeklagten könnten keine Leistung erbringen, die der Gegenleistung des Staates gleichkomme.[379]

Nicht überzeugend wandte der BGH damit die zu dem Eintritt eines Gefährdungsschadens bei Beamtenverhältnissen aufgestellten Leitlinien an, da es sich in den Sachverhalten um den Abschluss von öffentlich-rechtlichen Anstellungsverhältnissen handelte. Die gesonderte strafrechtliche Bewertung von Beamtenverhältnissen ist erforderlich, da Beamte – nicht zuletzt durch das GG selbst – eine besondere Stellung im deutschen Rechtssystem einnehmen (vgl. z. B. auch §§ 331 ff. StGB). Ferner unterliegen Beamte und der Staat einer besonderen umfassenden Pflichtenbindung, die in den hergebrachten Grundsätzen des Berufsbeamtentums näher geregelt wird, vgl. Art. 33 V GG. Diese Grundsätze bezeichnen das Beamtenverhältnis als ein öffentlich-rechtliches Dienst- und Treueverhältnis auf Lebenszeit. § 34 S. 1 BeamtStGB normiert, dass die Tätigkeit eines Beamten mit „vollem persönlichem Einsatz“ zu erbringen ist. Somit gehen die Gegenleistungen in Beamtenverhältnissen über die reine Erbringung der Dienstleistung gegen Gehaltszahlung hinaus. Derartige besondere Anforderungen existieren in anderen Anstellungsverhältnissen nicht. Daher ist es erforderlich, dass der BGH dies auch bei der Dogmatik des Anstel-

---

378 BGHSt 1, 13 (14) – Hervorhebungen durch Verf.

379 BGH, Urteil vom 23.10.1951 – 1 StR 398/51 Rn. 7 ff.; Urteil vom 13.12.1951 – 3 StR 841/51 Rn. 11 ff.

lungsbetrugs berücksichtigt.[380] *Jahn* stellt überzeugend klar, dass der Staat auch keine „Personalpolitik mit Mitteln des Strafrechts“[381] betreiben darf. Eine restriktive Anwendung des Konzepts des Gefährdungsschadens und die Würdigung von § 263 StGB als Vermögensdelikt sind daher zwingend notwendig.

8. BGH, Urteil vom 26.6.1952 – 5 StR 58/52 und BGHSt 22, 38

1952 stellte der BGH klar, für die Annahme eines Vermögensschadens müsse zunächst mit genügender Sicherheit festgestellt werden, dass die Einstellung überhaupt rechtswirksam erfolgt und daher der Anstellungsvertrag wirksam sei.[382] Weiter führte er im Jahr 1968 aus, dass nur dann mit der Übernahme der Gehaltszahlungsverpflichtungen durch den Dienstherrn und der nicht gleichwertigen Gegenleistung ein Gefährdungsschaden eingetreten sei. Die tatsächliche Auszahlung des Gehalts sei nur eine Nachwirkung des bereits mit der Eingehung des Anstellungsvertrags vollendeten Betrugs.[383]

9. BGH, Urteil vom 6.7.1954 – 5 StR 192/54

Zwei Jahre später erklärte der BGH, dass die aufgestellten Grundsätze zur Feststellung eines Gefährdungsschadens in Beamtenverhältnissen auch Anwendung finden, wenn die Beamtenfähigkeit erneut überprüft wird. Verschweige der Angeklagte dann z. B. erneut seine Vorstrafen oder seine vorherige Zugehörigkeit zu der nationalsozialistischen Organisation der Schutzstaffel, weil er hierdurch seine Entlassung verhindert, liege eine neue Betrugshandlung und somit ein neuer Gefährdungsschaden vor.[384]

---

380 Ebenso *Gercke*, Vermögensschaden beim Anstellungsbetrug, in: Dogmatik und Praxis des strafrechtlichen Vermögensschadens, 2015, S. 299 (308 f.).

381 *Jahn*, JA 1999, 628 (630).

382 BGH, Urteil vom 26.6.1952 – 5 StR 58/52 Rn. 6.

383 BGHSt 22, 38 (39 ff.). Anmerkung dazu, die fürs Hiesige nicht relevant ist: *Schröder*, JR 1968, 346.

384 BGH, Urteil vom 6.7.1954 – 5 StR 192/54 Rn. 20.

10. BGHSt 5, 358

Im Jahr 1954 hatte der BGH über einen Sachverhalt zu entscheiden, in dem der Täter infolge seiner Täuschung zu einem Widerrufbeamten ernannt wurde. Das Gericht stellte fest, dass der Täter Bezüge erhielt, obwohl er von dem allein maßgeblichen Standpunkt des Staates aus für das Amt untauglich sei. Dabei sei unerheblich, ob der Angeklagte die mit der Amtsstellung verbundenen Aufgaben ordnungsgemäß wahrnehme. Ein Gefährdungsschaden trete ein, wenn der Beamte die zwingenden gesetzlichen Voraussetzungen in Bezug auf seine Vorbildung nicht erfüllt und somit die Dienste keinen Wert für den Staat haben.[385]

11. BGH, Urteil vom 20.1.1955 – 3 StR 388/54

Vergleichbar urteilte der BGH über den Fall eines Beamten, der sich für die Berufung als Stadtrat fälschlicherweise als Dr. iur. und Diplom-Volkswirt ausgegeben hatte.[386] Obwohl die Führung der Titel keine Voraussetzung für die Berufung darstellte, nahm der BGH den Eintritt eines Gefährdungsschadens an:

> „[I]n den Fällen, in denen der Täter eine Beamtenstellung erschleicht, [ist] das Vermögen des Staates oder der Gemeinde auch bei zufriedenstellenden dienstlichen Leistungen des Beamten dann geschädigt, wenn er nicht seiner ganzen Persönlichkeit nach, insbesondere hinsichtlich seiner Zuverlässigkeit und in sittlicher Hinsicht untadelig, dasteht. Er darf keine charakterlichen Schwächen aufweisen, die ihn nach Auffassung der einstellenden Behörde für sein Amt als ungeeignet erscheinen lassen."[387]

Damit bestätigte der BGH die Leitlinie, dass eine Berufung zum Beamten bei dem Bestehen eines beamtenrechtlichen Einstellungsverbots ein wirtschaftlich unausgeglichenes Leistungsgefüge zur Folge hat. Denn der Staat

---

385 BGHSt 5, 358 (262); in diese Richtung auch BGH, Urteil vom 13.9.1956 – 1 StR 62/56 Rn. 35; BGH GA 1956, 121 (122). Im Folgenden prüfte der BGH noch einen Gefährdungsschaden aufgrund unordentlicher Buchführung, dazu in einer anderen Fallgruppe ab S. 182.

386 Dazu auch hinsichtlich § 132a StGB: BGHSt 9, 42.

387 BGH, Urteil vom 20.1.1955 – 3 StR 388/54 Rn. 26.

kann den Beamten nicht für die vereinbarte Position einsetzen und ist somit überzeugenderweise in seinem Vermögen beeinträchtigt.[388]

An dieser Rechtsprechungslinie wurde teilweise durch die Literatur kritisiert, dass lediglich das Fehlen von wertbildenden Eigenschaften für die Feststellung eines Gefährdungsschadens herangezogen werden dürfe. Dies seien beispielsweise der Familienstand oder das Dienstalter, da diese zu einer höheren Besoldung führen können. Zwar entscheiden die formalisierten Einstellungsvoraussetzungen darüber, ob jemand eingestellt werde. Jedoch besagen diese nicht, welchen Wert die Arbeitsleistung habe und ob durch die Einstellung ein Vermögensschaden begründet werde.[389] Diese Argumentation überzeugt nicht, da gerade durch die verschiedenen Besoldungsklassen, die nach Qualifikation und Berufserfahrung unterscheiden, die wertbildende Eigenschaft eines Beamten ausgedrückt wird. Andernfalls ist es unerklärlich, warum bei einer besseren Qualifikation und bei längerer Berufserfahrung auch eine höhere Besoldung gezahlt wird. Mithin ist für die Feststellung eines Gefährdungsschadens durch einen für die Beamtenstellung untauglichen Täter zwischen einer charakterlichen Eigenschaft, z. B. aufgrund einer Vorstrafe oder eines Einstellungshindernisses, und einem fachlichen Makel zu unterscheiden. So kann eine hinreichend konkrete Gefährdung von ungleichwertigen vertraglichen Gegenleistungen ermittelt werden.

12. BGH NJW 1961, 2027

Bezogen auf die fehlende fachliche Eignung fasste der BGH im Jahr 1961 zusammen, dass für die Ermittlung eines Gefährdungsschadens die durch Gesetz oder Verwaltungsvorschriften bestimmten Anstellungs- und Beförderungsbedingungen heranzuziehen seien. Seien diese Vorschriften nicht erfüllt, dürfe die Person nicht als Beamter eingestellt werden. Trotz tatsächlich zufriedenstellender Leistung sei der Angeklagte dann untauglich und könne keine gleichwertige Gegenleistung für die ihm gewährten Bezüge erbringen.[390]

---

388 Im Sinne einer „persönlichen Würdigkeit“ des Beamten verstehend: *Sarstedt*, JR 1952, 308 (308).

389 *Otto*, JZ 1999, 738 (739).

390 BGH NJW 1961, 2027 (2028); in diese Richtung auch BGH, Urteil vom 10.1.1961 – 5 StR 353/60 Rn. 6.

a. Feststellung eines Gefährdungsschadens bei Vertragsschluss

Geppert führte gegen diese Rechtsprechungslinie an, dass es sich dabei weniger um Vermögensschutz als um den Schutz des Ansehens des öffentlichen Dienstes handele. Wenn eine fachlich nicht zu beanstandende Leistung nicht zugunsten des Bewerbers berücksichtigt wird, gehe es lediglich um den Schutz der Dispositionsfreiheit und nicht mehr um Vermögensschutz.[391] Allerdings wird bei dieser Argumentation außer Acht gelassen, dass dies gerade der Dogmatik des Gefährdungsschadens entspricht, da die Schadensfeststellung zum Zeitpunkt des Vertragsschlusses als schädigendes Ereignis erfolgen muss. Anderweitige positive Entwicklungen, wie die ordnungsgemäße Ausführung der Gegenleistung, können lediglich im Rahmen der Strafzumessung herangezogen werden.[392] Das Fehlen der fachlichen Voraussetzungen für eine Position als Beamter begründet die hinreichend konkrete Gefahr einer nicht gleichwertigen Gegenleistung und führt somit zum Eintritt eines Gefährdungsschadens.

b. Übertragung der Grundsätze für Beamtenverhältnisse auf privatrechtliche Anstellungen

In der gleichen Entscheidung stellte der BGH klar, dass die aufgestellten Grundsätze für Beamtenverhältnisse bei einem Anstellungsbetrug nicht ohne weiteres auf privatrechtliche Arbeitsverhältnisse übertragbar seien. Bei Letzteren komme es für die Feststellung eines Schadens nur auf den wirtschaftlichen Wertvergleich zwischen Arbeitsleistung und Gehalt an, wohingegen die vertraglichen Gegenleistungen in Beamtenverhältnissen darüber hinausgehen. Allerdings seien die Grundsätze für Beamte ausnahmsweise entsprechend anwendbar, wenn der privatrechtlich Dienstverpflichtete die Aufgabe mit besonderer Vertrauenswürdigkeit und Zuverlässigkeit erbringen muss oder wenn die Anstellung und die Höhe des Gehalts – vergleichbar zu einem Beamten – von einer abgeschlossenen Ausbildung oder der Art und Dauer einer Vorbeschäftigung abhingen.[393]

---

391 *Geppert*, NStZ 1999, 305 (306).

392 Sich mit der Bedeutung der Prognose für den Vermögensschaden beschäftigend, ebenfalls in diese Richtung argumentierend: *Seelmann*, JR 2000, 164 (165).

393 BGH NJW 1961, 2027 (2028).

Damit konkretisierte der BGH die Anforderungen für den Eintritt eines Gefährdungsschadens bei einem (privatrechtlichen) Anstellungsbetrug. Stimmen in der Literatur werfen dieser Rechtsprechung vor, dass nahezu jedes Dienstverhältnis eine bestimme Qualifizierung – und sei es nur eine kurze Einführungsphase – erfordere,[394] weshalb der Anwendungsbereich des Gefährdungsschadens bei einem Anstellungsbetrug ausufern könnte. Allerdings wird durch den BGH betont, dass sich die Qualifizierung gerade in der Höhe des Gehalts widerspiegeln muss. Es kann daher überzeugenderweise nicht jegliche Qualifizierung erfasst sein, zumal nicht mit jeder Qualifizierung eine besondere Vertrauenswürdigkeit und Zuverlässigkeit für die berufliche Position einhergeht.

13. OLG Celle MDR 1960, 696 Nr. 118

Dem pflichtete das OLG Celle im Jahr 1960 bei, als es über den Fall eines Angeklagten entschied, der durch eine Täuschung über seinen bisherigen beruflichen Werdegang und sein Vorleben eine Anstellung als Betriebsingenieur und stellvertretender Betriebsleiter erhielt. Er sollte in der beruflichen Position u. a. für die Einstellung der Arbeitskräfte, die Prüfung der Rechnungen und die Anforderung von Material zuständig sein. Das Gericht stellte fest:

> „Es ist zwar davon auszugehen, daß, wenn jemand sich eine Anstellung auf Privatdienstvertrag erschleicht, ohne die vorgespiegelten Eigenschaften zu besitzen – anders als beim Erschleichen einer Beamtenstellung [...] – grundsätzlich darauf abzustellen ist, ob der Angestellte die vertraglich übernommene Arbeit einwandfrei leistet [...]. Im vorliegenden Fall, wo eine besondere Vertrauenswürdigkeit u[nd] Zuverlässigkeit vorausgesetzt wurde, die der Angekl[agte] auch nur entfernt nicht besaß, ist dies jedoch nicht erheblich. Es ist nicht entscheidend, ob die vom Angekl[agten] erbrachten Fachleistungen seinem Verdienst entsprachen.“[395]

Dem stehe nicht entgegen, dass der Arbeitgeber vergleichbare Gehälter auch für einen geeigneten Angestellten hätte zahlen müssen. Denn in einem solchen Fall wäre kein Gefährdungsschaden bei Vertragsschluss

394 Dazu auch *Haupt*, NJW 1958, 938 (940); ebenfalls kritisch *Geppert*, NStZ 1999, 305 (306); *Jerouschek/Koch*, GA 2001, 273 (282).

395 OLG Celle MDR 1960, 696 Nr. 118 (670).

eingetreten, da sie eine gleichwertige Gegenleistung erhalten hätten.[396] 1998 bestätigte das BVerfG die Verfassungsmäßigkeit der entwickelten Leitlinien zur Feststellung eines Gefährdungsschadens beim Anstellungsbetrug mit Art. 103 II GG.[397]

14. BGH, Urteil vom 13.8.1953 – 4 StR 320/53 und weitere Entscheidungen

1953 hatte sich der BGH mit einem Sachverhalt befasst, in dem ein Polizist unter falschen Angaben über seine Vorstrafen eingestellt und befördert wurde. Überzeugenderweise muss, laut BGH, eine mögliche Schädigung des Ansehens der Polizei aufgrund der Anstellung eines vorbestraften Polizeibeamten als lediglich ideeller Schaden außer Betracht bleiben.[398] Ein wirtschaftlicher Schaden liege jedoch aufgrund der charakterlichen Untauglichkeit des Angeklagten vor, da dessen Gegenleistung für den Staat überhaupt keinen Gegenwert habe:

> „Ist ein solcher Beamter wegen Betruges vorbestraft, so stellt diese Tatsache zum mindesten eine Vermögensgefährdung [...] für die anstellende Behörde oder den Staat dar. Ein solcher Beamter in derartiger Stellung bedeutet die *ständige Gefahr, dass er sich zu weiteren Straftaten, insbesondere vermögensrechtlicher Art hinreissen lassen wird.* [...] Im Einzelfall wird es aber nicht allein auf die Tatsache der Vorstrafe, sondern auf die Art und Schwere der Vortat ankommen."[399]

Im Jahr 1962 hatte der BGH über den Sachverhalt eines vorbestraften Angeklagten zu entscheiden, der nur infolge einer Täuschung über seine Vorstrafe eine Anstellung als Bauingenieur erhielt. Laut BGH tritt ein Gefährdungsschaden ein, wenn der wegen Vermögensstraftaten Verurteilte in der vertraglich vorgesehenen Stellung über Vermögen des Dienstberechtigten verfügen soll. Denn eine Verurteilung wegen einer Vermögensstraftat bilde für den Arbeitgeber die ständige Gefahr, dass der Angeklagte bei

---

396 OLG Celle MDR 1960, 696 Nr. 118 (670).

397 BVerfG NJW 1998, 2589 (2589).

398 BGH, Urteil vom 13.8.1953 – 4 StR 320/53 Rn. 4, 6; vgl. auch *Bockelmann*, JZ 1952, 461 (465).

399 BGH, Urteil vom 13.8.1953 – 4 StR 320/53 Rn. 6 f. – Hervorhebungen durch Verf.

einer passenden Gelegenheit zum Nachteil über das Vermögen des Arbeitgebers verfüge.[400]

Diese Entscheidungen sind nicht haltbar und nicht mit der Dogmatik des Gefährdungsschadens vereinbar: Die Annahme einer hinreichenden Wahrscheinlichkeit für den Eintritt einer konkreten Vermögensgefährdung allein in dem Vertragsschluss mit einem (wegen einer Vermögensstraftat) verurteilten Straftäter anzunehmen, verstößt gegen das verfassungsrechtlich verankerte Resozialisierungsziel in das gesellschaftliche Leben aus Art. 2 I 1 GG[401] und dem durch Art. 1 I GG abgesicherten Eigenwert eines jeden Menschen[402]. Dass es tatsächlich zu vermögensgefährdenden Handlungen kommt, bedarf vielmehr weiterer Anhaltspunkte als nur des Bestehens einer (vermögensrechtlichen) Vorstrafe, um hinreichend konkret für die Annahme eines Gefährdungsschadens zu sein. Dazu führt *Miehe* aus: „Der BGH behandelt den A wie eine gefährliche Sache, wie eine ‚Bombe mit Zeitzünder', die mit naturgesetzlicher Notwendigkeit zur Explosion gelangt, so daß bereits ihre Einbringung etwa in Gebäude oder sonstige Bauwerke eine schadensgleiche Gefährdung bedeutet."[403] Einleuchtend weist *Miehe* auch darauf hin, dass die Behandlung von einem Vorbestraften als einen „Gefährlichen" im Strafrecht, z. B. durch die Maßregeln der Besserung und Sicherung (§§ 62 ff. StGB), nicht unbekannt ist. Die entsprechenden Normen gehen allerdings regelmäßig von einer positiven Entwicklung des Vorbestraften und somit von einer Besserung aus. Im Gegensatz dazu macht der BGH in dieser Rechtsprechungslinie den „Gefährlichen" zu einem „Schädling".[404]

---

400 BGHSt 17, 254 Rn. 21; ebenso BGH NJW 1978, 2042 (2043); kritisch *Sonnen*, JA 1979, 166 (167); *Miehe*, JuS 1980, 261 (263).

401 Dazu *Di Fabio*, in: Maunz/Dürig (Begr.), GG, 90. EL Februar 2020, Art. 2 Abs. 1 Rn. 218: „Eine Rechtsanwendung, die einer ablehnenden Haltung der Umwelt gegenüber einem zu entlassenden Straftäter und damit der Gefahr Vorschub leistet, dass eine im Strafvollzug erreichte innere Stabilisierung in Frage gestellt wird, ist mit dem verfassungsrechtlich garantierten Recht auf Resozialisierung nicht vereinbar, wenn es an besonderen Rechtfertigungsgründen fehlt."

402 Darstellend statt aller *Jarass*, in: ders./Pieroth (Begr.), GG, 16. Auflage 2020, Art. 1 Rn. 6.

403 *Miehe*, JuS 1980, 261 (264).

404 *Miehe*, JuS 1980, 261 (264); in diese Richtung auch *Jahn*, JA 1999, 628 (630); *Otto*, JZ 1999, 738 (739); *König*, NJ 1998, 472 (473).

15. BGHSt 45, 1

1999 hatte der BGH über einen Fall zu entscheiden, in dem der Angeklagte durch die Täuschung über seine vorherige Mitarbeit im MfS der DDR in ein Beamtenverhältnis bei der Bundespolizei berufen wurde. Laut BGH tritt ein Gefährdungsschaden ein, wenn es naheliegt, dass sich das Fehlen der persönlichen Zuverlässigkeit nach außen nachteilig auf die Amtsführung, also die Qualität der Leistung des Beamten, auswirkt und deswegen zugleich ein Einstellungshindernis besteht.[405] Es sei unerheblich, inwieweit die Spitzeldienste mit den sonstigen Fällen der fehlenden persönlichen Eignung vergleichbar seien. Maßgeblich sei, dass nach beamtenrechtlichen Grundsätzen das Ermessen bei der Entscheidung über das Bestehen eines Einstellungshindernisses auf null reduziert war. Da der Angeklagte aufgrund des Einigungsvertrags zwischen der DDR und der BRD nicht hätte eingestellt werden dürfen, liege ein Gefährdungsschaden vor.[406] Auch diese Rechtsprechung bestätigte das BVerfG aufgrund der Verfassungskonformität mit Art. 103 II GG.[407]

Jerouschek und *Koch* sahen in dieser Rechtsprechung eine Abkehr von der bisherigen zweigliedrigen Argumentationslinie der Gerichte, bei der zwischen einer fachlichen und einer persönlichen Eigenschaft unterschieden wurde.[408] Dem ist nicht zuzustimmen, denn das Kriterium des Einstellungshindernisses wurde z. B. schon im Jahr 1961 durch den BGH herangezogen. Es ist Bestandteil der fehlenden persönlichen Eignung.[409] Dies wird ferner durch das Referieren der vorherigen Rechtsprechung dazu in

---

405 Kritisch *Martin*, JuS 1999, 922 (922 f.); *Prittwitz*, JuS 2000, 335 (336). Zur Entwicklung der Rechtsprechung und zum Meinungsstand der literarischen Diskussion: *Geppert*, Zur Strafbarkeit des Anstellungsbetruges, insbesondere bei Erschleichung einer Amtsstellung, in: Festschrift für Hirsch, 1999, S. 525 (528 ff.).

406 BGHSt 45, 1 (11, 13, 15 f.); zustimmend *Krey/Hellmann/Heinrich*, Strafrecht BT II, 18. Auflage 2021, Rn. 732. Der BGH führte in BGHSt 45, 1 (13 f.) zu dem Einstellungsverbot aus: „Der Einigungsvertrag bestimmt in Anlage I, Kapitel XIX, Sachgebiet A, Abschnitt III Nr. 1 Abs. 5: ‚Ein wichtiger Grund für eine außerordentliche Kündigung ist insbesondere dann gegeben, wenn der Arbeitnehmer ... für das frühere Ministerium für Staatssicherheit/Amt für nationale Sicherheit tätig war und deshalb ein Festhalten am Arbeitsverhältnis unzumutbar erscheint'."

407 BVerfG NStZ 1998, 506 (506).

408 *Jerouschek/Koch*, GA 2001, 273 (275 ff.); so wohl auch *Seelmann*, JR 2000, 164 (164 f.).

409 Dazu bereits BGH, Urteil vom 10.1.1961 – 5 StR 353/60 Rn. 6.

dem Beschluss aus 1999 deutlich. Das Kriterium der persönlichen Eignung wurde in dem zu entscheidenden Fall aufgrund der Besonderheiten des Falls nur spezifiziert.

a. Hinreichende Konkretheit bei dem Vorliegen eines Einstellungshindernisses

Fraglich ist, ob nur aufgrund des Vorliegens eines Einstellungshindernisses eine Vermögensgefährdung schon hinreichend konkret ist. Die Bewertung der persönlichen Zuverlässigkeit fungiert hier als Prognose für eine korrekte fachliche Leistung in der Zukunft. Der BGH geht davon aus, dass sich das Fehlen der persönlichen Zuverlässigkeit nachteilig auf die Amtsausführung auswirke und deshalb ein Gefährdungsschaden vorliege. Das Fehlen einer Eignung im beamtenrechtlichen Sinn kann ein bedeutsames Indiz sein, denn die Einstellungsvoraussetzungen normieren die Anforderungen an eine bestimmte Tätigkeit bzw. an die Amtsperson. Die Berücksichtigung derartiger Vorgaben kann zu einer stärken objektiven Schadensbestimmung führen. Daraus darf sich kein Automatismus der Schadensbestimmung im Strafrecht entwickeln.[410] Im hiesigen Fall kann z. B. noch das Ausmaß der MfS-Tätigkeit ein bedeutsames Indiz für die persönliche Zuverlässigkeit sein.

b. Bewertung des Wertes der Gegenleistung eines Beamten

Teilweise wird der Rechtsprechung seitens der Literatur entgegengehalten, dass es kaum überzeugend sei, dass die Leistung eines täuschenden Beamten im Gegensatz zur gleichen Leistung eines „normalen" Angestellten des Staates nichts wert sei. Hier sind jedoch – wie bereits erwähnt – die unterschiedliche Natur und die besondere Stellung der Beamten in dem Verfassungsgefüge zu beachten. Dagegen kann eingewendet werden, dass die falschen bzw. unvollständigen Aussagen über die Vergangenheit zu einem Zeitpunkt erfolgten, als noch kein Beamtenverhältnis und somit kein Treueverhältnis gem. Art. 33 IV, V GG bestand. Allerdings ist gerade dies die Besonderheit des Anstellungsbetrugs, bei dem das konkret geschlossene Anstellungsverhältnis betrachtet wird.

410 Ebenso *Seelmann*, JR 2000, 164 (165); *Dammann/Kutscha*, NJ 1999, 281 (284).

Mit dem gleichen Argument ist auch der Einwand zu entkräften, dass es nicht nachvollziehbar sei, dass auch die beste Leistung eines Beamten nichts wert sei, wenn sie von einem „bemakelten“ Beamten erbracht wurde.[411] Hier kommt wieder die Natur des Anstellungsbetrugs zum Ausdruck, bei dem ausschließlich auf den Zeitpunkt des Vertragsschlusses für die Schadensfeststellung abgestellt wird. Mangels des Erfüllens der objektiven Einstellungsvoraussetzungen ergibt zu diesem Zeitpunkt eine hinreichend konkrete Prognose, dass die Gegenleistung des Beamten nicht gleichwertig zu der Leistung des Staates ist, weshalb ein Gefährdungsschaden vorliegt. Die Kritik, dass der BGH durch die Berücksichtigung eines Einstellungshindernisses jeglichen vermögenswerten Bezug verliere, geht demnach fehl.[412] Der BGH wendet vielmehr konsequent den (juristisch-)ökonomischen Vermögensbegriff an.[413]

16. BGH NStZ 2020, 291

2019 hatte der BGH über einen Fall zu entscheiden, in dem die Angeklagte durch eine Täuschung über ihre vermögensrechtlichen Vorstrafen eine privatrechtliche Anstellung als Krankenpflegerin in einer JVA erhielt. Der BGH verneinte einen Gefährdungsschaden mangels einer (künftigen) besonderen Vertrauensstellung der Angeklagten in der JVA. Nur weil der Staat der Arbeitgeber sei, rechtfertige dies keine Gleichstellung zu einer Beamtenstellung:[414]

> „Dass die von der Angekl[agten] als Krankenpflegerin in der JVA erbrachten Arbeitsleistungen nicht von der geforderten Qualität waren und dies den Schluss zulässt, dass diese Gefahr bereits bei Vertragsschluss bestand, [...] liegt vor dem Hintergrund ihrer Ausbildung und Berufserfahrung als Krankenschwester auch nicht nahe. Aus der besonderen Sensibilität des Anstellungsortes mag sich ein berechtigtes Interesse des Arbeitgebers ergeben haben, dort zur Aufrechterhaltung der nötigen professionellen Distanz zu den Inhaftierten nur unbestrafte

---

411 *Dammann/Kutscha*, NJ 1999, 281 (284 f.).

412 Zustimmend *Ransiek*, Der Vermögensschaden beim Anstellungsbetrug, in: Dogmatik und Praxis des strafrechtlichen Vermögensschadens, 2015, S. 285 (294 f.); a.A. *Jerouschek/Koch*, GA 2001, 273 (281 f.).

413 Ebenfalls *Jahn*, JA 1999, 628 (630).

414 Vgl. schon dazu BGH, Urteil vom 23.10.1951 – 1 StR 398/51 Rn. 7 ff.; Urteil vom 13.12.1951 – 3 StR 841/51 Rn. 11 ff.; a.A. noch RGSt 73, 268 (269 f.).

> Personen anzustellen. Ein Vermögenswert wird dadurch jedoch nicht tangiert."[415]

Daneben sei das reine Ansehen der Anstalt[416] oder die Dispositionsfreiheit des Arbeitgebers, laut BGH, kein Schutzgut des § 263 StGB und könne den Eintritt eines Gefährdungsschadens nicht begründen.[417] Eine gegenteilige Ansicht führt zu einer starken Normativierung der Schadensfeststellung, was mit der wirtschaftlichen Schadensbetrachtung nicht vereinbar ist.

Damit wurde überzeugenderweise die verfassungswidrige Rechtsprechung bezüglich vorbestrafter Vermögensstraftäter, die diese pauschal zu „Schädlingen" macht, nicht mehr angewendet.[418] Ferner kann ein privatrechtliches Arbeitsverhältnis und ein Beamtenverhältnis nicht gleichgestellt werden, nur weil der Staat eine Vertragspartei ist. Der Staat darf als (privatrechtlicher) Arbeitgeber nicht privilegiert werden.[419] Mangels Fürsorgepflicht des Staates und wegen des Fehlens einer besonderen Stellung im staatsrechtlichen Gefüge kann dieser Fall nicht anders bewertet werden als andere privatrechtliche Fälle des Anstellungsbetrugs. Andernfalls komme es zu der von *Jahn* abgelehnten „Personalpolitik mit Mitteln des Strafrechts"[420].

In dem konkreten Fall ließ der BGH offen, ob die hiesige Rechtsprechungslinie zur Feststellung eines Gefährdungsschadens mit dem verfassungsrechtlichen Bezifferungsgebot vereinbar ist.[421] Allerdings ist nicht ersichtlich, was der Anwendung der verfassungsrechtlichen Vorgaben hinsichtlich der Bezifferung bei dieser Fallgruppe entgegenstehen könnte. Denn zunächst muss – wie in jedem Fall – ermittelt werden, ob dogmatisch ein bezifferbarer Gefährdungsschaden entstanden ist. Erst danach ist es die Aufgabe des Tatrichters den festgestellten Gefährdungsschaden der Höhe nach zu beziffern.

---

415 BGH NStZ 2020, 291 (294); in diese Richtung auch schon OLG Düsseldorf StV 2011, 734 (734).

416 Ebenso bereits RGSt 65, 281 (282).

417 BGH NStZ 2020, 291 (294).

418 Dagegen einst noch BGH NJW 1978, 2042 (2043).

419 Vgl. dazu schon ab S. 145.

420 *Jahn*, JA 1999, 628 (630).

421 BGH NStZ 2020, 291 (293). Zu den verfassungsrechtlichen Anforderungen bereits ab S. 37.

17. Zwischenfazit

Die historisch-chronologische Darstellung und Analyse seit den Entscheidungen des RG hat die konsequente Entwicklung der Rechtsprechungslinie und die überzeugende Systematisierung des dogmatischen Phänomens unter der Figur des untauglichen Täters für eine berufliche Position aufgezeigt. Maßgeblich wurde herausgearbeitet, wann aus prognostischer Sicht eine vertraglich geschuldete Arbeitsleistung keine gleichwertige Gegenleistung darstellt.

Schon das RG hat festgestellt, dass ein Gefährdungsschaden eintrete, wenn nach den vertraglichen Vereinbarungen eine gewisse Ausbildung und Fähigkeit des Dienstverpflichteten vorausgesetzt und gerade deswegen eine höhere Vergütung vereinbart wird, der Dienstverpflichtete die vereinbarte Eigenschaft aber nicht besitze. Eine spätere ordnungsgemäße Ausführung der Tätigkeit wirke sich nur auf die Strafzumessung aus. Dies entspricht grundsätzlich der Dogmatik des Gefährdungsschadens, da ein Schaden zum Zeitpunkt des Vertragsschlusses vorliegen muss.

Von dieser streng wirtschaftlichen Betrachtung wandte sich im Folgenden schon das RG selbst ab, da es die geschuldete Gegenleistung eines Vorbestraften als untauglich und wertlos ansah, denn die Leistung eines Beamten hänge wesentlich von seiner Persönlichkeit ab. Mit dieser Rechtsprechung arbeitete das RG die besondere Stellung von Beamten im staatsrechtlichen Gefüge heraus, vgl. Art. 33 IV, V GG. Diese ist auch bei der Feststellung eines Gefährdungsschadens zu beachten. Folglich ist der Gegenwert für die strafrechtliche Schadensbewertung bei einem privatrechtlichen Dienstvertrag und bei einem Beamtenverhältnis unterschiedlich zu beurteilen.

Dieser Rechtsprechungslinie schloss sich der BGH an. Für die Annahme eines Gefährdungsschadens bei einem Beamtenverhältnis sei entweder auf die nicht vorhandene fachliche oder persönliche Eignung abzustellen. Die fachliche Eignung fehle, wenn der Täter notwendige Voraussetzungen nach Gesetz oder Verwaltungsvorschriften für seine Anstellung oder Beförderung nicht aufweist und daher nicht hätte eingestellt werden dürfen. Bei der fehlenden persönlichen Eignung komme es z. B. auf das Vorliegen eines Einstellungshindernisses an. Dies überzeugt, da die Einstellungsvoraussetzungen die Anforderungen an eine bestimmte Tätigkeit bzw. an die Amtsperson normieren, daher kann dessen Berücksichtigung zu einer stärken objektiven Schadensbestimmung führen. Ferner werden gerade durch die verschiedenen Besoldungsklassen, die nach Qualifikation und Berufserfahrung unterscheiden, die wertbildenden Eigenschaften eines

Beamten ausgedrückt. Andernfalls ist es unerklärlich, warum bei einer besseren Qualifikation und bei einer längeren Berufserfahrung auch eine höhere Besoldung gezahlt wird.

In Anstellungsverhältnissen sei für die Entstehung eines Gefährdungsschadens entscheidend, ob der Täter die Leistung erbringen könne, die nach seinem Gehalt oder dem Anstellungsvertrag von ihm erwartet werde. Nur ausnahmsweise seien die für das Beamtentum entwickelten Grundsätze zu übertragen, nämlich wenn die dem Arbeitnehmer gestellten Aufgaben eine besondere Vertrauenswürdigkeit oder Zuverlässigkeit erfordern und deshalb eine höhere Vergütung vereinbart wird oder die Tätigkeit – ähnlich wie bei einem Beamten – eine bestimmte Ausbildung oder Vorbeschäftigung voraussetzt. Dafür kann freilich nicht jegliche Qualifikation ausreichen, sondern diese muss sich gerade in der Höhe des Gehalts widerspiegeln.

Nicht überzeugend sind allerdings die Entscheidungen, in denen die zum Eintritt eines Gefährdungsschadens bei Beamtenverhältnissen aufgestellten Leitlinien auf öffentlich-rechtliche Anstellungsverhältnisse angewendet wurde. Die gesonderte strafrechtliche Bewertung von Beamtenverhältnissen ist erforderlich, da Beamte – nicht zuletzt durch das GG selbst – eine besondere Stellung im deutschen Rechtssystem einnehmen (vgl. auch §§ 331 ff. StGB). Ferner unterliegen Beamte und der Staat einer besonderen umfassenden Pflichtenbindung, die in den hergebrachten Grundsätzen des Berufsbeamtentums näher geregelt wird, vgl. Art. 33 V GG. § 34 S. 1 BeamtStGB normiert, dass die Tätigkeit eines Beamten mit „vollem persönlichem Einsatz“ zu erbringen ist. Somit geht die Gegenleistung in Beamtenverhältnissen über die reine Erbringung der Dienstleistung gegen Gehaltszahlung hinaus. Derartige besondere Anforderungen existieren in anderen Anstellungsverhältnissen nicht. Eine einheitliche Bewertung, nur weil der Staat der Arbeitgeber ist, würde zu einer Personalpolitik des Staates mit den Mitteln des Strafrechts führen und ist abzulehnen.

Verfassungswidrig nahm der BGH den Eintritt eines Gefährdungsschadens an, wenn der wegen Vermögensstraftaten Verurteilte in der vertraglich vorgesehenen Stellung über Vermögen des Dienstberechtigten verfügen soll. Laut dem Gericht bedeutet eine Verurteilung wegen einer Vermögensstraftat für den Arbeitgeber die ständige Gefahr, dass der Angeklagte bei einer passenden Gelegenheit zum Nachteil über das Vermögen des Arbeitgebers verfüge. Die Annahme einer hinreichenden Wahrscheinlichkeit für den Eintritt einer konkreten Vermögensgefährdung allein in dem Vertragsschluss mit einem verurteilten Straftäter anzunehmen, ist nicht mit der Dogmatik des Gefährdungsschadens vereinbar und verstößt gegen das verfassungsrechtlich verankerte Resozialisierungsziel in das gesellschaftliche Leben aus Art. 2 I 1 GG und den durch Art. 1 I GG abgesicherten Eigenwert eines jeden Menschen. Dass es tatsächlich zu vermögensgefährdenden Handlungen kommt, bedarf vielmehr weiterer Anhaltspunkte als nur des Bestehens einer (vermögensrechtlichen) Vorstrafe, um hinreichend konkret für die Annahme eines Gefährdungsschadens zu sein. Überzeugend wurde diese Rechtsprechungslinie jüngst durch die Gerichte nicht mehr angewendet.

Es hat sich gezeigt, dass besondere dogmatische Probleme in der hiesigen Fallgruppe existieren, die seitens der bisherigen Literatur nicht sachgerecht erfasst wurden. Zwar sind dieser Fallgruppe (meist) Sachverhalte des Anstellungsbetrugs zugeordnet, allerdings erfasst die Bezeichnung „Anstellungsbetrug" das dogmatische Phänomen nicht abschließend. Ferner ist die Gruppierung unter dem Stichwort „Eingehungsbetrug" zu grob und verhindert eine wirtschaftliche Berücksichtigung der – soeben aufgezeigten – Besonderheiten bei der Schadensfeststellung dieser Fallgruppe. Angemessen kann dies durch die Figur des untauglichen Täters für eine berufliche Position abgebildet werden.

Zur Erleichterung bei der Schadensfeststellung kann das zivilrechtliche Pendant der anfänglichen Unmöglichkeit gem. § 311a BGB herangezogen werden. Dies hat vor allem bei privatrechtlichen Anstellungsverhältnissen den schadensrechtlichen Vorteil, dass ermittelt werden kann, ob der Täter infolge seiner eigenen Untauglichkeit nicht in der Lage sein wird, die vereinbarten Voraussetzungen des Vertragsschlusses zu erfüllen. Dies führt zu mehr Rechtssicherheit und -klarheit sowie zu einer Konkretisierung der Dogmatik des Gefährdungsschadens.

II. Wirtschaftlich geringerwertige oder nutzlose Gegenleistung

1. Einführung in die Konstellation

Dogmatisch sind in die Konstellation der wirtschaftlich geringerwertigen oder nutzlosen Gegenleistung zur Feststellung eines Gefährdungsschadens 38 aussagekräftige und publizierte Entscheidungen einzuordnen.[422] Im bisherigen Schrifttum wurde diese Fallgruppe systematisch unter den Begriffen „Eingehungsbetrug", „Warentermingeschäfte", „Haushaltsuntreue" oder „Schneeballsysteme" erfasst.[423]

Es wird sich herausstellen, dass die bisherige Systematisierung im Schrifttum nicht überzeugt. Auf der einen Seite ist die Gruppierung „Eingehungsbetrug" zu grob und erfasst das besondere dogmatische Phänomen nicht. Auf der anderen Seite umfassen die Systematisierungen namens „Schneeballsysteme", „Haushaltsuntreue" oder „Warentermingeschäfte" jeweils nur einen Ausschnitt des Problems, weshalb dogmatische Zusammenhänge nicht deutlich werden. Im Gegensatz zu diesen Zuschnitten berücksichtigt die Konstellation der wirtschaftlich geringerwertigen oder nutzlosen Gegenleistung das dogmatische Phänomen sachgerecht. Denn schon das RG hat festgestellt, dass zwar die bloße Verschiedenheit einer Leistung keinen Vermögensschaden begründe, wenn die Leistung für den Empfänger keinen geringeren Vermögenswert hat als die von ihm gewollte. Allerdings sei die Gegenleistung minderwertig, wenn deren Erfolg völlig unsicher war. Dieser Auffassung schloss sich der BGH an und führte weiter zu möglichen Ausschlussgründen (z. B. Kündigungs- oder

---

422 RGSt 16, 1; 28, 310; 49, 21; 76, 49; RG JW 1938, 503 Nr. 5; BGHSt 16, 220; 16, 321 (sog. *Melkmaschinen-Fall*); 21, 384; 23, 300; 30, 177; 30, 388; 34, 199; 51, 10; 60, 1; 61, 48 (sog. *Nürburgring-Beschluss*); 62, 144; BGH NZG 2019, 195; MDR 1952, 408 zu § 263; NJW 1953, 836; 1992, 1709; 2016, 3543; GA 1961, 114; 1977, 342; NStZ 1996, 191; 2008, 96; 2014, 318; 2017, 708; NStZ-RR 2015, 341; wistra 1982, 148; 1991, 307; 2000, 384; 2007, 306; 2021, 67; BGH, Urteil vom 9.10.1964 – 2 StR 300/64; Urteil vom 21.1.1969 – 5 StR 688/68; LG Passau, Urteil vom 13.12.2012 – KLs 307 Js 13680/08, BeckRS 2012, 213432; LG Mönchengladbach, Urteil vom 12.12.2005 – 12 KLs 11/01 (8) – 9 Js 224/99 (unveröffentlicht); LG Würzburg, Urteil vom 21.3.2005 – 6 KLs 711 Js 21114/04 (unveröffentlicht).

423 Exemplarisch darstellend statt vieler *Kindhäuser/Schumann*, in: Hilgendorf/Kudlich/Valerius (Hrsg.), Handbuch des StGB, Band 5, 2020, § 33 Rn. 237 ff.; *Kindhäuser*, in: ders./Neumann/Paeffgen (Hrsg.), StGB, 5. Auflage 2017, § 263 Rn. 316 ff., 319a; *Hoyer*, in: SK-StGB, Band V, 9. Auflage 2019, § 263 Rn. 238; *Fischer*, StGB, 68. Auflage 2021, § 263 Rn. 168 ff.; *Saliger*, in: Hilgendorf/Kudlich/Valerius (Hrsg.), Handbuch des StGB, Band 5, 2020, § 35 Rn. 108.

vertragliche Rücktrittsrechte) aus, dass diese unter Berücksichtigung der Lebenswirklichkeit geprüft werden müssen, d. h. ob deren tatsächliche wirksame künftige Ausübung hinreichend wahrscheinlich ist.

Zu kritisieren bleibt die Annahme des BGH, dass schon die Böswilligkeit eines Vertragspartners zum Eintritt eines Gefährdungsschadens führen könne. Diese Rechtsprechung wurde überzeugend nicht mehr weiterverfolgt. Ferner wurde in einer jüngsten Entscheidung des BGH nicht alle wirtschaftlich bedeutsamen Chancen und Risiken aller Beteiligten bei der Feststellung eines Gefährdungsschadens berücksichtigt.

Somit ist ein Zuschnitt der Konstellation der wirtschaftlich geringerwertigen oder nutzlosen Gegenleistung sachgerecht, da diese das dogmatische Phänomen angemessen erfasst und von anderen Erscheinungen abgrenzt. Zur besseren Bewertung, wann eine Gegenleistung geringerwertig oder nutzlos ist, kann das zivilrechtliche Pendant der Schlechtleistung gem. § 281 I 1 Var. 2 BGB[424] herangezogen werden. Denn vorliegend wird die vertragliche Gegenleistung zwar wie geschuldet erbracht, aber beispielsweise stellt sich der Getäuschte eine andere Gegenleistung bei Vertragsschluss vor. Somit ist der Vertragsgegenstand in gewisser Weise ein „*aliud*" zu dem, was der Getäuschte ohne die Täuschung hätte vereinbaren wollen.

2. RGSt 28, 310

1896 hatte das RG über einen Sachverhalt zu entscheiden, in dem der Angeklagte die Geschädigten über die Eingehung eines Versicherungsvertrags mit einer ausländischen Gesellschaft täuschte anstatt mit der von ihnen gewollten inländischen Versicherungsgesellschaft. Das RG entschied, dass die bloße Verschiedenheit einer Leistung keinen Vermögensschaden begründe, wenn sie für den Empfänger keinen geringeren Vermögenswert hat als der von ihm gewollte. Hier müsse die Leistungsfähigkeit der ausländischen Versicherungsgesellschaft dahingehend überprüft werden, ob die Gesellschaft im Schadensfall aufkommen oder sich ihren Verbindlichkeiten ggf. entziehen würde und sich deren Erfüllung erst im Zwangsvollstreckungsverfahren durchsetzen lasse. Die bloße Möglichkeit eines solchen Verhaltens könne den Wert der Versicherungsleistung nur mindern, wenn bei inländischen Gesellschaften derartiges ausgeschlossen ist.[425] Schon

424 Vgl. zur Schlechterfüllung, -leistung: *Schmidt*, in: Creifelds, Rechtswörterbuch, 26. Edition 2021.

425 RGSt 28, 310 (313); in diese Richtung auch schon RGSt 16, 1 (11 f.).

früh ging das RG daher auf das Kriterium der Untauglichkeit zur Feststellung eines Gefährdungsschadens ein, indem es das Vorliegen einer nutzlosen Gegenleistung prüfte. Somit knüpfte das Gericht zur Schadensbestimmung überzeugend an wirtschaftliche und nicht an normative Gesichtspunkte an.

3. RGSt 49, 21

Im Jahr 1914 hatte das RG über einen Fall zu entscheiden, in dem der Angeklagte verschiedene Bezugsrechte für Aktien an einem Unternehmen verkaufte und er dabei über eine angebliche Erfindung eben dieses Unternehmens täuschte. Das RG stellte fest, dass für die Feststellung eines Schadens das Wertverhältnis der vertraglichen Leistungen zueinander maßgeblich sei:

> „Auch soweit es hierbei auf noch ungewisse in der Zukunft liegende Tatsachen ankommt, sind diese nur unter dem Gesichtspunkt zu betrachten, welchen Einfluß sie gegenwärtig, d. h. für die Zeit des Vertragsschlusses, nach Lebenserfahrung und Verkehrsanschauung auf den Wert der betreffenden Leistung ausüben, insbesondere, ob und inwiefern sie ‚als Vermögensgefährdung', wertmindernd wirken [...].“[426]

Daneben müssen persönliche Verhältnisse des Getäuschten für den wirtschaftlichen Zweck, der erkennbar mit den erworbenen Sachen oder Rechten verfolgt wird, bei der Schadensfeststellung berücksichtigt werden. Ausgeschlossen sei jedoch ein sog. Liebhaberwert. Hier kam das RG zu dem Ergebnis, dass

> „[...] alsdann der Erwerb der Bezugsrechte zur Vorbereitung einer Kapitalanlage völlig ungeeignet war, weil ganz ungewiß blieb, ob und wann überhaupt die Voraussetzungen für die Kapitalnutzung – durch Bezug von Erträgnissen – geschaffen werden würden. Allein auch, wenn nicht Kapitalanlage, sondern demnächstige Verwertung der Aktien durch Weiterveräußerung bezweckt gewesen wäre, könnte bei der geschilderten Sachlage mit Rücksicht auf die Stärke der anzunehmenden Vermögensgefährdung der Eintritt eines Vermögensschadens sehr wohl nachweisbar sein.“[427]

---

426 RGSt 49, 21 (25).
427 RGSt 49, 21 (29).

Ferner müsse die Höhe des Gefährdungsschadens nicht beziffert werden.[428] Diesem ist heute in Anbetracht von Art. 103 II GG nicht zuzustimmen, da kein eindeutiger und einfach gelagerter Schaden vorlag.[429]

4. RG JW 1938, 503 Nr. 5

1937 hatte das RG über einen Fall zu entscheiden, in dem der Angeklagte seinen Vertragspartnern versprach mittels einer Wünschelrute Erdstrahlungen feststellen und verhindern zu können, damit diese nicht für Krankheiten oder schlechte Ernten sorgen würden. Laut RG liegt ein Gefährdungsschaden vor,

> „denn in Wirklichkeit war der Angekl[agte] gar nicht willens und imstande, die versprochene Gegenleistung zu erbringen. [...] Hiernach war seine Leistungsverpflichtung, soweit sie mit Rücksicht auf die völlige Unsicherheit des Erfolges für die Auftraggeber überhaupt einen Wert hatte, jedenfalls minderwertig."[430]

5. BGH MDR 1952, 408 zu § 263

Dem schloss sich der BGH im Jahr 1952 in einem Fall an, in dem der Angeklagte eine Reihe von Personen dazu bestimmt hatte, Krankenversicherungsverträge abzuschließen sowie die ersten drei Monatsbeiträge als Provisionsgebühr direkt an ihn zu bezahlen. Dies erreichte er, indem er die Personen über die Leistungen der Versicherung oder die Höhe der zu entrichtenden Prämienbeiträge täuschte und – soweit schon eine andere Krankenversicherung bestand – falsche Aussagen über die Auflösung des bisherigen Versicherungsvertrags machte. Der BGH führte aus, dass für die Versicherungsnehmer, die schon bei einer anderen Krankenversicherung versichert gewesen waren, ein Gefährdungsschaden entstanden sei, denn diese seien zur doppelten Prämienzahlung verpflichtet gewesen. Ferner bestand trotz Abschluss des Vertrags kein ausreichender Versicherungsschutz, wovon die Vertragspartner jedoch ausgingen.

---

428 RGSt 49, 21 (29).

429 Vgl. zum Bezifferungsgebot als Bestandteil der verfassungsrechtlichen Zulässigkeit der Dogmatik des Gefährdungsschadens bereits ab S. 37.

430 RG JW 1938, 503 Nr. 5 (504).

> „Dies allein reiche schon aus, um die von den Getäuschten an A geleiteten Zahlungen und die darüber hinaus übernommenen Zahlungsverpflichtungen als zu hohe oder unnütze und damit den Vermögenswert der Gegenleistung herabsetzende Ausgaben erscheinen zu lassen [...]; zum mindesten hätte A in diesen Fällen, wenn nicht die Versicherungsnehmer, so doch die von ihm vertretene Versicherungsanstalt dadurch an ihrem Vermögen geschädigt, daß er sie der Gefahr der Anfechtung der Versicherungsverträge und der Rückforderung der Zahlungen durch die Versicherungsnehmer aussetze."[431]

6. BGH NJW 1953, 836

Bereits für hinreichend belegt erachtete der BGH ein Jahr später den Eintritt eines Gefährdungsschadens, wenn der Geschädigte in eine vertragliche Beziehung mit einem böswilligen Vertragspartner getreten ist. Der Angeklagte hatte eine andere als die besprochene Ware liefern wollen. Er hoffte, dass schon vor dem Empfang der Ware gegen Aushändigung von Frachtbriefduplikaten die Ware bezahlt werden würde. Laut BGH liegt die Gefährdung des Vermögens darin, dass der Verkäufer unter planmäßiger Ausnutzung des bei dem Vertragsschluss erregten Irrtums schon vor dem Empfang der Ware an den Kaufpreis gelangen wollte, um so zu verhindern, dass der Käufer vor Bezahlung die Ware auf ihre Vertragsmäßigkeit hin überprüft. Der Erhalt des Kaufpreises stelle nur eine Schadensvertiefung des durch den Abschuss des Kaufvertrags eingetretenen Gefährdungsschadens dar.[432]

Diese Rechtsprechung überzeugt nicht, da nicht allein die Böswilligkeit des Vertragspartners zur Annahme eines Gefährdungsschadens führen kann, denn die Böswilligkeit belegt allenfalls den Vorsatz bezüglich der Täuschung und die Bereicherungsabsicht. Es müssen daher andere Anhaltspunkte hinzukommen, um einen Gefährdungsschaden feststellen zu können.

---

431 BGH MDR 1952, 408 zu § 263 (409); vgl. in diese Richtung ebenfalls schon RGSt 76, 49 (51); BGHSt 16, 220 (221).

432 BGH NJW 1953, 836 (836).

7. BGH GA 1961, 114

Im gleichen Jahr hatte der BGH über einen Sachverhalt zu entscheiden, in dem von dem Angeklagten Lebensversicherungsverträge verbunden mit Darlehensverträgen vermittelt wurden. Ein Gefährdungsschaden der Versicherungsgesellschaft durch die Provisionszahlung an den Angeklagten sei eingetreten, wenn die Vertragspartner nicht ihr Leben versichern, sondern nur das Darlehen erhalten wollten und deshalb planten den Lebensversicherungsvertrag zeitnah zu kündigen. Daher erwerbe zwar die Versicherungsgesellschaft die Ansprüche auf die Versicherungsprämien bis zum Zeitpunkt der Kündigung, allerdings waren diese weniger wert als die dafür gezahlten Provisionen an den Vermittler aufgrund der Kündigungsabsicht der Kunden.[433]

8. BGH, Urteil vom 9.10.1964 – 2 StR 300/64

1964 hatte sich der BGH mit einem Fall der ungenehmigten Untervermietung einer Wohnung zu beschäftigen. Der Angeklagte hatte ein Zimmer in der von seiner Mutter gemieteten Wohnung gegen eine Mietvorauszahlung mehrfach untervermietet, obwohl die hierzu erforderliche Zustimmung des Vermieters seiner Mutter nicht erteilt worden war. Die Untermietverhältnisse endeten schon nach kurzer Zeit ohne eine Rückzahlung der Vorauszahlung. Der BGH stellte fest, dass bei einem kurzfristig lösbaren Untermietverhältnis eine Gefährdung des Vermögens nicht schon darin gesehen werden könne, dass der Hauptvermieter die Möglichkeit habe, gegen den Untermieter gerichtlich vorzugehen, denn dieser habe ohnehin keinen Anspruch auf eine längere Dauer des Untermietverhältnisses. Der Eintritt eines Gefährdungsschadens würde vielmehr voraussetzen, dass die Untermieter infolge des zu erwartenden Vorgehens des Hauptvermieters Gefahr liefen, die Mietvorauszahlung nicht abwohnen zu können und den Differenzbetrag von dem Angeklagten nicht zurückzuerhalten.[434]

---

433 BGH GA 1961, 114 (114).

434 BGH, Urteil vom 9.10.1964 – 2 StR 300/64 Rn. 26 f.; in diese Richtung auch BGH, Urteil vom 21.1.1969 – 5 StR 688/68 Rn. 7 ff. In BGH, Urteil vom 9.10.1964 – 2 StR 300/64 aber hinsichtlich eines anderen Geschehens prüfte der BGH ferner unter Berücksichtigung eines gutgläubigen Erwerbs einen Gefährdungsschaden, dazu in einer anderen Fallgruppe ab S. 212.

9. BGHSt 21, 384

Ergänzend führte der BGH im Jahr 1967 aus, dass ein Gefährdungsschaden für Kunden eintrete, wenn ein Provisionsvertreter sie durch Täuschung zur Bestellung veranlasst. Zwar seien diese Verträge anfechtbar, jedoch müsse eine mögliche Anfechtung des Vertrags bei einem Eingehungsbetrug außer Betracht bleiben, da es andernfalls diese Art des Betruges nicht geben könne.[435]

In Anbetracht des im Strafrecht herrschenden Simultanitätsprinzips ist dies sachgerecht. Nach diesem Prinzip dürfen zivilrechtliche Rückwirkungsfiktionen keine Auswirkungen auf die strafrechtliche Tatbestandsverwirklichung haben, da die Strafbarkeit zum Tatzeitpunkt feststehen muss.[436]

10. BGHSt 23, 300

Dem pflichtete der BGH im Jahr 1970 bei, als er entschied, dass sich der Getäuschte zwar möglicherweise vom Vertrag lösen könne, die Voraussetzungen hierfür aber selbst beweisen müsse und Gefahr liefe, dies nicht zu können. In dem konkret zu entscheidenden Sachverhalt war die Besonderheit, dass der Auftrag über das bestellte Produkt auf Wunsch der Kunden problemlos storniert wurde und der Inhaber der Lieferfirma den Vertrag als nicht zustande gekommen behandelte. Laut BGH unterscheidet sich dieser Sachverhalt wesentlich vom Normalfall. Die Besteller gingen grundsätzlich kein Risiko mit dem Vertragsschluss ein. Dennoch sei nach einer wirtschaftlichen Betrachtungsweise ein Gefährdungsschaden eingetreten:

> „Es ist zunächst im Zeitpunkt des Vertragsabschlusses, auf den es allein ankommt, ungewiß, ob der getäuschte Besteller nach der Lieferung des Gegenstandes, ehe er seine Gegenleistung ganz oder teilweise erbringt, die den Vertragsabreden entgegenstehende Unbrauchbarkeit für seine Zwecke erkennt. Ebenso ungewiß ist es, ob der Besteller, der ja die Bereitschaft des Firmeninhabers zur Stornierung auf bloße Beanstandung hin nicht kennt, nach dem Erkennen der Unbrauchbarkeit des gelieferten Gegenstandes aus irgendwelchen Gründen von

435 BGHSt 21, 384 Rn. 10 f.

436 Statt vieler *Hecker*, in: Schönke/Schröder (Hrsg.), StGB, 30. Auflage 2019, § 303 Rn. 6.

der Erhebung einer Beanstandung absehen und also zur Zahlung des Kaufpreises genötigt sein wird. Das hängt von vielen Umständen ab, über die sich niemals im voraus etwas Bestimmtes sagen läßt; von Bedeutung können insoweit sein die Geschäftsgewandtheit oder die Unerfahrenheit des Bestellers, der Grad seines Ärgers über die Übertölpelung, seine Neigung zur Bequemlichkeit oder sein Wille, sich keine unlauteren Methoden gefallen zu lassen, die Bedeutung des Kaufpreises für seine Vermögensverhältnisse usw. Für den Vertreter, dessen Täuschungshandlungen auf den Abschluß des Vertrages und auf seine Erfüllung angelegt waren, stellt das alles einen Zufall dar; er hat in jedem Falle den Besteller der naheliegenden Gefahr ausgesetzt, daß er den Vertrag erfüllen und also einen Vermögensschaden (Zahlung des Kaufpreises für eine für ihn nutzlose, unbrauchbare Sache) erleiden wird. Diese Gefahr – die Vermögensgefährdung – muß nach lebensnahen, wirtschaftlichen Gesichtspunkten bereits einer Schädigung des Vermögens gleichgesetzt werden."[437]

Mithin darf es nicht von dem Zufall abhängen, ob es tatsächlich zu einer Auflösung des Vertrags kommt. Diese Ansicht berücksichtigt überzeugenderweise den Sachverhalt umfassender als die frühere pauschale Gleichsetzung von Schadensentfall und Stornierungsbereitschaft, denn es hängt von dem Zufall ab, ob die Kunden überhaupt von dem Stornierungsverhalten des Lieferanten erfahren.[438]

11. BGH GA 1977, 342

1977 hatte der BGH über den Fall eines Testamentsvollstreckers zu entscheiden, der mit dem von ihm verwalteten Nachlassvermögen risikoreiche Spekulationsgeschäfte durchführte. Laut BGH liegt ein Gefährdungsschaden in der starken Gefährdung des Vermögens durch die getätigten Spekulationsgeschäfte. Bei Risikogeschäften sei ein Vermögensnachteil anzunehmen, wenn der Täter nach Art eines Spielers bewusst und entgegen den Regeln kaufmännischer Sorgfalt eine auf das äußerste gesteigerte Verlustgefahr auf sich nimmt, nur um eine höchst zweifelhafte Ge-

---

437 BGHSt 23, 300 Rn. 13; vgl. ebenfalls BGHSt 16, 321 Rn. 12 ff., 18. Im Folgenden prüfte der BGH bei BGHSt 16, 321 noch einen Gefährdungsschaden aufgrund der Bedrohung der Existenzgrundlage, dazu in einer anderen Fallgruppe ab S. 250.

438 Ebenso *Graba*, NJW 1970, 2221 (2221); vgl. auch BGH GA 1962, 213 (213 f.).

winnaussicht zu erlangen.[439] Da hier die von dem Angeklagten getätigten Wertpapiertermingeschäfte einen besonders hohen spekulativen Charakter hatten, liege mit Abschluss der einzelnen Spekulationsgeschäfte ein Gefährdungsschaden vor. Es komme nicht darauf an, ob dabei ein Gewinn oder Verlust erzielt wurde. Dies könne sich nur auf einen endgültigen Schaden oder auf eine nachträgliche Schadenswiedergutmachung auswirken.[440]

12. BGHSt 30, 388

In einem strukturanalogen Sachverhalt führte der BGH im Jahr 1982 aus, dass die Gegenleistung in den eingeräumten Kauf- und Verkaufsoptionen liege. In dem konkret zu entscheidenden Fall wurde dafür ein marktunüblich hoher Aufschlag für die Vermittlung von Investmentoptionen verlangt:

> „Daß diese völlig wertlos waren, nimmt das Landgericht nicht an, ist nach den festgestellten Umständen auch fern liegend. Der Schaden, der den Optionskäufern entstanden ist, kann daher nur in dem Unterschied zwischen dem vereinbarten Optionspreis und dem wirklichen Wert der Option (Marktwert) gesehen werden. [...] Der Wert der dem jeweiligen Käufer eingeräumten Option wird sich deshalb nur mit Hilfe eines Sachverständigen ermitteln lassen."[441]

Scheu führt hierzu überzeugend aus, dass mit zunehmender Aufschlagshöhe die Substanz der Option und damit auch die Gewinnchance schwinde. Auch stünden zu dem maßgeblichen Zeitpunkt der erwirtschaftete Gewinn oder Verlust noch gar nicht fest.[442] Die erworbenen Optionen haben daher eine maßgebliche Eigenschaftsänderung erfahren und stellen keine gleichwertige Gegenleistung dar.

---

439 Vgl. dazu schon RGSt 66, 255 (262); BGH NJW 1975, 1234 (1236); *Schreiber/Beulke*, JuS 1977, 656 (638).

440 BGH GA 1977, 342 (343). Eingehend zu der Gesamtsaldierung bei Wertpapiergeschäften *Wackernagel*, Investmentuntreue, 2019, S. 466 ff. Zu den Grundlagen des Derivatemarktes *Kruse*, Aktien-, Zins- und Währungsderivate, 2014, S. 66 ff.

441 BGHSt 30, 388 (390); vgl. in diese Richtung ebenso BGHSt 30, 177 Rn. 9; BGH wistra 1991, 307 (308); soweit zustimmend *Sonnen*, NStZ 1983, 72 (73 f.).

442 *Scheu*, JR 1982, 121 (122); *ders.*, MDR 1981, 467 (468).

13. BGH wistra 1982, 148

Diese Rechtsauffassung vertrat der BGH auch im Jahr 1982 in einer Entscheidung, in der der Angeklagte einen – in Anbetracht der wirtschaftlichen Situation des Unternehmens – ungünstigen Bezugsvertrag abgeschlossen hatte. Das Unternehmen verpflichtete sich in dem Vertrag zu der sofortigen Hinterlegung einer Kaution als Abnahmegarantie. Die Kaution sollte verfallen, wenn das Unternehmen seiner Verpflichtung nicht nachkommen konnte, dem Vertragspartner eine hohe Menge an Benzin abzunehmen. Laut BGH ist im Zweifel für die Feststellung eines Gefährdungsschadens entscheidend, ob bei wirtschaftlicher, vernünftiger, alle bekannten äußeren Umständen berücksichtigender Gesamtbetrachtung die Gefahr eines Verlustgeschäfts wahrscheinlicher ist als die Aussicht auf einen Gewinn. Für die Frage, wie der Abschluss des Vertrags und die teilweise Erfüllung der Abnahmegarantie zu bewerten ist, sei es von untergeordneter Bedeutung, dass ein solcher Abschluss sinnvoll sein könne und auch andere Händler damals gleiche Verträge eingingen. Letztlich ergebe sich das gesteigerte Verlustrisiko nicht aus der Kautionsabrede an sich, sondern aus der schlechten finanziellen Lage des Unternehmens. Setze der Angeklagte die Kaution bewusst zu dem Zweck auf das Spiel, der Gesellschaft die erforderliche Ware zur Fortführung des Verlustgeschäfts zu sichern, so könne darin bei wirtschaftlicher Betrachtung der Eintritt eines Gefährdungsschadens gesehen werden. Denn dann wären dem Unternehmen aus dem Abschluss des Bezugsvertrags und durch die Zahlung der Kaution keine Gewinnchancen erwachsen.[443]

14. BGHSt 34, 199

In dem gleichen Jahr beschäftigte sich der BGH mit einem Sachverhalt, in dem der Angeklagte wirkungslose Pillen als Nachnahmesendung verkaufte und dabei ein Rücktrittsrecht innerhalb von 14 Tagen einräumte. Die Kunden wurden nach ihrer Geschäftsunerfahrenheit ausgesucht. Aufgrund seiner Erfahrung ging der Angeklagte davon aus, dass der Reklamationsanteil höchstens 10 % aller Bestellungen betragen wird. Laut BGH ist der Eintritt eines Gefährdungsschadens grundsätzlich ausgeschlossen, wenn der Getäuschte von einem ungünstigen Vertrag durch eine einfache einseitige Erklärung zurücktreten kann. Dies gelte auch, wenn sich der

443 BGH wistra 1982, 148 (150).

Geschädigte anderweitig gegen den Schadenseintritt abgesichert hat. Dennoch liege hier ein Gefährdungsschaden vor, da die Vermögensminderung durch den Vertragsschluss nicht durch das Rücktrittsrecht ausreichend kompensiert sei. Denn aufgrund der Geschäftsunerfahrenheit war nicht davon auszugehen, dass die Geschädigten ihr Rücktrittsrecht nutzen würden. Dies gelte insbesondere in Anbetracht der Unsicherheit, ob und wie ein Rücktrittsrecht ausgeübt werden könne, wenn die Pillen vollständig verbraucht sind. Damit werde ähnlich einer Anfechtung dem Getäuschten das Risiko auferlegt, sich von dem Vertrag lösen zu können. Ferner habe der Angeklagte sein Geschäft gerade darauf aufgebaut, dass die Kunden den Aufwand einer Rechtsverfolgung als unverhältnismäßig einordnen und daher davon absehen würden.[444]

Konsequenter verfolgte der BGH seine Leitlinie aus dem Jahr 1970, nach der die Lebenswirklichkeit bei der Prüfung eines Ausschlussgrunds für das Vorliegen eines Gefährdungsschadens berücksichtigt werden muss. Danach kann ein vertragliches Rücktrittsrecht ein bestimmtes Verhalten nicht gleich entkriminalisieren, nur weil der „arglistig Täuschende das Anfechtungsrecht des Getäuschten raffiniert mit einem Rückgaberecht überwölbt."[445] Ferner bedeutet die Erfüllung des Rückgabeanspruchs grundsätzlich nur eine spätere Schadenswiedergutmachung. Ausnahmsweise führt eine vertragliche, konkrete Rücktrittsmöglichkeit zu dem Ausschluss eines Gefährdungsschadens, wenn die Rücktrittsmöglichkeit offensichtlich, einfach ausgestaltet und somit unproblematisch zu nutzen ist. Dies war vorliegend nicht gegeben, denn die Kunden haben bereits bei Vertragsschluss ihre Gegenleistung erbracht.[446] Es handelt sich um eine – strafmildernd zu berücksichtigende – Schadenswiedergutmachung.

15. BGH NStZ 1996, 191

1995 hatte der BGH über den Fall eines Angeklagten zu entscheiden, der Geldanlagen vermittelt hatte, die Gelder allerdings nicht in die angegebenen Geschäfte investierte. Der Angeklagte versprach sichere Mindest-

---

444 BGHSt 34, 199 (202 ff.). Dazu auch schon ausführlich bei der Figur des nicht (jederzeit) ausgleichsfähigen oder -bereiten Täters, ab S. 91. Ausführlich zum Schaden bezogen auf § 4 UWG in diesem Fall: *Eckert*, EWiR 1987, 401 (402).

445 *Bottke*, JR 1987, 428 (430).

446 Ebenso *Bottke*, JR 1987, 428 (430); *Hassemer*, JuS 1987, 499 (500); *Sonnen*, JA 1987, 212 (213 f.); *Müller-Christmann*, JuS 1988, 108 (113).

gewinne zwischen 17,5 und 50 % bei einer Anlagedauer von sechs bis sieben Monaten. Laut BGH muss für die Feststellung eines Gefährdungsschadens die Höhe des Vermögens vor und nach dem Vertragsschluss verglichen werden, wobei auch Zins- und Gewinnerwartung zu berücksichtigen seien, wenn diese im Rahmen ordentlicher Geschäfte liegen. Allerdings hätten Zins- und Gewinnerwartungen in einer Höhe von 17,5 – 50 % regelmäßig keinen selbstständigen Vermögenswert, da sie auf hochspekulative, riskante und damit gefahrträchtige Geschäfte hindeuten und somit nicht in die Berechnung des Gefährdungsschadens miteinbezogen werden dürfen.[447]

16. BGH wistra 2000, 384

Dem pflichtete der BGH im Jahr 2000 bei, als er über einen Sachverhalt entschied, in dem der angeklagte Konkursverwalter und sein Bekannter durch eine extra gegründete GbR die Aufträge deutscher Großkunden von der Gemeinschuldnerin abkauften. Für den BGH kam es für den Eintritt eines Gefährdungsschadens darauf an, ob der marktübliche Wert der versprochenen Gegenleistung der Gemeinschuldnerin zum Zeitpunkt des Vertragsschlusses höher gewesen sei als der vereinbarte Kaufpreis. Die Vermögensgefährdung könne darin bestanden haben, dass die Gemeinschuldnerin allein das Verlustrisiko trug, wohingegen die GbR nur die Gewinnchance – und damit kein unternehmerisches Risiko – hatte. Vorliegend war kein derartiger Vertrag geschlossen, weshalb kein Gefährdungsschaden festgestellt werden konnte.[448]

17. BGHSt 51, 10

2006 hatte der BGH über einen Sachverhalt zu entscheiden, in dem der Angeklagte in den Emissionsprospekten von Fondsanlagen erhebliche Gewinne in Aussicht stellte, die aus der Vermietung und Wertsteigerung noch zu erwerbender Immobilien sowie aus Aktienanlagen erwirtschaftet werden sollten. Die anfallenden Kosten wurden als „besonders günstig“ bezeichnet und detailliert ausgewiesen. Tatsächlich beabsichtigte der Angeklagte nicht, die den Anlegern versprochenen Gewinne zu erzielen.

447 BGH NStZ 1996, 191 (191); ebenso BGH NJW 1992, 1709 (1712).
448 BGH wistra 2000, 384 (386).

Vielmehr plante er, zugunsten der Fondsinitiatoren dem Fondsvermögen durch Zahlung verdeckter Provisionen oder andere Manipulationen Gelder zu entziehen. In den Emissionsprospekten wurde derartiges nicht aufgenommen. Der BGH stellte fest, dass nur durch die Täuschung der Anleger über die wahren Absichten des Angeklagten kein Vermögensschaden in Höhe der gesamten Anlagesumme oder sämtlicher erbrachter Zahlungen angenommen werden könne. Allerdings könne in der gesamten Leistung der Geschädigten ein Gefährdungsschaden liegen, wenn die Gegenleistung nicht zu dem vertraglich vorausgesetzten Zweck oder in anderer zumutbarerer Weise verwendet wird:

> „In Fällen der betrügerischen Vermittlung von Warenterminoptionsgeschäften hat der Bundesgerichtshof dies angenommen, wenn der Anleger über Eigenart und Risiko des Geschäftes derart getäuscht worden ist, dass er etwas völlig anderes erwirbt, als er erwerben wollte (‚aliud'), die empfangene Gegenleistung für ihn mithin in vollem Umfang unbrauchbar ist [...]. Ein in dem Erlangten verkörperter Gegenwert bleibt hier regelmäßig außer Ansatz; er ist nur dann schadensmindernd zu berücksichtigen, wenn das Tatopfer imstande ist, ihn ohne finanziellen und zeitlichen Aufwand, namentlich ohne Mitwirkung des Angeklagten zu realisieren [...]."[449]

Der relevante Schaden sei nach der Höhe der eingegangenen Verpflichtung der Anleger und den schon erfolgten Zahlungen zu bemessen. Denn weiche das tatsächliche Konzept der Fondsmodelle von dem in den Anlageprospekten dargestellten und dem von den Anlegern verfolgten Zweck derart ab, dass die Anleger hieraus keinen Nutzen ziehen können, berge dies zu dem Zeitpunkt des Vertragsschlusses die konkrete Gefahr eines endgültigen Vermögensverlustes.[450] Aufgrund der nutzlosen und untauglichen Geldanlagen lag damit ein Gefährdungsschaden vor.

18. BGH NStZ 2008, 96 und 2014, 318

Vergleichbar bewertete das Gericht im Jahr 2007 den Fall eines Angeklagten, der eine Kapitalanlage mit einer „überwiegenden Gewinnwahrschein-

---

449 BGHSt 51, 10 Rn. 19.

450 BGHSt 51, 10 Rn. 20 f.; vorinstanzlich ebenso LG Würzburg, Urteil vom 21.3.2005 – 6 KLs 711 Js 21114/04 (unveröffentlicht); vgl. auch BGH wistra 2007, 306 (306 f.); kritisch *Mandelkow*, IBR 2006, 475 (475).

lichkeit" anpries, da diese mit der „herausragenden Kompetenz" des Angeklagten durchgeführt werden sollte. In Wahrheit verloren erfahrungsgemäß 80 % der Anleger ihr Kapital ganz oder teilweise. Laut BGH ist der Anspruch der Kunden wertlos, da die Leistung, die der Angeklagte tatsächlich erbringen könne, aus Sicht eines objektiven Beurteilers wertlos sei. Zu dem maßgeblichen Zeitpunkt des Vertragsschlusses sei das Vermögen der Kunden durch die Forderungen des Angeklagten auf Zahlung von Entgelt belastet. Dem stand kein gleichwertiger Anspruch der Kunden gegenüber, denn der Angeklagte sei von vornherein nicht in der Lage gewesen die geschuldete vertragliche Leistung zu erbringen. Für die Kunden sei die „herausragende Kompetenz" des Angeklagten und die daraus folgende „überwiegende Gewinnwahrscheinlichkeit" für den Vertragsschluss relevant gewesen.[451]

2014 ergänzte der BGH in einem strukturanalogen Sachverhalt, dass ein Gefährdungsschaden eingetreten sein könne, wenn der Angeklagte künftig nicht in der Lage sein wird, die eingegangenen Zahlungsverpflichtungen der Anleger zu erfüllen. Jedoch führe diese Ungewissheit zu dem Zeichnungszeitpunkt allein nicht zu einer hinreichenden fehlenden Werthaltigkeit der Rückzahlungsansprüche. Vielmehr müsse das bei Vertragsschluss bestehende Verlustrisiko anhand des Unternehmensvermögens und der

451 BGH NStZ 2008, 96 (98); so auch vorinstanzlich LG Mönchengladbach, Urteil vom 12.12.2005 – 12 KLs 11/01 (8) – 9 Js 224/99 (unveröffentlicht); zustimmend *Frisch*, EWiR 2008, 511 (512). Anders sah dies im Jahr 2019 der 1. Strafsenat des BGH, welcher bei einer ähnlichen unsicheren Kapitalanlage (Schneeballsystem) einen endgültigen Schaden in der Gesamthöhe der jeweiligen Anlagesumme annahm. Hauptsächlich stellte sich der 1. Strafsenat des BGH hier jedoch gegen die Zulässigkeit eines Gefährdungsschadens an sich und nahm deshalb einen endgültigen Schaden an, um keine Strafbarkeitslücken entstehen zu lassen. Dabei wurde der Gefährdungsschaden als „Scheinproblematik" bezeichnet, BGHSt 53, 199 (202 ff.). Unter Verweis auf BGHSt 53, 199 verneinte auch der 4. Strafsenat des BGH den Eintritt eines Gefährdungsschadens in einem vergleichbaren Fall und nahm einen endgültigen Schaden aufgrund eines von vornherein fehlenden wirtschaftlichen Wertes an, BGH NStZ 2016, 280 (283). Gegen die Ablehnung eines Gefährdungsschadens in BGHSt 53, 199: *Brüning*, ZJS 2009, 300 (303); *Kilian*, HRRS 2009, 285 (289); *Becker*, HRRS 2009, 334 (340); *Küper*, JZ 2009, 800 (803); auch eher kritisch *Jahn*, JuS 2009, 756 (757); *Rübenstahl*, NJW 2009, 2392 (2392 f.); dem 1. Strafsenat hier folgend *Schlösser*, NStZ 2009, 663 (665); *K. Schröder*, FD-StrafR 2009, 278858; *Bosch*, JA 2009, 548 (549); *Frisch*, EWiR 2009, 555 (556); *Ransiek/Reichling*, ZIS 2009, 315 (316). Ausführlich zu den strafprozessualen Folgen von BGHSt 53, 199: *Schlösser*, StV 2010, 157 (157 ff.).

zu prognostizierenden Unternehmensentwicklung aufgrund der Pläne des Angeklagten wirtschaftlich bestimmt und konkret beziffert werden.[452]

Der BGH stellte überzeugend klar, dass nicht pauschal ein Gefährdungsschaden angenommen werden kann, nur weil die Gelder der Anleger in risikobehaftete Anlagen investiert wurden. Ansonsten werden rein normative Erwägungen der gebotenen wirtschaftlichen Betrachtung vorgezogen. Vielmehr bewertete das Gericht den Eintritt eines Gefährdungsschadens aus der Sicht eines Kunden als fiktiver *homo oeconomicus*, was in Anbetracht der wirtschaftlichen Bewertung des Schadens überzeugt. Auf diesem Wege werden keine Vorlieben oder Vorurteile der Kunden berücksichtigt, sondern nur der reine Kapitalwert.[453]

19. BGHSt 60, 1

Vergleichbar bewertete der BGH im Jahr 2014 den Fall eines Angeklagten, der finanziell verschuldete Kunden durch ein System von Überrumpelungen über die Rentabilität von Wohnungen täuschte und die Kunden dadurch notariell beurkunde Kaufangebote abgaben. Laut BGH ist mit der Abgabe notarieller Kaufangebote ein Gefährdungsschaden der Kunden entstanden. Die Gesamtsaldierung ergebe, dass der Geldwert des erworbenen Anspruchs gegen den Vertragspartner und der eingegangenen Verpflichtung der Kunden nicht ausgeglichen seien. Da die Angeklagten nicht über ihre Leistungswilligkeit täuschten, sondern über andere wirtschaftlich bedeutsame Tatsachen, die für die Kaufentscheidung der Erwerber wesentlich waren, sei hier für die Schadensfeststellung nicht die Werthaltigkeit des Zahlungsanspruchs, sondern der Vergleich der Werte von Leistung und Gegenleistung maßgeblich.[454] Damit grenzte der BGH überzeu-

---

452 BGH NStZ 2014, 318 (320); zustimmend *Piel*, NStZ 2014, 399 (399 f.); *Schmidt*, NZWiSt 2014, 274 (275). Anmerkungen dazu, die fürs Hiesige nicht relevant sind: *Teixeira*, ZIS 2016, 307; *Schmidt*, NJW 2015, 284.

453 Vgl. dazu *Rose*, wistra 2009, 289 (294); vgl. auch *Valerius*, Vermögensschaden bei Risikogeschäften, in: Steinberg/Valerius/Popp (Hrsg.), Das Wirtschaftsstrafrecht des StGB, 2011, S. 59 f.

454 BGHSt 60, 1 (12); so auch vorgehend LG Passau, Urteil vom 13.12.2012 – KLs 307 Js 13680/08, BeckRS 2012, 213432; zustimmend *Dannecker*, NZWiSt 2015, 173 (175 ff.); *Mettler*, IMR 2015, 250 (250); *Albrecht*, JZ 2015, 841 (842). Ebenso in vergleichbaren Fällen: BGH NStZ-RR 2015, 341 (341); NJW 2016, 3543 (3544). Anmerkungen zu NStZ-RR 2015, 341, die fürs Hiesige nicht relevant sind: *Köllner/Cyrus*, NZI 2016, 17; *Floeth*, EWiR 2016, 103; *Bittmann*, ZWH 2015, 373.

gend die Konstellation der wirtschaftlich geringerwertigen oder nutzlosen Gegenleistung von der Figur des nicht (jederzeit) ausgleichsfähigen oder -bereiten Täters ab.[455]

20. BGHSt 61, 48 – sog. *Nürburgring-Beschluss*

In einem weiteren Teil des sog. *Nürburgring-Beschlusses*[456] hatte der 3. Strafsenat des BGH über eine Strafbarkeit nach § 266 I StGB zum Nachteil der Nürburgring GmbH zu entscheiden: Die Angeklagten sollten der Nürburgring GmbH Investoren vermitteln, wofür sie im Erfolgsfall eine Provision erhalten sollten. Nachdem der Nürburgring GmbH ein Investor präsentiert wurde, welcher der GmbH einen – zunächst unerkannt – ungedeckten Scheck übergab, verpflichtete sich die GmbH auf Drängen der Angeklagten hin, innerhalb von 48 Stunden nach Scheckübergabe die Provision zu zahlen. Der BGH stellte fest, dass durch den bloßen Abschluss der Provisionsvereinbarung (noch) kein einklagbarer Anspruch begründet wurde. Somit sei kein Gefährdungsschaden eingetreten, da durch die Zahlungsvereinbarung nur das Risiko gestiegen sei, eine Gegenleistung für eine nicht erbrachte Vermittlungsleistungen zu erbringen.[457] Allerdings könne durch die Abrede, dass innerhalb von 48 Stunden die Provision gezahlt werden muss, ein Gefährdungsschaden entstanden sein, weil dieser Zeitraum zu knapp bemessen war, um die Deckung des Schecks zu überprüfen. Dafür müsse die Höhe des Schadens durch die Abrede konkret darlegt werden und es sei zu beachten, dass der Überweisungsauftrag bis zur endgültigen Gutschrift gekündigt werden konnte (vgl. § 676a IV BGB a.F.). Da in dem konkreten Fall kurz nach dem Überweisungsauftrag Zweifel an der Deckung des Schecks aufkamen, könne diese Kündigungsmöglichkeit den Eintritt eines Gefährdungsschadens ausschließen. Jedoch müsse auch die Aussicht auf eine spätere Verpflichtung zur Rückzahlung des Geldes in einem Urkundsprozess berücksichtigt werden.[458]

---

455 Sowie ging ausführlich auf die Abgrenzung zum Unterschied bei BGHSt 58, 205 ein. Diese Unterscheidung ablehnend *Schlösser*, StV 2016, 25 (27).

456 Im zweiten Teil des Verfahrens ging es um die Strafbarkeit nach § 266 StGB zum Nachteil des Bundeslandes. Dazu mehr in der Konstellation der nicht ausreichenden Sicherheit, ab S. 119.

457 So auch *Rönnau/Becker*, JR 2017, 204 (211).

458 BGH NZG 2016, 703 (710), soweit in BGHSt 61, 48 nicht abgedruckt; dem beipflichtend *Saliger/Schweiger*, NJW 2016, 2600 (2601); *Brammsen*, EWiR 2016, 551 (552); *Bosbach*, WuB 2016, 662 (662 f.); *Hotz*, ZWH 2016, 355 (357); *Brand*,

Der Auffassung des BGH, dass die Kündigungsmöglichkeit eines Überweisungsauftrags einen Gefährdungsschaden ausschließen kann, ist grundsätzlich zuzustimmen, da sich durch den Überweisungsauftrag weder die Liquidität noch die vermögensbezogene Verfügungsmacht verändert hat. Denn der Geschädigte kann den Überweisungsauftrag einseitig problemlos zurückziehen. Überzeugend stellen *Rönnau* und *Becker* fest, dass ein solches Kündigungsrecht für den Ausschluss eines Gefährdungsschadens werthaltig sein muss, d. h. inwieweit mit der erfolgreichen Durchsetzung konkret zu rechnen ist.[459] War die Kündigungsmöglichkeit noch nicht hinreichend konkret, handelte es sich allenfalls um ein schwebendes Geschäft. Dann würde nur eine abstrakte Gefährdung durch eine Lockerung der Herrschaftssphäre vorliegen, was für die Annahme eines Gefährdungsschadens nicht ausreicht.[460]

21. BGH NStZ 2017, 708 und BGHSt 62, 144

2017 fasste der BGH zusammen, dass es bei Risikogeschäften zur Feststellung eines Gefährdungsschadens auf die täuschungs- und irrtumsbedingte Verlustgefahr ankomme, die über die vertraglich zugrunde gelegte hinausgehe. Bei dem Abschluss eines Anlagegeschäfts liege ein Gefährdungsschaden daher nur vor, wenn die vom Getäuschten eingegangene Verpflichtung wertmäßig die aus der Geldanlage resultierenden Ansprüche einschließlich der zur Zeit des Vertragsschlusses gegebenen Gewinnmöglichkeit übersteigt.[461] In einer darauf folgenden Entscheidung führte der BGH aus, dass dafür die wirtschaftliche Werthaltigkeit eines Wertpapiers

---

NZG 2016, 690 (691). Dagegen sah es das LG Koblenz als unvertretbar und auch nicht mehr durch den unternehmerischen Gestaltungsspielraum gedeckt, dass vereinbart wurde, dass die GmbH zu einer Zahlung der Provision verpflichtet wurde. Dies gelte insbesondere vor dem Hintergrund einer Vielzahl von gescheiterten Finanzierungsversuchen. Die Vermögensgefährdung sei mit der Erteilung des Überweisungsauftrags nur noch vertieft worden und habe mit der Rücknahme des Überweisungsauftrags geendet, LG Koblenz, Urteil vom 16.4.2014 – 4 KLs 4/12 (unveröffentlicht).

459 *Rönnau/Becker*, JR 2017, 204 (211).

460 In diese Richtung auch *Brammsen*, EWiR 2016, 551 (552).

461 BGH NStZ 2017, 708 (709 f.); in diese Richtung auch BGH wistra 2021, 67 (68).

auf Grundlage der Höhe des konkreten Ausfallrisikos sowie des Wahrscheinlichkeitsgrads einer Gewinnerzielung ermittelt werden müsse.[462]

22. BGH NZG 2019, 195

2018 hatte der BGH über einen vergleichbaren Sachverhalt zu entscheiden, in dem mehrfach hoch spekulative Finanzderivatgeschäfte (sog. CMS Ladder Swaps[463]) für eine Gemeinde von dem Angeklagten abgeschlossen wurden. Vergleichsangebote wurden nicht eingeholt. Laut BGH liegt nach bilanzieller Betrachtungsweise in dem Abschluss derartiger Verträge ein Nachteil in der Höhe der zu bildenden Drohverlustrückstellungen (§ 249 I 1 Var. 2 HGB)[464], der nach dem Marktwert der Derivate zu bestimmen sei. Einerseits könne ein Gefährdungsschaden der Stadt entstanden sein, wenn das von ihr für den Vertragsschluss erbrachte Entgelt (d. h. die Gewinnmarge der Bank) in der im Vertragsschluss liegenden Gegenleistung des Finanzinstituts kein gleichwertiges Äquivalent gefunden hat. Dafür müsse geprüft werden, ob die dem Finanzinstitut jeweils eingeräumte Gewinnmarge dem marktüblichen Entgelt für den Abschluss des jeweiligen Derivatvertrags entspreche. Andererseits könne ein Gefährdungsschaden auch eingetreten sein, wenn der Wert des jeweils abgeschlossenen Finanzderivats hinter dem Wert der dadurch abgelösten Zinspflicht geblieben ist. Es müsse der Wert der Finanzderivate zu dem Zeitpunkt der einzelnen Vertragsabschlüsse mithilfe konkreter Feststellungen zu dem Verlustrisiko und zu dem Wahrscheinlichkeitsgrad einer Gewinnerzielung unter Berücksichtigung der Vertragskosten ermittelt und das Ergebnis zu dem Wert des jeweils abgelösten Finanzgeschäfts ins Verhältnis gesetzt werden. Zur Feststellung eines Gefährdungsschadens kann nicht schlicht darauf abgestellt werden, dass der Vertragsschluss dem kommunalrechtlichen

---

462 BGHSt 62, 144 Rn. 81 ff.; dazu auch *Wackernagel*, Investmentuntreue, 2019, S. 465 ff. Anmerkungen dazu, die fürs Hiesige nicht relevant sind: *Brand*, NZG 2018, 293; *Eisele*, NJW 2018, 180; *Lange*, ZWH 2018, 182.

463 Instruktiver Überblick über den Aufbau und Wirkweise dieses Swaps bei: *Roller/Elster/Knappe*, ZBB 2007, 345 (347 ff.); *Strauß*, ZWH 2019, 54 (54).

464 Die Passivierungspflicht folgt aus dem Imparitätsprinzip, wonach nicht realisierte Verluste schon dann zu berücksichtigen sind, wenn ihr Eintritt droht; letzter also nicht bloß möglich, sondern einigermaßen wahrscheinlich ist (dazu *Merkt*, in: Baumbach/Hopt [Hrsg.], 40. Auflage 2021, HGB, § 249 Rn. 19, 21). Vgl. dazu auch LG Augsburg, Urteil vom 14.05.2012 – 10 KLs 504 Js 107196/09, BeckRS 2013, 11546 Rn. 43 ff., soweit in DVP 2013, 177 nicht abgedruckt.

Spekulationsverbot und somit dem Grundsatz der Wirtschaftlichkeit und Sparsamkeit[465] zuwidergelaufen sei. Für die konkrete finanzmathematische Berechnung bzw. die Anwendung betriebswirtschaftlicher Bewertungskriterien könne sich das Tatgericht der Hilfe von Sachverständigen bedienen.[466]

Damit unterstrich der BGH das von dem BVerfG aufgestellte Verschleifungsverbot.[467] Es darf nicht nur aufgrund eines haushaltsrechtlichen Verstoßes, also der Pflichtwidrigkeit, auf einen Vermögensschaden geschlossen werden. Dennoch bedeutet dies keinesfalls, dass eine Tatsache nicht für mehrere Tatbestandsmerkmale relevant sein kann. Überzeugend bleibt der BGH seiner Leitlinie treu, nach der es für den Eintritt eines Gefährdungsschadens auf eine geringerwertige oder nutzlose Gegenleistung ankommt.[468]

Bezogen auf den Vergleich des BGH zur Gewinnmarge ist anzumerken, dass zur Berücksichtigung aller wirtschaftlich bedeutsamen Aspekte auf die sich ergebenden Chancen und Risiken aller Beteiligten abgestellt werden muss. Diesen Aspekt erwähnt der BGH (leider) nur in der zweiten Möglichkeit zur abgelösten Zinspflicht.[469] Vorsicht ist bei dem Vergleich zu den Drohverlustrückstellungen geboten, damit nicht das Erfordernis der hinreichenden Konkretheit des Gefährdungsschadens unterlaufen wird.[470]

23. Zwischenfazit

Die historisch-chronologische Analyse belegte, dass das dogmatische Phänomen am besten durch die Konstellation der wirtschaftlich geringerwertigen oder nutzlosen Gegenleistung erfasst werden kann. Diese bildet die Rechtsprechungslinie am besten ab. Denn schon das RG stellte den

465 Eingehend zur Pflichtwidrigkeit beim kommunalrechtlichen Spekulationsverbot: BGHSt 62, 144 Rn. 53 ff.

466 BGH NZG 2019, 195 (197 f.). Gegen die (grundsätzliche) Annahme eines Gefährdungsschadens und für einen endgültigen Schaden plädierend: *Brand*, NJW 2019, 381 (382); ebenfalls kritisch *Brammsen*, EWiR 2019, 401 (402).

467 Ebenso *Strauß*, ZWH 2019, 54 (56); *F. Schneider*, NZWiSt 2019, 234 (235). Siehe zu den verfassungsrechtlichen Anforderungen bereits ab S. 37.

468 So auch *Schweiger*, WuB 2019, 159 (160).

469 In diese Richtung auch *Bittmann*, NStZ 2000, 263 (265); *Strauß*, ZWH 2019, 54 (55).

470 Vgl. *Baur*, JR 2019, 534 (535). Zu den Auswirkungen des Bilanzrechts auf das strafrechtliche Schadensrecht bereits ausführlich ab S. 41.

Eintritt eines Gefährdungsschadens fest, wenn die Gegenleistung wegen völliger Unsicherheit des Erfolgs überhaupt einen Wert habe. Die bloße Verschiedenheit einer Leistung begründe jedoch keinen Vermögensschaden, wenn die Leistung für den Empfänger keinen geringeren Vermögenswert hat als der von ihm gewollte. Das RG wollte einen Gefährdungsschaden noch nicht beziffern, was heute freilich in Anbetracht von Art. 103 II GG nicht überzeugt, da regelmäßig kein eindeutiger und einfach gelagerter Schaden in dieser Fallgruppe vorliegt. Der BGH bestätigte die Auffassung des RG dahingehend, dass unnütze Ausgaben keinen oder nur einen herabgesetzten Vermögensgegenwert haben. Im Laufe der Rechtsprechungslinie stellten die Gerichte fest, dass, wenn der Schädiger die geschuldete Leistung nicht erbringen kann, die Gegenleistung aus Sicht eines objektiven Beurteilers wertlos sei. Die Bewertung des Eintritts eines Gefährdungsschadens aus der Sicht eines Kunden als fiktiven *homo oeconomicus* ist aufgrund der heute herrschenden Schadensbegriffe zu unterstützen.

Allerdings überzeugt die Rechtsprechung des BGH nicht, dass schon die Böswilligkeit eines Vertragspartners zum Eintritt eines Gefährdungsschadens führen könne, denn die Böswilligkeit belegt allenfalls den Vorsatz bezüglich der Täuschung und die Bereicherungsabsicht. Es müssen daher andere wirtschaftliche Anhaltspunkte hinzugenommen werden, um einen Gefährdungsschaden feststellen zu können. Immerhin stellte der BGH selbst fest, dass der Betrug kein bloßes Vergehen gegen die Wahrheit und das Vertrauen im Geschäftsverkehr, sondern eine Vermögensstraftat sei.

Ferner wies der BGH allgemein darauf hin, dass eine zivilrechtliche Anfechtbarkeit der Verträge dem Eintritt eines Gefährdungsschadens nicht entgegenstehe. Diese Anmerkung ist aufgrund des im Strafrecht herrschenden Simultanitätsprinzips begrüßenswert, da die Strafbarkeit zum Tatzeitpunkt feststehen muss. Zivilrechtliche Rückwirkungsfiktionen dürfen keine Auswirkungen auf die strafrechtliche Tatbestandsverwirklichung haben. Allerdings muss, laut BGH, eine vertragliche Rücktritts- oder Kündigungsmöglichkeit bei der Feststellung eines Gefährdungsschadens dahingehend berücksichtigt werden, ob diese aus einer wirtschaftlichen Betrachtungsweise ein Risiko des Geschädigten bei Vertragsschluss ausschließt. Konkretisierend führte der BGH aus, dass der Getäuschte von einem ungünstigen Vertrag durch eine einfache einseitige Erklärung zurücktreten können müsse. Im sog. *Nürburgring-Beschluss* formulierte der BGH, dass die grundsätzliche Möglichkeit dafür jedoch nicht ausreiche, sondern auch die tatsächliche wirksame Ausübung hinreichend wahrscheinlich sein müsse. Mithin muss überzeugenderweise die Lebenswirklichkeit bei der Prüfung eines Ausschlussgrundes für das Vorliegen eines Gefährdungsschadens berücksichtigt werden. Allein das Bestehen z. B. eines vertraglichen Rücktrittsrechts kann ein bestimmtes Verhalten nicht gleich entkriminalisieren, nur weil es grundsätzlich besteht. Vielmehr darf die wirksame Ausübung dieses Rechts nicht vom Zufall abhängen. War die Kündigungsmöglichkeit noch nicht hinreichend konkret, handelte es sich allenfalls um ein schwebendes Geschäft.

Aufgrund des ihnen innewohnenden hohen Spekulationscharakters stellt die Bewertung der vertraglichen Gegenleistung von Finanzgeschäften die Gerichte vor besondere Herausforderungen: Extensiv führte der BGH zunächst aus, dass ein Vermögensnachteil anzunehmen sei, wenn der Täter nach Art eines Spielers bewusst und entgegen den Regeln kaufmännischer Sorgfalt eine auf das äußerste gesteigerte Verlustgefahr auf sich nehme, nur um eine höchst zweifelhafte Gewinnaussicht zu erlangen. Diese vage Formel konkretisierte der BGH dahingehend restriktiver, dass nicht pauschal ein Gefährdungsschaden angenommen werden könne, nur weil die Gelder der Anleger in risikobehaftete Anlagen investiert wurden. Ansonsten werden rein normative Erwägungen der gebotenen wirtschaftlichen Betrachtung vorgezogen. Allerdings liege ein Gefährdungsschaden vor, wenn die Gegenleistung nicht zu dem vertraglich vorausgesetzten Zweck oder in anderer zumutbarerer Weise verwendet wurde. Somit stellen die erworbenen Optionen keine gleichwertige Gegenleistung dar, wenn diese eine maßgebliche Eigenschaftsänderung erfahren haben. Es muss die wirtschaftliche Werthaltigkeit eines Wertpapiers auf Grundlage der Höhe des konkreten Ausfallrisikos sowie des Wahrscheinlichkeitsgrads einer Gewinnerzielung im Vergleich zum Vereinbarten ermittelt werden.

Jüngst formulierte der BGH dazu einschränkend, dass einerseits ein Gefährdungsschaden entstehen könne, wenn das für den Vertragsschluss erbrachte Entgelt (d. h. die Gewinnmarge der Bank) in der im Vertragsschluss liegenden Gegenleistung des Finanzinstituts kein gleichwertiges Äquivalent gefunden hat. Dafür müsse geprüft werden, ob die dem Finanzinstitut jeweils eingeräumte Gewinnmarge dem marktüblichen Entgelt für den Abschluss des Derivatvertrags entspreche. Andererseits könne ein Gefährdungsschaden auch eingetreten sein, wenn der Wert des jeweils abgeschlossenen Finanzderivats hinter dem Wert der dadurch abgelösten Zinspflicht geblieben ist. Es müsse der Wert der Finanzderivate zu dem Zeitpunkt der Vertragsabschlüsse mithilfe von Feststellungen zu dem Verlustrisiko und zu dem Wahrscheinlichkeitsgrad einer Gewinnerzielung unter Berücksichtigung der Vertragskosten ermittelt und das Ergebnis zu dem Wert des jeweils abgelösten Finanzgeschäfts ins Verhältnis gesetzt werden. Bezogen auf den Vergleich zur Gewinnmarge ist anzumerken, dass zur Berücksichtigung aller wirtschaftlich bedeutsamen Aspekte auf die sich ergebenden Chancen und Risiken aller Beteiligten abgestellt werden muss. Nicht überzeugend erwähnt der BGH diesen Aspekt nur in der zweiten Möglichkeit zur abgelösten Zinspflicht.

Es hat sich gezeigt, dass die Gerichte eine wirtschaftlich fundierte Schadenssystematik entwickelt haben. Das hier erfasste dogmatische Phänomen wird durch die bisherige Systematisierung im Schrifttum unter den Bezeichnungen „Eingehungsbetrug“, „Schneeballsysteme“, „Warentermingeschäfte“ oder „Haushaltsuntreue“ nicht ausreichend erfasst, da durch die sachverhalts- oder tatbestandsbezogene Unterscheidung die dogmatischen Zusammenhänge nicht klar werden. Im Gegensatz dazu berücksichtigt die Konstellation der wirtschaftlich geringerwertigen oder nutzlosen Gegenleistung das dogmatische Phänomen sachgerecht.

Zur Erfassung der vorliegenden dogmatischen Problematik kann das zivilrechtliche Pendant der Schlechtleistung gem. § 281 I 1 Var. 2 BGB herangezogen werden. Denn in der hiesigen Fallgruppe geht es nicht um eine Täuschung über die Vertragsumstände, sondern um den Vertragsgegenstand selbst. Dieser wird zwar wie geschuldet erbracht, allerdings z. B. durch die Täuschung hat sich der Geschädigte eine andere vertragliche Gegenleistung vorgestellt. Zwar liegt kein *aliud* im zivilrechtlichen Sinne vor, jedoch ist der Vertragsgegenstand ein *„aliud“* zu dem, was der Getäuschte ohne die Täuschung hätte vereinbaren wollen.

Kapitel 3: Wirtschaftlich-faktische Gefährdungen

A. *Kriterium: Nutzungsrisiko des Vermögens*

I. Entziehung der Dispositionsmöglichkeit

1. Einführung in die Konstellation

41 aussagekräftige und publizierte Entscheidungen befassen sich mit Sachverhalten, die dogmatisch der Konstellation der Entziehung der Dispositionsmöglichkeit für die Feststellung eines Gefährdungsschadens zuzuordnen sind.[471] Die historisch-chronologische Darstellung und Analyse wird zeigen, dass diese Systematisierung – im Gegensatz zu der bisherigen Gruppierung im Schrifttum unter den Bezeichnungen „Schwarze Kassen", „Haushaltsuntreue" oder „Nutzungsbetrug"[472] – einen schadensrechtlichen Nutzen hat. In dieser Konstellation wird das schadensrechtliche Phänomen erfasst, dass die Vermögensdispositionsbefugnis ein elementarer Vermögensbestandteil ist, wie aus Art. 14 I GG und § 903 BGB folgt.

---

471 RG JW 1926, 586 Nr. 6; 1935, 2963 Nr. 25; 1937, 2698 Nr. 9; HRR 1936 Nr. 1601; RGSt 38, 266; 39, 335; 71, 155; 75, 227; 77, 228; BGHSt 20, 304; 30, 46; 40, 287; 43, 293 (sog. *Bugwellenprozess*); 44, 376 (sog. *Diestel-Fall*); 51, 100; 58, 119; BGH NJW 1960, 1629; 2001, 2411; 2004, 559; NStZ 1984, 549; 1996, 543; 2000, 206; 2014, 579; 2015, 220; NStZ-RR 1997, 298; GA 1956, 121; 1956, 154; MDR 1979, 636 zu § 263 und § 266; wistra 1988, 353; 2020, 459; NZWiSt 2020, 318; BGH, Urteil vom 13.11.1953 – 2 StR 150/53; Entscheidung vom 16.4.1957 – 5 StR 431/56; Entscheidung vom 8.10.1957 – 1 StR 310/57; Urteil vom 18.4.1961 – 1 StR 602/60; Urteil vom 30.7.1975 – 3 StR 27/75; Urteil vom 15.12.1981 – 5 StR 603/81; OLG Stuttgart NJW 1971, 64; OLG Frankfurt am Main NJW 2004, 2028; LG Darmstadt, Urteil vom 14.5.2007 – 712 Js 5213/04–9 KLs, BeckRS 2007, 16611; LG Wiesbaden, Urteil vom 18.4.2005 – 6 Js 3204/00 – 16 KLs (unveröffentlicht). Für diese Fallgruppe zur Abgrenzung zwischen einem endgültigen Schaden und einem Gefährdungsschaden ebenfalls relevant: BGHSt 52, 323 (sog. *Siemens-Fall*); 55, 266 (sog. *Trienekens-Fall*); NStZ 2014, 646; WM 2017, 32 (sog. *Siemens/Sharef-Entscheidung*).

472 Exemplarisch darstellend statt vieler *Saliger*, in: Hilgendorf/Kudlich/Valerius (Hrsg.), Handbuch des StGB, Band 5, 2020, § 35 Rn. 108 f.; *Kindhäuser*, in: ders./Neumann/Paeffgen (Hrsg.), StGB, 5. Auflage 2017, § 263 Rn. 335 f.

Bereits das RG hat herausgearbeitet, dass ein Gefährdungsschaden allgemein durch die Lockerung der Herrschaftssphäre eintreten könne, da beispielsweise der Geschädigte dadurch an der Geltendmachung berechtigter Ansprüche gehindert ist, weil er seine Ansprüche nicht erkennt. Dieser Rechtsprechungslinie schloss sich der BGH weitestgehend an, indem er ausführte, dass ein Gefährdungsschaden eintrete, wenn der Geschädigte durch die Tathandlung keine Übersicht über seine Rechte und Pflichten, mithin über sein Vermögen habe und mangels Kenntnis gehindert sei, Ansprüche geltend zu machen oder eine ordnungsgemäße Verwendung der Mittel mangels Kontrolle des Vermögensinhabers nicht sichergestellt werden könne.

Es wird sich zeigen, dass die Annahme eines Gefährdungsschadens durch die Gerichte nur aufgrund der Vorschriftswidrigkeit der Tathandlung nicht überzeugt. Vielmehr muss geprüft werden, ob die Zuordnung der Mittel in einer Weise verändert wurde, dass aus wirtschaftlicher Sicht das Vermögen des Vermögensträgers gemindert ist. Ferner ist im Folgenden zu kritisieren, dass durch die Rechtsprechung keine eindeutige, einheitliche Abgrenzung von Gefährdungsschaden und endgültigem Schaden stattgefunden hat. Jedenfalls kann ein endgültiger Schaden nicht pauschal bei der Bildung einer schwarzen Kasse angenommen werden, vielmehr muss deren konkrete Ausgestaltung bewertet werden.

Da bei wirtschaftlich-faktischen Gefährdungen die Übertragung vertraglicher Wertungen nicht angemessen ist, ist das zivilrechtliche Pendant hier im Bereicherungs- bzw. Deliktsrecht zu finden. In der Konstellation der Entziehung der Dispositionsmöglichkeit ist dies die Rückgriffskondiktion aus § 812 I 1 Var. 2 BGB, da diese dem fremde Schulden bezahlenden Dritten einen Ersatzanspruch gegen den nun von seiner Verbindlichkeit befreiten Schuldner gibt.[473] Dies ist vergleichbar zu der vorliegenden Konstellation, da auch hier wirtschaftlich die Mittel des Vermögensinhabers ohne sein Zutun neu sortiert werden. Ein zivilrechtliches Pendant bei der Schadensfeststellung heranzuziehen ist im Sinne der Einheit der Rechtsordnung zu begrüßen.

473 Eingehend zur Rückgriffskondiktion *Schwab*, in: MüKo BGB, Band 7, 8. Auflage 2020, § 812 Rn. 389 f.

2. RGSt 38, 266 und RG JW 1926, 586 Nr. 6

1905 nahm das RG den Eintritt eines Gefährdungsschadens bereits allgemein infolge der Lockerung der Herrschaftssphäre des Treugebers durch den Treuhänder an.[474] Dem pflichtete das RG bei, als es über einen Sachverhalt zu entscheiden hatte, in dem der Angeklagte den Einlagernden über die zur Einlagerung in die Reichsgetreidestelle zugesandten Waren zu geringe Gewichte gemeldet hatte. Laut RG liegt ein Gefährdungsschaden bei einem kaufmännischen Betrieb vor, wenn der Kaufmann das betreffende Vermögensobjekt in seinen Büchern ganz oder teilweise abschreibt und somit nicht (vollständig) in seine Bilanz aufnimmt. Im konkreten Fall sahen die Getäuschten ihr Recht an der Differenz als verloren an (z. B. wegen Beweisschwierigkeiten), nahmen keine Beanstandungen vor oder verbuchten den Verlust als Minderbetrag. Dadurch sei erkennbar gewesen, dass sie künftig keinen Anspruch bezüglich der Mindermengen geltend machen wollen.[475]

3. RGSt 71, 155

1937 hatte das RG über einen Sachverhalt zu entscheiden, in dem ein Antrag des Angeklagten, der im Reichsministerium für das Filmwesen angestellt war, zur Bewilligung einer Handkasse abgelehnt wurde. Daher veranlasste der Angeklagte die für das Ministerium tätigen Unternehmen Scheinrechnungen einzureichen, in denen entweder die Zahl der Arbeitsleistungen oder der gelieferten Filmmeter zu hoch oder nicht ausgeführte Filmarbeiten angegeben waren. Im Gegenzug erhielten die Unternehmen einen Festbetrag als Einkommen. Den Überschuss behielt der Angeklagte zugunsten der Filmabteilung. Auf diese Weise erreichte er, dass ihm doch Mittel in einer Kasse zur Verfügung standen.

Das RG hatte sich hier das erste Mal mit einem Fall einer schwarzen Kasse, also geheim gehaltenen Geldern vor dem Vermögensinhaber, zu befassen. Die Gelder in schwarzen Kassen werden regelmäßig auf einem von dem Verantwortlichen gehaltenen Konto oder als Bargeld deponiert, die in der Buchhaltung eines – oft den Täter beschäftigenden – Unternehmens

474 RGSt 38, 266 (266 f.).

475 RG JW 1926, 586 Nr. 6 (586 f.); so ebenfalls RG JW 1935, 2963 Nr. 25 (2963); RGSt 39, 335 (339).

nicht auftauchen, jedoch mit Unternehmensmitteln gefüllt werden.[476] Laut RG tritt ein Gefährdungsschaden durch die Lockerung der Herrschaft des Treugebers (hier: Deutsches Reich) über die ihm zustehenden Forderungen und andere ihm gehörende Vermögensbestandteile ein. Der Angeklagte habe die zur Verfügung stehenden staatlichen Gelder den zuständigen Regierungsstellen vorenthalten, so dass der Verbleib der Gelder für diese nicht erkennbar gewesen sei. Dadurch waren die zuständigen Stellen nicht in der Lage, das Geld nach ihrem eigenen Ermessen zu nutzen. Die Gelder fehlten bei den zuständigen Stellen.[477]

4. RGSt 75, 227

1941 stellte sich dem RG wieder ein schwarzer Kassen-Fall: Der angeklagte Baustellenleiter forderte Arbeitslöhne für Arbeiter, die in Wahrheit aber nicht gearbeitet hatten, bei dem Bauunternehmen an. Aus diesen Überschussbeträgen bildete er eine Kasse, die er zur Deckung von Forderungen verwendete, die im Betrieb seiner Baustelle entstanden waren. Dass der Angeklagte diese Gelder auch nur teilweise für sich oder andere außerbetriebliche Zwecke verwendet hatte, konnte nicht festgestellt werden. Das RG hielt fest, dass zwar das Bauunternehmen nicht nach seinem eigenen Ermessen über das vorhandene Geld verfügen konnte. Jedoch bezahlte der Angeklagte nur bereits fällige Forderungen des Bauunternehmens. Darin könne keine Verschlechterung der allgemeinen Vermögenslage des Vermögensinhabers gesehen werden. Für den Eintritt eines Gefährdungsschadens müsse vielmehr festgestellt werden, dass andere Forderungen vorhanden gewesen seien, deren Befriedigung zu der Aufrechterhaltung des Betriebs und damit zu der Erhaltung des Vermögens des Unternehmens vordringlicher gewesen wären als die Befriedigung der Forderungen, die der Angeklagte aus der schwarzen Kasse beglichen habe.[478]

---

476 „‚Schwarz' ist das Sinnbild des Bösen, des Verbotenen und des Verborgenen", *Weimann*, Die Strafbarkeit der Bildung sog. schwarzer Kassen gem. § 266 StGB (Untreue), 1996, S. 10. Statt vieler *Brammsen/Apel*, WM 2010, 781 (782); *Bernsmann/Gatzweiler*, Verteidigung bei Korruptionsfällen, 2. Auflage 2014, S. 134, 142 ff. Zur Phänomenologie von schwarzen Kassen eingehend: *Strelczyk*, Die Strafbarkeit der Bildung schwarzer Kassen, 2008, S. 2 ff., 14 f.

477 RGSt 71, 155 (157 f.); ebenso RG HRR 1936 Nr. 1601; JW 1937, 2698 Nr. 9 (2698); RGSt 77, 228 (228).

478 RGSt 75, 227 (228 f.); in diese Richtung auch BGH GA 1956, 154 (155); 1956, 121 (123); BGH, Urteil vom 13.11.1953 – 2 StR 150/53 Rn. 6. In BGH GA 1956,

5. BGH, Urteil vom 8.10.1957 – 1 StR 310/57

Ergänzend führte der BGH in einem Judikat aus dem Jahr 1957 aus, dass ein Gefährdungsschaden eingetreten sei, wenn die getätigten Aufwendungen im ordentlichen Haushalt überhaupt nicht oder nicht zu dem Tatzeitpunkt berücksichtigt wurden. Dafür müsse geprüft werden, ob Haushaltsmittel verfügbar waren oder bei ordnungsgemäßer Anforderung bewilligt worden wären. Der Angeklagte hatte Gelder aus dem Verkauf von Holz aus dem Staatsforst dem Staat vorenthalten. Diese Gelder wurden nicht zum eigenen Vorteil des Angeklagten, sondern zur Begleichung für Ausgaben von staatseigenen Forsthäusern verwendet.[479]

Überzeugenderweise kann schon in der Bildung einer schwarzen Kasse ein Gefährdungsschaden liegen, da mangels Kontrolle des Vermögensinhabers eine ordnungsgemäße Verwendung nicht sichergestellt werden kann. Andere Aspekte sind eine Frage des Vorsatzes.[480] Nur wenn ausnahmsweise objektive Anhaltspunkte dafür bestehen, dass im konkreten Einzelfall die Gelder nur zur Begleichung bereits fälliger Forderungen des Vermögensinhabers genutzt werden, gilt dies jedoch nicht.

6. BGH NJW 1960, 1629

1960 hatte der BGH über den Fall eines Rechtsanwalts zu entscheiden, der seinen Mandaten aufgefordert hatte, ihm Geld zu überweisen, damit er dieses dem Prozessgegner auszahlen könne. Eine Weiterleitung erfolgte jedoch nicht. Der BGH stellte fest, dass ein Gefährdungsschaden durch die absprachewidrige Verwendung entstanden sei und dass der Mandant durch verschleiernde Schreiben des Angeklagten nicht sofort über sein Geld in anderer Weise verfügen sowie seine Ansprüche gegen den Angeklagten geltend machen konnte.[481]

---

154 prüfte der BGH noch unter Berücksichtigung der Untauglichkeit eines vorbestraften Bürgermeisters einen Gefährdungsschaden, dazu in einer anderen Fallgruppe ab S. 140.

479 BGH, Urteil vom 8.10.1957 – 1 StR 310/57 Rn. 7 ff.

480 Dagegen *Neye*, NStZ 1981, 369 (372).

481 BGH NJW 1960, 1629 (1630); dazu auch OLG Stuttgart NJW 1971, 64 (64 f.). Zu den gegensätzlichen Fällen, bei dem der Treuhänder nicht zahlungsfähig oder -bereit war, nachdem Gelder regelmäßig vom Prozessgegner an den Mandanten hätte ausgezahlt werden sollen, in einer anderen Fallgruppe ab S. 91.

7. BGH, Urteil vom 18.4.1961 – 1 StR 602/60 und Urteil vom 30.7.1975 – 3 StR 27/75

Vergleichbar bewertete der BGH im folgenden Jahr den Fall eines Angeklagten, der das Mehrfache des tatsächlichen Wertes für Forschungsaufwendungen gegenüber dem Staat als Treugeber in Rechnungen angab. Er verlangte vom Staat, die überhöhten Beträge auf sein Konto einzuzahlen; irreführende Bezeichnungen erweckten jedoch den Anschein, dass das Geld für die Forschungseinrichtung bestimmt sei. Der BGH bejahte einen Nachteil des Staates, da der Angeklagte die Übersicht über die Vermögenslage der Forschungseinrichtung erschwerte, ihren Haushalt in Unordnung brachte und das sachgerechte Wirtschaften mit den zugewiesenen öffentlichen Mitteln gefährdete.[482]

Einige Jahre später fügte der BGH dieser Rechtsprechungslinie hinzu, dass ein Gefährdungsschaden bereits durch das Vorlegen fingierter Rechnungen eingetreten sei, da die Geldbeträge nunmehr in der Verfügungsgewalt des Täuschenden liegen. Aufgrund der fingierten Rechnungen glaubte der Geschädigte, die Mittel nicht mehr zur Verfügung zu haben.[483]

8. BGH, Urteil vom 16.4.1957 – 5 StR 431/56 und BGHSt 20, 304

Ergänzend führte der BGH im Jahr 1957 aus, dass für die Annahme eines Gefährdungsschadens tatsächlich ein Anspruch des Geschädigten auf das Vermögen bestehen müsse. Ein Anspruch dürfe nicht nur hinreichend wahrscheinlich sein.[484] Dem pflichtete der BGH im Jahr 1965 bei, als er über einen Sachverhalt zu entscheiden hatte, in dem ein Angestellter einer Gemeinde teilweise die im Rahmen seiner beruflichen Tätigkeit eingenommenen Gelder für private Zwecke nutzte. Der BGH verneinte den Eintritt eines Gefährdungsschadens nur durch eine sog. unordentliche Buchführung, also dass z. B. Falsch- oder Nichtbuchungen durchgeführt wurden,[485] als solche, unabhängig davon, ob ein Anspruch, der durch sie vereitelt werden könne, tatsächlich bestehe.[486] Weiter führte er aus:

---

482 BGH, Urteil vom 18.4.1961 – 1 StR 602/60 Rn. 20.

483 BGH, Urteil vom 30.7.1975 – 3 StR 27/75 Rn. 19 f.

484 BGH, Urteil vom 16.4.1957 – 5 StR 431/56 Rn. 26, 30.

485 Vgl. *Waßmer*, in: Graf/Jäger/Wittig (Hrsg.), Wirtschafts- und Steuerstrafrecht, StGB, 2. Auflage 2017, § 266 Rn. 205.

486 BGHSt 20, 304 (305 f.); so auch BGH, Urteil vom 15.12.1981 – 5 StR 603/81 Rn. 2; BGH wistra 1988, 353 (353).

„In einer lückenhaften oder falschen Buchführung oder Abrechnung, die es wahrscheinlich macht, daß die Geltendmachung begründeter Ansprüche unterbleibt, können Nachteile insoweit gesehen werden, als das Bestehen solcher begründeten Ansprüche festgestellt ist. Die bloße Wahrscheinlichkeit in bezug auf das Bestehen solcher Ansprüche genügt nicht. [...] Daß ein Vermögen durch eine Untreuehandlung geschädigt oder in einer der Schädigung gleichkommenden Weise gefährdet ist, läßt sich nur sagen, wenn die in Betracht kommenden Vermögensstücke schon vor der Untreuehandlung vorhanden waren oder ohne sie vorhanden sein würden.“[487]

9. BGH MDR 1979, 636 zu § 263 und § 266

1978 hatte der BGH über einen Sachverhalt zu entscheiden, in dem der angeklagte Notar die Bestellung einer Grundschuld bewilligt hatte, obwohl die vertraglich vereinbarten Voraussetzungen dafür zu dem Zeitpunkt nicht erfüllt waren. Der BGH stellte fest, dass der notariellen Urkunde über die Bestellung einer Grundschuld nach § 873 II BGB eine bindende Wirkung zukomme. Ein Gefährdungsschaden liege in der Gefahr begründet, dass die Grundschuld auf einen entsprechenden Antrag hin im Grundbuch eingetragen werde und wirksam entstehe.[488] Durch die Handlung des Notars drohte der bisherige Eigentümer hinreichend konkret sein Eigentum zu verlieren ohne die entsprechende Gegenleistung rechtssicher zu erhalten, denn zu dessen Erbringung hätte der Vertragspartner keinen Anreiz mehr.

10. BGHSt 30, 46 und BGH NStZ 1984, 549

1981 entschied der BGH, dass die einem Sonderkonto gutgeschriebenen Beträge der haushaltsrechtlichen Kontrolle entzogen wurden, weshalb ein Gefährdungsschaden entstanden sei. Es sei ohne Bedeutung, ob die Gelder später dem Haushalt wieder zugeführt werden.[489]

Davon abweichend führte der BGH knapp drei Jahre später aus, dass die zweckgemäße Verwendung unter bestimmten Umständen bei der Fest-

487 BGHSt 20, 304 (305 f.).
488 BGH MDR 1979, 636 zu § 263 und § 266 (636).
489 BGHSt 30, 46 Rn. 21.

stellung eines Gefährdungsschadens relevant sei. Der Angeklagte hatte städtische Kulturveranstaltungen organisiert und war für die Bezahlung der Künstler zuständig. Deren Gagen wurden im Haushalt festgesetzt. Da zwischen der Haushaltsverabschiedung und den Veranstaltungen längere Zeit vergehen konnte, kam es vor, dass durch zwischenzeitliche Popularitätssteigerungen den Künstlern höhere Gagen gezahlt werden mussten als ursprünglich eingeplant. Dafür waren jedoch keine Mittel vorhanden, während in anderen Haushaltstiteln regelmäßig gegen Jahresende noch Geldmittel übrig waren. Da es aus kassentechnischen Gründen nicht möglich war, Haushaltsmittel auf einen anderen Titel umzubuchen, ließ der Angeklagte unrichtige Rechnungen ausstellen, die einen noch nicht erschöpften Haushaltsposten betrafen. Laut BGH wurde das Geld in der schwarzen Kasse von dem Täter zweckentfremdet und durch die Anfertigung falscher Belege der ordnungsgemäßen haushaltsrechtlichen Überwachung entzogen. Ein Gefährdungsschaden trete ein, wenn kein dringender, auf ordnungsgemäßem Weg nicht zu erledigender Ausnahmefall vorliegt oder jedenfalls nicht ausgeschlossen werden kann.[490] Ein solcher Ausnahmefall ist hier festgestellt worden.

Teilweise klang in früheren Rechtsprechungen an, dass *per se* durch die unordentliche Buchführung ein Gefährdungsschaden vorliege. Dies ist nicht überzeugend, da eine unordentliche Buchführung an sich grundsätzlich nur eine abstrakte Gefährdung und keine gegenwärtige, hinreichend konkrete Vermögensgefährdung, die für die Feststellung eines Gefährdungsschadens erforderlich ist, zur Folge hat.

11. BGHSt 40, 287

1994 entschied der 2. Strafsenat des BGH erstmals über einen Fall der sog. Haushaltsuntreue. Eine solche liegt bei Verstößen gegen haushaltsrechtliche Vorgaben oder Prinzipien vor, die zu einer Schädigung des öffentlichen Vermögens führen.[491] In dem konkreten Sachverhalt hatte ein Verantwortlicher des Bundesverteidigungsministeriums unter Verstoß gegen Haushaltsgrundsätze (vgl. §§ 45 I 1, 34 II 1 BHO a.F.) Gelder an

490 BGH NStZ 1984, 549 (550).

491 *Dierlamm*, in: MüKo StGB, Band 5, 3. Auflage 2019, § 266 Rn. 261; dazu sowie eingehend zur Pflichtverletzung *Saliger/Schweiger*, ZG 2018, 16 (17). Zum öffentlichen Vermögen eingehend *Berger*, Der Schutz öffentlichen Vermögens durch § 263 StGB, 2000, S. 6 ff.

den BND überwiesen. Nachdem das Ministerium eine beantragte Aufstockung der bereitgestellten Gelder aus haushaltsrechtlichen Grundsätzen abgelehnt hatte, wies der Angeklagte die Angestellten an, noch unverbrauchte Gelder aus anderen Haushaltsposten an den BND zu überweisen. Entsprechende Anforderungsschreiben des BND lagen nicht vor. Überzeugenderweise betonte hier der BGH, dass allein durch die Vorschriftswidrigkeit noch kein Schaden entstanden sei:

> „Werden etwa solche Mittel für die Erfüllung von Aufgaben verwendet, die der Vermögensträger gleichfalls wahrnehmen muß, und erspart dies die sonst unumgängliche Inanspruchnahme anderweitiger, dafür im Haushaltsplan bewilligter Mittel, so bedeutet die Fehlleitung der Mittel noch keinen Vermögensnachteil [...]. Begründet hiernach weder die Beeinträchtigung des Verfügungsrechts anderer noch die Zweckwidrigkeit der Mittelverwendung schon in jedem Fall einen Vermögensnachteil, so ist entscheidend, ob das Handeln des Täters die Zuordnung der Mittel in einer Weise verändert, daß – bei wirtschaftlicher Betrachtung – das Vermögen des Vermögensträgers gemindert ist. Daß diese Frage bejaht werden muß, wo öffentliche Mittel durch Fehlleitung Dritten zugewendet werden, ohne daß dem bisherigen Vermögensträger daraus ein wirtschaftlich gleichwertiger Vorteil erwächst, versteht sich von selbst."[492]

Maßgeblich sei für die Schadensbewertung der Zeitpunkt, zu dem die überwiesenen Gelder beim BND eintrafen.[493] Da sich das Geld tatsächlich immer noch im Gesamtvermögen des Bundes befunden habe, könne nur ein Gefährdungsschaden vorliegen:

> „Eine solche Gefährdung käme in Frage, wenn der Mitteltransfer im Einvernehmen der Beteiligten dazu dienen sollte und diente, dem BND die Möglichkeit zu verschaffen, nach seinem Gutdünken eigenmächtig und unkontrolliert über die überwiesenen Gelder zu verfügen, sie etwa zur – haushaltsmäßig nicht berücksichtigen – Förderung oder Erweiterung eines bestimmten Projekts zu verwenden, sie für die Verfolgung allgemeiner ‚operationeller Zwecke' einzusetzen oder sie – nach Art einer ‚schwarzen Kasse' zeitweise als geheimen, keiner Zweckbindung unterliegenden Dispositionsfonds zu nutzen, aus dem,

492 BGHSt 40, 287 Rn. 38, 39 f.; vgl. auch *Strelczyk*, Die Strafbarkeit der Bildung schwarzer Kassen, 2008, S. 38.

493 BGHSt 40, 287 Rn. 44. Anmerkungen dazu, die fürs Hiesige nicht relevant sind: *Herdegen*, NStZ 1995, 202; *Kudlich*, JuS 1997, 507.

je nach selbsteingeschätztem ‚Bedarf', künftig Mittel für erst noch zu bestimmende Zwecke entnommen werden könnten. [...] Unter diesen Voraussetzungen hätte die Überweisung der Mittel einen Vermögensschaden in Form einer schadensgleichen Vermögensgefährdung begründet. Angesichts der Tatsache, daß die beschränkte Gesamtmenge der verfügbaren öffentlichen Finanzmittel des Bundes regelmäßig nicht den Bedarf zu decken vermag, der ihm aus der Wahrnehmung seiner vielfältigen Aufgaben erwächst, wäre damit bewirkt worden, daß die transferierten Mittel an anderer Stelle fehlten, also nicht für diejenigen Zwecke verfügbar waren, für die sie sonst hätten eingesetzt werden können und müssen."[494]

12. BGH NStZ 1996, 543

1996 hatte der BGH über einen Sachverhalt zu entscheiden, in dem die Angeklagten bei der Anlage von Geldern für Kunden keinerlei Aufzeichnungen darüber geführt haben, in welcher Form, zu welchen Bedingungen und bei wem das Kapital der Geschädigten angelegt worden war. Laut BGH ist ein Gefährdungsschaden der Anleger durch die unordentliche Buchführung eingetreten, weil hierdurch ihre bestehenden Ansprüche auf Auskehrung der erwirtschafteten Erträge und Rückzahlung des Anlagekapitals in erheblicher Weise erschwert, wenn nicht sogar verhindert worden sind.[495]

13. BGHSt 43, 293 – sog. *Bugwellenprozess*

Im sog. *Bugwellenprozess* hatte sich der 1. Strafsenat des BGH mit dem Fall eines Angeklagten zu befassen, der Leiter eines Staatstheaters war und regelmäßig bei Vertragsabschlüssen die Haushaltsgelder überzogen hatte. Der Angeklagte ließ die eingehenden Rechnungen jeweils bis zum Beginn des folgenden Haushaltsjahres offen, um diese aus den Mitteln des Folgejahres zu begleichen. Der Angeklagte schob die nicht gedeckten Kosten

494 BGHSt 40, 287 Rn. 42.
495 BGH NStZ 1996, 543 (543); ebenso BGH NStZ-RR 1997, 298 (299); NStZ 2004, 559 (559).

mithin „wie eine Bugwelle“ von Haushaltsjahr zu Haushaltsjahr vor sich her.[496] Laut BGH kann ein Gefährdungsschaden festgestellt werden,

> „wenn durch die Haushaltsüberziehung eine wirtschaftlich gewichtige Kreditaufnahme erforderlich wird, wenn die Dispositionsfähigkeit des Haushaltgesetzgebers in schwerwiegender Weise beeinträchtigt wird und er durch den Mittelaufwand insbesondere in seiner politischen Gestaltungsbefugnis beschnitten wird.“[497]

Diese Entscheidung ist nicht überzeugend. Vorliegend handelt es sich um eine schlichte Haushaltsuntreue, d. h. ohne verschleiernde Maßnahmen, gebildete schwarze Kasse oder Übergriffe auf andere Haushaltsmittel. Ferner wurden die Mittel nur für Forderungen gegen das Theater verwendet. Allein aus der Vorschriftswidrigkeit kann noch kein Schaden folgen. Auch die Wortwahl des BGH lässt vermuten, dass nach Auffassung des Gerichts die genannten Voraussetzungen kumulativ und nicht alternativ vorliegen müssen.[498] Durch die Verwendung von Wörtern, wie „wirtschaftlich gewichtige“ Kreditaufnahme und „schwerwiegende“ Beeinträchtigung, versucht der BGH dabei wirtschaftliche Kriterien anzuführen. Allerdings sind diese mangels konkreter Beschreibungen äußerst unscharf. Den Kriterien kann zudem nur eine indizielle Bedeutung für die Feststellung eines Schadens zukommen, da zumindest die Kreditaufnahme nur eine mittelbare Folge der Tathandlung ist.[499] Die Schadensbegründung greift daher nicht durch. Vielmehr hätte im Einklang mit der Rechtsprechungslinie aus dem Jahr 1994[500] geprüft werden müssen, ob die Zuordnung der Mittel in einer Weise verändert wurde, dass aus wirtschaftlicher Sicht das Vermögen des Vermögensträgers gemindert ist. Die hiesige Entscheidung des 1. Strafsenats des BGH trägt somit nicht zur notwendigen Rechtsklarheit und -sicherheit bei. Überzeugend ist vielmehr die folgende Subsumtion: Der Angeklagte hat über die Gelder nach eigenem Gutdünken eigenmächtig und unkontrolliert verfügt. Er hat die Haushaltsmittel

---

496 Vgl. dazu *Bittmann*, NStZ 1998, 495 (495); *Coenen*, Die Strafbarkeit von Verstößen gegen das Haushaltsrecht bei der Bewirtschaftung öffentlicher Mittel, 2000, S. 39 ff.

497 BGHSt 43, 293 Rn. 24; vgl. auch BGH NJW 2001, 2411 (2413). Anmerkung zu BGHSt 43, 293, die fürs Hiesige nicht relevant ist: *Nix*, NJ 1998, 325.

498 Ebenso *Bauns*, JR 1998, 381 (382); a.A. entsprechend den Grundsätzen zum sog. individuellen Schadenseinschlag: *Wagner/Dierlamm*, NStZ 2001, 371 (372).

499 So auch *Brauns*, JR 1998, 381 (383); vgl. auch *Bräunig*, Untreue in der Wirtschaft, 2011, S. 283 ff.

500 Vgl. dazu BGHSt 40, 287 Rn. 38 ff.

versetzt genutzt, indem er die Haushaltsmittel des Folgejahres zu dem Begleichen der Rechnungen aus der „Bugwelle“ verwendete. Der Vermögensinhaber hatte keinen Überblick über die derart verwendeten Mittel, da sein Vermögen höher als die zugeteilten Haushausmittel in Anspruch genommen wurde. Da nicht der Treuhänder, sondern der Treugeber als Vermögensinhaber über die Verwendung des Vermögens entscheiden darf, könnte hier ein Gefährdungsschaden vorliegen.[501] Mithin könnte der Angeklagte bereits mit den übermäßigen Vertragsabschlüssen einen Gefährdungsschaden herbeigeführt haben. Unbeachtlich ist, dass die Mittel im Endeffekt stets für das Theater eingesetzt wurden. *Bieneck* fasst folgerichtig zusammen:

> „Auch der Verstoß gegen die zeitliche Bindung führt nämlich zum Verbrauch von sonst ersparten und daher für andere Zwecke verwendbaren Mitteln im folgenden Haushaltsjahr bzw. zur Notwendigkeit der Nachtragsbewilligung mit dem gleichen Effekt.“[502]

14. BGHSt 44, 376 – sog. *Diestel-Fall*

1999 hatte der BGH über den sog. *Diestel-Fall* zu entscheiden. Der ehemalige Innenminister der DDR hatte eine Immobilie aus Staatseigentum zu einem zu geringen Preis gekauft. Der Kaufvertrag wurde von dem Rat des örtlichen Kreises, der allerdings keine Prüfungskompetenz hatte, genehmigt. Eine Eintragung ins Grundbuch erfolgte nicht. Auch wenn der Kaufvertrag wegen Verstoßes gegen § 68 I Ziff. 2 DDR–ZGB a.F. (Grundsätze des redlichen Verhaltens) und § 55 III HOG a.F. von vornherein nichtig gewesen sei[503] und damit zu keinem Zeitpunkt eine rechtlich wirksame Bindung entfalten konnte, stehe dies dem Eintritt eines Gefährdungsschadens laut BGH nicht entgegen:

> „Ein wirtschaftlicher Nachteil liegt nämlich bereits darin, daß mit dem Vertragsschluss zumindest ein Rechtsschein erzeugt worden ist, der das Ministerium des Innern bzw. die Bundesrepublik Deutschland als Rechtsnachfolgerin der DDR der Gefahr aussetzte, das Grundstück ohne einen adäquaten wirtschaftlichen Gegenwert zu verlieren. Zwar lagen die äußeren Umstände des Grundstücksgeschäfts offen zutage,

---

501 Vgl. *Bittmann*, NStZ 1998, 495 (497); *Berger*, JR 2002, 118 (119).
502 *Bieneck*, wistra 1998, 249 (250).
503 Dazu BGH VIZ 1995, 102 (102).

> so daß hier [...] die das Ministerium des Innern treffende Beweislast für die die Unwirksamkeit des Vertrages begründenden Umstände von untergeordneter Bedeutung war. Ein erhebliches Prozeßrisiko ergab sich aber – wie auch der spätere Verlauf des Zivilverfahrens mit einem für den Angeklagten günstigen Urteil in erster Instanz zeigt – aus der zum Zeitpunkt des Vertragsschlusses im Umbruch befindlichen Rechts- und Wirtschaftslage. Hinzu kommt, daß es dem Ministerium des Innern durch den bloßen Abschluß des Kaufvertrages bis zur endgültigen Klärung der Rechtslage erheblich erschwert, wenn nicht gar unmöglich war, den im Hausgrundstück liegenden wirtschaftlichen Wert, sei es durch Verkauf zum vollen Wert, sei es durch eine langfristig angelegte Nutzung im staatlichen Interesse angemessen auszuschöpfen."[504]

Diese Rechtsprechung überzeugt, da zwar grundsätzlich die Bundesrepublik die Nichtigkeit des Vertrags gut beweisen konnte, allerdings machten die konkreten Umstände des Vertragsschlusses, d. h. die sich im Umbruch befindliche Wirtschaftslage, die Entziehung der Dispositionsmöglichkeit über das Vermögen hinreichend wahrscheinlich. Dies hat zusätzlich zur Verschleierung beigetragen, weshalb ein Gefährdungsschaden vorlag.

15. BGHSt 51, 100 – sog. *Kanther/Weyrauch-Fall*

Im sog. *Kanther/Weyrauch-Fall* aus dem Jahr 2006 wurde aus den verschiedenen Einnahmequellen (z. B. Zinseinnahmen, Kostenerstattungen und Zuwendungen Unbekannter) ein erhebliches Vermögen des CDU-Landesverbandes Hessen gebildet, das nicht in dem offiziellen Rechenschaftsbericht aufgeführt wurde. Diese Gelder wurden durch die Angeklagten auf verschiedene Konten im Ausland hin und her transferiert, z. B. aus der Schweiz an eine liechtensteinische Stiftung. Wirtschaftlich Berechtigter der Konten war immer der Landesverband, der allerdings von der Existenz der Gelder nichts wusste. Die Kontoinhaber oder Zugriffsberechtigten waren immer die Angeklagten. Laut BGH ist der Vermögensschaden des Landesverbandes durch die Möglichkeit eingetreten, dass die Vermögenswerte als geheime, keiner wirksamen Zweckbindung unterliegenden und

504 BGHSt 44, 376 (387); kritisch *Werner*, Der Gefährdungsschaden als Nachteil im Sinne des Untreuetatbestandes, 2011, S. 111 ff. Vgl. eingehend zur Wertberechnung bei einer Immobilie: BGH, Beschluss vom 16.6.2021 – 6 StR 334/20, BeckRS 2021, 20231.

jeder Kontrolle durch den Berechtigten entzogenen „Dispositionsfonds" genutzt werden konnten.[505] Die konkrete Gefahr ergebe sich aus der mit hohem Aufwand durchgeführten Entziehung der Vermögenswerte über einen langen Zeitraum zu dem Zweck, dem Berechtigten diese Teile des Vermögens vorzuenthalten und sie nach eigenem Gutdünken einzusetzen. Ferner führe das Entziehen und Vorenthalten erheblicher Vermögenswerte unter Einrichtung einer treuhänderisch verwalteten schwarzen Kasse durch Verantwortliche einer politischen Partei auch dann zu einem Gefährdungsschaden, wenn durch den Einsatz der vorenthaltenen Mittel unter Umgehung der Organe politische oder sonstige Zwecke nach dem Gutdünken des Täters gefördert werden sollen:[506]

> „Die Übertragung des Vermögens auf die liechtensteinische Stiftung [...] bewirke [...] eine Vertiefung des Gefährdungsschadens, weil die Zugriffsmöglichkeit des Landesverbands durch die Verschleierung und die [...] ausgestaltete rechtliche Konstruktion faktisch weiter rechtlich eingeschränkt wurde [...]."[507]

a. Entziehung von Geldern aus der Einflusssphäre

Diese Ansicht überzeugt, da bei der Bildung einer schwarzen Kasse das zu betreuende Geld in den Machtbereich des Täters überführt und der Einflusssphäre des Treugebers entzogen wird. Dies ist vergleichbar mit einer weggenommenen Sache bei einem Diebstahl nach § 242 I StGB, bei dem die sich beim Dieb im Gewahrsam befindliche Sache den Verlust für den Geschädigten ausmacht. Da in dem hiesigen Fall für den Treugeber, der auf verborgene Geldmittel keinen Zugriff hat, der hierdurch begründete

505 BGHSt 51, 100 (114).

506 BGHSt 51, 100 (113 ff.); so vorgehend auch OLG Frankfurt am Main NJW 2004, 2028 (2030); LG Wiesbaden, Urteil vom 18.4.2005 - 6 Js 3204/00 - 16 KLs (unveröffentlicht). Dazu auch *Wolf*, Die Strafbarkeit der rechtswidrigen Verwendung öffentlicher Mittel, 1997, S. 190 ff.; *Kohlmann/Brauns*, Zur strafrechtlichen Erfassung der Fehlleitung öffentlicher Mittel, 1979, S. 94 f. Im Folgenden prüfte der BGH und das OLG noch einen Gefährdungsschaden aufgrund möglicher Regressansprüche infolge der unrichtigen Rechenschaftsberichte, dazu in einer anderen Fallgruppe ab S. 212.

507 BGHSt 51, 100 (114 f.); vgl. in diese Richtung auch BGH NStZ 2000, 206 (207); dagegen *Bernsmann*, GA 2007, 219 (230 f.). Anmerkung zu BGHSt 51, 100, die fürs Hiesige nicht relevant ist: *Keul*, DB 2007, 728.

Nachteil wirtschaftlich identisch mit einem Verlust des Geldes ist, wird ausreichend das Rechtsgut „Vermögen“ geschützt.[508]

Bei politischen Parteien ist besonders zu berücksichtigen, dass schon die Beschränkung der Fähigkeit über ihr Vermögen frei zu verfügen, diese in ihrer demokratischen Aktionsplanung hindert. Dadurch kann die Partei nicht frei nach eigenem Ermessen an der Willensbildung des Volkes mitwirken, vgl. Art. 21 I GG. Eine politische Partei wird daher nicht nur peripher in ihrer Freiheit beeinträchtigt, sondern auch ihre Daseinsberechtigung und der einzige Zweck des Parteivermögens durch die schwarze Kasse unterlaufen.[509]

b. Anschließende Verschiebungen der Gelder

Überzeugend führt der BGH weiter aus, dass durch die (späteren) weiteren Verschiebungen der Gelder kein weiterer Gefährdungsschaden eintrete, sondern der bestehende Schaden lediglich vertieft werde. Das sich schon in der Sphäre des Täters befindende Vermögen sei nur aufwendiger verschleiert worden. Dies ist mit der Frage vergleichbar, ob durch die wiederholte Zueignung einer fremden Sache erneut der Tatbestand des § 246 I StGB erfüllt wird. Nach der herrschenden sog. Tatbestandslösung liegt keine objektive Manifestation des Zueignungswillens vor, weshalb der objektive Tatbestand des § 246 I StGB nicht erfüllt sei. Nach der sog. Konkurrenzlösung wird dagegen eine Tatbestandsmäßigkeit angenommen, jedoch trete die Zweitzueignung auf Ebene der Konkurrenzen hinter der Erstzueignung zurück. Die Kernproblematik liegt – wie bei der Frage nach dem Vorliegen eines Gefährdungsschadens – darin, ob in der wiederholten Zueignung ein eigenes strafrechtlich zu ahndendes Unrecht liegt. Jedoch ist es gerade deliktstypisch, dass ein Täter die aus einer Vortat erlangte Sache für sich weiter nutzen möchte. Darin kann überzeugenderweise keine neue Rechtsgutsverletzung gesehen werden.[510] Auch bei der Frage zu dem Eintritt eines Gefährdungsschadens wird nicht die Verfügung als solche bestraft, sondern der durch diese eintretende Wertverlust, der sich verstärkt, wenn das Vermögen immer weiter dem Einwirkungsbereich des

---

508 In diese Richtung bereits *Otto*, JZ 1993, 652 (658).

509 Ebenso *Sadowski*, MIP 2007, 78 (79).

510 Zu der Problematik bei § 246 StGB ausführlich: *Kretschmer*, JuS 2013, 24 (25); *Hohmann*, in: MüKo StGB, Band 4, 4. Auflage 2021, § 246 Rn. 38 ff. Gegen die unterschlagungsähnliche Auslegung: *Reinhold*, HRRS 2009, 107 (110).

Geschädigten entzogen wird. Mithin ist auch die Unterschlagung gem. § 246 I StGB einer Sache – spitz formuliert – nichts anderes als ein (wahrscheinlich) permanenter Entzug der Dispositionsmöglichkeit, ohne dass hier das Vorliegen eines tatbestandsmäßigen Verlustes in Frage gestellt wird. Daher ist die Feststellung eines Gefährdungsschadens bei gebildeten schwarzen Kassen-Fällen keine Ausweitung, sondern eine systemkonforme Fortführung des (juristisch-)ökonomischen Schadensbegriffs.[511]

c. Zweckunabhängige Feststellung des Gefährdungsschadens

Fraglich ist jedoch, ob die zweckunabhängige Feststellung eines Gefährdungsschadens durch die Gerichte bei der Verwendung von Geldern aus einer schwarzen Kasse sachgemäß ist. Einerseits spricht für eine Berücksichtigung des Zwecks, dass die Annahme eines Nachteils bereits durch den Verlust der Kontrollmöglichkeiten – trotz Zweckkonformität der Mittelverwendung – zu einem nicht erfassten Dispositionsschutz führen kann.[512] Die Gefahr einer ausufernden Annahme eines Gefährdungsschadens ist somit stets gegeben. Auch liegt der Zweck eines Wirtschaftsunternehmens in der Profitmaximierung, dem eine schwarzen Kasse gerade dient.[513] Andererseits birgt die zweckabhängige Lesart die Gefahr einer Normativierung der Schadensfeststellung,[514] denn der Täter kann die Zwecksetzung im Laufe der Zeit verändern. Ferner wird – nicht zuletzt aufgrund der regelmäßig schweren Nachvollziehbarkeit der Gelder in einer schwarzen Kasse – die Verwendung der Mittel kaum vollständig

---

511 Im Ergebnis zustimmend *Hoven*, NStZ 2014, 646 (647); *Kubiciel*, JZ 2014, 99 (99 f.); *Ransiek*, NJW 2009, 95 (96); *Strelczyk*, Die Strafbarkeit der Bildung schwarzer Kassen, 2008, S. 76; in diese Richtung ebenfalls *Selle/Wietz*, ZIS 2008, 471 (472); *Perron*, Schwarze Kassen als Vermögensnachteil im Sinne des Untreuetatbestands – Ein Blick von außen, in: Dogmatik und Praxis des strafrechtlichen Vermögensschadens, 2015, S. 189 (192 ff.); dagegen *Brüning/Wimmer*, ZJS 2009, 94 (98); *Satzger*, NStZ 2009, 297 (303).

512 *Saliger*, NStZ 2007, 545 (547); *ders./Gaede*, HRRS 2008, 57 (74 f.); *Schünemann*, NStZ 2008, 430 (433); *Evers*, Das Verhältnis des Vermögensnachteils bei der Untreue (§ 266 StGB) zum Vermögensschaden beim Betrug (§ 263 StGB), 2018, S. 136 ff.; *Werner*, Der Gefährdungsschaden als Nachteil im Sinne des Untreuetatbestandes, 2011, S. 51 f.

513 Diesen Aspekt in den Mittelpunkt stellend: *Knauer*, NStZ 2009, 151 (153); *Brüning/Wimmer*, ZJS 2009, 94 (98).

514 Vgl. dazu *Becker*, NZWiSt 2015, 38 (39); *Brammsen/Apel*, WM 2010, 781 (784); *Strelczyk*, Die Strafbarkeit der Bildung schwarzer Kassen, 2008, S. 113 ff.

nachträglich überprüfbar sein. Gerade bei schwarzen Kassen-Fällen ist zu berücksichtigen, dass der richtige Sachverhalt regelmäßig schwer zu ermitteln ist, da eine schwarze Kasse oft durch verschiedene Verschleierungsmechanismen gebildet wird. Die Intransparenz und fehlende Kontrolle der Gelder in einer schwarzen Kasse zeigen, dass der Verlust des Zugriffs auf die Vermögenswerte faktisch ihre wirtschaftliche Einbuße bedeutet.[515] Des Weiteren kann der Verwendungszweck für die Gelder in einer schwarzen Kasse nicht ausschlaggebend sein, da die Existenz einer solchen schon die objektive Gefahr für das Vermögen des Treugebers und dessen fehlenden Einfluss auf diesen Vermögensbestandteil in sich birgt.[516] Selbst wenn die schwarze Kasse zugunsten des Vermögensinhabers genutzt wird, hat dieser keine Entscheidungsbefugnis darüber. Diese ist jedoch Bestandteil des Vermögensschutzes, vgl. Art. 14 I GG und § 903 S. 1 BGB.

16. BGHSt 52, 323 – sog. *Siemens-Fall* und weitere Entscheidungen: Endgültiger Schaden

Gegen diese bisherige Rechtsprechungslinie stellten sich der 2. Strafsenat des BGH in den Jahren 2008 (sog. *Siemens-Fall*) und 2010 (sog. *Trienekens-Fall*) sowie der 5. Strafsenat des BGH im Jahr 2014. In den Fällen wurde jeweils kein Gefährdungsschaden, sondern ein endgültiger Schaden durch die Gerichte angenommen. Im *Siemens-Fall* sorgte der Angeklagte für die verdeckte Überweisung von Schmiergeldern durch ein etabliertes System, welches er von seinem Vorgänger übernahm, in Gestalt eines Geflechts von Nummernkonten bei diversen liechtensteinischen Banken, die auf verschiedene Unternehmen und Stiftungen liefen. Die Gelder auf diesen Konten waren bei vorherigen Projekten nicht aufgebraucht worden und wurden nicht in die offizielle Buchhaltung von *Siemens* aufgenommen. Laut BGH liegt ein endgültiger Schaden darin, dass die in der schwarzen Kasse gehaltenen Mittel aus Sicht von *Siemens* wirtschaftlich verloren seien, da sie auf Dauer verborgen gehalten wurden:

> „Indem der Angeklagte Geldvermögen [...] in den verdeckten Kassen führte und der Treugeberin auf Dauer vorenthielt, entzog er diese Vermögensteile seiner Arbeitgeberin endgültig. Diese konnte auf die

515 So auch *Hoven*, NStZ 2014, 646 (647); *dies.*, Der Schadensbegriff bei schwarzen Kassen, in: Dogmatik und Praxis des strafrechtlichen Vermögensschadens, 2015, S. 201 (209); *Becker*, NZWiSt 2015, 38 (39); *Brand*, GmbHR 2019, 408 (410).

516 Ebenso *Ransiek*, NJW 2007, 1727 (1728).

> verborgenen Vermögenswerte keinen Zugriff nehmen. Die Absicht, die Geldmittel – ganz oder überwiegend – bei späterer Gelegenheit im Interesse der Treugeberin einzusetzen, insbesondere um durch verdeckte Bestechungszahlungen Aufträge für sie zu akquirieren und ihr so mittelbar zu einem Vermögensgewinn zu verhalten, ist hierfür ohne Belang. [...] Der schadensersatzrechtliche Ausgleichsanspruch gegen den Täter ist nach ständiger Rechtsprechung kein der Schadensentstehung entgegen stehender Vorteil."[517]

Für die Annahme eines endgültigen Schadens sei die Endgültigkeit und Dauerhaftigkeit des Vorenthaltens der Gelder und die fehlende Zugriffsmöglichkeit des Berechtigten entscheidend. Die Endgültigkeit des Mittelentzugs führe zu einer aktiven Umverteilung von konkreten vermögenswerten Exspektanzen.[518] Dem stehe nicht entgegen, dass die Gelder noch in der schwarzen Kasse vorhanden seien. Diese Konstellation sei nicht mit den Fällen vergleichbar, in denen ein Treupflichtiger eigene Mittel jederzeit bereithält, um einen pflichtwidrig verursachten Schaden auszugleichen.[519] Überzeugend folgt – anders als bei der Figur des nicht (jederzeit) ausgleichsfähigen und -bereiten Täters[520] – der dogmatische Ansatz für die Feststellung eines Gefährdungsschadens in der vorliegenden Fallgruppe nicht aus dem Ausfallrisiko für eine Zahlung, sondern dem Nutzungsrisiko des Vermögensinhabers.

Im sog. *Trienekens-Fall* waren der Geschäftsführer einer GmbH und der Vorstand einer AG angeklagt, die schwarze Kassen im Ausland errichtet hatten. Die Gelder wurden dem gesellschaftsrechtlichen Kontrollmecha-

---

517 BGHSt 52, 323 (336 f.); dagegen nahm vorinstanzlich das LG Darmstadt noch einen Gefährdungsschaden an, vgl. LG Darmstadt, Urteil vom 14.5.2007 – 712 Js 5213/04–9 KLs, BeckRS 2007, 16611 Rn. 123 ff. Kritisch zur Berücksichtigung der Kompensation im konkreten Fall: *Corsten*, HRRS 2011, 247 (251 ff.); *Saliger/Gaede*, HRRS 2008, 57 (75); vgl. auch *Hefendehl*, Auslaufmodell „Vermögensgefährdung"?, in: Festschrift für Samson, 2010, S. 295 (295 ff.).

518 Kritisch *Saliger* dahingehend, wie sich ein wirtschaftlich dem Treugeber zugeordnetes Vermögen, welches jahrelang im Interesse des Treugebers verwendet wurde, sich in einer schwarzen Kasse zu einer vermögenswerten Exspektanz verwandeln kann (*Saliger*, NJW 2010, 3195 [3197]; *ders.*, Die Normativierung des Schadensbegriffs in der neuen Rechtsprechung zu Betrug und Untreue, in: Festschrift für Samson, 2010, S. 455 [462 f.]).

519 BGHSt 52, 323 (338). Anmerkungen dazu, die fürs Hiesige nicht relevant sind: *Wybitul*, BB 2009, 111; *Beukelmann*, NJW-Spezial 2008, 600.

520 Zu dieser Konstellation ab S. 91. Vgl. auch *Strelczyk*, Die Strafbarkeit der Bildung schwarzer Kassen, 2008, S. 135 f.; gegen die Ansicht des BGH *Satzger*, NStZ 2009, 297 (302 f.).

nismus entzogen und durch Dritte transferiert, weshalb ein Verlust wegen der fehlenden bzw. unzutreffenden Dokumentation von Zahlungsabflüssen nicht erfolgreich verfolgt werden konnte. Es bestand kein eigener zivilrechtlicher Auszahlungsanspruch der GmbH bzw. AG oder einem von ihnen beherrschten Unternehmen gegen die kontoführende Bank. Der Verbleib oder die Verwendung der Gelder wurden von keiner Unternehmenseinheit überwacht. Die Kontrolle über die Gelder oblag allein den Angeklagten. Eine Sicherung gegen eigenmächtige Zugriffe bestand nicht. Der BGH stellte klar, dass der Zweck einer schwarzen Kasse unerheblich sei. Die Bestimmung über die Verwendung des eigenen Vermögens obliege dem Vermögensinhaber und bei einer Kapitalgesellschaft deren zuständigen Organen. Aufgrund der konkreten Ausgestaltung der schwarzen Kasse liege ein endgültiger Schaden vor, da die Gelder durch den Aufbau einer vorgetäuschten Geschäftsfassade und dem Fehlen in der Buchhaltung vollständig aus dem Vermögen der Treugeberinnen herausgelöst waren.[521]

2014 hatte der 5. Strafsenat des BGH über einen Sachverhalt zu entscheiden, in dem von einem Lieferanten regelmäßig überhöhte Rechnungen zwecks Bildung einer schwarzen Kasse eingereicht wurden. Die überhöhten Beträge wurden auf einem Konto des Lieferanten gehalten, über welche der Angeklagte nach Einreichung von Scheinrechnungen gegen den Lieferanten frei verfügen konnte. Der BGH nahm einen endgültigen Schaden durch die auf Zuruf bewirkten erhöhten Rechnungen seitens des Lieferanten an, die jeweils wegen nicht erbrachter Leistungen überschießende Geldabflüsse zur Folge hatten. Die Vermögenswerte seien nicht mehr dem Unternehmen zugeordnet gewesen, weil diese auf einem Konto des Lieferanten lagen. In den späteren Abbuchungen von dem Konto liege nur eine Schadensvertiefung.[522]

a. Übertragung der *Kanther/Weyrauch*-Rechtsprechung auf die Privatwirtschaft

In der Literatur ist umstritten, ob die Leitlinie aus dem *Kanther/Weyrauch-Fall* z. B. auf den *Siemens-Fall* überhaupt angewendet werden darf, da letz-

---

521 BGHSt 55, 266 (282 f.). Anmerkungen dazu, die fürs Hiesige nicht relevant sind: *Görling*, CCZ 2011, 77; *Hugger*, BB 2010, 2594; *Vath*, GWR 2010, 472; *Podewils*, jurisPR-HaGesR 11/2010 Anm. 1; *Bosbach*, WuB IX § 266 StGB 1.09; *Prowatke*, GmbH-StB 2010, 322; *Greulich*, StBW 2010, 954; *Brand*, JR 2011, 400.

522 BGH NStZ 2014, 646 (646).

terer den Bereich der Privatwirtschaft und keinen öffentlich-rechtlichen Kontext betreffe. Für eine unterschiedliche rechtliche Bewertung wird angeführt, dass Vorstandsmitgliedern und leitenden Mitarbeitenden im Privatsektor ganz allgemein eine Dispositionsfähigkeit nach eigenem Ermessen eingeräumt werde. Dadurch sei der Kontrollverlust über das Vermögen durch die eigenverantwortliche Selbstgefährdung bereits bewirkt worden und nicht erst durch die Bildung einer schwarzen Kasse.[523] Diese Argumentation geht jedoch fehl, da die Tatbestandsmerkmale des § 266 I StGB „Pflichtwidrigkeit" und „Nachteil" vermischt werden. Auf die Reichweite der Vermögensbetreuungspflicht ist im Rahmen der Pflichtwidrigkeit einzugehen. Wurde die Kompetenz nicht überschritten, scheitert es an der Pflichtwidrigkeit. Davon getrennt ist ein Nachteil festzustellen. Natürlich kann die Frage, ob ein Gefährdungsschaden in einem Privatunternehmen durch die Bildung einer schwarzen Kasse eingetreten ist, nicht pauschal beantwortet werden. Allerdings sprechen somit keine überzeugenden Argumente gegen die Übertragung der Leitlinie zu der Annahme eines Gefährdungsschadens im Einzelfall.[524] Es muss jedoch noch geklärt werden, welche Anforderungen an eine eigenverantwortliche Selbstgefährdung durch eine Kontrollvermeidung der Geschäftsführung zu dem Ausschluss eines Gefährdungsschadens bei schwarzen Kassen-Fällen zu fordern sind, sowie die Frage, ob die Bildung einer schwarzen Kasse mit deren Billigung durch die Geschäftsführung gleichgesetzt werden kann. Die Verteilung der Strafrisiken bereitet dabei große Schwierigkeiten.[525]

b. Dispositionsmöglichkeit als Vermögensbestandteil

An der Konstellation der Entziehung der Dispositionsmöglichkeit für die Feststellung eines Gefährdungsschadens könnte kritisiert werden, dass die Begriffe „Vermögensschaden" und „Dispositionsmöglichkeit" grundsätzlich gegensätzlich sind. Allerdings macht die Möglichkeit zur Disposition und zur Bestimmung über den Verbleib des Vermögens einen wesentlichen wirtschaftlichen Wert dessen aus. Überhaupt kann die Dispositions-

523 Dazu *Rönnau*, Einrichtung >>schwarzer << (Schmiergeld-)Kassen in der Privatwirtschaft – eine strafbare Untreue?, in: Festschrift für Tiedemann, 2008, S. 713 (722 ff.); *Saliger/Gaede*, HRRS 2008, 57 (71) mwN.

524 In diese Richtung auch *Werner*, Der Gefährdungsschaden als Nachteil im Sinne des Untreuetatbestandes, 2011, S. 66.

525 Ebenso *Rönnau*, StV 2009, 246 (248); dagegen und für eine eigenverantwortliche Selbstgefährdung plädierend *Saliger/Gaede*, HRRS 2008, 57 (71).

möglichkeit nur schwer von der freien Verfügungsmacht über Wirtschaftsgüter abgegrenzt werden, bildet dies doch gerade den Kern des Rechtsguts „Vermögen", vgl. Art. 14 I GG und § 903 BGB. Schon das BVerfG sah Geld als „geprägte Freiheit" an. „[E]s kann frei in Gegenstände eingetauscht werden."[526] Der Wert eines Vermögensbestandteils liegt also u. a. darin, dass der Rechtsgutinhaber darüber nach seinem freien Ermessen disponieren kann:

> „Das Gut stellt ein Reservoir für Handlungschancen dar und wird in dieser Funktion für den Berechtigten strafrechtlich geschützt. Um von dieser Freiheit Gebrauch machen zu können, muß der Rechtsgutsträger Kenntnis von seinen Vermögensgegenständen haben oder jedenfalls ohne große Widerstände erlangen können."[527]

Beispielsweise ist gebundenes Vermögen aus wirtschaftlicher Perspektive weniger wert als noch frei verwendbare Mittel. Das Maß der wirtschaftlichen Beeinträchtigung muss also dafür ausschlaggebend sein, ob ein Gefährdungsschaden oder ein endgültiger Schaden eingetreten ist. Dies hat der BGH im *Siemens-Fall* klargestellt. Die Entziehung der Dispositionsmöglichkeit als Teil des Vermögens wirtschaftlich zu berechnen, wird die Gerichte künftig vor große Herausforderungen stellen. *Schlösser* fasst dazu überzeugend zusammen:

> „Die endgültige Aufhebung von Dispositionsmöglichkeit und Bestimmungsrecht führt zu einer Wertvernichtung, so dass der *2. Senat* zu der Feststellung kommen konnte, dass die Möglichkeit zur Disposition über das eigene Vermögen zum Kern der von § 266 StGB geschützten Rechtsposition gehört."[528]

---

526 BVerfGE 97, 350 Rn. 88.

527 So überzeugend *Rönnau*, StV 2009, 246 (249); vgl. auch *Bittmann*, NZWiSt 2014, 129 (133).

528 *Schlösser*, HRRS 2009, 19 (24) – Hervorhebung im Original; diese Ansicht ebenfalls vertretend *Becker*, HRRS 2012, 237 (242); *Bosbach*, WuB IX § 266 StGB 1.11; *Hohn*, „Freie" und „unfreie" Verfügungen über das Vermögen, in: Festschrift für Rissing-van Saan, 2011, S. 259 (265 ff.); *Ensenbach*, Der Prognoseschaden bei der Untreue, 2016, S. 330 f.; a.A. *Bosch*, JA 2009, 233 (235); *Schünemann*, StraFo 2010, 1 (9); *Saliger*, in: Matt/Renzikowski (Hrsg.), StGB, 2. Auflage 2020, § 263 Rn. 189, der von zulässigem unselbstständigen und unzulässigem selbstständigen Dispositionsschutz spricht; ferner dazu *ders./Gaede*, HRRS 2008, 57 (70), wonach eine verwendungszweckunabhängige Betrachtung stets nicht nur zu einem unzulässigen Dispositionsschutz, sondern auch zu einer Verschleifung von Tathandlung und Erfolg führe.

c. Voraussetzungen für einen endgültigen Schaden bei schwarzen Kassen

Die Strafsenate nahmen in den letzten drei dargestellten schwarzen Kassen-Fällen keinen Gefährdungsschaden, sondern einen endgültigen Schaden an. Die Begründungen sind zwar vergleichbar, aber nicht deckungsgleich. Allein wegen der Führung einer schwarzen Kasse ist noch kein Schaden eingetreten. Dafür muss im Einzelfall die tatsächliche Ausgestaltung und die Art und Weise der Verschleierung der Mittelzufügung in die schwarze Kasse sowie die Wahrscheinlichkeit bewertet werden, ob der Treugeber Kenntnis von den verborgenen Vermögensbestandteilen erlangen und auf diese (wieder) zugreifen können wird.[529] In dem *Trienekens-Fall* sowie in der Entscheidung aus dem Jahr 2014[530] waren die Gelder unter Aufbau einer Geschäftsfassade vollständig aus dem Vermögensbestand des Unternehmens herausgelöst, sodass keine sichere Wahrscheinlichkeit der Kenntniserlangung vorlag. Dagegen befand sich im *Siemens-Fall* die schwarze Kasse nur formal außerhalb des Konzerns, weshalb die Wahrscheinlichkeit der Kenntniserlangung hier viel höher war. Der BGH hätte daher im *Siemens-Fall* auf weitere Anhaltspunkte abstellen müssen, wie er es u. a. im *Trienekens-Fall* getan hat. Dabei kann der Verwendungszweck kein ausschlaggebendes Merkmal sein, da dieser sich jederzeit ändern kann.[531]

Bei alledem ist zu berücksichtigen, dass der Vermögensinhaber regelmäßig keine positive Kenntnis hinsichtlich jedes einzelnen ihm rechtlich zugewiesenen Vermögensgegenstands hat. Eine fehlende positive Kennt-

---

529 In diese Richtung auch *Becker*, NZWiSt 2015, 38 (40); *Perron*, in: Schönke/Schröder (Hrsg.), StGB, 30. Auflage 2019, § 266 Rn. 45c; *Sünner*, ZIP 2009, 937 (938 f.). Anders stellte es sich dagegen in BGH NStZ 2018, 105 (108) dar aufgrund der Möglichkeit der Aufdeckung bei einer Inventur.

530 BGHSt 55, 266 (282 f.); BGH NStZ 2014, 646 (646).

531 Dazu bereits ab S. 197; ebenso *Kindhäuser*, in: ders./Neumann/Paeffgen (Hrsg.), StGB, 5. Auflage 2017, § 266 Rn. 113; *Ransiek*, NJW 2007, 1727 (1728); *Fischer*, StGB, 68. Auflage 2021, § 266 Rn. 83; dagegen die wohl h.M. in der Literatur *Neye*, NStZ 1981, 369 (372); *Hefendehl*, Vermögensgefährdung und Exspektanzen, 1994, S. 291 f.; *Schünemann*, in: LK StGB, 12. Auflage 2012, Band 9/1, § 266 Rn. 180; *Saliger*, Parteiengesetz und Strafrecht, 2005, S. 422 ff.; *ders.*, NStZ 2007, 545 (547 f.); *Perron*, in: Schönke/Schröder (Hrsg.), StGB, 30. Auflage 2019, § 266 Rn. 45c; *Dierlamm*, in: MüKo StGB, Band 5, 3. Auflage 2019, § 266 Rn. 244; *Bernsmann*, GA 2007, 219 (232); *Rönnau*, Einrichtung >>schwarzer << (Schmiergeld-)Kassen in der Privatwirtschaft – eine strafbare Untreue?, in: Festschrift für Tiedemann, 2008, S. 713 (731 ff.); *Saliger/Gaede*, HRRS 2008, 57 (70); *Kempf*, Bestechende Untreue?, in: Festschrift für Hamm, 2008, S. 255 (265 ff.).

nis muss jedenfalls dann unbeachtlich sein, wenn die Wiedererlangung jederzeit möglich ist, weil der Vermögensgegenstand für ihn zugänglich ist.[532] Dies muss zu dem Tatzeitpunkt für die Feststellung eines Gefährdungsschadens oder eines endgültigen Schadens ausschlaggebend sein.[533] Die Endgültigkeit und Dauerhaftigkeit der Mittelentziehung stellen somit relevante schadensrechtliche Aspekte dar.

Es ist unklar, ob durch diese drei Rechtsprechungen die vielfach in der Literatur behauptete Rechtsprechungsänderung[534] oder eine Verschärfung und Präzisierung[535] stattgefunden hat. Denn in den jeweiligen Fällen könnten die schwarzen Kassen auch nur anders gebildet worden sein, sodass kein Gefährdungsschaden, sondern ein endgültiger Schaden vorlag. Der Sachverhalt muss in schwarzen Kassen-Fällen somit immer detailliert ermittelt werden, auch wenn dies die Gerichte vor große Herausforderungen stellt.

Ungeachtet dessen bedarf es einer Klarstellung durch die Gerichte: Erstens, unter welchen Voraussetzungen die Einrichtung von schwarzen Kassen einen Verlust der Dispositionsmöglichkeit begründet und zweitens, wann dies bereits einen endgültigen Verlust bedeutet.[536] Mithin müssen die Fragen geklärt werden, wann die wirtschaftlichen Interessen so stark beeinträchtigt werden, dass der Wert des aus der Buchhaltung und Bilanz eliminierten Gegenstands für den Vermögensinhaber schon gegenwärtig gemindert ist, sodass ein Gefährdungsschaden vorliegt oder wann der Mittelentzug zu einem endgültigen Schaden führt. Im Jahr 2016 deutete der BGH in der sog. *Siemens/Sharef-Entscheidung* dazu an, dass es für einen Nachteil relevant sei, ob *Siemens* direkten Zugriff auf die Gelder der schwarzen Kasse habe.[537] Sodann stellte 2018 der BGH klar, dass ein endgültiger Schaden nur vorliege, wenn die Treugeberin „keinerlei Zugriffsmöglichkeit" mehr auf den Inhalt der schwarzen Kasse hat.

---

532 Vgl. *Becker*, NZWiSt 2015, 38 (40); *ders.*, HRRS 2012, 237 (243); *Rönnau*, StV 2009, 246 (250); *Hohn*, „Freie" und „unfreie" Verfügungen über das Vermögen, in: Festschrift für Rissing-van Saan, 2011, S. 259 (269 f.).

533 In diese Richtung auch *Becker*, NZWiSt 2015, 38 (40).

534 *Mühlenfeld*, jurisPR-StrafR 19/2010 Anm. 2; *Satzger*, NStZ 2009, 297 (302); *Rönnau*, StV 2009, 246 (246).

535 So *Tierel*, jurisPR-StrafR 2/2009 Anm. 3; *Hoffmann*, GmbHR 2010, 1150 (1152).

536 Ebenso Rechtssicherheit fordernd *Marxen/Taschner*, EWiR 2009, 253 (254); vgl. ebenfalls *Wessing*, EWiR 2010, 797 (798).

537 BGH WM 2017, 32 (36). Anmerkungen dazu, die fürs Hiesige nicht relevant sind: *Lorenz*, GWR 2017, 12; *C. Kunkel/O. Kunkel*, jurisPR-Compl 2/2017 Anm. 3.

In dem zu entscheidenden Fall wurden die Geldmittel auf ausländische Bankkonten von ausländischen Gesellschaften verschoben, die maßgeblich von den Angeklagten beherrscht wurden. Zivilrechtliche Ansprüche gegen die ausländischen Gesellschaften bestanden nicht. Die Treugeberin habe nur gegen die an den Vermögensverschiebungen beteiligten Mitarbeiter persönlich vorgehen können. Die Gelder waren durch fingierte Geschäftsvorgänge aus dem Vermögensbestand vollständig herausgelöst und in der Buchhaltung nicht ordnungsgemäß erfasst worden. Der Verwendung der Mittel in der schwarzen Kasse oblag ausschließlich den Angeklagten. Der BGH führte weiter aus:

> „Bei dieser Sachlage waren die ausgegliederten Vermögenswerte bereits zur Zeit ihrer Überführung in die schwarze Kasse nicht nur im Sinne einer Vermögensgefährdung in ihrem wirtschaftlichen Wert gemindert; sie waren vielmehr dem Zugriff der Treugeberin bereits endgültig entzogen [...].“[538]

Indem durch die konkrete Ausgestaltung der schwarzen Kasse die Treugeberin keine jederzeitige Zugriffsmöglichkeit auf ihre Vermögensbestandteile gehabt habe, liege ein endgültiger Schaden vor. Dem stehe auch nicht entgegen, dass ein Vorstandsmitglied der Treugeberin von der Transferierung der Gelder auf ausländische Konten Kenntnis hatte. Der BGH ließ offen, ob in anders gelagerten Konstellationen ein vertrauenswürdiger und zuverlässiger Kassenverwalter ausreiche, um den Eintritt eines Vermögensschadens durch die Einrichtung einer schwarzen Kasse auszuschließen.[539]

17. BGH NZWiSt 2020, 318

Im Jahr 2020 fasste der BGH dies zusammen:

> „Ein Vermögensnachteil im Sinne des § 266 Abs. 1 StGB *kann* bereits durch das Einrichten und Führen einer solchen sog. schwarzen oder verdeckten Kasse eintreten, ohne dass es auf die Grundsätze einer schadensgleichen Vermögensgefährdung ankommt [...]. Maßgeblich ist,

538 BGH wistra 2019, 190 (194).

539 BGH wistra 2019, 190 (194); zustimmend *Brand*, GmbHR 2019, 408 (410). Hier prüfte der BGH einen Gefährdungsschaden aufgrund von gezahlten Schmiergeldern, dazu ab S. 66. Zu dem möglichen Ausschluss eines Schadens aufgrund eines zuverlässigen Kassenverwalters etwa: *Schünemann*, in: LK StGB, 12. Auflage 2012, Band 9/1, § 266 Rn. 180.

> ob die Treugeberin nach der konkreten Ausgestaltung der verdeckten Kasse auf diese nicht mehr zugreifen kann und die ausgegliederten Vermögenswerte damit nicht nur in ihrem wirtschaftlichen Wert gemindert, sondern der Treugeberin dauerhaft entzogen sind [...]. Dies kommt nicht nur in Betracht, wenn die Kasse ohne Kenntnis des Vorstands bzw. der Geschäftsführung und unter Verstoß gegen Unternehmensrichtlinien eingerichtet und geführt wird, sondern auch bei bewusstem Ausschluss der Kontrolle und Aufsicht durch die Gesellschaftsorgane [...]. Die dauerhafte Entziehung der Verfügungsmöglichkeit der Treugeberin über die Vermögenswerte stellt einen endgültigen Vermögensverlust dar, der zur Vollendung des Tatbestands der Untreue und zu einem Vermögensnachteil in Höhe der in der verdeckten Kasse vorenthaltenen Mittel führt; die Verwendung der entzogenen Mittel ist danach nur eine Schadensvertiefung und ihre Rückführung allenfalls Schadenswiedergutmachung [...].“[540]

Weiterhin sind die genauen Voraussetzungen für die Annahme eines endgültigen Schadens unklar, also wann die Einrichtung einer schwarzen Kasse einen dauerhaften Verlust der Dispositionsmöglichkeit[541] und keinerlei Zugriffsmöglichkeit bedeutet.[542] Beides kann nicht nur durch eine unordnungsgemäße Verbuchung der Gelder angenommen werden,[543] denn dies ist ein Merkmal von schwarzen Kassen und macht das Vermögen nicht zwangsläufig endgültig wirtschaftlich wertlos. Ein ausschlaggebender Aspekt muss jedenfalls die wirtschaftliche Berechtigung des Treugebers für die Mittel in der schwarzen Kasse sein.[544]

18. BGHSt 58, 119

2013 hatte der BGH über einen Sachverhalt zu entscheiden, in dem der Angeklagte Datensätze mit Namen und Kontonummern dazu genutzt hatte, Abbuchungen ohne die Zustimmung der Personen auf ein Stroh-

---

540 BGH NZWiSt 2020, 318 (320) – Hervorhebungen durch Verf.; zustimmend *Ransiek*, NJW 2009, 95 (96); kritisch *Wittig*, in: BeckOK StGB, 50. Edition, Stand: 1.5.2021, § 266 Rn. 57.1 f.

541 Dem zustimmend *Hoven*, NStZ 2014, 646 (647).

542 Stets für einen Gefährdungsschaden plädierend *Rönnau*, StV 2009, 246 (249).

543 So auch *Brüning/Wimmer*, ZJS 2009, 94 (97).

544 Dazu eingehend *Scheider*, NZWiSt 2020, 322 (322); *Habetha*, NStZ 2020, 546 (547 ff.); vgl. auch *Satzger*, NStZ 2009, 297 (302).

mannkonto vorzunehmen. Die Abbuchungen wiesen den Anschein einer Lastschrift auf. Da der Großteil der Personen der Abbuchung widersprach, sperrte die Bank kurze Zeit später das Strohmannkonto. Der BGH diskutierte das Vorliegen eines Gefährdungsschadens der widersprechenden Kunden, da diese zeitweilig nicht über den betreffenden Teil ihres Vermögens verfügen konnten sowie das Risiko trugen, den Abbuchungsvorgang nicht zu bemerken und mit einer Beanstandung gegen den bemerkten Abbuchungsauftrag zu scheitern. Allerdings sei es bei vollautomatisierten Überprüfungen nicht fernliegend, dass eine fehlende Dispositionsmöglichkeit allenfalls auf eine logische Sekunde begrenzt sei und damit keine faktische Beeinträchtigung des Vermögens der Bankkunden zur Folge habe.[545] *Heghmanns* führt dazu überzeugenderweise aus, dass aufgrund der nur eingeschränkten Abwehrmöglichkeiten gegen bestehende Abbuchungsaufträge ein gewisses Vermögensrisiko existiere. Allerdings sei fraglich, ob dieses Risiko hinreichend wahrscheinlich genug sei, um einen Gefährdungsschaden anzunehmen.[546]

19. BGH NStZ 2015, 220

Im gleichen Jahr hatte der BGH über einen Sachverhalt zu urteilen, in dem die Leitungsmitglieder eines kommunalen Verbandes dafür gesorgt hatten, dass dem Geschäftsführer eine überhöhte Vergütung bezahlt wurde. Der BGH verneinte den Eintritt eines Gefährdungsschadens durch die unterbliebene Geltendmachung des Bereicherungs- und Schadensersatzanspruchs gegen den Geschäftsführer, da die Ansprüche weder in ihrem Bestand berührt noch in bezifferbarer Weise vermindert worden seien. Dies gelte unabhängig von der Pflicht zur Geltendmachung aufgrund der Grundsätze der Wirtschaftlichkeit und Sparsamkeit im Haushaltsrecht. Es könne dahinstehen, ob das Verschweigen einer Forderung gegenüber dem Berechtigten dann einen Gefährdungsschaden begründe,

---

545 BGHSt 58, 119 (127 f.); BGH NStZ 2014, 579 (580); zustimmend *Basar*, EWiR 2013, 293 (293). In BGHSt 58, 119 prüfte der BGH noch unter Berücksichtigung der ungehinderten Zugriffsmöglichkeit einen Gefährdungsschaden zum Nachteil der Bank, dazu in einer anderen Fallgruppe ab S. 250. Anmerkung zu BGHSt 58, 119, die fürs Hiesige nicht relevant ist: *Krell*, NStZ 2014, 686. In BGH NStZ 2014, 579 prüfte der BGH noch einen Schaden der Bank, wobei das Gericht kritisch hinsichtlich der Annahme eines Gefährdungsschadens war, dazu in einer anderen Fallgruppe ab S. 250.

546 *Heghmanns*, ZJS 2013, 423 (425 f.); vgl. ebenfalls *Schuhr*, JR 2013, 579 (579).

wenn die Verjährung der Forderung droht und der Schuldner die Einrede der Verjährung wirksam erheben kann oder der Eintritt der Zahlungsunfähigkeit zu besorgen ist. Dies sei im hiesigen Fall jedenfalls nicht gegeben.[547]

20. BGH wistra 2020, 459

2019 hatte der BGH über einen Fall zu entscheiden, in dem über das Bestehen einer Forderung getäuscht wurde. Er stellte klar, dass nicht bereits zu Beginn einer Vertragsverhandlung über die Veräußerung von Kommanditanteilen aufgrund der fehlenden Aufklärung über abrufbares Vermögen auf den Konten ein Gefährdungsschaden eingetreten sei. Denn bei Beginn der Vertragsverhandlungen stehe noch nicht fest, ob ein Kauf- und Übereignungsvertrag tatsächlich geschlossen werde. Kenne der Kommanditist zu diesem Zeitpunkt das ihm zustehende Guthaben nicht, welches bei Veräußerung seines Kommanditanteils auf den Erwerber mitübertragen werde, bestehe die Gefahr, dass er unbewusst Guthaben mitveräußere. Die Gefahr sei für die Annahme eines Gefährdungsschadens noch zu abstrakt, denn der Bestand des Auszahlungsanspruchs werde durch seine unterbliebene Geltendmachung nicht berührt. Jedenfalls mindere die fortdauernde Unkenntnis von einem Anspruch den Wert des weiterbestehenden Anspruchs nicht in bezifferbarer Weise.[548]

Diese Rechtsprechung steht im Widerspruch zur Judikatur des *Kanther/Weyrauch-Falls* und des *Siemens-Falls*, in denen ein Nachteil (Gefährdungsschaden bzw. endgültiger Schaden) bereits allgemein aufgrund der Bildung einer schwarzen Kasse angenommen wurde. Die hiesige Ablehnung eines Gefährdungsschadens ist damit nicht vereinbar, obwohl mit der Passivität die Rückzahlung der Mittel gleichsam auf Dauer verhindert werden sollte. Für den Berechtigten ist ein Vermögensgegenstand nichts wert, wenn er von diesem keine Kenntnis hat. Dann erleidet er aufgrund des Verschweigens eine Einbuße in Höhe des Gesamtwerts.[549]

Allerdings ist fraglich, ob nur aufgrund der fehlenden Kenntnis über eine bestehende Forderung ein Gefährdungsschaden festgestellt werden kann. Einerseits könnte die bloße täuschungsbedingte unterbliebene Gel-

547 BGH NStZ 2015, 220 (221 f.). Zu den Beteiligungsformen in dem konkreten Fall *Trück*, ZWH 2015, 113 (113).

548 BGH wistra 2020, 459 (462).

549 Ebenso *Bittmann*, NZWiSt 2014, 129 (134).

tendmachung einer Forderung für die Annahme eines Gefährdungsschadens ausreichend sein.[550] Andererseits könnte eine konkretere Gefährdung der Realisierung des Anspruchs, wie durch die Einrede der Verjährung aus § 214 BGB, gefordert werden.[551] Die letztgenannte Ansicht überzeugt nicht, da ohnehin für einen Gefährdungsschaden hinreichend konkrete Anhaltspunkte im Einzelfall vorliegen müssen. Da ein Schaden zum Tatzeitpunkt feststehen muss, kann er zudem nicht von eventuell künftig erhobenen Einreden abhängig gemacht werden. Gegen das Kriterium der drohenden zivilrechtlichen Verjährung spricht auch, dass dann z. B. Unsicherheiten zu berücksichtigen sind, wie, dass die Verjährungsfrist gem. § 199 I Nr. 2 BGB nur in Gang gesetzt wird, wenn der Gläubiger von den anspruchsbegründenden Umständen Kenntnis erlangt oder grob fahrlässig hätte erlangen müssen. In Fällen des Verschweigens einer Forderung wäre dann eine Strafbarkeit regelmäßig ausgeschlossen, denn innerhalb der Grenzen der strafrechtlichen Verfolgungsverjährung für Vermögensdelikte dürfte eine zivilrechtliche Verjährung in der Regel ohnehin nicht drohen. Mithin ist ein Gläubiger, der von der Existenz eines werthaltigen Anspruchs nichts weiß, schon dadurch geschädigt.[552]

21. Zwischenfazit

Die historisch-chronologische Darstellung und Analyse hat gezeigt, dass die bisherige Systematisierung in der Literatur unter den Begriffen „Schwarze Kassen“, „Haushaltsuntreue“ oder „Nutzungsbetrug“ mangels schadensrechtlichen Nutzens nicht überzeugt. Das dogmatische Phänomen wird sachgerechter in der Konstellation der Entziehung der Dispositionsmöglichkeit erfasst. Denn schon das RG hat herausgearbeitet, dass ein Gefährdungsschaden bereits allgemein durch die Lockerung der Herrschaftssphäre eintreten könne, da beispielsweise der Geschädigte dadurch an der Geltendmachung berechtigter Ansprüche gehindert werde, weil er seine Ansprüche nicht erkenne oder zuständige (staatliche) Stellen nicht in der Lage seien, die Mittel nach ihrem eigenen Ermessen zu nutzen. Eine

550 Vgl. dazu RGSt 65, 99 (100); 70, 225 (227 f.); *Perron*, in: Schönke/Schröder (Hrsg.), StGB, 30. Auflage 2019, § 266 Rn. 144; *Hefendehl*, in: MüKo StGB, Band 5, 3. Auflage 2019, § 263 Rn. 744 ff.; *Kindhäuser*, in: ders./Neumann/Paeffgen (Hrsg.), StGB, 5. Auflage 2017, § 263 Rn. 312 jeweils mwN.

551 Vgl. *Tiedemann*, in: LK StGB, 12. Auflage 2012, Band 9/1, § 263 Rn. 229; *Trück*, ZWH 2014, 361 (363).

552 Vgl. auch *Klemm*, NStZ 2015, 223 (224 f.).

Ausnahme liege bei der Zahlung bereits fälliger Forderungen vor, wenn keine anderen Forderungen vorhanden gewesen sind, deren Befriedigung zur Erhaltung des Vermögens vordringlicher gewesen wäre.

Dieser Rechtsprechungslinie schloss sich der BGH weitestgehend an, indem er ausführte, dass ein Gefährdungsschaden eintrete, wenn der Geschädigte durch die Tathandlung keine Übersicht über seine Rechte und Pflichten, mithin über sein Vermögen, hat und mangels Kenntnis gehindert ist, Ansprüche geltend zu machen oder eine ordnungsgemäße Verwendung der Mittel mangels Kontrolle des Vermögensinhabers nicht sichergestellt werden kann. Später fügte der BGH dieser Rechtsprechungslinie hinzu, dass ein Gefährdungsschaden bereits durch das Vorlegen fingierter Rechnungen eingetreten sei, da die Geldbeträge nunmehr in der Verfügungsgewalt des Schädigers liegen. Aufgrund der fingierten Rechnungen glaube der Geschädigte, die Mittel nicht mehr zur Verfügung zu haben. Dafür sei erforderlich, dass ein Anspruch des Geschädigten auf das Vermögen tatsächlich bestehe. Der Anspruch dürfe nicht nur hinreichend wahrscheinlich sein. Teilweise klang damit an, dass *per se* durch die unordentliche Buchführung ein Gefährdungsschaden vorliege. Dies überzeugt nicht, da eine unordentliche Buchführung an sich grundsätzlich nur eine abstrakte Gefährdung und noch keine gegenwärtige, hinreichend konkrete Vermögensgefährdung, die für die Feststellung eines Gefährdungsschadens erforderlich ist, zur Folge hat. Begrüßenswert ist daher, dass der BGH im Laufe der Zeit die Anforderungen an das Vorliegen einer konkreten hinreichenden Gefahr konkretisiert hat. Dass die fehlende Dispositionsmöglichkeit grundsätzlich zur Annahme eines Gefährdungsschadens führen kann, überzeugt, da der Vermögensinhabers keine Entscheidungsbefugnis mehr über sein Vermögen hat, wobei diese elementarer Bestandteil des Vermögens ist, vgl. Art. 14 I GG und § 903 S. 1 BGB. Die Möglichkeit zur Disposition und zur Bestimmung über den Verbleib des Vermögens macht einen wesentlichen wirtschaftlichen Wert dessen aus.

Nicht überzeugend hat der BGH im *Bugwellenprozess* angenommen, dass ein Gefährdungsschaden durch die Haushaltsüberziehung vorliege, wenn eine wirtschaftlich gewichtige Kreditaufnahme erforderlich wird, da dadurch die Dispositionsfähigkeit des Haushaltgesetzgebers in schwerwiegender Weise beeinträchtigt und er durch den Mittelaufwand insbesondere in seiner politischen Gestaltungsbefugnis beschnitten wird. Allein aus der Vorschriftswidrigkeit einer Tathandlung kann noch kein Schaden angenommen werden. Es hätte geprüft werden müssen, ob die Zuordnung der Mittel in einer Weise verändert wurde, dass aus wirtschaftlicher Sicht das Vermögen des Vermögensträgers gemindert ist.

Im *Kanther/Weyrauch-Fall* nahm der BGH einen Gefährdungsschaden an, da die Vermögenswerte als geheime, keiner wirksamen Zweckbindung unterliegenden und jeder Kontrolle durch den Berechtigten entzogenen „Dispositionsfonds“ genutzt werden konnten. Die zweckunabhängige Feststellung eines Schadens überzeugt, da der Verwendungszweck der entzogenen Mittel durch den Schädiger jederzeit geändert werden kann. Im Gegensatz zum *Kanther/Weyrauch-Fall* nahm der BGH im *Siemens-Fall* pauschal einen endgültigen Schaden durch die Zuführung von Mitteln in eine schwarze Kasse und deren Vorenthaltung an. Dies überzeugt nicht. Vielmehr hätte das Gericht auf die konkrete Ausgestaltung der schwarzen Kasse und die Art und Weise der Verschleierung der Mittelzufügung sowie die Wahrscheinlichkeit bewerten müssen, ob der Treugeber Kenntnis von den verborgenen Vermögensbestandteilen erlangen und auf diese (wieder) zugreifen können wird, wie es das u.a. im *Trienekens-Fall* getan hat: Aufgrund der konkreten Ausgestaltung der schwarzen Kasse wurde ein endgültiger Schaden angenommen, da die Gelder durch den Aufbau einer vorgetäuschten Geschäftsfassade und dem Fehlen in der Buchhaltung vollständig aus dem Vermögen der Treugeberinnen herausgelöst waren. Mithin muss durch die Rechtsprechung noch im Einzelfall zur Abgrenzung von Gefährdungsschaden und endgültigem Schaden herausgearbeitet werden, wann das Maß der wirtschaftlichen Beeinträchtigung einen dauerhaften Verlust der Dispositionsmöglichkeit und endgültig keinerlei Zugriffsmöglichkeit bedeutet. Beides kann nicht schon allein bei nicht ordnungsgemäßer Verbuchung der Gelder angenommen werden, denn dies macht das Vermögen nicht zwangsläufig endgültig wirtschaftlich wertlos.

Im Widerspruch zur bisherigen Judikatur verneinte der BGH jüngst den Eintritt eines Schadens durch das Verschweigen einer bestehenden Forderung. Die Gefahr sei für die Annahme eines Gefährdungsschadens noch zu abstrakt, denn der Bestand des Auszahlungsanspruchs werde durch seine unterbliebene Geltendmachung nicht berührt. Jedenfalls mindere die fortdauernde Unkenntnis von einem Anspruch den Wert des weiterbestehenden Anspruchs nicht in bezifferbarer Weise. Dies überzeugt nicht, da mit der Passivität die Rückzahlung der Mittel gleichsam auf Dauer verhindert werden sollte. Für den Berechtigten ist ein Vermögensgegenstand nichts wert, wenn er von diesem keine Kenntnis hat. Dann erleidet er aufgrund des Verschweigens eine Einbuße in Höhe des Gesamtwerts. Da ein Schaden zum Tatzeitpunkt feststehen muss, kann er zudem nicht von eventuell künftig erhobenen Einreden abhängig gemacht werden.

Die sich in der hiesigen Fallgruppe der Entziehung der Dispositionsmöglichkeit stellenden Probleme wurden seitens der bisherigen Literatur nicht sachgerecht erfasst. Es wurde aufgezeigt, dass durch die vorliegende Gruppierung dogmatische Zusammenhänge am besten systematisiert werden, um dem Konzept des Gefährdungsschadens wirtschaftlich angemessen zu begegnen. Zur Erleichterung kann bei der Schadensfeststellung die zivilrechtlichen Wertungen der Rückgriffskondiktion aus § 812 I 1 Var. 2 BGB herangezogen werden, da diese dem fremde Schulden bezahlenden Dritten einen Ersatzanspruch gegen den nun von seiner Verbindlichkeit befreiten Schuldner gibt. Dies ist vergleichbar, da diese ebenso eine Konstellation erfasst, in der wirtschaftlich die Mittel des Vermögensinhabers ohne sein Zutun neu sortiert werden.

II. Erschwerte Durchsetzung oder drohende Inanspruchnahme

1. Einführung in die Konstellation

Dogmatisch sind der Konstellation der erschwerten Durchsetzung oder drohenden Inanspruchnahme 61 aussagekräftige in der Standardliteratur publizierte Entscheidungen zuzuordnen.[553] Seitens der bisherigen Literatur wurden diese Judikate meist unter die Begriffe „Prozessbetrug“,

---

553 RG JW 1927, 905 Nr. 24; 1927, 2139 Nr. 45; 1928, 411; HRR 1928 Nr. 796; 1928 Nr. 1537; RGSt 8, 68; 39, 184; 73, 61; BGHSt 1, 92; 3, 370; 15, 83; 20, 136; 21, 112; 22, 88; 32, 211; 34, 394; 37, 168; 47, 8; 51, 100 (sog. *Kanther/Weyrauch-Fall*); BGH wistra 1987, 21; 1988, 26; 2003, 230; 2011, 387; NStZ-RR 1998, 233; 2000, 234; 2005, 343; 2016, 340; 2018, 316; NStZ 1992, 233; 1999, 618; 2000, 197; 2000, 375; 2014, 316; 2015, 514; 2017, 30; GA 1956, 182; 1962, 213; JR 1990, 517; BGH, Urteil vom 22.2.1963 – 4 StR 503/62; Urteil vom 9.10.1964 – 2 StR 300/64; Urteil vom 17.2.1965 – 2 StR 561/64; Beschluss vom 25.11.2009 – 2 StR 495/09, BeckRS 2009, 89126; Beschluss vom 6.4.2018 – 1 StR 13/18, BeckRS 2018, 14694; OLG Köln wistra 2014, 362; OLG Frankfurt am Main NJW 2004, 2028; NStZ-RR 2004, 244; OLG Düsseldorf wistra 1985, 110; OLG Düsseldorf, Beschluss vom 30.8.1983 – 5 Ss 190/83 – 266/83 I; OLG Celle ZWH 2013, 21; OLG Hamm NJW 1965, 702; 1982, 190; wistra 1999, 350; OLG Hamm, Beschluss vom 9.9.2005 – 2 Ss OWi 356/05, BeckRS 2005, 13157; OLG Hamburg NJW 1952, 439; 1956, 392; OLG Stuttgart ZWH 2017, 374; LG Bonn NJW 2001, 1736 (sog. *Helmut Kohl-Fall*); LG Stuttgart, Urteil vom 29.8.1989 – 5 KLs 89/88 – 160 Js 68078/87 (unveröffentlicht); LG Hildesheim, Urteil vom 8.5.2012 – 24 KLs 5423 Js 8423/10 (unveröffentlicht); LG Köln, Urteil vom 4.8.2009 – 106 – 13/06 – 114 Js 61/03 (unveröffentlicht); LG Wiesbaden, Urteil vom 18.4.2005 – 6 Js 3204/00 – 16 KLs (unveröffentlicht). Für diese Fallgruppe zur Abgrenzung zwischen einem endgültigen Schaden und einem Gefährdungsschaden ebenfalls relevant: BGHSt 56, 203 (sog. *Kölner Parteispendenaffäre*); 60, 94.

„Rechtsmängel", „Parteispenden" oder „Erwerb mangelbehafteter Gegenleistungen" gefasst.[554] Es wird sich herausstellen, dass diese sachverhaltsbezogenen, getrennten Systematisierungen nicht überzeugen.

Die historisch-chronologische Darstellung und Analyse wird zeigen, dass schon das RG herausgearbeitet hat, dass ein Gefährdungsschaden vorliegt, wenn der Prozessverlust für den Geschädigten hinreichend wahrscheinlich ist, da er zwar grundsätzlich die Möglichkeit eines Gegenbeweises habe, aber die Täuschung nicht beweisen könne. Nicht überzeugend schlussfolgerte das Gericht jedoch daraus, dass in Fällen des gutgläubigen Erwerbs dem Erwerber ein Gefährdungsschaden aufgrund des sittlichen Makels einer gutgläubig erworbenen Sache entstehe. Dagegen stellte sich als erstes das OLG Hamburg, indem es noch keinen Gefährdungsschaden allein wegen gewisser Schwierigkeiten für den gutgläubigen Erwerber annahm. Vielmehr müssen im Einzelfall noch besondere Umstände hinzukommen. Dies konkretisierte der BGH mit der Möglichkeit, dass bei der Vermögensverfügung eine erfolgreiche Herausgabeklage des vorherigen Eigentümers, d. h. eine Klage und der Prozessverlust des gutgläubigen Erwerbers, überwiegend wahrscheinlich sein muss. Denn jeder Rechtserwerb sei mit einem abstrakten Prozessrisiko verbunden. Damit ein solches zum Entstehen eines Gefährdungsschadens führe, müssen z. B. konkrete Anhaltspunkte für das grob fahrlässige Verkennen der Eigentumsverhältnisse zum Zeitpunkt der Vermögensverfügung sprechen.

Es verbleiben zwei wesentliche Kritikpunkte an der Rechtsprechung im Rahmen dieser Fallgruppe: Erstens wurde teilweise durch die Rechtsprechung der Zeitpunkt zur Beurteilung eines Nachteils auf den Zeitpunkt der Tatentdeckung verlagert. Dies überzeugt nicht, da eine Tat trotz erheblicher Gefahren für das Vermögen des Treugebers ohne Entdeckung nicht strafbar wäre. Ein Schaden muss *ex ante* im Zeitpunkt der Tathandlung festgestellt werden. Zweitens überzeugen Zweifel an der Bezifferbarkeit des Gefährdungsschadens in der hiesigen Fallgruppe nicht, da insbesondere das Prozessrisiko durch wirtschaftliche Methoden berechnet werden kann.

Dem vorliegend erfassten dogmatischen Phänomen wird die bisherigen Gruppierungen in der Literatur unter den Begriffen „Prozessbe-

554 Exemplarisch darstellend statt vieler *Kindhäuser/Schumann*, in: Hilgendorf/Kudlich/Valerius (Hrsg.), Handbuch des StGB, Band 5, 2020, § 33 Rn. 235 f., 246 f.; *Kindhäuser*, in: ders./Neumann/Paeffgen (Hrsg.), StGB, 5. Auflage 2017, § 263 Rn. 340 f., 348; *Hoyer*, in: SK-StGB, Band V, 9. Auflage 2019, § 263 Rn. 260 f.

trug", „Rechtsmängel", „Erwerb mangelbehafteter Gegenleistungen" oder „Parteispenden" nicht gerecht, da diese jeweils nur sachverhaltsmäßig Thematiken zusammenfassen und keine dogmatischen Gemeinsamkeiten aufzeigen. Die systematische Einordnung in der Konstellation der erschwerten Durchsetzung oder drohenden Inanspruchnahme hat dagegen den Vorteil, dass das einheitliche dogmatische Phänomen erfasst wird, dass beispielsweise ein hinreichend konkret bestrittenes Recht, auch wenn sich später dessen Rechtsgültigkeit herausstellt, nicht den wirtschaftlichen Wert hat, den ein von dem Berechtigten erworbenes unbestreitbares Recht hat.

Die hiesige Fallgruppe spielt im zivilrechtlichen Bereich der Verwendungskondiktion aus § 812 I 1 Var. 2 BGB. Die Verwendungskondiktion hat vor allem Bedeutung wegen § 951 BGB, der regelt, dass derjenige, der als Folge von §§ 946–950 BGB einen Rechtsverlust erleidet, einen Ausgleich in Geld nach den Vorschriften der ungerechtfertigten Bereicherung verlangen kann.[555] Der Gefährdungsschaden entsteht in der hiesigen Konstellation auch aufgrund der drohenden Nutzung eines Rechts durch jemand anderen, z. B. durch ein nicht unerhebliches Prozessrisiko für die angegriffene Rechtsposition in Fällen des gutgläubigen Erwerbs.[556] Das zivilrechtliche Pendant hat den Zweck zu einer einheitlichen Schadenssystematik in Fällen des Rechtsverlustes zu führen.

2. RGSt 39, 184 und RG JW 1927, 905 Nr. 24

1906 hatte das RG über einen Sachverhalt zu entscheiden, in dem der Angeklagte eine auf seinem Namen eingetragene – ihm aber von dem Grundstückseigentümer nur als Sicherheit für einen Diskontwechsel überlassene – Hypothek an einen Dritten abgetreten hatte. Laut RG liegt ein Gefährdungsschaden des ursprünglich Berechtigten durch die Übertragung der Hypothek vor, da dieser gegen den formell Berechtigten die Beweislast dafür trage, dass die Darlehensforderung nicht entstanden sei und mangels Gutgläubigkeit der Dritte die Hypothek nicht erworben habe.[557] Vergleichbar entschied knapp 20 Jahre später das RG über den Fall eines

555 Eingehend zur Verwendungskondiktion *Stadler*, in: Jauernig, BGB, 18. Auflage 2021, § 812 Rn. 80.

556 Vgl. „Inanspruchnahme, die", in: Duden, https://www.duden.de/rechtschreibung/Inanspruchnahme.

557 RGSt 39, 184 (186); vgl. zur Vermögensgefährdung in diese Richtung erstmals schon RGSt 8, 68 (70).

Angeklagten, der ein vorläufiges vollstreckbares Urteil erwirkt hatte. Mit dem vorläufig vollstreckbaren Titel sei ein Gefährdungsschaden eingetreten, ebenso wie bei einem Erben durch den Besitz eines Erbscheins.[558]

3. RG JW 1928, 411 und 1927, 2139 Nr. 45

Im Jahr 1927 hatte das RG über den Fall eines Vertreters zu entscheiden, der Unterschriften für vermeintlich belanglose Sachen erschlichen hatte, während in Wahrheit rechtliche Bindungen eingegangen wurden. Dabei stellte das RG fest, dass durch die in diesem sog. Vertreterbetrug[559] erschlichenen Unterschriften formelle Beweisurkunden existieren, die nach § 416 ZPO a.F. in einem etwaigen Zivilprozess gegen die Geschädigten vollen Beweis dafür erbringen, dass die Erklärungen abgegeben wurden. Damit war der Verlust eines Prozesses für die Geschädigten hinreichend wahrscheinlich, da sie zwar grundsätzlich die Möglichkeit eines Gegenbeweises hatten, aber die Täuschung nicht beweisen konnten. Ebenfalls hatten die Geschädigten mit dem Angeklagten einen rechtskundigen und in gerichtlichen Dingen erfahrenen Gegner vor sich. Daher sei mit der erschlichenen Unterschrift ein Gefährdungsschaden eingetreten.[560]

Dem schloss sich das RG drei Monate später in einem ähnlichen Fall an, in dem eine Unterschrift auf einem Schuldschein gefälscht wurde. Die Fälschung erfolgte, um eine für den Beklagten ungünstige Beweislage im Prozess zu schaffen.[561] Damit entschied das RG das erste Mal über einen Fall des sog. Beweismittelbetrugs, bei dem der Täter eine für ihn günstige Rechtsposition für einen künftigen Rechtsstreit durch veränderte Beweismittel schafft.[562] Die aufgestellte Leitlinie überzeugt, da ein Schuldschein eine Urkunde ist, mit der der Schuldner eine Verpflichtung begründet (vgl. heute: § 952 BGB) und somit ein Forderungsrecht verbrieft.[563]

558 RG JW 1927, 905 Nr. 24 (906); vgl. zum Erbschein RGSt 53, 260 (262).

559 Vgl. *Dannecker*, in: Graf/Jäger/Wittig (Hrsg.), Wirtschafts- und Steuerstrafrecht, StGB, 2. Auflage 2017, § 263 Rn. 387 ff.

560 RG JW 1928, 411 (411); ebenso RG HRR 1928 Nr. 796; 1928 Nr. 1537.

561 RG JW 1927, 2139 Nr. 45 (2139).

562 Vgl. dazu *Perron*, in: Schönke/Schröder (Hrsg.), StGB, 30. Auflage 2019, § 263 Rn. 146 f.

563 Eingehend zu den Voraussetzungen eines Schuldscheins: *Füller*, in: MüKo BGB, Band 8, 8. Auflage 2020, § 952 Rn. 3.

4. RGSt 73, 61

In einem Judikat aus dem Jahr 1938 hatte das RG über einen Sachverhalt zu entscheiden, in dem der Angeklagte mehrere Pakete geöffnet, sich deren Inhalt angeeignet und diesen später in Geschäften als vermeintlicher Eigentümer verkauft hatte. Laut RG liegt ein Gefährdungsschaden zulasten der Erwerber aufgrund des sittlichen Makels einer gutgläubig erworbenen Sache vor, was zivil- als auch strafrechtliche Risiken für den Erwerber auslöse. Im Wirtschaftsleben seien bestrittene Ansprüche regelmäßiger weniger wert als unbestrittene Forderungen.[564] Damit stellte das RG in Fällen des gutgläubigen Erwerbs (§§ 932 ff. BGB) die sog. Makeltheorie auf.[565]

5. OLG Hamburg NJW 1952, 439 und BGHSt 3, 370

Gegen die Makeltheorie stellte sich zuerst das OLG Hamburg im Jahr 1951, indem es noch keinen Gefährdungsschaden allein wegen gewisser Schwierigkeiten für den gutgläubigen Erwerber annahm. Vielmehr müssten im Einzelfall noch besondere Umstände hinzukommen.[566]

Knapp zwei Jahre später hatte sich der BGH mit einem Sachverhalt auseinanderzusetzen, in dem die Angeklagten durch unwahre Behauptungen einen Tankstelleninhaber dazu bewegt hatten, ihnen ohne Bezahlung Kraftstoff zu geben und ihm im Gegenzug das Reserverad des gemieteten PKW als Pfand zu überlassen. Dabei täuschten sie den Tankstelleninhaber über ihre Eigentümerstellung an dem PKW. Der BGH stellte klar, dass der Getäuschte zwar gutgläubig ein Pfandrecht erworben habe, jedoch stand zum Zeitpunkt der Vermögensverfügung nicht fest, dass der wahre Eigentümer das Pfandrecht auch anerkennen würde. Vielmehr sei damit zu rechnen gewesen, dass er das Pfandrecht notfalls in einem Rechtsstreit verteidigen müsse. Es liege nicht fern, dass ihm grobe Fahrlässigkeit nachgewiesen werde und somit kein Pfandrecht entstanden sei. Unter diesen Umständen habe das Pfandrecht, auch wenn seine Rechtsgültigkeit später

564 RGSt 73, 61 (62 f.); a.A. noch RGSt 49, 16 (16 ff.), wo die Gefahr eines Prozesses nicht in einem unmittelbaren Zusammenhang zur Vermögensverfügung gesehen wurde.

565 Die Makeltheorie darstellend statt aller *Hefendehl*, in: MüKo StGB, Band 5, 3. Auflage 2019, § 263 Rn. 754 ff.

566 OLG Hamburg NJW 1952, 439 (439); in diese Richtung auch BGHSt 1, 92 Rn. 18.

festgestellt werde, nicht den wirtschaftlichen Wert, den ein vom Eigentümer oder Verfügungsberechtigten erworbenes, unbestrittenes Pfandrecht gehabt habe und auch nicht den wirtschaftlichen Wert, den der Gläubiger sich zu erwerben vorstellte.[567]

Damit konkretisiert der BGH die vom OLG Hamburg geforderten „besonderen Umstände des Einzelfalls" für die Feststellung eines Gefährdungsschadens mit der Möglichkeit, dass konkret grobe Fahrlässigkeit zum Zeitpunkt der Vermögensverfügung nachgewiesen werden könne. Gegen diese Konkretisierung wird eingewendet, dass sich das Recht des Pfandgläubigers darin erschöpfe, für eine ausgefallene Forderung Befriedigung aus der Verwertung des Pfandrechts zu erhalten. Der wirtschaftliche Wert eines Pfandrechts folge aus der Existenz an sich und dessen realisierbarem Wert. Wenn ein Pfandrecht entstanden sei, könne dies keinen Schaden begründen. Andernfalls widerspreche die Annahme eines Schadens der Einheit der Rechtsordnung und würde zu dem Schutz reiner Affektionsinteressen führen.[568] Denn das gutgläubige Vollpfandrecht (vgl. §§ 1207, 932 BGB) ist, wie das gutgläubige Volleigentum, zu dem Zeitpunkt der Verfügung entstanden und nicht erst infolge der richterlichen Entscheidung. Gerade letzteres ist rechtlich gesehen richtig. Allerdings bestehen für den Geschädigten erhebliche Unsicherheiten hinsichtlich der Verwirklichung seines Rechts, vor allem, wenn konkrete Anhaltspunkte für die Annahme einer möglichen groben Fahrlässigkeit bestehen und damit gegen einen wirksamen gutgläubigen Erwerb sprechen. Ebenfalls kann der gutgläubige Pfandrechtsinhaber in einem solchen Fall bis zur richterlichen Entscheidung nicht nach seinem Belieben über das Pfandrecht verfügen. Diese wirtschaftliche Beeinträchtigung und Unsicherheit für den Vermögensgegenstand besteht zum Zeitpunkt der Vermögensverfügung.

6. BGH, Urteil vom 22.2.1963 – 4 StR 503/62 und weitere Entscheidungen

In den 1960-er Jahren führte der BGH hinsichtlich des Erwerbs von unterschlagenen Fahrzeugen in verschiedenen Fällen aus, dass für den Eintritt eines Gefährdungsschadens ausschlaggebend sei, ob der Erwerber nach den Umständen des Einzelfalls mit der Geltendmachung eines bestehenden oder vermeintlichen, auf die Behauptung der Bösgläubigkeit (§ 932 II

567 BGHSt 3, 370 (371 f.); ebenso OLG Hamburg NJW 1956, 392 (392).
568 Ebenso *Maurer*, NJW 1953, 1480 (1480).

BGB) gestützten Herausgabeanspruchs zu rechnen habe.[569] Auch könne durch eine drohende Anzeige wegen Hehlerei, die Hinderung der gewinnbringenden Verwertung der gutgläubig erworbenen Sache, Schwierigkeiten mit den Aufsichtsbehörden oder ein sonstiger Ansehensverlust ein Gefährdungsschaden festgestellt werden. Das Gericht stellte weiter klar:

> „Keine im Sinne des § 263 StGB beachtliche Vermögensminderung begründet dagegen nach der Ansicht des erkennenden Senats die bloße Tatsache, daß die erworbene Sache von dem Verkäufer auf strafbare Weise (hier durch eine Unterschlagung) erlangt wurde und insofern mit einem ‚sittlichen Makel' behaftet ist, ohne daß dieser Umstand dem Herausgabeverlangen des ursprünglichen Eigentümers ein ‚besonderes Gewicht verleiht'; denn im Geschäftsleben sind es ‚meist recht praktische, wirtschaftliche und nicht oder nicht so sehr moralische Erwägungen, die den Erwerber veranlassen, dem Verlangen zu entsprechen' [...].“[570]

Überzeugenderweise kann ein „sittlicher Makel“ an einer gutgläubig erworbenen Sache nicht für die Entstehung eines Gefährdungsschadens ausreichen, da dieser allenfalls ein abstraktes Prozessrisiko verursacht.[571] Allerdings kann auch die Gefahr, als Hehler bezichtigt zu werden, keinen Schaden i. S. d. § 263 StGB begründen. Denn diese Norm schützt nicht vor Ehrverletzungen, sondern nur vor Vermögensschäden.[572]

7. BGH GA 1962, 213 und OLG Hamm NJW 1965, 702

Im Jahr 1961 nahm der BGH – im Einklang mit der Rechtsprechungslinie des RG – den Eintritt eines Gefährdungsschadens aufgrund der Täu-

569 BGHSt 15, 83 (86 f.); BGH, Urteil vom 22.2.1963 – 4 StR 503/62 Rn. 13; Urteil vom 9.10.1964 – 2 StR 300/64 Rn. 23; Urteil vom 17.2.1965 – 2 StR 561/64 Rn. 21. In BGH, Urteil vom 9.10.1964 – 2 StR 300/64 aber hinsichtlich eines anderen Sachverhalts prüfte der BGH ferner unter Berücksichtigung eines Untermietvertrags einen Gefährdungsschaden, dazu in einer anderen Fallgruppe ab S. 160.

570 BGH, Urteil vom 22.2.1963 – 4 StR 503/62 Rn. 13; vgl. ebenfalls BGH GA 1956, 182 (182). Eingehend zivilrechtlich dazu: BGHZ 10, 69.

571 Heute h.M., dazu statt vieler *Hefendehl*, in: MüKo StGB, Band 5, 3. Auflage 2019, § 263 Rn. 754 ff.

572 Eingehend statt aller *Gutmann*, MDR 1963, 91 (94 f.); *Maurach*, NJW 1961, 625 (629).

schung über die Unterschrift auf einem Bestellschein an. Dadurch sei der Unterschreibende der Gefahr ausgesetzt gewesen, dass er auf Grund der Unterschrift von dem Auftragnehmer auf Zahlung des im Bestellschein notierten Preises verklagt werde und beweisen müsse, dass die Unterschrift durch eine Täuschung erschlichen wurde. Ein Gefährdungsschaden sei auch bei einem Vertretenen entstanden, der der Gefahr ausgesetzt sei in einem Prozess beweisen zu müssen, dass der Unterzeichner für Geschäfte dieser Art keine Vertretungsmacht gehabt habe. Etwas andere könne nur gelten, wenn die Bestellungen infolge einer Ablehnung ohne weiteres storniert werden. Es könne ein Schaden festgestellt werden, wenn der Vertretene die Bestellung gelten lässt, sei es beispielsweise, weil er glaube, nichts dagegen unternehmen zu können oder er mit der Möglichkeit eines Prozesses rechne und vor den damit verbundenen Unannehmlichkeiten zurückschrecke.[573] Ergänzend führte das OLG Hamm knapp drei Jahre später aus:

> „Bei sogenannter Unterschriftbserschleichung [sic!] wird also die Gefahrenlage, in die der Getäuschte und die geleistete Unterschrift gerät, schon unmittelbar durch seine Verfügung herbeigeführt, da im Gegensatz zu Fällen der gewollten Bestellung überhaupt kein Vertrag – auch kein anfechtbarerer – zustande gekommen ist. Der Schaden beruht nicht erst auf seiner Weigerung, die frühere ‚Bestellung' anzuerkennen. Wenn der Betroffene sich gegen den gleichwohl entstandenen, mit der wahren Rechtslage aber nicht übereinstimmenden Rechtsschein zu Wehr setzt, so kann darin jedenfalls keine neue selbstständige Handlung gesehen werden, durch die erst – gewissermaßen freiwillig – ein Vermögensschaden herbeigeführt wird. Aus allem folgt, daß die von der herrschenden Meinung vertretene Auffassung, bei Gleichwertigkeit von Leistung und Gegenleistung könne ein Vermögensschaden nicht aus der Gefahr der späteren Inanspruchnahme durch den Auftragnehmer hergeleitet werden, in den Fällen der hier zu entscheidenden Art nicht durchgreift."[574]

573 BGH GA 1962, 213 (213 f.).
574 OLG Hamm NJW 1965, 702 (703).

8. BGHSt 22, 88

1968 entschied der BGH, dass es strafrechtlich unerheblich sei, ob der Täter einen nach § 123 I BGB anfechtbaren Vertrag abschließe oder durch die erschlichene Unterschrift einen äußerlich wirksamen Vertrag entstehen lasse. Die wirtschaftliche Lage des Getäuschten sei in beiden Fällen gleich, da er beweisen müsse, dass die Voraussetzungen der Anfechtung vorliegen und Gefahr liefe, dies nicht zu können. Die rechtlich zwar gegebene, tatsächlich aber zweifelhafte Möglichkeit, die Folgen der Täuschung zu beseitigen, sei ohne Bedeutung für die Frage, ob strafrechtlich ein Vermögensschaden vorliege.[575]

Dies ist überzeugend, denn zivilrechtliche (Rückwirkungs-)Fiktionen sind im Strafrecht grundsätzlich nicht anwendbar, da die Strafbarkeit zu dem Zeitpunkt der Tatbegehung feststehen muss. Dies gilt auch für eine Anfechtungsmöglichkeit, da bei einem bestehenden Anfechtungsrecht zum Tatzeitpunkt ungewiss ist, ob die Anfechtungserklärung später tatsächlich abgegeben wird.[576]

9. BGHSt 20, 136

Im Jahr 1964 hatte der BGH über einen Sachverhalt zu entschieden, in dem der Angeklagte verhindern wollte, dass seine getrenntlebende Ehefrau künftig versuchen würde unberechtigte Unterhaltsansprüche gegen ihn geltend zu machen. Dazu nötigte er diese Blankoquittungen zu unterschreiben, die er entsprechend der verlangten Beträge dann ausfüllen und zum Nachweis der Zahlung benutzen wollte. Er tat dies, obwohl seine Frau aufgrund von getroffenen Vereinbarungen in der Vergangenheit offensichtlich keinen Unterhalt fordern konnte. Laut BGH ist dieser Fall wie ein Beweismittelbetrug zu bewerten, bei dem der Täter zur Abwehr einer in Wahrheit nicht bestehenden Forderung ein Beweismittel (z. B. einen abgenötigten Schuldschein) erschaffe. Entspreche das mit der Handlung verfolgte Endziel der Rechtsordnung, so werde es nicht dadurch rechtswidrig, dass rechtswidrige Mittel verwendet wurden. Auch fehle es an einem Vermögensschaden, wenn der Inhaber zur Erfüllung einer fälligen Schuld veranlasst oder an der Durchsetzung einer nicht bestehenden

575 BGHSt 22, 88 Rn. 39 f.; vgl. ebenso OLG Düsseldorf, Beschluss vom 30.8.1983 – 5 Ss 190/83 – 266/83 I.

576 Statt vieler *Hefendehl*, in: MüKo StGB, Band 5, 3. Auflage 2019, § 263 Rn. 615.

Forderung gehindert wird.[577] Aufgrund des Gesamtsaldierungsprinzips[578] ist dies überzeugend, da sich aus wirtschaftlicher Sicht das Vermögen nicht verringert. Da der Angeklagte sich durch eine Nötigung ein Beweismittel über die Tilgung einer nicht bestehenden Forderung verschafft hat, ist kein Gefährdungsschaden eingetreten.

10. BGHSt 21, 112

1966 stellte der BGH fest:

> „Ein Vermögensschaden im Sinne von § 263 StGB kann allerdings darin liegen, daß die Geltendmachung oder Verteidigung von Vermögensrechten erschwert oder verhindert wird. Daher kann die Gefahr, wegen Überlassung eines Kraftfahrzeugs an eine Person ohne vorgeschriebene Fahrerlaubnis den Versicherungsschutz zu verlieren oder auch nur ein entsprechendes Prozeßrisiko infolge der dem Versicherungsnehmer ungünstigen Beweislastregelung [...] zu laufen, eine den Vermögensschaden gleichzusetzende Vermögensgefährdung sein. Versicherungsschutz ist als Vermögenswert anerkannt [...].“[579]

Der Angeklagte hatte einen PKW gemietet, wofür er bei dem Vermieter seinen Führerschein vorgelegt hatte, den er unerklärlicherweise trotz Entziehung seiner Fahrerlaubnis noch besaß. Zwar treffe den Vermieter die Beweislast dafür, dass er unverschuldet das Bestehen einer Fahrerlaubnis des Mieters annahm. Als Nachweis reiche aber der Beweis, dass der Führerschein vorgezeigt wurde. Der Versicherer hafte, wenn ein rechtswidrig erlangter oder behaltener Führerschein einem Gutgläubigen vorgezeigt wurde. Ein Gefährdungsschaden liege nicht vor, wenn der Vermieter ohne Schwierigkeiten den Beweis erbringen kann, dass ihm der Führerschein vorgezeigt wurde, z. B. durch die Nennung von zuverlässigen Zeugen oder die Notierung von Nummer, Ausstellungsort und -datum des Führerscheins. Ein Prozessrisiko sei dann nicht für die Feststellung eines Gefähr-

---

577 BGHSt 20, 136 Rn. 3.
578 Dazu bereits ab S. 33.
579 BGHSt 21, 112 Rn. 14.

dungsschadens ausreichend, da ein Bestreiten des Versicherungsschutzes durch den Versicherer in einem Prozess keinen Erfolg haben werde.[580]

11. OLG Hamm NJW 1982, 190

Im Jahr 1981 hatte sich das OLG Hamm mit einem Sachverhalt auseinanderzusetzen, in dem gegen eine gerichtliche Untersagungsverfügung verstoßen wurde. Ein VG hatte dem AStA einer Universität mit einem vorläufig vollstreckbaren Urteil die allgemeinpolitische Betätigung unter Androhung von Ordnungsgeldern für jeden Fall der Zuwiderhandlung untersagt. Ungeachtet der verwaltungsgerichtlichen Entscheidung hatten sich einige Mitglieder des AStA nicht an das Verbot gehalten und dadurch die auf Antrag der Kläger erfolgte Festsetzung erheblicher Ordnungsgelder ausgelöst, die aus den Haushaltsmitteln der Studierendenschaft bezahlt wurden. Das OLG Hamm nahm den Eintritt eines Gefährdungsschadens an, da mit der Vollstreckung der gerichtlich festgestellten Unterlassungsansprüche bei einem Verstoß gegen die Untersagungsverfügung zu rechnen gewesen sei.[581]

12. BGHSt 32, 211

Anders stellte sich ein Sachverhalt im Jahr 1983 dar, in dem in einem Vertrag durch den Angeklagten erheblich zu niedrige Preise für Waren angesetzt wurden. Die derart bewirkten Mindereinnahmen wollte der Angeklagte durch den Verbrauch von deutlich zu viel Material ausgleichen. Der BGH verneinte das Entstehen eines Gefährdungsschadens der Kunden durch den Plan des Angeklagten aufgrund des eindeutigen, schriftlichen und für die Kunden sprechenden Vertragsinhalts.[582] Mithin verfügten die

---

580 BGHSt 21, 112 Rn. 16 f. Weitergehend zur heutigen sog. Führerscheinklausel: *Elsner*, in: Höra (Hrsg.), MAH Versicherungsrecht, 4. Auflage 2017, § 13 Kraftfahrzeug-Haftpflichtversicherung Rn. 112 ff.

581 OLG Hamm NJW 1982, 190 (192); dazu auch *Perron*, in: Schönke/Schröder (Hrsg.), StGB, 30. Auflage 2019, § 266 Rn. 45b; *Mosiek*, HRRS 2009, 565 (565 ff.).

582 BGHSt 32, 211 Rn. 6, 10; ebenso OLG Düsseldorf wistra 1985, 110 (111); zustimmend *Löffeler*, JA 1987, 106 (108); *Puppe*, JZ 1984, 531 (531 ff.), allerdings die Unterscheidung von Eingehungs- und Erfüllungsbetrug ablehnend.

Kunden über ausreichende Beweismittel, um einer drohenden unberechtigten Inanspruchnahme entgegenzutreten.

13. BGH wistra 1987, 21

Vergleichbar bewertete im Jahr 1986 der BGH einen Sachverhalt, in dem die Unterschrift auf einem Schuldschein erzwungen wurde. Der Angeklagte und der Geschädigte hatten einige Tage zuvor mit einem anderen Mitspieler gemeinsam Karten gespielt, wobei zwar die Gewinne und Verluste aufgeschrieben wurden, allerdings sollte nicht um Geld gespielt werden. Später hatte der Angeklagte den Geschädigten dennoch dazu genötigt, einen Schuldschein über die angebliche Spielschuld zu unterschreiben. Nachdem der Geschädigte Strafanzeige erstattet hatte, gab der Angeklagte sein Vorhaben, das Schuldanerkenntnis zu verwerten, auf und erklärte dem Geschädigten, er könnte den Schuldschein haben. Der BGH stellte fest, dass mit der erzwungenen Unterzeichnung eines Schuldscheins grundsätzlich ein Gefährdungsschaden eintreten könne. Vorliegend bestehe wegen der unter den Kartenspielern getroffenen Abrede keine vertragliche Verbindlichkeit und auch könne eine solche nicht wegen § 762 I 1 BGB durch das Spiel begründet werden. Daran ändere auch das Ausstellen eines Schuldanerkenntnisses nach § 762 II BGB nichts. Dies könne der Geschädigte auch durch die Benennung des anderen Mitspielers beweisen. Es hätte daher weiterer Handlungen des Angeklagten bedurft, wie das Erfinden und Nachweisen eines weiteren Schuldgrundes, um im hiesigen Fall das Vermögen des Geschädigten ernstlich zu gefährden.[583]

14. BGHSt 34, 394 und weitere Entscheidungen

Nur ein Jahr später hatte der BGH sich erneut mit einem Fall eines erpressten Schuldscheins auseinanderzusetzen. Unter Anwendung von Gewalt hatte der Geschädigte einen Schuldschein über eine nicht bestehende Forderung unterzeichnet. Nachdem der Geschädigte trotz einer Zahlungsfrist nicht zahlte, musste er unter Gewaltanwendung einen zweiten Schuldschein unterzeichnen. Anders als noch ein Jahr zuvor bejahte der BGH im hiesigen Fall den Eintritt eines Gefährdungsschadens mit der Aushändigung der Schuldscheine, ohne dass es einer weiteren Handlung des An-

583 BGH wistra 1987, 21 (21).

geklagten bedürfe. Aus der maßgeblichen Sicht des Genötigten sei, insbesondere im Zeitpunkt der Ausstellung des zweiten Schuldscheins, konkret mit der Inanspruchnahme durch den beweisbegünstigen Angeklagten zu rechnen gewesen, nachdem bereits eine Zahlungsfrist für den ersten Schuldschein gesetzt wurde und dies auch für den zweiten Schuldschein zu erwarten gewesen sei. Der Geschädigte habe in der konkreten Situation keine sicheren Beweismittel, durch die eine erfolgreiche Durchsetzung voraussichtlich vereitelt und damit eine konkrete Gefährdung ausgeschlossen werden könne. Gegen den Geschädigten sprachen Urkunden, deren Inhalt er mangels anderer geeigneter Beweismittel im Falle einer prozessualen Inanspruchnahme nicht widerlegen könne (vgl. §§ 440 I, 416 ZPO), wie z. B. durch neutrale Tatzeugen. Darüber hinaus eröffne der zweite Schuldschein den Beweisbegünstigten die noch gefährlichere Möglichkeit, den angeblichen Anspruch in einem Urkundenprozess durchzusetzen (vgl. §§ 592 ff. ZPO). Mit dem in einem solchen Verfahren ergangenen Vorbehaltsurteil habe der Gläubiger einen Vollstreckungstitel in der Hand, der ihm den Zugriff auf das Vermögen des Schuldners ermögliche. Eine spätere Aufhebung einer solchen Vorbehaltsentscheidung in einem Nachverfahren stelle ebenso wie der Schadensersatzanspruch (heute: §§ 600 II, 302 IV 3 ZPO) regelmäßig kein ausreichendes Äquivalent für eine unberechtigte Vollstreckung dar.[584] Überzeugenderweise wurde durch den BGH nicht schlicht die Herausgabe des Schuldscheins für ausreichend erachtet, sondern die besonderen, damit einhergehenden Umstände, wie die Existenz eines ersten erpressten Schuldscheins, bei dem eine Zahlungsfrist gesetzt wurde und eine (gerichtliche) Durchsetzung hinreichend konkret wahrscheinlich war.

Dem pflichtete der BGH in den folgenden Jahren bei, als er einen Gefährdungsschaden bejahte, wenn aus Sicht des Genötigten nach einer erzwungenen Unterzeichnung und Aushändigung eines Schuldscheins ein zur Durchsetzung der Forderung geeignetes Beweismittel zur Verfügung steht und im Zeitpunkt der Tathandlung konkret mit der Inanspruchnahme durch den beweisbegünstigten Täter zu rechnen ist.[585] Es reiche nicht, wenn es dem Angeklagten ersichtlich nur auf die unmittelbare Herausgabe

---

584 BGHSt 34, 394 (395 f.); dazu auch ausführlich *Cramer*, Vermögensbegriff und Vermögensschaden im Strafrecht, 1968, S. 153 f., 161 ff.; *Perron*, in: Schönke/Schröder (Hrsg.), StGB, 30. Auflage 2019, § 263 Rn. 146; *Hassemer*, JuS 1988, 161 (161 f.); a.A. *Schröder*, JZ 1965, 513 (515 f.); *Sonnen*, JA 1987, 642 (643); *ders.*, StV 1989, 479 (480 f.).

585 BGH NStZ-RR 1998, 233 (233 f.); ebenso BGH NStZ 1999, 618 (619); vgl. dazu auch BGH NStZ 1988, 216.

des Geldes ankommt[586] und er die im Schuldschein verbriefte Forderung nicht gerichtlich durchsetzen wollte.[587]

15. BGH wistra 1988, 26

1987 hatte der BGH über einen Sachverhalt zu entscheiden, in dem der Angeklagte Treugelder als Bevollmächtigter von der Geschädigten (B) abholte und bei sich lagerte, bis er diese auf ein Unterkonto auf den Namen der B („Unterkonto B") einzahlte. Zunächst führte der BGH aus, dass nicht der Täter als Bevollmächtigter, sondern die von ihm Vertretene Eigentum an dem abgeholten Bargeld erwarb. Da das Bargeld stets gesondert aufbewahrt wurde, konnte das Eigentum an dem Geld nicht durch Vermischung mit eigenem Geld des Angeklagten gefährdet werden. Die Eigentümerin hätte gegen eine etwaige Pfändung durch Gläubiger des Angeklagten ohne weiteres mit einer Drittwiderspruchsklage gem. § 771 ZPO vorgehen können. Ferner habe der Angeklagte bei der Einzahlung des Geldes im Rahmen eines sog. fremdnützigen Treuhandverhältnisses gehandelt. Wirtschaftlich sei das Guthaben und damit die Forderung gegen die Bank nach wie vor dem Vermögen der Treugeberin zugeordnet gewesen. Etwaige Vollstreckungsversuche durch Gläubiger des Angeklagten hätte die Eigentümerin ebenfalls ohne jegliche Schwierigkeiten durch Beleg ihres Eigentums, insbesondere aufgrund des Namens „Unterkonto B", verhindern können. Bei dieser Sach- und Rechtslage habe B nicht ernstlich damit rechnen müssen, dass ihr Vermögen durch mögliche Vollstreckungsmaßnahmen gefährdet gewesen sei. Auch das Risiko, dass es zu einem Rechtsstreit kommt, führe nur zu einem Gefährdungsschaden, wenn das Bestreiten der Rechtsposition des Geschädigten durch die Gläubiger des Angeklagten Aussicht auf Erfolg hatte.[588]

16. BGH JR 1990, 517

1990 hatte sich der BGH mit einem Fall des gutgläubigen Erwerbs auseinanderzusetzen. Der vermögenslose Angeklagte hatte durch Täuschung

586 BGH NStZ 2000, 197 (197).
587 BGH NStZ-RR 2000, 234 (235); in diese Richtung auch BGH NStZ 2000, 375 (376); BGHSt 37, 168 Rn. 58.
588 BGH wistra 1988, 26 (26 f.).

einen Kredit gegen die Sicherungsübereignung eines fremden Wagens erhalten. Zuvor hatte er sich unter Täuschung über seine Zahlungsfähigkeit und -willigkeit von einem Dritten einen PKW samt KFZ-Brief erschlichen. Der BGH bejahte die Entstehung eines Gefährdungsschadens, auch wenn der Getäuschte nach den Vorschriften des Zivilrechts infolge seines guten Glaubens das Eigentum oder ein Pfandrecht an dieser Sache erworben hat. Dazu führte das Gericht aus:

> „In solchen Fällen hängt die Beantwortung der Frage, ob eine schadensgleiche Vermögensgefährdung eingetreten ist, davon ab, ob der Erwerber nach den Umständen des Einzelfalles mit der *Geltendmachung eines Herausgabeanspruches oder mit sonstigen wirtschaftlichen Nachteilen zu rechnen hatte*. Die bloße Tatsache, daß die Sache vom Täter auf strafbare Weise erlangt wurde und insofern mit einem ‚sittlichen Makel' behaftet ist, reicht hierbei nicht aus [...].“[589]

Vorliegend treffe den Geschädigten ein erhebliches Prozessrisiko, denn ein Erwerber eines Gebrauchtwagens handle regelmäßig grob fahrlässig i. S. d. § 932 II BGB, wenn er sich nicht den KFZ-Brief vorlegen lässt oder mysteriöse Umstände zu weiteren Nachforschungen zur Eigentümerstellung verpflichten. Da der Angeklagte nicht der im KFZ-Brief eingetragene Eigentümer gewesen sei und die Veräußerung unter fragwürdigen Umständen stattgefunden habe, lagen hier solche besonderen Umstände vor.[590]

Folglich hielt der BGH an dem Eintritt eines Gefährdungsschadens im Fall eines gutgläubigen Erwerbs fest; allerdings nicht aufgrund der sog. Makeltheorie, wie einst noch das RG, sondern infolge der besonderen Umstände, unter denen die Veräußerung und der gutgläubige Erwerb stattgefunden haben. Dabei müsse insbesondere ein konkretes Prozessrisiko berücksichtigt werden (sog. modifizierte Makeltheorie[591]). Dies kann

---

589 BGH JR 1990, 517 (518) – Hervorhebungen durch Verf. In dem Fall prüfte der BGH ferner unter Berücksichtigung von ausreichenden Sicherheiten einen Gefährdungsschaden, dazu in einer anderen Fallgruppe ab S. 119.

590 BGH JR 1990, 517 (518); vorgehend so auch LG Stuttgart, Urteil vom 29.8.1989 – 5 KLs 89/88 – 160 Js 68078/87 (unveröffentlicht); ebenso BGH wistra 2003, 230 (230 f.); zustimmend *Keller*, JR 1990, 519 (519). Anmerkungen dazu, die fürs Hiesige nicht relevant sind: *Köhler*, StV 1992, 4; *Fezer*, JR 1992, 36.

591 Ebenso bezeichnend *Eisele/Bechtel*, JuS 2018, 97 (101).

sich z. B. aus dem fehlenden Vorzeigen des KFZ-Briefs ergeben[592] oder aus sonstigen Umständen, die bei dem Erwerber den Verdacht wecken müssen, dass der angebliche Eigentümer nicht der wahre Eigentümer ist.[593] Die damit einhergehende Abkehr von der Makeltheorie des RG ist überzeugend, da auf diese Weise nicht die Anerkennung des gutgläubigen Erwerbs durch das Zivilrecht als vollwertiges Eigentum unterlaufen wird. Des Weiteren kann einer moralischen Pflicht zur Rückerstattung an den Altberechtigten im Wirtschaftsverkehr kein Wert zukommen und daher keinen (Gefährdungs-)Schaden begründen.[594]

17. BGH NStZ 1992, 233

In einem weiteren Fall führte der Angeklagte mit einem Komplizen absichtlich einen Verkehrsunfall zwischen seinem geparkten PKW und einem vorbeifahrenden Mietwagen herbei, um den Schaden bei seiner Haftpflichtversicherung einreichen und abzurechnen zu können. Damit bezweckte er das vollkaskoversicherte Fahrzeug zu verwerten. Die Versicherung lehnte eine Zahlung ab. Nach einer Falschaussage des Komplizen in der Hauptverhandlung, erstritt der Angeklagte gegen den Halter des Mietwagens ein vorläufig vollstreckbares Endurteil. Die Zahlungsklage des Mietwagenhalters für seinen eigenen Schaden am Wagen wurde abgewiesen. Der BGH bejahte den Eintritt eines Gefährdungsschadens durch den Erlass eines noch nicht rechtskräftigen, aber vorläufig vollstreckbaren Urteils. Darauf, ob das Urteil in der Berufungsinstanz abgeändert werde, komme es nicht an, da bereits die vorläufige Vollstreckbarkeit eine unmittelbare Zugriffsmöglichkeit auf das Vermögen eröffne. Auch der Umstand, dass das erstinstanzliche Urteil nur gegen eine Sicherheitsleistung vorläufig vollstreckbar war, rechtfertige keine andere Beurteilung. Bei einem Beweismittelbetrug liege ein Gefährdungsschaden vor, wenn sich im Vorfeld eines Prozesses die Prozesslage durch die Täuschung mit Aussicht auf Erfolg verbessert hat. Dies müsse erst recht dann gelten, wenn die Täuschung durch das ergangene Urteil zumindest vorläufig erfolgreich war. Im hiesi-

592 Kritisch, weil der BGH im vorliegenden Fall darauf nicht abgestellt hat: *Brüning*, ZJS 2015, 535 (538). Allgemein zu den zivilrechtlichen Anforderungen: *Kindl*, in: BeckOK BGB, 59. Edition, Stand: 1.8.2021, § 932 Rn. 17.

593 Dazu zivilrechtlich *Herrler*, in: Palandt (Begr.), BGB, 80. Auflage 2021, § 932 Rn. 13; vgl. auch BGHZ 30, 374 Rn. 10 ff.; BGH NJW 1975, 735 (736).

594 Statt vieler *Hefendehl*, in: MüKo StGB, Band 5, 3. Auflage 2019, § 263 Rn. 754.

gen Fall sei zu berücksichtigen, dass die Beweislage unverändert bleibe und keine neutralen Tatzeugen zur Verfügung standen.[595]

18. BGHSt 47, 8

2001 hatte der BGH über einen Sachverhalt zu entscheiden, in dem der Angeklagte sich offiziell im Ruhestand befand. Seine dennoch fortlaufende Tätigkeit wurde über einen Dritten vergütet, der überhöhte Rechnungen an das Unternehmen stellte und den Mehrbetrag an den Angeklagten weiterleitete. Auf diese Weise sollten die sozialrechtlichen Ansprüche des Angeklagten nicht gefährdet werden. Der BGH verneinte den Eintritt eines Schadens aufgrund der Beanspruchung der Vergütung. Zwar unterfiele die Tätigkeit wegen der Verletzung der sozialrechtlichen Mitteilungspflichten dem Ordnungswidrigkeitstatbestand des SchwarzArbG, jedoch führe dies nicht zum Wegfall des Vergütungsanspruchs. Auch sei hinsichtlich des Vergütungsanspruchs gem. § 362 BGB a.F. Erfüllung eingetreten, sodass der Zahlung des Unternehmens eine gleichwertige Gegenleistung gegenüberstehe. Welche Beweissituation im Hinblick auf eine gerichtliche Durchsetzung der Lohnforderung des Angeklagten gegeben sei, sei unerheblich, wenn die Forderung tatsächlich existiert. Weiter führte er aus:

> „Ein Nachteil könne sich [...] deshalb allenfalls daraus ergeben, daß [...] [die Firmen] ein zweites Mal auf die Begleichung der Forderungen in Anspruch genommen werden könnten. Da sie für die Erfüllung beweisbelastet sind, könnten die [...] Firmen bei einer ungerechtfertigten zweiten Geltendmachung dieser Ansprüche in ihrer Rechtsverteidigung beeinträchtigt gewesen sein. Dieses beweismäßige Defizit besteht letztlich in einer unzureichenden buchhalterischen Erfassung des Zahlungsflusses durch die [...] Firmen. Eine falsche Buchführung begründet aber nicht schon als solche einen Nachteil im Sinne des § 266 StGB [...]. In ständiger Rechtsprechung hat der Bundesgerichtshof in den Fällen unordentlicher Buchführung vielmehr nur einen Nachteil im Sinne des § 266 StGB angenommen, soweit die Durchset-

---

595 BGH NStZ 1992, 233 (234); dazu auch *Otto*, Die Struktur des strafrechtlichen Vermögensschutzes, 1970, S. 280 f.; *Riemann*, Vermögensgefährdung und Vermögensschaden, 1989, S. 146 ff., 148 f.; *Perron*, in: Schönke/Schröder (Hrsg.), StGB, 30. Auflage 2019, § 263 Rn. 146 f. Zu der Beendigung des versuchten Prozessbetrugs in den Fällen, in denen sich der Richter nicht täuschen ließ: RGSt 72, 150 (151); Beschluss vom 16.8.1988 – 4 StR 346/88 Rn. 1.

zung berechtigter Ansprüche erheblich erschwert, wenn nicht verhindert worden ist [...]. Dieser Ansatz der Rechtsprechung, der in der Literatur weitgehend auf Zustimmung gestoßen ist [...], muß sinngemäß auch für die umgekehrte Sachverhaltskonstellation gelten. Erleichtert eine fehlerhafte Buchführung die Geltendmachung ungerechtfertigter Ansprüche Dritter, begründet dies ebenfalls nicht per se eine schadensgleiche Vermögensgefährdung, die einen Nachteil im Sinne des § 266 StGB darstellt. Auch hier liegt eine im Sinne des Untreuetatbestandes relevante Vermögensgefährdung nur dann vor, wenn aufgrund der Umstände des Einzelfalls mit einer ungerechtfertigten Doppelinanspruchnahme zu rechnen und aufgrund der unzureichenden Buchhaltung eine wesentliche Erschwerung der Rechtsverteidigung zu besorgen ist."[596]

Laut BGH fehlen vorliegend Anhaltspunkte, dass eine Doppelinanspruchnahme in Aussicht stand oder angedroht war. Der Angeklagte habe im Falle einer gerichtlichen Geltendmachung damit rechnen müssen, dass das Abrechnungssystem auffliegen werde und auch mit den ihm zur Verfügung stehenden Beweismitteln die geleisteten Arbeitsstunden nur mit erheblichen Schwierigkeiten nachweisbar seien.[597]

Nach dem heutigen SchwarzArbG hätte in dem hiesigen Fall kein Anspruch auf eine Vergütung bestanden. Nach § 134 BGB i. V. m. § 1 SchwarzArbG führt ein beidseitiger Verstoß der Vertragsparteien gegen die Bußgeld- und Strafvorschriften zur Nichtigkeit des Vertrags. Immerhin haben beide Parteien den Verstoß bewusst zum eigenen Vorteil ausgenutzt. Umgekehrt würde dem Unternehmen, das den Lohn bereits bezahlt hat, kein bereicherungsrechtlicher Rückzahlungsanspruch zustehen.[598] Daher ist auch nach heutiger Rechtslage kein Gefährdungsschaden eingetreten.

---

596 BGHSt 47, 8 (10 f.); dazu *Perron*, in: Schönke/Schröder (Hrsg.), StGB, 30. Auflage 2019, § 266 Rn. 45b mwN. Eingehend zu § 370 AO in diesem Fall: *Müller*, AO-StB 2008, 80; *Böse*, wistra 2003, 47; *Beckemper*, ZIS 2012, 221; *Meyer-Mews*, StraFo 2018, 177; *Salditt*, NStZ 2001, 544; vgl. auch *Joecks*, Der nemo-tenetur-Grundsatz und das Steuerstrafrecht, in: Festschrift für Kohlmann, 2003, S. 451 (456 ff.); *Tormöhlen*, Der nemo-tenetur-Grundsatz im Steuerstrafverfahren und die Mitwirkungspflichten für nicht strafbefangene Veranlagungszeiträume, in: Festschrift für Korn, 2005, S. 779 (780 ff.).

597 BGHSt 47, 8 (11); ebenso BGH NStZ-RR 2005, 343 (344). Anmerkung zu BGHSt 47, 8, die fürs Hiesige nicht relevant ist: *Aselmann*, NStZ 2003, 71.

598 Vgl. BGHZ 206, 69 Rn. 6 ff.; *Herrmann*, SchwarzArbG, in: Däubler/Hjort/Schubert/Wolmerath (Hrsg.), 4. Auflage 2017, § 1 Rn. 15.

Ebenso führte das OLG Frankfurt am Main im Jahr 2004 aus, dass eine infolge von Scheinrechnungen entstandene unrichtige Buchführung nur zum Vorliegen eines Gefährdungsschadens führe, wenn mit einer unberechtigten Doppelinanspruchnahme konkret zu rechnen und auf Grund einer unzureichenden Buchhaltung eine wesentliche Erschwerung der Rechtsverteidigung zu besorgen ist.[599]

Daran wird von *Mosenheuer* kritisiert, dass es für die konkrete Gefahr einer doppelten Inanspruchnahme stets noch einer weiteren Zahlung als Zwischenschritt bedürfe. Die mangelnde Buchführung erleichtere oder ermögliche nur die schadensverursachende Handlung. Damit werde eine „Aufwertung typischen Vorbereitungs- bzw. Beihilfeunrechts zu einem täterschaftlichen Vollendungsunrecht“ betrieben.[600] Dieser Ansicht ist nicht zu folgen, da schon die unordentliche Buchführung eine Vermögensgefahr schafft. Diese ist für die Annahme eines Gefährdungsschadens hinreichend konkret, wenn sie die Besorgnis eines tatsächlichen (zweiten) Vermögensabflusses rechtfertigt. Wer mit *Mosenheuer* fordert, dass erst in der Vornahme der erneuten Zahlung eine Tatbestandsverwirklichung liegt, nimmt aufgrund des endgültigen Vermögensabflusses keinen Gefährdungsschaden, sondern einen endgültigen Schaden an. Diese Ansicht verkennt die Dogmatik des Gefährdungsschadens.

19. OLG Hamm, Beschluss vom 9.9.2005 – 2 Ss Owi 356/05

2005 hatte das OLG Hamm über einen Sachverhalt zu entscheiden, in dem der Angeklagte in einer JVA einsaß und gegen den zum Tatzeitpunkt eine Einkaufssperre in der JVA verhängt war. Zellengenosse S unterschrieb daher mit einer veränderten Unterschrift einen seiner bereits ungültigen Einkaufsscheine und verfälschte darauf die Buchungsnummer und das Datum. Diesen Einkaufsschein stellte er dem Angeklagten zur Verfügung. Der Angeklagte sollte sich beim Einkauf in dem Laden der JVA als S ausgeben. S wollte zeitgleich selbst einen Einkauf tätigen. Nach der Belastung des bei der JVA geführten und auch gedeckten Kontos des S wollte dieser wegen einer angeblichen Fehlbuchung das Land in Regress nehmen für die über den gefälschten Einkaufsschein getätigte Abbuchung. Das Gericht

599 OLG Frankfurt am Main NStZ-RR 2004, 244 (245 f.). In dem Fall prüfte das OLG noch unter Berücksichtigung der Schmiergelder einen Gefährdungsschaden, dazu in einer anderen Fallgruppe ab S. 66.

600 *Mosenheuer*, NStZ 2004, 179 (180).

bejahte bei diesem Beweismittelbetrug den Eintritt eines Gefährdungsschadens:

> „In diesen Fällen wird eine als Vermögensschädigung anzusehende Vermögensgefährdung bereits dann angenommen, wenn sich im Vorfeld eines Prozesses die Prozesslage für den Täter durch die Täuschung mit Aussicht auf Erfolg verbessert [...]. So kann eine tatbestandliche Vermögensgefährdung darin liegen, dass die Geltendmachung oder Verteidigung von Vermögensrechten erschwert oder verhindert wird. Dabei ist unter Berücksichtigung der persönlichen Verhältnisse der Vertragsparteien und der besonderen Umstände des Falls festzustellen, ob mit wirtschaftlichen Nachteilen ernstlich zu rechnen ist [...].“[601]

Die Durchsetzbarkeit der Gegenleistung, also der Anspruch auf die Abbuchung, zu deren Durchsetzung der Verkaufsschein dienen sollte, sei erheblich gefährdet gewesen. Der Betreiber des Ladens könne durch den doppelten Einkauf in Verbindung mit der veränderten Unterschrift und der Ungültigkeit nämlich nur schwer beweisen, dass der Verkaufsschein mit dem Einverständnis des S verwendet wurde, da dieser zeitgleich selbst mit einem weiteren, noch gültigen und mit der richtigen Unterschrift versehenen Einkaufsschein weitere Einkäufe tätigte. Eine Inanspruchnahme des Angeklagten oder Dritter habe keinen Erfolg versprochen, da S konkret geplant habe, diesen Anspruch zu vereiteln. Zudem sei es vom Zufall abhängig gewesen, ob die Abweichung des Einkaufsscheins von den regulären Einkaufsscheinen des S bei Tätigung des Einkaufs durch das Kassenpersonal bemerkt werde.[602]

20. LG Bonn NJW 2001, 1736 – sog. *Helmut Kohl-Fall*

Im sog. *Helmut Kohl-Fall* aus dem Jahr 2001 hatte das LG Bonn über eine sog. Parteiuntreue zu entscheiden, bei der ähnlich einer schwarzen Kasse, Gelder nicht ordnungsgemäß in der Buchhaltung einer Partei verbucht werden. Der Angeklagte hatte Spenden entgegengenommen, die nicht in die offizielle Buchhaltung überführt und nicht im Spendenteil des Rechenschaftsberichts der CDU ausgewiesen wurden. Die Gelder wurden mittels eines Treuhänders auf ein Treuhandkonto eingezahlt und später für Werbemaßnahmen der Partei verwendet oder als sonstige Einnahmen

601 OLG Hamm, Beschluss vom 9.9.2005 – 2 Ss OWi 356/05, BeckRS 2005, 13157.
602 OLG Hamm, Beschluss vom 9.9.2005 – 2 Ss OWi 356/05, BeckRS 2005, 13157.

in das Rechenwerk aufgenommen. Das Gericht bejahte den Eintritt eines Gefährdungsschadens, da „die Verfügbarkeit der Einnahmen, die einer bestimmten juristischen oder natürlichen Person (hier: CDU) zustehen, durch Verschleierung seitens des für diese Personen Handlungsberechtigten erheblich erschwert“[603] wurde. Klare Maßstäbe gebe es dafür nicht. Eine Gefahrenlage für das Vermögen scheide aus, wenn die Gelder trotz der Verbuchung auf Treuhandkonten für die Partei sicher waren. Weiter führte es aus:

> „Hinsichtlich einer eventuellen Untreue unter dem Gesichtspunkt der Herbeiführung einer Sanktionsgefahr nach dem Parteiengesetz wäre zunächst zu prüfen, inwieweit in der Einzahlung auf ein Treuhandkonto für die CDU ein rechtswidriges Erlangen des Geldes i.S. des § 23a I und II PartG gesehen werden kann; dies ist zweifelhaft, weil die Verweisung auf [...] § 25 I 2 Nr. 5 Alt. 1 PartG nur Spenden von Personen erfassen dürfte, die den Funktionsträgern der Partei tatsächlich unbekannt sind. Würde man den Begriff des rechtswidrigen Erlangens entgegen dem Wortlaut des Gesetzes weiter fassen, also auch auf jene Spenden ausdehnen, deren Ursprung ein Vorstandsmitglied oder Schatzmeister namentlich kennt, diese aber zum Zwecke der Verheimlichung auf einem Anderkonto bereithält, dann könnte schon dieses Bereithalten die Sanktion auslösen, ohne dass die Parteigremien von dem Bereithalten tatsächliche Kenntnis haben. Dies wiederum könnte dazu führen, dass ein solcher ‚Spendensammler‘ nicht nur der Partei Gelder vorenthält, sondern auch die Sanktionen in dreifacher Höhe auslöst, wenn die Gelder von ihm nicht sofort an die Bundestagsverwaltung abgeführt werden. Auf diese Weise könnte ein Funktionsträger der Partei deren wirtschaftlichen Ruin herbeiführen, ohne dass das Geld ihr in irgendeiner Form zugute kam.“[604]

Für ein solches Verständnis bestehe ferner kein Bedürfnis, weil eine Sanktion für ein Verhalten von Funktionsträgern immer noch erfolgen könne, wenn das Geld der Partei zugutegekommen ist.[605]

---

603 LG Bonn NJW 2001, 1736 (1738).

604 LG Bonn NJW 2001, 1736 (1738); zustimmend *Velten*, NJW 2000, 2852 (2853 f.). Zu den prozessualen Fragen bei § 153a StPO im konkreten Fall: *Beulke/Fahl*, NStZ 2001, 426; *Rettenmaier*, NJW 2013, 123; *Saliger*, GA 2005, 155. Generell kritisch zu einem Gefährdungsschaden in diesem Kontext: *Hamm*, NJW 2001, 1694.

605 LG Bonn NJW 2001, 1736 (1738).

21. BGHSt 51, 100 – sog. *Kanther/Weyrauch-Fall* und OLG Frankfurt am Main NJW 2004, 2028

Im zweiten Teil des sog. *Kanther/Weyrauch-Falls*[606] hatte sich der 2. Strafsenat des BGH ebenfalls mit unrichtigen Rechenschaftsberichten auseinanderzusetzen. Die Angeklagten bezweckten den Erhalt eines höheren Zuschusses zu der staatlichen Parteienfinanzierung, die an die Anzahl der Wählerstimmen und an die Höhe der Mitgliederbeiträge und Spenden gekoppelt war. Laut BGH hat eine Aufdeckung der Unrichtigkeit der Rechenschaftsberichte eine Rückforderung des Bundestagspräsidenten gegen die Bundespartei und damit eine Regressforderung der Bundespartei gegen die Landespartei zur Folge:

> „Die Veranlassung falscher Rechenschaftsberichte verursachte einen über das Verschweigen der Ersatzansprüche hinausgehenden Vermögensnachteil. Der Schaden des Bundesverbands der Partei bestand [...] in dem konkreten Risiko des Vorenthaltens und der Rückforderung des Zuwendungsanteils [...]; einen weiteren Gefährdungsschaden des Landesverbands hat das Landgericht in der konkreten Gefahr gesehen, dass die Bundespartei Schadensersatzanforderungen gegen den Landesverband geltend machen könnte. Selbst wenn insoweit nur Gefährdungsschäden vorlagen, handelte es sich hierbei in der Substanz und quantitativ um *andere* Nachteile als bei dem durch das Verschweigen des Vermögens der Stiftung [...].“[607]

Vorinstanzlich hatte das OLG Frankfurt am Main überzeugend ausgeführt, dass sich das Gewicht der Sanktionsgefahr wegen eines Verstoßes gegen die Publizitätspflicht vor allem aus dem Urteil des OVG Berlin vom 12.6.2002 ergebe, mit dem die Klage der CDU gegen den Rückforderungsbescheid des Bundestagspräsidenten abgewiesen wurde.[608]

Die grundsätzliche Möglichkeit eines künftig geltend zumachenden Rückforderungsanspruchs führt noch zu keinem Eintritt eines Gefähr-

---

606 Der BGH und das OLG prüften noch einen Gefährdungsschaden aufgrund der Entziehung der Vermögenswerte durch die Bildung schwarzer Kassen, dazu in einer anderen Fallgruppe ab S. 182.

607 BGHSt 51, 100 (117) – Hervorhebungen im Original; die gleichen Kriterien heranziehend auch vorinstanzlich OLG Frankfurt am Main NJW 2004, 2028 (2030); LG Wiesbaden, Urteil vom 18.4.2005 - 6 Js 3204/00 - 16 KLs (unveröffentlicht).

608 OLG Frankfurt am Main NJW 2004, 2028 (2030); vgl. OVG Berlin NJW 2002, 2896. Der BGH lies die Frage im konkreten Fall für weitere Tatrichter offen.

dungsschadens. Vielmehr muss dafür die Entdeckung des unrichtigen Rechenschaftsberichts konkret drohen.[609] Daher überzeugt der Einwand von *Krüger* nicht, dass *contra legem* § 266 StGB zu einem Risikodelikt uminterpretiert werde.[610] Somit wird auch – entgegen *Krügers* Ansicht – § 8 S. 2 StGB ausreichend berücksichtigt, da an den Zeitpunkt des Handlungsvollzugs angeknüpft wird.[611] Zu beachten ist, dass jede denkbare Realisierung dieser Gefahr noch einer entsprechenden Entscheidung des Bundestagspräsidenten bedarf, wodurch die Zurechenbarkeit des Schadens ausgeschlossen sein könnte. Auf diese Problematik ist der BGH im hiesigen Fall zwar nicht eingegangen, allerdings ist allgemein anerkannt, dass eine Zurechnungsunterbrechung bei einer eigenverantwortlichen Selbstgefährdung oder einer einverständlichen Fremdgefährdung anzunehmen ist. Für die Abgrenzung kommt es darauf an, ob die Tatherrschaft beim Täter oder beim Geschädigten lag.[612] Hier tendiert *Saliger* zu einer Ablehnung der objektiven Zurechenbarkeit, da die Rechtsgutsverletzung ausschließlich in dem Verantwortungsbereich des Bundestagspräsidenten liege und dieser eigenes Ermessen über das „Ob" und den Umfang habe.[613] Jedoch wird auch beim Prozessbetrug die Autonomie des Richters bei der Beweiswürdigung nicht als ausreichend für einen Zurechnungsausschluss zwischen Täuschungshandlung und Vermögensverfügung angesehen.[614] Entsprechendes muss bei der Parteiuntreue gelten, da der Bundestagspräsident bei der Bescheidung der Rückforderung ein wesentlich eingeschränkteres Ermessen (heute: § 31d PartG) hat als ein Richter (vgl. § 261 StPO).[615]

---

609 So auch *Ransiek*, NJW 2007, 1727 (1729), aber im Ergebnis im vorliegenden Fall ablehnend.

610 *Krüger*, NJW 2002, 1178 (1180).

611 Vgl. zu den Anforderungen von § 8 StGB: *Heintschel-Heinegg*, in: BeckOK StGB, 50. Edition, Stand: 1.5.2021, § 8 Rn. 4 f.; a.A. hinsichtlich des Gefährdungsschadens *Krüger*, NJW 2002, 1178 (1179 f.).

612 Dazu allgemein *Fahl*, GA 2018, 418 (418 ff.).

613 *Saliger*, Parteiengesetz und Strafrecht, 2005, S. 393 f.; *ders.*, NStZ 2007, 545 (549).

614 Dazu eingehend *Perron*, in: Schönke/Schröder (Hrsg.), StGB, 30. Auflage 2019, § 263 Rn. 70 ff.; *Jänicke*, Gerichtliche Entscheidungen als Vermögensverfügung im Sinne des Betrugstatbestandes, 2001, S. 559 ff.

615 Ebenso *Perron*, NStZ 2008, 517 (518).

22. BGHSt 56, 203 – sog. *Kölner Parteispendenaffäre* und BGHSt 60, 94: Endgültiger Schaden

Von dieser Linie wich der 1. Strafsenat des BGH in dem Sachverhalt über die sog. *Kölner Parteispendenaffäre* im Jahr 2011 ab. Für einen Nachteil zulasten des Kreisverbandes einer Partei müssen konkrete Feststellungen dazu gemacht werden, dass die Durchsetzung von Regressansprüchen gegen den Kölner Kreisverband der CDU tatsächlich beabsichtigt war. Die bloße Existenz eines in der Parteisatzung enthaltenen Haftungstatbestands genüge nicht. Bei den anderen an der staatlichen Parteienfinanzierung beteiligten Parteien liege ein endgültiger Vermögensschaden durch die täuschungsbedingte Festsetzung und Auszahlung der Förderungen in Höhe der nicht gerechtfertigten Auszahlungsbeträge vor.[616] Ferner wies der BGH auf Folgendes hin:

> „Die hier nach § 23a PartG aF bei der Aufdeckung der Geltendmachung rechtswidrig erlangter Parteispenden für die betroffene Partei zu erwartenden finanziellen Nachteile sind auch vor deren Festsetzung durch den Präsidenten des Deutschen Bundestages im Hinblick auf eine Strafbarkeit wegen Untreue (§ 266 StGB) nicht lediglich unter dem Gesichtspunkt einer schadensgleichen Vermögensgefährdung zu betrachten. Der Vermögensnachteil i.S.v. § 266 StGB tritt unmittelbar mit der Entdeckung der Tathandlung ein.“[617]

§ 23a PartG a.F. räume dem Bundestagspräsidenten kein Ermessen bei der Verhängung von Sanktionen ein. Mit der Aufdeckung der Tathandlung sei das Vermögen daher nicht nur gefährdet gewesen, sondern es sei ein endgültiger Vermögensnachteil in Form eines zu bilanzierenden Rückforderungsanspruchs eingetreten.[618]

---

616 BGHSt 56, 203 (213 ff.). Anmerkung dazu, die fürs Hiesige nicht relevant ist: *Tierel*, jurisPR-StrafR 12/2011 Anm. 3.

617 BGHSt 56, 203 (219 f.); zustimmend *Bittmann*, wistra 2011, 343 (343 f.); dagegen nahm das LG Köln vorgehend noch einen Gefährdungsschaden an, vgl. LG Köln, Urteil vom 4.8.2009 – 106 – 13/06 – 114 Js 61/03 (unveröffentlicht).

618 BGHSt 56, 203 (220 f.); kritisch *M. Wagner*, ZIS 2012, 28 (34 f.).

a. § 31d PartG als *self-executing*-Norm

Heute normiert § 31d PartG die strafrechtliche Sanktion bei Unrichtigkeiten in der staatlichen Parteienfinanzierung.[619] § 266 StGB ist daneben anwendbar.[620] Etwaige Strafbarkeitslücken, die früher versucht wurden über § 266 I StGB zu schließen, können nach der heutigen Rechtslage daher nicht mehr entstehen. Die Rechtsfolgen von § 31d PartG hinsichtlich des „Ob" und „Wie" der Bescheidung sind zwingend (sog. *self-executing*-Norm).[621] Der Bundestagspräsident hat daher kein Ermessen, weshalb kein wesentlicher Zwischenschritt besteht, der die Unmittelbarkeit des Schadens ausschließen kann. Der 3. Strafsenat des BGH stellte dazu in einer anderen Entscheidung fest:

> „Der Schadenseintritt ist somit dem Grunde und der Höhe nach eine in keiner Weise disponible Folge der vermögensschädigenden Handlung, ohne dass insoweit ein rechtlich bedeutsamer Zwischenschritt notwendig ist; er vollzieht sich trotz der Notwendigkeit des Tätigwerdens des Bundestagspräsidenten in der Sache materiell quasi von selbst [...]."[622]

b. Vermögensschützende Normen des PartG

Zunächst ist festzuhalten, dass die Pflichten des PartG vermögensschützend sind (vgl. Art. 21 I 4 GG), weil das Parteienrecht ein Wettbewerbsrecht ist. Die Sanktionen des PartG sollen den Parteienmarkt regulieren, damit die Wettbewerbschancen der Parteien bei der staatlichen Parteienfinanzierung gleich sind. Dies ähnelt den Rechnungslegungsvorschriften

---

619 Zu den Sanktionen: *Faust*, Zur möglichen Untreuestrafbarkeit im Zusammenhang mit Parteispenden, 2006, S. 35 ff., 74 ff.; *Saliger*, in: Ipsen (Hrsg.), Parteiengesetz, 2. Auflage 2018, § 31d Rn. 139c.

620 Vgl. BGHSt 56, 203 Rn. 63; *M. Wagner*, ZIS 2012, 28 (30); *Saliger*, Parteiengesetz und Strafrecht, 2005, S. 663 ff. Eingehend zu § 31d PartG *Sadowski*, MIP 2007, 68 (68 ff.).

621 Vgl. *Saliger*, in: Ipsen (Hrsg.), Parteiengesetz, 2. Auflage 2018, § 31d Rn. 142; *ders.*, Parteiengesetz und Strafrecht, 2005, S. 130 ff.; *ders.*, HRRS 2006, 10 (Fn. 149); *Brand/Seeland*, ZWH 2015, 258 (264); *Lenski*, HK-Parteiengesetz, 2011, § 31c Rn. 8. Zu den Sanktionen: *Faust*, Zur möglichen Untreuestrafbarkeit im Zusammenhang mit Parteispenden, 2006, S. 35 ff., 51. Gegen eine Art Automatismus plädierend: *Corsten*, wistra 2011, 389 (380).

622 BGHSt 60, 94 (116).

des HGB zur Dokumentation und Kapitalerhaltung, bei denen durch eine unordentliche Buchführung ebenfalls ein Schaden entstehen kann.[623]

c. Abstellen auf den Zeitpunkt der Tathandlung zur Schadensfeststellung

Somit nehmen der 1. und 3. Strafsenat des BGH mit der Entdeckung der Tat und vor der Festsetzung der Sanktion wegen des Erfordernisses einer Rückstellungsbildung den Eintritt eines endgültigen Schadens und keinen Gefährdungsschaden mehr an.[624] Die Strafsenate vollziehen damit eine Rechtsprechungsänderung, weil sie für die Beurteilung eines Nachteils auf den Zeitpunkt der Tatentdeckung abstellen.[625] Insofern ist es zwar folgerichtig, dass aufgrund der *self-executing*-Norm des PartG, wenn auf den Zeitpunkt der Entdeckung abgestellt wird, ein endgültiger Schaden vorliegt. Allerdings überzeugt das Abstellen auf den Zeitpunkt der Entdeckung nicht.[626] Vielmehr muss auf den Zeitpunkt der Tathandlung abgestellt werden. Logischerweise kann in der Praxis eine Verurteilung ohne Tatentdeckung nicht stattfinden. Jedoch folgt aus dem Abstellen auf den Zeitpunkt der Tatentdeckung auch, dass eine Tat, trotz erheblicher Gefahren für das Vermögen des Treugebers, ohne Entdeckung nicht strafbar ist. Die Strafwürdigkeit eines Täters kann nicht nur von der Entdeckung abhängen.[627] Der besonders gerissene Täter, der die Tatentdeckung verhindert, würde dadurch privilegiert werden. Dies ist nicht sachgerecht. Mithin muss der Schaden zum Zeitpunkt der Tathandlung *ex ante* bestimmt werden. Drohende Sanktionen in Fällen der Parteiuntreue sind daher als Gefährdungsschaden anzusehen.[628] In der tatsächlichen Bescheidung durch den Bundestagspräsidenten liegt nur eine Schadensvertiefung.

623 Vgl. dazu *Saliger*, ZIS 2011, 902 (911); *ders.*, Parteiengesetz und Strafrecht, 2005, S. 203 f.; *Morlok*, NJW 2000, 761 (767 f.). Einen Überblick zur ordnungsgemäßen Buchführung des HGB bietend: *Büteröwe*, in: Henssler/Strohn (Hrsg.), Gesellschaftsrecht, 5. Auflage 2021, § 41 GmbHG Rn. 8 f.

624 BGHSt 60, 94 (116); zustimmend *Jahn*, JuS 2011, 1133 (1136). Eingehend zum tatbestandsausschließenden Einverständnis im vorliegenden Fall: *Bock*, ZIS 2006, 67.

625 Vgl. dazu auch BGH NJW 2011, 3528 (3529).

626 Kritisch zu den Auswirkungen der Änderung des maßgeblichen Zeitpunkts der Gesamtsaldierung: *Saliger*, ZIS 2011, 902 (911).

627 Ebenso *Olßon*, BLJ 2013, 80 (84).

628 Statt vieler *Olßon*, BLJ 2013, 80 (84); *Saliger*, in: Matt/Renzikowski (Hrsg.), StGB, 2. Auflage 2020, § 263 Rn. 196; so auch grundlegend *Bittmann*, NStZ 2013, 72 (73).

Die hieraus entstehende Bezifferungsproblematik[629] liegt auf der Hand: Das Risiko drohender Sanktionen ist aufgrund eines Mindest-Aufdeckungsrisikos schwer in Zahlen auszudrücken. Falls dies nicht gelingt, muss eine Tat straflos bleiben. Dies ist zwar unbefriedigend, aber die folgerichtige Konsequenz aus dem Bezifferungsgebot. Um dieses praktisch unbefriedigende Ergebnis zu vermeiden, könnten die Strafsenate den Anknüpfungspunkt zur Schadensfeststellung geändert haben.[630]

23. OLG Celle ZWH 2013, 21

Das OLG Celle hatte im Jahr 2012 über einen Sachverhalt zu entscheiden, in dem der Täter Spendenwerbung für die Krebsforschung gemacht hatte, wobei er das eingenommene Geld nicht vollständig an die Forschung weitergeleitet, sondern einen Teil als Vergütung einbehalten hatte. Die Spendenbeschreibung enthielt keine ausdrücklichen Angaben zur Höhe der Kosten. Laut dem Gericht ist mit dem drohenden Verlust der vorläufigen Anerkennung als gemeinnützige Organisation mit der Folge der Nachforderung der Körperschafts- und Gewerbesteuer wegen Verursachung hoher Kosten für die Spendenwerbung kein Gefährdungsschaden mangels Unmittelbarkeitszusammenhangs zur Pflichtverletzung eingetreten. Durch die eigenverantwortliche Entscheidung der Finanzbeamten stehe das Ergebnis nicht mit Sicherheit fest. Das Veranlagungs- und Festsetzungsverfahren sei kein Automatismus, der stets in gleicher Weise vorhersehbare Ergebnisse produziere. Der Finanzbeamte müsse im Einzelfall den entsprechenden Verstoß unter Berücksichtigung des Grundsatzes der Verhältnismäßigkeit würdigen.[631] Mithin stellte das OLG Celle überzeugend darauf

629 Zu den verfassungsrechtlichen Anforderungen, insbesondere zum Bezifferungsgebot schon ab S. 37.

630 Ebenso *Olßon*, BLJ 2013, 80 (84). Zum Entdeckungsrisiko auch *Altenburg*, NJW 2015, 1624 (1625). Vgl. eingehend zur Bilanzierung eines Rückforderungsanspruchs: *von Sicherer*, Bilanzierung im Handels- und Steuerrecht, 5. Auflage 2018, S. 97 ff.

631 OLG Celle ZWH 2013, 21 (23 f.); so auch vorgehend LG Hildesheim, Urteil vom 8.5.2012 – 24 KLs 5423 Js 8423/10 (unveröffentlicht); in diese Richtung ebenfalls OLG Hamm wistra 1999, 350 (354). In dem konkreten Fall verneinte dies der BGH anschließend, da der Grundstückskauf für den Verein vorteilhaft gewesen und die Gemeinnützigkeit durch das Grundstücksgeschäft nicht berührt worden sei. Jedenfalls hätten die Angeklagten die Gefahr des Entzugs der Gemeinnützigkeit nicht billigend in Kauf genommen (BGH wistra 2001, 340 [341]; so vorgehend ebenfalls LG Bochum, Urteil vom 20.1.2000 – 10 KLs 35

ab, ob die Entscheidung zwingend gesetzlich vorgeschrieben ist, da andernfalls das Inanspruchnahmerisiko zur Feststellung eines Gefährdungsschadens noch nicht hinreichend konkret ist.

24. BGH, Beschluss vom 25.11.2009 – 2 StR 495/09 und weitere Entscheidungen

Übereinstimmend mit seiner bisherigen Leitlinie zur erzwungenen Ausstellung von Schuldscheinen stellte der BGH in den Jahren 2009 und 2013 fest, dass ein Gefährdungsschaden nicht schlicht durch die Abgabe eines Schuldscheins vorliege. Es müsse mit der rechtlichen Durchsetzung der verbrieften Forderung mittels des Schuldscheins auch ernstlich zu rechnen sein.[632] 2018 ergänzte der BGH, dass der Geschädigte in dem Schuldschein eine bestehende Verbindlichkeit eindeutig anerkannt haben müsse. Dies scheide aus, wenn unklar ist, ob mit dem Schreiben ein Schuldanerkenntnis vorliegt oder das Schreiben nur dazu dienen sollte, den Beweis für eine streitige Forderung zu erleichtern. Vorliegend gelte dies umso mehr, da das Schreiben nicht in der Muttersprache des Angeklagten verfasst worden sei.[633]

25. OLG Köln wistra 2014, 362

Das OLG Köln hatte im Jahr 2014 über einen Sachverhalt zu entscheiden, in dem der Angeklagte als Gesellschafter der Gesellschaft G2, die Geschäftsbesorgerin der Gesellschaft G3 war, tätig war. Der Angeklagte gab ein Forderungsrecht der G3 gegen die G2 zur Aufstockung im Falle einer nicht vollständig abgedeckten Kapitalerhöhung auf. Das Gericht stellte fest, dass grundsätzlich der Eintritt eines Gefährdungsschadens der G3 in Betracht komme, da es im ungünstigsten Fall nicht gelungen wäre, eine vollständige Kapitalerhöhung zu erreichen und die G2 zum Stichtag in Höhe der dann bestehenden Differenz eintrittspflichtig geworden wäre.

Js 400/97). Anmerkung zu OLG Celle ZWH 2013, 21, die fürs Hiesige nicht relevant ist: *Kudlich*, ZWH 2013, 24.

632 BGH, Beschluss vom 25.11.2009 - 2 StR 495/09, BeckRS 2009, 89126 Rn. 5; BGH NStZ 2014, 316 (317). Anmerkung zu BGH NStZ 2014, 316, die fürs Hiesige nicht relevant ist: *Hecker*, JuS 2014, 368.

633 BGH NStZ-RR 2018, 316 (317).

Allerdings haben zur Berechnung des Schadens keine hinreichenden Anhaltspunkte für eine verlässliche Prognose vorgelegen, weshalb kein Gefährdungsschaden entstanden sei.[634] Überzeugend muss in Anbetracht von Art. 103 II GG ein Gefährdungsschaden ausscheiden, wenn der Schaden nicht bezifferbar ist.

26. BGH NStZ 2015, 514

Ein Jahr später hatte der 1. Strafsenat des BGH über einen Fall zu entscheiden, in dem die Angeklagten einen sicherungsübereigneten PKW unter Vorlage gefälschter Fahrzeugpapiere an eine gutgläubige Käuferin in Polen veräußert hatten. Anschließend wurde der PKW durch die Täter als gestohlen gemeldet und mittels GPS-Ortung durch die Polizei zurückgeholt. Das Rückzahlungsbegehren der Käuferin sollte aufgrund der falschen Papiere ins Leere laufen. Zunächst stellte der BGH klar, dass das Prozessrisiko, nach einem gutgläubigen Erwerb von dem vorherigen Eigentümer auf Herausgabe verklagt zu werden, regelmäßig nicht zu einer vollständigen Entwertung der Eigentümerposition führe. Hier sei dennoch ein Gefährdungsschaden in der vollen Höhe des Kaufpreises eingetreten, da ausnahmsweise das von der Geschädigten erworbene Eigentum nach der wirtschaftlich gebotenen Betrachtungsweise völlig wertlos sei.[635]

> „Denn nach dem Tatplan [...] sollte die Geschädigte das Fahrzeug nicht erst als Folge eines Zivilprozesses verlieren, sondern auf der Grundlage einer sofortigen Sicherstellung durch Polizeibeamte. Ihr Eigentumsrecht konnte die Geschädigte im Hinblick auf die ihr

---

634 OLG Köln wistra 2014, 362 (363). In der Aufgabe der Darlehensgewährungs- und Darlehensvermittlungsverpflichtung habe schon keine Pflichtverletzung gelegen, weshalb das Gericht hier nicht auf einen möglichen Schaden einging. Im zweiten Teil des Falls verzichteten die Angeklagten auf Miet-/Pachtforderungen für die G3 und eine andere Gesellschaft. Überzeugenderweise stellte das Gericht fest, dass beim Verzicht auf eine Forderung ein (endgültiger) Schaden nur vorliege, wenn diese Forderung werthaltig war. Forderungen seien nicht werthaltig, wenn der Versuch der Einbringung der Forderung unverzüglich eine Zahlungsunfähigkeit beim Schuldner, also eine Insolvenz und in der Folge weitergehende wirtschaftliche Verluste der Forderungen, herbeiführt (OLG Köln wistra 2014, 362 [363]; vgl. dazu auch BGHZ 163, 134 Rn. 10 ff.).

635 BGH NStZ 2015, 514 (515); ebenso BGH NStZ-RR 2016, 340 (341); *Begemeier/Wölfel*, JuS 2015, 307 (309). Zu § 145d StGB in diesem Kontext eingehend: *Krell/Eibach*, StV 2016, 159.

unter Angabe unrichtiger Verkäuferdaten übergebenen gefälschten Fahrzeugpapiere gegenüber den [...] instrumentalisierten polnischen Polizeibeamten nicht nachweisen. Für die Möglichkeit einer erfolgreichen späteren Herausgabeklage der Geschädigten bestanden schon deshalb keine Anhaltspunkte, weil das Fahrzeug von der Polizei nicht an die Bank, sondern an die Täter – mit ungewissem weiterem Verbleib – herausgegeben werden sollte. Einer solchen Möglichkeit kam daher zum Zeitpunkt der Vermögensverfügung kein wirtschaftlicher Wert zu. Damit erlangte die Geschädigte bei wirtschaftlicher Betrachtung zum Zeitpunkt der Vermögensverfügung lediglich eine für sie im Ergebnis wertlose kurzfristige Besitzposition an dem Fahrzeug für die Überführungsfahrt nach Polen."[636]

a. Zwingendes polizeiliches Handeln

Im hiesigen Fall ist fraglich, ob der erforderliche Zwischenschritt durch das Handeln der Polizei die Unmittelbarkeit des Schadens ausschließt.[637] Allerdings ist – ähnlich wie bei der Parteiuntreue – das Handeln der Polizei praktisch vorprogrammiert, da die Täter die echten Fahrzeugpapiere vorlegen und damit das vermeintliche Eigentum beweisen konnten. Denn die Geschädigte hatte nur – leicht für die Polizei feststellbar – gefälschte Fahrzeugpapiere vorzuweisen. Es fehlte daher nicht an der Unmittelbarkeit des Schadens. Die Vermögensgefahr war somit in der ersten Tathandlung begründet. Im Unterschied zu den klassischen Gutglaubensfällen stand hier aufgrund des Tatplans im Moment des Vertragsschlusses

---

636 BGH NStZ 2015, 514 (515); dagegen *Kudlich*, da durch das Abstellen auf einen zukünftigen deliktischen Tatplan für die schadensrechtliche Bewertung und der damit einhergehenden weiten Vorverlagerung die Grenzen zwischen Vorbereitungshandlung, Versuch und Vollendung letztlich verwischt werden. Überzeugender sei es den Schwerpunkt des Unrechts erst in dem späteren Zugriff auf den PKW zu sehen, weil eine Verfügung durch den gutgläubigen Erwerb kompensiert sei, d. h. es liege ein Diebstahl in mittelbarer Täterschaft vor (*ders.*, JA 2015, 947 [949]).

637 Kritisch *Brüning*, ZJS 2015, 535 (538); *El-Ghazi*, HRRS 2015, 386 (392); *Gaede*, in: Leipold/Tsambikakis/Zöller (Hrsg.), AnwaltKommentar StGB, 3. Auflage 2020, § 263 Rn. 124; *Begemeier/Wölfel*, NStZ 2016, 129 (133). Andere Stimmen in der Literatur führen dagegen an, dass die Prognose der allgemeinen Zurechnungslehre hier fruchtbar zu machen sei, also dass die tatbestandsmäßige Täuschung demnach den endgültigen Vermögensverlust zurechenbar verursachen müsse: *Krell*, NZWiSt 2013, 370 (378 f.); *Stuckenberg*, ZStW 2006, 878 (903).

durch das zwingende Handeln der Polizei fest, dass die Geschädigte ihr Eigentum wieder verlieren wird.[638] Somit muss nicht auf eine konkrete Gefährdung aufgrund der Umstände des gutgläubigen Erwerbs abgestellt werden.

b. Konkretes Prozessrisiko beim gutgläubigen Erwerb

Im Sinne der Einheit der Rechtsordnung darf nicht übersehen werden, dass einer gutgläubig erworbenen Sache grundsätzlich ein wirtschaftlicher Wert zu kommt.[639] Auch liegt jedem Rechtserwerb ein gewisses Prozessrisiko inne. Dies führt nicht *per se* zum Eintritt eines Gefährdungsschadens.[640] Entscheidend ist daher die Frage, wann und in welcher Höhe ein gutgläubiger Erwerb ausnahmsweise keinen ausreichenden Gegenwert bildet und somit zum Eintritt eines Gefährdungsschadens führt. Überzeugenderweise liegt ein Vermögensschaden vor, wenn gutgläubig kein Eigentum, z. B. infolge grober Fahrlässigkeit nach § 932 II BGB oder aufgrund des Abhandenkommens nach § 935 BGB, erworben werden kann.[641] Ist eine Entwertung des Eigentums aus wirtschaftlicher Sicht hinreichend konkret zu prognostizieren, kann auch der wirksame gutgläubige Erwerb völlig wertlos sein, weil z. B. ein Prozessverlust im Zeitpunkt der Verfügung hinreichend wahrscheinlich, d. h. eine erfolgreiche Herausgabeklage (des beweisbelasteten Alteigentümers[642]) überwiegend wahrscheinlich ist.[643] Dafür muss bei der Vermögensverfügung eine Klage des Alteigentümers und der Prozessverlust des gutgläubigen Erwerbers überwiegend

---

638 Eingehend *Hecker*, JuS 2015, 949 (951).

639 Dazu anmahnend *Pannenborg*, NZWiSt 2015, 428 (430); sogar die Rückkehr der Makeltheorie annehmend *Sättele*, FD-StrafR 2015, 370586.

640 *Begemeier/Wölfel*, JuS 2015, 307 (309); vgl. auch *Hoyer*, in: SK-StGB, Band V, 9. Auflage 2019, § 263 Rn. 260 f.

641 Solche Fälle als Rarität einschätzend: *Hefendehl*, in: MüKo StGB, Band 5, 3. Auflage 2019, § 263 Rn. 755 ff.; *Kudlich*, ZWH 2011, 1 (5 f.); *Begemeier/Wölfel*, JuS 2015, 307 (310); *Trück*, ZWH 2012, 59 (60 f.).

642 Dazu *Oechsler*, in: MüKo BGB, Band 8, 8. Auflage 2020, § 935 Rn. 19; § 932 Rn. 70 f.

643 *Gaede*, in: Leipold/Tsambikakis/Zöller (Hrsg.), AnwaltKommentar StGB, 3. Auflage 2020, § 263 Rn. 115; *Satzger*, in: ders./Schluckebier/Widmaier (Hrsg.), StGB, 5. Auflage 2021, § 263 Rn. 253; *Wessels/Hillenkamp/Schuhr*, Strafrecht BT II, 43. Auflage 2020, Rn. 577. Weiter in der Formulierung *Kühl*, in: Lackner/Kühl (Hrsg.), StGB, 29. Auflage 2018, § 263 Rn. 43 „möglicherweise nicht behaupten kann“; noch weiter *Tiedemann*, in: LK StGB, 12. Auflage 2012,

wahrscheinlich sein.[644] Dies ist insbesondere dann der Fall, wenn dem Erwerber Zweifel an der Verfügungsbefugnis hätten kommen müssen und diese Anhaltspunkte gerade noch zur Verneinung der groben Fahrlässigkeit beim gutgläubigen Erwerb führen.

Nicht überzeugend sind dagegen die Ansätze in der Literatur, nach denen beim gutgläubigen Erwerb der Schaden in dem Risiko der eingeschränkten Verwertbarkeit während eines Prozesses liege.[645] Zwar obliegt die Verfügungsbefugnis dem Eigentümer, jedoch ist eine rechtliche oder tatsächliche eingeschränkte Verwertbarkeit z. B. durch ein einstweiliges Verfügungsverbot (§§ 136, 135 BGB) zum Tatzeitpunkt regelmäßig noch ungewiss.[646] Eher würde eine faktische Unveräußerbarkeit des Gegenstands in Betracht kommen.[647] Würde eine solche als ausreichend für den Eintritt eines Schadens erachtet werden, würde jedoch die Grenze vom Vermögens- zum reinen Dispositionsschutz übertreten werden.

27. BGH NStZ 2017, 30

2016 hatte der 2. Strafsenat des BGH über den Fall eines erschlichenen Pfändungs- und Überweisungsbeschlusses zu entscheiden. Der angeklagte Rechtsanwalt hatte bei einem AG 3 den Erlass eines Pfändungs- und Überweisungsbeschlusses gegen den Geschädigten aufgrund des von einem anderen AG 1 erlassenen Vollstreckungsbescheids beantragt. Dabei verschwieg er, dass der Vollstreckungsbescheid bereits durch ein LG aufgehoben wurde und dass das AG 2 beschlossen hatte, die Zwangsvollstreckung aus dem auf Grundlage des Vollstreckungsbescheids des AG 1 erlassenen Vollstreckungsbescheids einstweilig einzustellen und diesen aufgehoben hatte. Die ausstellende Rechtspflegerin am AG 3 erließ in Unkenntnis dieser Ereignisse den beantragten Pfändungs- und Überweisungsbeschluss über die Hauptforderung zzgl. der Zinsen. Der BGH verneinte den Eintritt eines Gefährdungsschadens bei einem erschlichenen

---

Band 9/1, § 263 Rn. 209. Dagegen einen Schaden durch ein Prozessrisiko für ausgeschlossen haltend: *Jäger*, Strafrecht BT I, 8. Auflage 2019, § 10 Rn. 349.

644 *Begemeier/Wölfel*, JuS 2015, 307 (309).

645 *Küper/Zopfs*, Strafrecht BT, 10. Auflage 2018, Rn. 653; *Trück*, ZWH 2012, 59 (60 f.); *Hefendehl*, in: MüKo StGB, Band 5, 3. Auflage 2019, § 263 Rn. 758.

646 So auch *Begemeier/Wölfel*, JuS 2015, 307 (311).

647 *Küper/Zopfs*, Strafrecht BT, 10. Auflage 2018, Rn. 653: „merkantiler Minderwert"; vgl. auch *Tiedemann*, in: LK StGB, 12. Auflage 2012, Band 9/1, § 263 Rn. 209.

Pfändungs- und Überweisungsbeschluss, wenn dieser aufgrund eines fehlenden Vollstreckungstitels nichtig ist. Der Beschluss entfalte keinerlei Rechtswirkungen, weil es bereits im Zeitpunkt des Erlasses an einem vollstreckbaren Titel und damit an einer unerlässlichen Voraussetzung der Zwangsvollstreckung mangele (vgl. § 717 I ZPO). Darin liege ein besonders schwerwiegender Fehler, der für einen mit den Umständen vertrauten, verständigen Beobachter ohne weiteres ersichtlich, mithin offenkundig sei und zur Nichtigkeit des Pfändungs- und Überweisungsbeschlusses führe.[648] Allerdings könne bei einem nicht unerheblichen Prozessrisiko ein Gefährdungsschaden festgestellt werden, wenn durch die Tathandlung die Durchsetzung der bestehenden Forderung des Geschädigten gegenüber einem Drittschuldner erheblich erschwert wird, weil sich dieser auf eine angeblich schuldbefreiende Zahlung an den Angeklagten beruft und die Forderung wahrscheinlich gerichtlich geltend gemacht werden muss. Hier bestehe zwar ein solches nicht unerhebliches Prozessrisiko, jedoch sei nicht ersichtlich, nach welchen wirtschaftlich nachvollziehbaren Maßstäben ein Schaden eine Bezifferung dieses Schadens erfolgen könne.[649]

a. Gefährdung durch einen Pfändungs- und Überweisungsbeschluss

Überzeugenderweise kann ein Pfändungs- und Überweisungsbeschluss grundsätzlich zum Eintritt eines Gefährdungsschadens führen, weil die gepfändete Forderung aus der Sicht des potenziell geschädigten Gläubigers an Wert verliert. Denn der Drittschuldner darf nur noch an den Pfändungsgläubiger leisten (vgl. § 829 I 1 ZPO). Somit drohen Zahlungsausfälle, da durch die Zahlung des Drittschuldners zugleich die titulierte Forderung gegen das potenzielle Betrugsopfer erfüllt wird. Auf eine spätere Aufhebung des Pfändungs- und Überweisungsbeschlusses kann es für

---

648 Vgl. zu diesem Aspekt BGHZ 121, 98 Rn. 15 ff.; BGH NJW 2014, 2732 (2733); *Lackmann*, in: Musielak/Voit (Hrsg.), ZPO, 18. Auflage 2021, Vorb. zu § 704 Rn. 32; *Kindl*, in: Saenger (Hrsg.), ZPO, 9. Auflage 2021, Vorb. zu § 704–945 Rn. 21 jeweils mwN.

649 BGH NStZ 2017, 30 (31); wistra 2011, 387 (387 f.); vgl. schon *Schauer*, Ist eine Vermögensgefährdung als Vermögensbeschädigung im Sinne des § 263 StGB anzusehen?, 1973, S. 116; zustimmend zur Problematik der Anwendung der verfassungsrechtlichen Vorgaben auf die bisherige Rechtsprechungslinie: *Schlösser*, NStZ 2013, 162 (163); a.A. *Ladiges*, wistra 2016, 231 (231); *Becker*, NStZ 2014, 458 (458). Eingehend zur bisherigen Rechtsprechungslinie: *Trück*, ZWH 2012, 59 (60 f.).

die Tatbestandserfüllung nicht mehr ankommen, da auf den Verfügungszeitpunkt abgestellt[650] werden muss. Mithin liegt ein Gefährdungsschaden vor, wenn hinsichtlich der gepfändeten Forderung durch den Erlass des Beschlusses ein bezifferbarer Minderwert eingetreten ist. Der BGH führte überzeugend aus, dass es daran im hiesigen Fall aufgrund der offensichtlichen Nichtigkeit des Pfändungs- und Überweisungsbeschlusses fehle und nur eine abstrakte Gefährdung bestehe.[651] Allerdings muss durch die Gerichte künftig noch weiter konkretisiert werden, wann eine Täuschung über die Voraussetzungen der Vollstreckung nicht offenkundig fehlerhaft und damit unmittelbar vermögensrelevant ist. Dies trägt zur Konturierung der Dogmatik des Gefährdungsschadens bei.[652]

b. Bezifferung des Prozessrisikos durch die Prozessrisikoanalyse

Die pauschale Aussage der Gerichte, dass ein Prozessrisiko kaum bezifferbar sei, überzeugt dagegen nicht. Denn aus bilanzrechtlicher Sicht ist das Prozessrisiko ein Paradebeispiel für ein nach bilanziellen Maßstäben darstellbares Risiko. Rückstellungen für Prozessrisiken sind nach § 249 I 1 HGB grundsätzlich zu bilden, wenn mehr Gründe für eine Inanspruchnahme sprechen als dagegen.[653] Mithin muss für die Entstehung eines Gefährdungsschadens darauf abgestellt werden, ob eine konkrete Gefahr verklagt zu werden vorlag und eine überwiegende Wahrscheinlichkeit dafür bestand, den Rechtsstreit zu verlieren.[654]

Für die Bezifferung der Wahrscheinlichkeit einer Klage und des Prozessverlustes kann z. B. die ökonomische Prozessrisikoanalyse von *Risse* und *Morawietz* genutzt werden: In einem ersten und zweiten Schritt werden alle maßgeblichen Rechts- und Sachverhaltsfragen ermittelt und in einem Entscheidungsbaum abgebildet. Dabei ist der Entscheidungsbaum so detailliert darzustellen, dass die einzelnen Weichenstellungen eine Entweder-Oder-Entscheidung ermöglichen. Jede Frage muss so gestellt werden, dass diese nur in eine Richtung beantwortet werden kann. In dem dritten

---

650 Statt vieler *Fischer*, StGB, 68. Auflage 2021, § 263 Rn. 111 mwN.

651 So auch *Becker*, NStZ 2017, 31 (31).

652 Dazu auch *S. Weber*, FD-StrafR 2016, 384131.

653 Vgl. *Koesling*, in: Kiem (Hrsg.), Kaufpreisregelungen beim Unternehmenskauf, 2. Auflage 2018, § 7 Rn. 217; *Osterloh-Konrad*, DStR 2003, 1675 (1675 ff.); *Becker*, NStZ 2017, 31 (31); *Begemeier/Wölfel*, JuS 2015, 307 (310).

654 Ebenso *Waßmer*, in: Graf/Jäger/Wittig (Hrsg.), Wirtschafts- und Steuerstrafrecht, StGB, 2. Auflage 2017, § 266 Rn. 221b.

Schritt muss für jede Weichenstellung ein Risiko beziffert werden. Die Wahrscheinlichkeit, dass ein Ereignis „A“ eintritt, errechnet sich aus dem Verhältnis der Anzahl möglicher Ergebnisse „A“ im Verhältnis zur Anzahl aller möglichen Ergebnisse („N“):

$$P(A)=\frac{NA}{N}$$

„P“ steht für die Wahrscheinlichkeit (*probability*), „A“ für das Ereignis, nach dem gefragt wird und „N“ für die Anzahl aller möglichen Ereignisse (inklusive der Ereignisse „A“). Mithin bedeutet „NA“ die Anzahl der Ergebnisse mit der Ereignisqualität „A“. „P(A)“ drückt das Verhältnis der Anzahl der bezüglich „A“ günstigsten Ergebnisse zur Anwahl aller möglichen Ereignisse aus. Wird nach mehreren Ereignissen gefragt, werden die Einzelwahrscheinlichkeiten miteinander multipliziert:

$$P(A, B) = P(A) * P(B)$$

Im letzten Schritt wird aus den Einzelrisiken ein Gesamtrisiko (also eine Wahrscheinlichkeit in %) sowie der Gesamterwartungswert durch die Addition der Einzelerwartungswerte in Euro berechnet.[655] Auf die Weise lässt sich die hinreichend konkrete Wahrscheinlichkeit eines Prozessverlustes für die Feststellung eines Gefährdungsschadens berechnen. Diese recht leichte Berechnung hat vor allem in der Praxis den Vorteil, dass nicht sofort eine mit ggf. hohen Kosten einhergehende Einschaltung eines Sachverständigen erfolgen muss. Somit sind die verfassungsrechtlichen Bedenken der Gerichte, dass Prozessrisiken nicht bezifferbar seien, nicht zu teilen.

28. OLG Stuttgart ZWH 2017, 374

Vergleichbar zu den Fällen der Parteiuntreue entschied das OLG Stuttgart im Jahr 2017 über den Sachverhalt eines Finanzbeamten, der pflichtwidrig die Gewerbesteuer bei befreundeten Gewerbetreibenden auf null im Verwaltungssystem festgesetzt hatte. Laut dem OLG Stuttgart ist ein Gefährdungsschaden durch die Festsetzung der Gewerbesteuer auf null eingetreten, da die begründeten Steuerforderungen gegenüber den ande-

655 Weiter eingehend zur Prozessrisikoanalyse: *Risse/Morawietz*, Prozessrisikoanalyse, 2017, S. 53 ff. Um das Gewicht jedes Entscheidungsknotens zu bewerten, könnte innerhalb der Prozessrisikoanalyse noch eine sog. Sensitivitätsanalyse durchgeführt werden, vgl. *ebenda*, S. 95 ff.

ren Finanzbeamten sowie durch die Umgehung der verwaltungsinternen Systeme verschleiert worden seien. Die bestehenden Steueransprüche gegen die Schuldner seien unter gewöhnlichen Umständen nicht zu erkennen gewesen. Es bestehe die Gefahr der Festsetzungsverjährung nach § 169 II Nr. 2 AO. Wenn allerdings der Steuerschuldner nicht liquide war, wäre die Steuerschuld kein werthaltiger Vermögensbestandteil gewesen, weshalb eine Nichtdurchsetzung sich nicht vermögensmindernd ausgewirkt habe. Für die Bonität sei ausreichend, dass keine Insolvenzgefahr bestanden habe.[656]

29. Zwischenfazit

Das dargestellte und analysierte dogmatische Problem lässt sich am besten unter der Konstellation der erschwerten Durchsetzung oder drohenden Inanspruchnahme systematisieren. Bereits das RG hat herausgearbeitet, dass ein Gefährdungsschaden vorliegt, wenn der Prozessverlust für den Geschädigten hinreichend wahrscheinlich ist, da er zwar grundsätzlich die Möglichkeit eines Gegenbeweises hat, aber die Täuschung nicht beweisen kann. Es komme auf die Schaffung einer für den Beklagten ungünstigen Beweislage im Prozess an. Daraus folgerte das RG die sog. Makeltheorie: Ein Gefährdungsschaden liege zulasten des gutgläubigen Erwerbers aufgrund des sittlichen Makels einer gutgläubig erworbenen Sache vor, was zivil- als auch strafrechtliche Risiken für den Erwerber auslöse.

Dagegen stellte sich als erstes überzeugend das OLG Hamburg, indem es noch keinen Gefährdungsschaden allein wegen gewisser Schwierigkeiten für den gutgläubigen Erwerber annahm. Vielmehr müssen im Einzelfall noch besondere Umstände hinzukommen. Dies konkretisierte der BGH mit der Möglichkeit, dass konkret grobe Fahrlässigkeit zum Zeitpunkt der Vermögensverfügung nachgewiesen werden könne. Denn dann habe das gutgläubig erworbene Recht, auch wenn sich später dessen Rechtsgültigkeit herausstellt, nicht den wirtschaftlichen Wert, den ein von dem Berechtigten erworbenes unbestreitbares Recht habe. Überzeugenderweise kann es nicht auf einen „sittlichen Makel" an einer gutgläubig erworbenen Sache ankommen, da dies allenfalls ein abstraktes Prozessrisiko verursacht.

---

656 OLG Stuttgart ZWH 2017, 374 (375 f.); in diese Richtung ebenfalls BGH, Beschluss vom 6.4.2018 – 1 StR 13/18, BeckRS 2018, 14694 Rn. 9 ff.; zustimmend *Wittig*, ZWH 2017, 377 (378 f.). Ausführlich zur Problematik der Bezifferung im konkreten Fall: *Zebisch/Kubik*, NStZ 2017, 322.

Auch kann z. B. die Gefahr als Hehler bezeichnet zu werden nicht ausreichen, da die einschlägigen Normen nicht vor Ehrverletzungen, sondern nur vor Vermögensschäden schützen.

Laut den Gerichten kann ein Gefährdungsschaden eintreten, wenn durch eine erschlichene Unterschrift ein äußerlich wirksamer Vertrag entsteht, da der Getäuschte beweisen müsse, dass die Voraussetzungen der Anfechtung vorliegen, und er Gefahr liefe, dies nicht zu können. Gleichzeitig kann ein eindeutiger, schriftlicher und für die Geschädigten sprechender Vertragsinhalt oder fehlende Anhaltspunkte für eine drohende Inanspruchnahme einen Gefährdungsschaden ausschließen. Unter Berücksichtigung der persönlichen Verhältnisse der Vertragsparteien und der besonderen Umstände des Falls ist somit festzustellen, ob mit wirtschaftlichen Nachteilen ernstlich zu rechnen ist.

Auf die konkrete Wahrscheinlichkeit der Inanspruchnahme kam es auch im *Helmut Kohl-Fall* an. Danach schied eine Gefahrenlage für das Vermögen aus, wenn die Gelder trotz der Verbuchung auf (externe) Treuhandkonten für die Partei sicher waren. Im *Kanther/Weyrauch-Fall* hat der BGH einen Gefährdungsschaden durch die grundsätzliche Möglichkeit eines künftig geltend zumachenden Anspruchs abgelehnt, da für diesen erst die Entdeckung des unrichtigen Rechenschaftsberichts konkret drohen müsse. Von dieser Rechtsprechungslinie wich der BGH in der *Kölner Parteispendenaffäre* mit der Annahme eines endgültigen Schadens ab: Durch die Aufdeckung der Geltendmachung rechtswidrig erlangter Parteispenden trete auch vor deren Festsetzung durch den Bundestagspräsidenten ein endgültiger Schaden ein. Mit der Aufdeckung der Tathandlung sei das Vermögen nicht nur gefährdet gewesen; vielmehr sei ein endgültiger Vermögensnachteil in Form eines zu bilanzierenden Rückforderungsanspruchs eingetreten, da der Bundestagspräsident kein Ermessen bei der Verhängung der Sanktion nach § 23a PartG a.F. habe. Heute normiert § 31d PartG die strafrechtliche Sanktion bei Unrichtigkeiten in der staatlichen Parteienfinanzierung. Die Rechtsfolgen von § 31d PartG hinsichtlich des „Ob“ und „Wie“ der Bescheidung sind zwingend. Der BGH vollzog damit eine Rechtsprechungsänderung, weil er für die Beurteilung eines Nachteils auf den Zeitpunkt der Tatentdeckung abstellte. Insofern ist es zwar folgerichtig, dass aufgrund der *self-executing*-Norm des PartG im Zeitpunkt der Entdeckung ein endgültiger Schaden vorliegt. Allerdings ist nicht das Abstellen auf den Zeitpunkt der Entdeckung überzeugend, sondern nur die Heranziehung des Zeitpunkts der Tathandlung. Logischerweise kann in der Praxis eine Verurteilung ohne Tatentdeckung nicht stattfinden. Der besonders gerissene Täter, der die Tatentdeckung verhindert, würde jedoch durch das Abstellen auf diesen Zeitpunkt privilegiert werden. Dies ist nicht sachgerecht. Mithin muss der Schaden zum Zeitpunkt der Tathandlung *ex ante* bestimmt werden. Drohende Sanktionen in Fällen der Parteiuntreue sind daher als Gefährdungsschaden anzusehen. In der Bescheidung durch den Bundestagspräsidenten liegt nur eine Schadensvertiefung.

In diesem Zusammenhang stellte der BGH überzeugend fest, dass der Eintritt eines Gefährdungsschadens ausgeschlossen sei, wenn durch eine eigenverantwortliche Entscheidung das Ergebnis nicht mit Sicherheit feststeht. Mithin muss im Einzelfall herausgearbeitet werden, ob durch die Tathandlung eine konkrete Vermögensgefahr vorprogrammiert war. Zum gutgläubigen Erwerb konkretisierte der BGH, dass aus wirtschaftlicher Sicht eine Entwertung des Eigentums konkret zu prognostizieren sei, wenn z. B. bei der Vermögensverfügung eine Klage des Alteigentümers und der Prozessverlust des gutgläubigen Erwerbers überwiegend wahrscheinlich ist. Dies sei insbesondere dann der Fall, wenn dem Erwerber Zweifel an der Verfügungsbefugnis hätten aufkommen müssen und diese Anhaltspunkte gerade noch zur Verneinung der groben Fahrlässigkeit (§ 932 II BGB) beim gutgläubigen Erwerb führen. Nicht überzeugend sind dagegen die Ansätze in der Literatur, nach denen beim gutgläubigen Erwerb der Schaden in dem Risiko der eingeschränkten Verwertbarkeit während eines Prozesses liege, da eine rechtliche oder tatsächliche eingeschränkte Verwertbarkeit, z. B. durch ein einstweiliges Verfügungsverbot (§§ 136, 135 BGB), zum Tatzeitpunkt regelmäßig noch ungewiss sei.

Nicht überzeugend sind die jüngsten Zweifel der Gerichte an der Bezifferbarkeit dieser Fallgruppe. Diese führten aus, dass nicht ersichtlich sei nach welchen wirtschaftlich nachvollziehbaren Maßstäben ein bezifferbarer Vermögensschaden allein in dem Bestehen eines zivilrechtlichen Prozessrisikos liegen könne. Denn das Prozessrisiko, nach einem gutgläubigen Erwerb von dem vorherigen Eigentümer auf Herausgabe verklagt zu werden, führe regelmäßig nicht zu einer vollständigen Entwertung der Eigentümerposition. Der Bezifferungsproblematik kann durch die Anwendung der ökonomische Prozessrisikoanalyse begegnet werden. Mit dieser lässt sich die hinreichend konkrete Wahrscheinlichkeit eines Prozessverlustes für die Feststellung eines Gefährdungsschadens berechnen. Verfassungsrechtliche Bedenken an dieser Fallgruppe greifen daher nicht durch.

Diesem dogmatischen Phänomen werden die bisherigen Gruppierungen in der Literatur unter den Begriffen „Prozessbetrug“, „Rechtsmängel“, „Erwerb mangelbehafteter Gegenleistungen“ oder „Parteispenden“ nicht gerecht, da diese jeweils nur sachverhaltsmäßig Thematiken zusammenfassen und keine dogmatischen Gemeinsamkeiten aufzeigen. Dies geschieht sachgerechter durch die Fallgruppe der erschwerten Durchsetzung oder drohenden Inanspruchnahme, denn diese zeigt vor allem die einheitliche Handhabung des dogmatischen Phänomens bei §§ 253, 263, 263a, 266 und 266b StGB auf. Dies wird auch durch die durchgängige Bezifferungsmöglichkeit des hiesigen Phänomens mit der betriebswirtschaftlichen Prozessrisikoanalyse deutlich.

Für eine einheitliche Schadenssystematik kann das zivilrechtliche Pendant der Verwendungskondiktion aus § 812 I 1 Var. 2 BGB herangezogen werden. Freilich ist der Anwendungsfall der Verwendungskondiktion (vgl. § 951 BGB) enger als die Schadensentstehung in der vorliegenden Fallgruppe. Jedoch entsteht auch in der hiesigen Fallgruppe ein Gefährdungsschaden aufgrund der drohenden Nutzung eines Rechts durch jemand anderen, z. B. durch ein nicht unerhebliches Prozessrisiko für die angegriffene Rechtsposition in Fällen des gutgläubigen Erwerbs. Im Sinne der Einheit der Rechtsordnung sollte bei der Frage nach einem Schaden bei dem Rechtsverlust vergleichbare Wertungen herangezogen werden.

B. Kriterium: Einflussnahmerisiko

I. Ungehinderte Zugriffsmöglichkeit

1. Einführung in die Konstellation

29 aussagekräftige und publizierte Rechtsprechungen befassen sich mit Fällen, die dogmatisch der Konstellation der ungehinderten Zugriffsmöglichkeit für die Feststellung eines Gefährdungsschadens zuzuordnen sind.[657] Im bisherigen Schrifttum wird diese Fallgruppe meist unter den Begriffen „Banken- oder Kredituntreue“, „Scheck- oder Wechselbetrug“

657 RGSt 66, 56; BGHSt 6, 115; 50, 147; 58, 119; BGH MDR 1994, 1071; NStZ 1996, 203; 2004, 264; 2011, 212; 2014, 578; 2014, 579; NStZ-RR 2004, 333; 2007, 236; NJW 2001, 1508; 2016, 3253; wistra 2006, 20; 2012, 267; StV 1989, 149; 1998, 80; 1998, 661; BGH, Urteil vom 4.4.1984 – 2 StR 3/84; Beschluss vom 17.6.2014 – 5 StR 216/14, BeckRS 2014, 13795; Beschluss vom 11.5.2016 – 5 StR 147/16, BeckRS 2016, 9875; OLG Frankfurt am Main NStZ-RR 2004, 244; OLG Hamm NJW 1977, 1834; wistra 2012, 161; OLG Stuttgart NStZ-RR 2013, 174; OLG Jena wistra 2007, 236; LG Oldenburg NJW 1980, 1176; LG München I, Urteil vom 14.3.1994 – 2 KLs 113 Js 4332/93 (unveröffentlicht).

oder „Kreditbetrug" erfasst.[658] Teilweise erfolgte auch gar keine Systematisierung.[659]

Es wird im Folgenden aufgezeigt, dass dies nicht überzeugt. Die hier vorgeschlagene Fallgruppe der ungehinderten Zugriffsmöglichkeit hat einen höheren schadensrechtlichen Nutzen, da dadurch Gemeinsamkeiten bei der Erfassung des dogmatischen Phänomens zwischen den verschiedenen Delikten und Sachverhalten aufgezeigt werden. In der Fallgruppe wird das wirtschaftliche Phänomen erfasst, dass der Wert eines Vermögensgegenstandes maßgeblich davon bestimmt wird, dass Dritte von der Einflussnahme auf diesen Gegenstand ausgeschlossen sind.

Wohingegen das RG noch zu extensiv den Eintritt eines Gefährdungsschadens pauschal durch die Möglichkeit des Zugriffs eines Bösgläubigen auf das ihm nicht zustehende Vermögen angenommen hatte. Hat der BGH angemessener restriktiver erkannt, dass es auf die sichere Auszahlungsmöglichkeit von Guthaben an den scheinbar Berechtigten ankomme. Es wird sich zeigen, dass eine ungehinderte Zugriffsmöglichkeit beispielsweise durch eine intensive polizeiliche Überwachung oder mangels eines ernsthaften zeitnahen Zugriffs des Schädigers ausgeschlossen ist. Nicht überzeugend sind jedoch Zweifel der Gerichte an der Verfassungsmäßigkeit der hiesigen Rechtsprechungslinie wegen einer fehlenden Bezifferbarkeit des Schadens. Denn durch das Erfordernis des zeitnahen Zugriffs durch den Täter auf das Vermögen ist die Gefährdung hinreichend konkret und auch bezifferbar.

Die Fallgruppe der ungehinderten Zugriffsmöglichkeit spielt im zivilrechtlichen Bereich der Eingriffskondiktion aus § 812 I 1 Var. 2 BGB, bei der der Bereicherte eine geschützte Rechtsposition des Gläubigers zu eigenen Zwecken nutzt und sein Vermögen auf Kosten des Entreicherten mehrt. Mithin bekommt der Bereicherte nicht etwas, sondern er nimmt es sich.[660] Ebenso verhält es sich in der hiesigen Konstellation. Das zivilrechtliche Pendant hat den Zweck im Sinne der Rechtssicherheit und

---

658 Exemplarisch darstellend statt vieler *Saliger*, in: Hilgendorf/Kudlich/Valerius (Hrsg.), Handbuch des StGB, Band 5, 2020, § 35 Rn. 103 f.; *Kindhäuser*, in: ders./ Neumann/Paeffgen (Hrsg.), StGB, 5. Auflage 2017, § 263 Rn. 335 ff.; *Fischer*, StGB, 68. Auflage 2021, § 263 Rn. 165 f.; *Hoyer*, in: SK-StGB, Band V, 9. Auflage 2019, § 263 Rn. 259.

659 So beispielhaft *Kindhäuser/Schumann*, in: Hilgendorf/Kudlich/Valerius (Hrsg.), Handbuch des StGB, Band 5, 2020, § 32 Rn. 66 f.

660 Eingehend zur Eingriffskondiktion *Wendehorst*, in: BeckOK BGB, 59. Edition, Stand: 1.8.2021, § 812 Rn. 25 f.

-klarheit eine einheitliche Schadensdogmatik im Strafrecht und Zivilrecht zu entwickeln.

2. RGSt 66, 56

1931 hatte das RG über einen Sachverhalt zu entscheiden, in dem der Angeklagte durch eine Täuschung einen Wechsel erschlichen hatte. Das Gericht bejahte den Eintritt eines Gefährdungsschadens bei Hingabe der Wechselakzepte an einen zu ihrem Missbrauch entschlossenen Vertragspartner. Der Schaden werde vertieft, wenn der Täter die Wechsel zur Diskontierung ohne weitere Weisung bei der Bank einreicht und hierdurch eine Gutschrift auf sein Konto bewirkt.[661] Durch die Gutschrift hatte der Angeklagte die Möglichkeit des ungehinderten Zugriffs auf das ihm nicht zustehende Vermögen Einfluss zunehmen.

Diese Rechtsprechung überzeugt nicht, da nur auf die Böswilligkeit des Schädigers zur Feststellung eines Gefährdungsschadens abgestellt wird. Diese belegt allenfalls den Vorsatz bezüglich der Täuschung und der Bereicherungsabsicht. Es müssen daher andere Anhaltspunkte zur Begründung eines Gefährdungsschadens herangezogen werden.

3. BGHSt 6, 115

In einem Judikat aus dem Jahr 1954 führte der BGH aus, dass mit der ungerechtfertigten Gutschrift nur ein Gefährdungsschaden eingetreten sei, wenn der Angeklagte die gutgeschriebene Provision jederzeit abheben konnte. Der Angeklagte hatte gegen Zahlung einer Provision ausgedachte Aufträge an ein Unternehmen gegeben. Das Unternehmen schickte die Waren den angeblichen Kunden zu und schrieb dem Angeklagten die Provision gut. Nach einiger Zeit wurden die Waren zurückgeschickt. Die Gutschrift bewirke nur eine scheinbare Minderung der Schuld.[662]

---

661 RGSt 66, 56 (59).
662 BGHSt 6, 115 (116 f.).

4. OLG Hamm NJW 1977, 1834

In einem vom OLG Hamm im Jahr 1977 zu entscheidenden Sachverhalt wurde der Lastschrifteinzugsverkehr zur Einziehung fingierter Forderungen vom Angeklagten genutzt, um finanzielle Engpässe zu überbrücken. Die Lastschriften sollten später widerrufen werden. Das Gericht stellte fest, dass durch die sofortige Gutschrift des Betrags auf dem Konto des Zahlungsempfängers ein Gefährdungsschaden entstehe, da sich die Aktiva um den Lastschriftbetrag verringerten. Weiter führte es aus:

> „Der Anspruch auf Rückvergütung gegen die Schuldnerbank ist hierbei kein zur Kompensation geeignetes vollwertiges wirtschaftliches Äquivalent, da er durch das Unterlassen des Widerspruchs durch den Zahlungspflichtigen bedingt ist. Der vertragliche Rückgriffanspruch der Inkassobank gegen den Zahlungsempfänger [...] aber hängt nicht nur von dessen Solvenz ab, sondern schließt auch bei ausreichenden Sicherheiten die mit der Buchung eintretende konkrete Vermögensgefährdung der Inkassobank nicht aus."[663]

Des Weiteren liege ein Nachteil des Zahlungspflichtigen vor, wenn sich der Angeklagte entgegen der Absprache vorgenommen hat, der unberechtigten Lastschrift nicht innerhalb der Frist zu widersprechen.[664]

5. BGH, Urteil vom 4.4.1984 – 2 StR 3/84 und weitere Entscheidungen

In den 1980-er und 1990-er Jahren stellte der BGH mehrfach fest, dass kein Gefährdungsschaden beim Erpressten eingetreten sei, wenn der Täter wegen der polizeilichen Überwachung keine Möglichkeit hatte mit dem erpressten Geld nach der Geldübergabe zu fliehen:

> „Zur Klärung der Frage nach der Tatvollendung hätte das Landgericht daher feststellen müssen, ob das Geld der Geschädigten alsbald wieder sichergestellt wurde und ob nach den Umständen der polizeilichen

---

663 OLG Hamm NJW 1977, 1834 (1836); in diese Richtung auch LG Oldenburg NJW 1980, 1176 (1177); zustimmend *Winterberg*, BB 1977, 1627 (1628); a.A. *Putzo*, NJW 1978, 689 (689).

664 OLG Hamm NJW 1977, 1834 (1836).

> Überwachung der Geldübergabe eine für die Täter erfolgreiche Tatausführung von vornherein ausgeschlossen war."[665]

Diese Ansicht überzeugt insbesondere aufgrund eines Vergleiches zum Diebstahl gem. § 242 I StGB, denn auch hier begründet der Dieb keinen eigenen Gewahrsam an der Sache, wenn die Polizei die Wegnahme hätte verhindern können, der Täter danach sofort festgenommen wird und er somit keine Möglichkeit hatte zu entkommen.[666]

6. BGH NStZ 1996, 203 und NStZ 2004, 264

2003 hatte der BGH über einen Sachverhalt zu entscheiden, in dem der Angeklagte auf den Todesfall bezogene Verträge zugunsten Dritter gefälscht hatte. In diesen Verträgen übertrugen alte Kunden für den Fall ihres Todes angeblich den Tatgenossen des Angeklagten ihre Bankguthaben. Die zuständigen Bankangestellten hielten die Verträge für echt. Zunächst verwies der BGH auf seine Entscheidung aus dem Jahr 1995, in der durch die Veranlassung der Bank zu einer Überweisung auf das tätereigene Konto, obwohl dieses bei Eingang der Gutschrift wegen Aufdeckung der Manipulationen bereits gesperrt war, einen vollendeten Betrug annahm.[667] Zu dem hiesigen Fall führte das Gericht aus:

> „Hier, wo ein endgültiger Verlust noch näher lag und nur dadurch das eher zufällige Eingreifen Außenstehender (der Erben und des Rechtsanwalts) gerade noch verhindert wurde, kann nichts anderes gelten. [...] Nach Auffassung des *Senats* ist bei einem fingierten, auf den Todesfall bezogenen Vertrag zu Gunsten Dritter, so wie er hier vorliegt, eine schadensgleiche Vermögensgefährdung (zum Nachteil der Bank) noch nicht eingetreten, solange derjenige, mit dessen Tod die Begünstigung eintreten soll, noch lebt. Die Möglichkeit eines Menschen, über sein Vermögen zu seinen Lebzeiten frei zu verfügen, kann in diesem Zusammenhang nicht als rechtlich bedeutungslos angesehen werden. Dabei kommt es weder darauf an, ob etwa im Hinblick

665 BGH StV 1998, 80 (80). Vgl. in diese Richtung auch BGH StV 1989, 149 (149); 1998, 661 (661); NJW 1997, 265 (267); BGH, Urteil vom 4.4.1984 – 2 StR 3/84; Urteil vom 19.7.1994 – 1 StR 362/94, BeckRS 1994, 04946 Rn. 2, soweit in MDR 1994, 1071 nicht abgedruckt; so auch vorgehend LG München I, Urteil vom 14.3.1994 – 2 KLs 113 Js 4332/93 (unveröffentlicht).

666 Vgl. dazu BGH StV 1985, 323 (323); BGHSt 4, 199 (200).

667 Dazu BGH NStZ 1996, 203 (203).

> auf das hohe Alter des Vermögensinhabers noch mit nennenswerten Vermögensverfügungen zu rechnen ist, noch darauf, ob dem Vermögensinhaber Manipulationen, die sich nach seinem Tod auswirken sollen, unbekannt sind."[668]

Das Gericht bejahte mit dem Tod der Kunden den Eintritt eines Gefährdungsschadens. Ab diesem Zeitpunkt hielt sich die Bank für verpflichtet, den scheinbar Berechtigten die Guthaben auszuzahlen. Ein Grund, die Erfüllung dieser Ansprüche auch nur kurzfristig hinauszuzögern, bestand aus Sicht der Bank zu dem Zeitpunkt nicht. Auf bankinterne und technische Fragen, ob etwa eine Umschreibung der Konten schon stattgefunden habe, komme es nicht an.[669]

7. OLG Frankfurt am Main NStZ-RR 2004, 244

2004 hatte das OLG Frankfurt am Main über einen Fall zu entscheiden, in dem der angeklagte Angestellte ein in einem Konzern bestehendes System zur Bildung von Schmiergeldern nutze. Die CC-Unternehmensgruppe diente als „Geldwaschanlage", der Scheinrechnungen gestellt und von dieser beglichen wurden. Die Rechnungsbeträge sind dann an die CC-Gruppe in bar zurückgeflossen. Das Gericht stellte fest, dass durch das Verhalten des Angeklagten

> „[...] keine ‚schwarzen Kassen' gebildet werden sollten, wodurch die Gefahr eines jederzeitigen unberechtigten Zugriffs oder der missbräuchlichen Verwendung hätte geschaffen werden können. Vielmehr ist davon auszugehen, dass die vermeintlichen Schmiergelder objektbezogen gezahlt werden sollten, das heißt, sie sollten jeweils erst bei der Aussicht auf Abschluss eines Großauftrags unter Zuhilfenahme der ‚CC'-Gruppe beschafft und sodann unmittelbar an den jeweiligen Schmiergeldempfänger ausgezahlt werden."[670]

---

668 BGH NStZ 2004, 264 (265) – Hervorhebungen im Original.
669 BGH NStZ 2004, 264 (265).
670 OLG Frankfurt am Main NStZ-RR 2004, 244 (245). In dem Fall prüfte das OLG ferner unter Berücksichtigung der Scheinrechnungen einen Gefährdungsschaden, dazu in einer anderen Fallgruppe ab S. 212.

Mithin lag keine typische schwarze Kasse vor,[671] sondern der Gefährdungsschaden ist überzeugenderweise durch die jederzeitige ungehinderte Zugriffsmöglichkeit auf das Vermögen für eine objektbezogene Nutzungsmöglichkeit eingetreten.

8. BGH NJW 2001, 1508 und weitere Entscheidungen

In den Jahren 2001 und 2004 hatte der BGH jeweils über Fälle zu urteilen, in denen die Angeklagten die EC-Karte der Geschädigten an sich genommen, die Preisgabe der dazugehörigen PIN erpresst und Bargeld vom Konto abgehoben hatten. Laut BGH hat die Kenntnis von der Geheimzahl für sich genommen noch keinen Vermögenswert. Habe der Täter jedoch die dazugehörige EC-Karte, eröffne die Kenntnis der erpressten Geheimzahl die jederzeitige Zugriffsmöglichkeit auf den Zahlungsanspruch des Geschädigten gegen die die EC-Karte akzeptierende Bank, sodass ein Gefährdungsschaden vorliege. Dies gelte auch bei § 263a StGB zulasten des kartenakzeptierenden Kreditinstituts. Die tatsächliche Abhebung vertiefe nur den Schaden, da der Auszahlungsanspruch zum Erlöschen (vgl. § 362 BGB) gebracht werde. Ein möglicher Rückzahlungs- und Wiederherstellungsanspruch des Geschädigten gegen die Bank[672] stehe dem Eintritt eines Gefährdungsschadens nicht entgegen, sondern eröffne nur die Chance auf einen Schadensausgleich, weil die Verwirklichung des Anspruchs von einer neuen Initiative des darlegungs- und beweisbelasteten Kontoinhabers abhängig sei.[673]

Ergänzend führte das OLG Jena im Jahr 2006 aus, dass, wenn der Täter keine Kenntnis von der PIN hat, ein Schaden erst durch die Abhebung entstehe. Denn vor der Abhebung bestehe noch keine konkrete ungehinderte und unbefugte Zugriffsmöglichkeit.[674] Entsprechend verneinte der BGH in den Jahren 2014 und 2016 den Eintritt eines Gefährdungsschadens mangels unmittelbarer Zugriffsmöglichkeit, da der Täter nicht die

---

671 Dazu regelmäßig die Konstellation der Entziehung der Dispositionsmöglichkeit, ab S. 182.

672 Vgl. BGHZ 145, 337 Rn. 16 ff.

673 BGH NJW 2001, 1508 (1508); NStZ-RR 2004, 333 (334 f.); zustimmend *Wohlers*, NStZ 2001, 539 (539 f.); *Valerius*, JA 2005, 330 (330 f.). Anmerkung dazu, die fürs Hiesige nicht relevant ist: *Martin*, JuS 2001, 718.

674 OLG Jena wistra 2007, 236 (237).

richtige Geheimzahl kannte, also der Geschädigte die falsche PIN verraten habe.[675] Überzeugend fasste der BGH dies im Jahr 2010 zusammen:

> „Voraussetzung für die Zufügung eines Vermögensnachteils ist jedoch, dass durch die zusätzlich erlangte Kenntnis von der Geheimzahl mit wirtschaftlichen Nachteilen für das Vermögen des Genötigten bzw. des betroffenen Bankinstituts ernstlich zu rechnen ist [...].“[676]

Wenn mangels Deckung des Kontos des Geschädigten Geldabhebungen nicht möglich seien, sei die Zugriffsmöglichkeit auf das Vermögen des Geschädigten oder des die Karte ausgebenden Bankinstituts von vornherein ausgeschlossen. Ein Gefährdungsschaden könne dann nicht durch die Erlangung der Bankkarte und Preisgabe der PIN entstehen.[677]

9. BGHSt 50, 147 und BGH wistra 2006, 20

Gleich zweimal hatte der BGH im Jahr 2005 über Fälle der sog. Lastschriftreiterei zu entscheiden. Bei der Lastschriftreiterei wird die erste Inkassostelle (d. h. die Gläubigerbank) darüber getäuscht, dass der Lastschrifteinreichung nicht ein Umsatzgeschäft, sondern ein kurzfristiges Darlehen mit einem überhöhtem Widerrufrisiko zugrunde liegt. Da das Lastschriftverfahren ein Instrument des bargeldlosen Zahlungsverkehrs und nicht ein Mittel der Kreditbeschaffung sei, sei letzteres als zweckwidrige Benutzung anzusehen.[678] Dabei sei ein Gefährdungsschaden der Bank eingetreten, wenn der Zahlungsempfänger Lastschriften einreicht, denen nur fingierte Forderungen zugrunde liegen und darüber getäuscht wird, dass der Zahlungsempfänger solvent sei.[679]

---

675 BGH, Beschluss vom 17.6.2014 – 5 StR 261/14, BeckRS 2014, 13795 Rn. 3; Beschluss vom 11.5.2016 – 5 StR 147/16, BeckRS 2016, 9875 Rn. 2 f.

676 BGH NStZ 2011, 212 (213).

677 BGH NStZ 2011, 212 (213).

678 Vgl. BGHZ 64, 79 Rn. 16 ff.; 83, 28 Rn. 10 ff.; dazu auch *Heinze*, HRRS 2005, 349 (349 f.).

679 BGHSt 50, 147 Rn. 35 ff.; vgl. auch OLG Hamm wistra 2012, 161 (162); zustimmend *Hadamitzky/Richter*, NStZ 2005, 636 (636 f.); *dies.*, wistra 2005, 441 (444); *Lang*, EWiR 2005, 741 (741 f.); *Fahl*, Jura 2006, 733 (735); a.A. *M. Soyka*, NStZ 2006, 637 (637 f.); ebenfalls kritisch hinsichtlich der daraus resultierenden Informationspflichten: *Knierim*, NJW 2006, 1093 (1096). In dem Fall prüfte das OLG Hamm noch unter Berücksichtigung der Zahlungsfähigkeit bzw. -unwilligkeit einen Gefährdungsschaden, dazu in einer anderen Fallgruppe ab S. 91.

Zwei Monate später fügte der BGH hinzu, dass, wenn die durch die Lastschrifteinlösung gewährten Darlehen nacheinander abgerufen werden, hierdurch die Ablösung eines vorherigen durch ein folgendes Darlehen bewirkt werde. Gleichsam werde mit der neuen Darlehensgewährung die Vermögensgefährdung durch die frühere Darlehensgewährung beseitigt. Folglich komme es zu keiner Zeit zu einer Vermögensgefährdung in Höhe sämtlicher Darlehenssummen.[680]

Begrüßenswert erläuterte *Soyka*, dass es für die Tatbestandserfüllung von § 263 StGB nicht ausreiche, wenn allein über den späteren Widerruf oder über die Solvenz des Zahlungsempfängers getäuscht wird. Ein Schaden trete bei der ersten Inkassostelle nur ein, wenn ein Anspruch gegenüber dem Zahlungsempfänger nicht realisierbar ist. Die Bank sei nicht wehrlos.[681] Im Ergebnis unzutreffend verneint *Soyka* allerdings den Eintritt eines Gefährdungsschadens, denn die Bank trage unfreiwillig das Insolvenzrisiko des Kunden, weshalb sich nicht nur ein allgemeines wirtschaftliches Risiko realisiere.[682] Ferner überzeugen die Einwände nicht, dass der Bank ein Widerruf gleichgültig sein könne, weil sie ausreichend durch die Rückbuchungsmöglichkeit geschützt sei. Denn die Bank habe selbst einen vollen Einblick auf den Saldo des jeweiligen Girokontos und könne die Zahlungsfähigkeit beurteilen.[683] Diese Argumentation beruht jedoch auf der illusorischen Annahme, dass die Bank über den kompletten Widerrufszeitraum den Saldo stetig dahingehend überprüft, ob ein Schuldner für eine eventuell spätere Rückbuchung noch solvent genug ist.

10. BGH NStZ-RR 2007, 236 und wistra 2012, 267

2007 und 2012 hatte der BGH jeweils über Fälle der betrügerischen Scheckeinreichung zu entscheiden. Die Angeklagten hatten gefälschte Schecks bei Banken eingereicht, die den Angeklagten von den Kontoinhabern absprachegemäß hierfür zur Verfügung gestellt wurden. Die Bankmitarbeiter hielten die Schecks für echt und veranlassten vorläufige Gutschriften der Schecksummen auf den Empfängerkonten, über die durch

680 BGH wistra 2006, 20 (20).

681 *M. Soyka*, NStZ 2004, 538 (539 f.); dagegen *Heinze*, HRRS 2005, 349 (349 f.). Eingehend zu den Grundlagen des Lastschriftverfahrens: *Hadamitzky/Richter*, wistra 2005, 441 (442 f.).

682 Ebenso *Kutzner*, WuB IX § 263 StGB 1.06; a.A. *M. Soyka*, NStZ 2004, 538 (540).

683 *M. Soyka*, NStZ 2006, 637 (637).

eine Geldabhebung an Bankautomaten auch sofort verfügt werden konnte. Der BGH stellte fest:

> „Die Vorbehaltsgutschrift führt zu einer schadensgleichen Vermögensgefährdung, soweit der Kontoinhaber tatsächlich die Möglichkeit hat, auf den vorläufig gutgeschriebenen Scheckbetrag zuzugreifen [...] und die Inkassobank nach den konkreten Umständen des Einzelfalles durch das ihr zukommende Rückbelastungsrecht nicht hinreichend gegen eine Vermögenseinbuße gesichert ist. Eine solche Sicherung der Bank ist in dem Umfang gegeben, in dem das Konto ohne Berücksichtigung der Vorbehaltsgutschrift ein Guthaben aufweist und zu erwarten steht, dass die Rückbelastung des Scheckbetrags wertmäßig abgedeckt sein wird.“[684]

Ein Gefährdungsschaden scheide aus, wenn erstens, aufgrund der Rückbuchung mit einem Debetsaldo zu rechnen ist, zweitens, ein aus dem Wegfall der Vorbehaltsgutschrift resultierender Ausgleichsanspruch der Bank anderweitig abgesichert ist oder drittens, ein solcher Ausgleichsanspruch der Bank für diese ohne Schwierigkeiten realisiert werden kann.[685] Hinzuzufügen ist, dass selbst wenn das Konto von vornherein überzogen war, die Vorbehaltsgutschrift und eine spätere Rückbelastung nur ein abstraktes Zahlenspiel bleiben, solange zwischenzeitlich keine schädigende Abbuchung konkret zu befürchten war.[686]

11. BGHSt 58, 119

2013 stellte sich dem BGH ein Sachverhalt, in dem der Angeklagte Datensätze mit Namen und Kontonummern von Personen genutzt hatte, um Geldbeträge ohne die Zustimmung der Personen auf ein Strohmannkonto zu überweisen. Die Abbuchungen wiesen den Anschein einer Lastschrift auf. Jedoch widersprach der Großteil der Personen der Abbuchung, weshalb die Bank kurze Zeit später das Strohmannkonto sperrte. Das Gericht bejahte den Eintritt eines Gefährdungsschadens bei der Bank durch die Er-

---

684 BGH wistra 2012, 267 (269); ebenso BGH NStZ-RR 2007, 236 (237).

685 BGH wistra 2012, 267 (269); soweit zustimmend *Schuhr*, ZWH 2012, 229 (230); dazu auch schon *Putzo*, NJW 1978, 689 (690). Hinsichtlich des letzten Aspekts vgl. auch die Figur des nicht (jederzeit) ausgleichsfähigen oder -bereiten Täters ab S. 91.

686 Vgl. auch *Schuhr*, ZWH 2012, 229 (230).

teilung einer Vorbehaltsgutschrift, soweit der Kontoinhaber tatsächlich die Möglichkeit habe, auf den vorläufig gutgeschriebenen Betrag zuzugreifen und die erste Inkassostelle (d. h. die Bank des Zahlungsempfängers) nach den konkreten Umständen des Einzelfalls durch ihr Rückbelastungsrecht nicht hinreichend gegen eine Vermögenseinbuße abgesichert sei. Im hiesigen Fall habe es aufgrund der schnellen Sperrung des Kontos keine konkrete Möglichkeit gegeben, dass der Täter auf die vorläufig gutgeschriebenen Beträge habe zugegriffen können, weshalb kein Gefährdungsschaden festzustellen sei.[687]

12. BGH NStZ 2014, 578

Im gleichen Jahr hatte der BGH über einen Fall zu entscheiden, in dem der Angeklagte sog. Kaffeefahrten organisierte, auf denen die Kunden bei dem Erwerb von Gegenständen eine Einzugsermächtigung und einen Überweisungsträger für die Zahlung des Kaufpreises unterschreiben mussten. Die Kunden glaubten, dass sie den Angeklagten nur zum einmaligen Einzug des Kaufpreises berechtigten. Tatsächlich wollte der Angeklagte ca. 1–2 Jahre später die Überweisungsträger bei den Banken einreichen, um sich ein zweites Mal den Kaufpreis zahlen zu lassen. Laut BGH ist die Anweisung eines Bankkunden an seine Bank, einen Überweisungsauftrag auszuführen, grundsätzlich unwiderruflich (vgl. heute: § 675p BGB). Deshalb könne ein urkundliches Mittel vorhanden sein, das es dem Angeklagten ermögliche, die Zahlung ein weiteres Mal zu veranlassen, ohne dass der Geschädigte darauf hätte Einfluss nehmen können. Allerdings handele es sich bei der Weisung um eine nach § 130 I 1 BGB empfangsbedürftige Willenserklärung, die erst mit Zugang beim Empfänger (d. h. der Bank) wirksam werde und bis dahin frei widerruflich sei, vgl. § 130 I 2 BGB. Ein Gefährdungsschaden könne daher nur vorliegen, wenn der Getäuschte das Geschehen so aus der Hand gebe, dass er die Ausführung der Anweisung nicht mehr oder nur unter günstigen Umständen verhindern könne. Dafür müsse der Täter die Überweisungsträger allerdings zeitnah einsetzen wollen. Da vorliegend der Angeklagte die Zahlungsanweisungen erst nach ca. 1–2 Jahren einreichen wollte, sei kein Gefährdungsschaden

687 BGHSt 58, 119 (129 f.); zustimmend *Heghmanns*, ZJS 2013, 423 (425). In dem Fall prüfte der BGH noch unter Berücksichtigung der Entziehung der Dispositionsfähigkeit einen Gefährdungsschaden zum Nachteil der Kunden, dazu in einer anderen Fallgruppe ab S. 182.

mit der Abgabe der Überweisungsträger entstanden, da der Auftrag über einen langen Zeitraum durch die Kunden widerrufen noch werden konnte.[688]

Überzeugenderweise kommt es darauf an, ob die Ausführung der Zahlungsanweisung noch in die Einfluss- und die Herrschaftssphäre des Geschädigten fällt. Ansonsten wird die Strafbarkeit zu weit nach vorn verlagert, da der geplante Zugang der Überweisung beim Bankinstitut noch zu unsicher und zu weit in der Zukunft liegt. In dieser Zeit stehen hier den Getäuschten noch genügend Erkenntnismöglichkeiten zur Verfügung, um die drohende doppelte Abbuchung zu durchschauen und den Auftrag zu widerrufen. Freilich muss noch im Sinne der Rechtsklarheit geklärt werden, was als „zeitnah" anzusehen ist.[689] Eine pauschale Aussage, ob dies ein oder zwei Tage oder gar Wochen und Monate sind, ist kaum zu treffen. Vielmehr müssen konkret hinreichende Anhaltspunkte im Einzelfall dafür vorliegen, dass es tatsächlich mit an Sicherheit grenzender Wahrscheinlichkeit zu einer Einreichung des Überweisungsträgers kommen wird. Je näher der Termin der geplanten Einreichung rückt, desto stärker konkretisiert sich diese Wahrscheinlichkeit. Als Orientierungspunkt können dafür „unverzüglich" in § 121 BGB und „demnächst" in § 167 ZPO herangezogen werden, die regelmäßig eine Zeitdauer von zwei Wochen bedeuten.[690]

13. BGH NStZ 2014, 579

2014 zweifelte der BGH daran, ob die bisherige Leitlinie zur Dogmatik des Gefährdungsschadens bezogen auf das Einreichen gefälschter Überweisungsträger zulasten der Bank mit den verfassungsrechtlichen Vorgaben vereinbar ist. Jedenfalls liege ein (endgültiger) Schaden vor, wenn der Täter das Geld an einem Geldautomaten vom Empfängerkonto abgehoben hat. Denn das abgehobene Geld stamme aus dem Vermögen der Bank, die bei einer unberechtigten Abbuchung keinen Aufwendungsersatzanspruch gegen den Kontoinhaber habe.[691]

---

688 BGH NStZ 2014, 578 (578 f.).

689 Dazu auch *Bittmann*, ZWH 2014, 186 (187).

690 Vgl. *Wendtland*, in: BeckOK BGB, 59. Edition, Stand: 1.8.2021, § 121 Rn. 7.1; *Dörndorfer*, in: BeckOK ZPO, 42. Edition, Stand: 1.9.2021, § 167 Rn. 4.

691 BGH NStZ 2014, 579 (580). In dem Fall prüfte der BGH unter Berücksichtigung der Dispositionsfähigkeit einen Gefährdungsschaden, dazu in einer anderen Fallgruppe ab S. 182.

Die Zweifel des BGH sind unbegründet. Grundsätzlich ist durch eine nicht autorisierte Überweisung ein Gefährdungsschaden schon hinreichend konkret, da der Täter ungehindert auf das Vermögen des Geschädigten zugreifen kann. Nur wenn im Einzelfall konkrete Anhaltspunkte für ein rechtzeitiges Eingreifen des Kontoinhabers/der Bank ersichtlich sind, kann ein Gefährdungsschaden ausscheiden. Dies entspricht auch der bisherigen Rechtsprechungsleitlinie. Zwar kann die Bezifferung dieses Gefährdungsschadens das Gericht vor große Herausforderungen stellen, diese Problematik kann allerdings mit Hilfe eines Sachverständigen gelöst werden.

14. OLG Stuttgart NStZ-RR 2013, 174

Das OLG Stuttgart hatte im Jahr 2012 über einen Sachverhalt zu entscheiden, in dem der Angeklagte über seinen Medikamentenbedarf täuschte und dadurch mehrere kassenärztliche Rezepte über Medikamente erlangt hatte. Das Gericht stellte fest, dass mit dem Ausstellen des Kassenrezepts der Kassenarzt eine Verfügung über das Vermögen der Krankenkasse treffe, da er kraft Gesetzes i. V. m. dem kassenärztlichen Vertrag befugt sei, den Anspruch des Kassenpatienten auf Gewährung von Sachmitteln zu erfüllen. Zur Dogmatik des Gefährdungsschadens führte das Gericht aus:

> „Durch diese Vermögensverfügung tritt bei Ausstellung des Rezeptes zwar noch kein endgültiger Vermögensverlust jedenfalls aber eine schadensgleiche Gefährdung des Vermögens der verpflichteten Krankenkasse ein. Nach dem oben Gesagtem hat der Vertragsarzt mit Ausstellung des Rezepts den Anspruch des Angekl[agten] gegen seine Krankenkasse auf die Gewährung von Sachmitteln zur Erfüllung des Versicherungsverhältnisses dokumentiert und festgestellt. Für die Erlangung des von der Zuzahlung abgesehen kostenfreien Bezuges des Medikamentes bedarf es nunmehr noch der Vorlage des Rezeptes bei einem vom Angekl[agten] auszuwählenden Apotheker, um den Schaden zu realisieren. [...] Da es indes noch der Auswahl des konkreten Apothekers durch den Angekl[agten] bedarf, ist der den endgültigen Vermögensverlust der Krankenkasse herbeiführende Vergütungsanspruch zwar dem Grunde nach entstanden, aber noch nicht endgültig ausgefüllt. Er realisiert sich vielmehr erst mit der Einlösung des Rezeptes bei einem konkreten Apotheker, so dass dieser nunmehr ent-

sprechend § 129 SGB V den Anspruch auf Vergütung gegen die in dem Rezept gleichsam ‚bezogene' Krankenkasse kraft Gesetzes erwirbt."[692]

Diese Mehraktigkeit stehe weder der Unmittelbarkeit zwischen Täuschung und Schaden noch dem Eintritt eines Gefährdungsschadens entgegen. Der Getäuschte habe mit der Ausstellung des Kassenrezepts alles aus der Hand gegeben und keinen Einfluss mehr auf den Geschehensfortgang. Dass der Angeklagte noch das Rezept einlösen müsse, sei mangels einer echten Überprüfungsmöglichkeit des Apothekers kein wesentlicher Zwischenschritt. Zwar habe er die Einhaltung der Formalien der Verschreibung und die sich aus dem AABG ergebende Verpflichtung zur Abgabe eines preisgünstigeren wirkstoffgleichen Medikaments zu überprüfen. Allerdings könne er nicht die Notwendigkeit der medizinischen Indikation überprüfen. Zum Zeitpunkt der Ausstellung des kassenärztlichen Rezeptes bestehe also mangels Einflussmöglichkeit des Apothekers die konkret hinreichende Wahrscheinlichkeit eines Vermögensabflusses. Eine Ausnahme gelte dann, wenn der Apotheker aufgrund seiner gesetzlichen Verpflichtung aus § 17 VIII ApoBetrO wegen eines begründeten Verdachts auf Arzneimittelmissbrauch die Veranlassung hatte, die Herausgabe des Medikamentes zu verweigern.[693]

Gegen diese Ansicht könnte sprechen, dass es noch unsicher sei, ob das Rezept eingelöst und der Apotheker nicht wegen eines Verdachts die Herausgabe des Medikamentes verweigern wird.[694] Allerdings hat der Arzt durch die Ausstellung des Rezepts gerade die konkrete und typische Gefahr geschaffen, dass das Rezept eingelöst wird und der Zahlungsanspruch gegen die Krankenkasse entsteht.[695] Es besteht eine Art Automatismus durch die Ausstellung eines kassenärztlichen Rezepts, nach der nur

---

692 OLG Stuttgart NStZ-RR 2013, 174 (175); zustimmend *Hebben*, jurisPR-StrafR 8/2013 Anm. 1.

693 OLG Stuttgart NStZ-RR 2013, 174 (175). Anmerkung dazu, die fürs Hiesige nicht relevant ist: *Floeth*, PharmR 2013, 248.

694 *Bittmann* plädiert dafür, dass die tatbestandliche Verfügung nicht allein in der Verordnung zu sehen sei, sondern vielmehr in einer zusammengesetzten Verfügung von Arzt und Apotheker sukzessiv liege (*ders.*, ZWH 2013, 106 [106 f.]). Problematisch an dieser Annahme ist jedoch, dass der Apotheker keiner Täuschung unterliegt, weil er die inhaltliche Richtigkeit des Rezepts nicht überprüft. Dieses Problem kann nur überbrückt werden, indem dem getäuschten Arzt die Verfügungshandlung des Apothekers zugerechnet wird (dazu ausführlich auch *Bülte*, NZWiSt 2013, 346 [347 f.]).

695 Ebenso *Bülte*, NZWiSt 2013, 346 (348).

noch unwesentliche Zwischenschritte erfolgen müssen.[696] Falls ausnahmsweise im Einzelfall tatsächliche Anhaltspunkte für eine mögliche Verweigerung der Ausgabe des Medikamentes durch den Apotheker bestehen, kann die Entstehung eines Gefährdungsschadens ausscheiden. Insofern ist dieser Fall mit der Parteiuntreue aufgrund des fehlenden Ermessens des Bundestagspräsidenten bei der Bescheidung der Sanktion vergleichbar.[697]

15. BGH NJW 2016, 3253

2016 beschäftigte sich der BGH mit einem Fall der sog. Vertragsarztuntreue, bei der ein Kassenarzt Heilmittel für Patienten ohne die Notwendigkeit einer medizinischen Indikation verschreibt. In dem konkreten Fall leitete der angeklagte Arzt die Heilmittelverordnungen an Physiotherapeuten weiter, die sich die Erbringung der Leistungen von den Patienten unterschreiben ließen, ohne diese tatsächlich erbracht zu haben. Von diesen Patienten hatten die Physiotherapeuten vorher die Krankenversicherungskarte gegen eine kostenlose Behandlung erhalten. Die angeblich erbrachten Leistungen wurden bei verschiedenen Krankenkassen eingereicht. Im Einklang mit der Rechtsprechung des OLG Stuttgart[698] stellte der BGH fest, dass mit dem Ausstellen der Heilmittelverordnung durch den Vertragsarzt eine Verpflichtung für das Vermögen der Krankenkasse begründet worden sei. Dadurch entstehe der konkrete Anspruch des Patienten gegen seine Krankenkasse auf Gewährung der Sachmittel. Aufgrund des Tatplans sei nahezu sicher zu erwarten gewesen, dass eine Inanspruchnahme der Krankenkasse tatsächlich erfolge und deren Zahlung insbesondere aufgrund der schon zuvor mit der Überlassung der Krankenversicherungskarte gezeigten Mitwirkungsbereitschaft der Patienten nicht von ungewissen oder unbeherrschbaren Geschehensabläufen abhing. Die Heilmittelverordnung war mithin selbstvollziehend (*self-executing*), weshalb ein Gefährdungsschaden vorliege.[699]

---

696 *Corsten/Raddatz*, MedR 2013, 538 (540).

697 Dazu bereits eingehend in der Konstellation der erschwerten Durchsetzung oder drohenden Inanspruchnahme ab S. 212.

698 Vgl. OLG Stuttgart NStZ-RR 2013, 174 (175).

699 BGH NJW 2016, 3253 (3256); eingehend zu den Vermögensbetreuungspflichten eines Vertragsarztes: *Steinhilper*, MedR 2017, 138 (138 ff.); *ders.*, GuP 2017, 34 (34 f.); *T. Schneider*, HRRS 2017, 231 (231 ff.); *Leimenstoll*, MedR 2017, 96 (99 ff.); *Hinderer*, StraFo 2016, 481 (481 ff.); *Sebastian/Lorenz*, JZ 2017, 876 (876 ff.); *Kusnik/Mandera*, medstra 2017, 43 (43 ff.); *Grinblat*, GesR 2017, 111

Ebenso wie bei einem nicht notwendigen Kassenarztrezept liegt in dem hiesigen Ausstellen der Heilmittelverordnung die Unmittelbarkeit des Schadens begründet. Falls es keine Anhaltspunkte im Einzelfall gebe, dass von der Einlösung abgesehen werde, kann diese abstrakte Möglichkeit einen Gefährdungsschaden nicht ausschließen.[700] Vor allem im vorliegenden Fall sprechen keine Anhaltspunkte dafür, da es die Physiotherapeuten gerade selbst waren, die mit den Krankenkassen abrechnen und sie dadurch schädigen wollten.

16. Zwischenfazit

Die Konstellation der ungehinderten Zugriffsmöglichkeit erfasst das wirtschaftliche Phänomen, dass der Wert eines Vermögensgegenstandes maßgeblich dadurch bestimmt wird, dass Dritte, die nicht der Vermögensinhaber sind, von der Einflussnahme auf diesen Gegenstand ausgeschlossen sind. Zu dessen Erfassung wurde durch die Gerichte eine überzeugend konsequente wirtschaftlich fundierte Schadenssystematik entwickelt. Es hat sich gezeigt, dass bereits das RG das dogmatische Phänomen erkannt hat. Das Gericht hat allerdings noch zu extensiv den Eintritt eines Gefährdungsschadens bei Hingabe von Wechselakzepten an einen zu ihrem Missbrauch entschlossenen Vertragspartner angenommen. Damit hat das RG zum Ausdruck gebracht, dass die Möglichkeit des ungehinderten Zugriffs auf das dem Schädiger nicht zustehende Vermögen einen Gefährdungsschaden begründen kann. Allerdings überzeugt diese konkrete Rechtsprechung nicht, da nur auf die Böswilligkeit des Schädigers zur Feststellung eines Gefährdungsschadens abgestellt wird. Diese belegt allenfalls den Vorsatz bezüglich der Täuschung und die Bereicherungsabsicht.

Restriktiver hat der BGH ausgeführt, dass mit der ungerechtfertigten Gutschrift nur ein Gefährdungsschaden eingetreten sei, wenn der Angeklagte die gutgeschriebene Provision jederzeit abheben konnte. Denn durch die sofortige Gutschrift des Betrags auf dem Konto des Zahlungsempfängers entstehe ein Gefährdungsschaden, da sich die Aktiva um den

---

(11 f.); *Waßmer/Zeller*, wistra 2017, 71 (71 ff.). Zu den Kontrollmöglichkeiten auch *Dann/Scholz*, NJW 2016, 2077 (2078 ff.); *Leimenstoll*, wistra 2013, 121 (124 ff.). Anmerkungen dazu, die fürs Hiesige nicht relevant sind: *Hoven*, NJW 2016, 3213; *Rackow*, jM 2017, 215; *Ambrosy*, jurisPR-StrafR 4/2017 Anm. 2; *Neuhöfer/Reschke*, jurisPR-Compl 6/2016 Anm. 2; *Wengenroth/Wallerstorfer*, NZWiSt 2017, 157.

700 Dagegen plädierend *Brand/Wostry*, StV 2018, 296 (299 f.).

Lastschriftbetrag verringerten. Der BGH stellte weiter klar, dass es auf die sichere Auszahlungsmöglichkeit des Guthabens an den scheinbar Berechtigten ankomme.

Einschränkend führten die Gerichte im Laufe der Rechtsprechungslinie aus, dass kein Gefährdungsschaden beim Erpressten eingetreten sei, wenn der Täter wegen der polizeilichen Überwachung keine Möglichkeit hatte mit dem erpressten Geld nach der Geldübergabe zu fliehen und mithin eine ungehinderte Zugriffsmöglichkeit ausgeschlossen ist. Dies gelte ebenfalls, wenn der Täter nur die EC-Karte besitzt oder nur die richtige PIN kennt. Erst die Kombination von beidem eröffne die jederzeitige Zugriffsmöglichkeit auf den Zahlungsanspruch des Geschädigten gegen die die EC-Karte akzeptierende Bank, sodass ein Gefährdungsschaden vorliege. Voraussetzung für die Zufügung eines Vermögensnachteils sei jedoch stets, dass mit dem Zugriff auf das Vermögen des Geschädigten ernstlich zu rechnen sei. Die tatsächliche Abhebung vertiefe nur den Schaden, da der Auszahlungsanspruch zum Erlöschen (vgl. § 362 BGB) gebracht werde. Klarstellend führte der BGH aus, dass der tatsächliche zeitnahe Zugriff des Schädigers hinreichend wahrscheinlich sein müsse. Überzeugenderweise kommt es z. B. bei Zahlungsanweisungen darauf an, ob die Ausführung der Zahlungsanweisung noch in die Einfluss- und die Herrschaftssphäre des Geschädigten fällt. Ansonsten wird die Strafbarkeit zu weit nach vorn verlagert, da der geplante Zugang der Überweisung beim Bankinstitut noch zu unsicher und zu weit in der Zukunft liegt. Freilich muss noch im Sinne der Rechtsklarheit geklärt werden, was als „zeitnah" anzusehen ist. Als Orientierungspunkt könnten dafür das Zivilrecht und das Zivilprozessrecht dienen. Dort bedeutet „unverzüglich" in § 121 BGB und „demnächst" in § 167 ZPO regelmäßig eine Zeitdauer von zwei Wochen.

Zwischenzeitig zweifelte der BGH daran, ob die bisherige Leitlinie zur Dogmatik des Gefährdungsschadens bezogen auf das Einreichen gefälschter Überweisungsträger zulasten der Bank mit den verfassungsrechtlichen Vorgaben vereinbar ist. Jedenfalls liege ein (endgültiger) Schaden vor, wenn der Täter das Geld an einem Geldautomaten vom Empfängerkonto abgehoben hat. Die Zweifel des BGH sind unbegründet. Grundsätzlich ist durch eine nicht autorisierte Überweisung ein Gefährdungsschaden schon hinreichend konkret, da der Täter ungehindert auf das Vermögen des Geschädigten zugreifen kann und dieser Schaden auch bezifferbar ist. Nur wenn im Einzelfall konkrete Anhaltspunkte für ein rechtzeitiges Eingreifen des Kontoinhabers/der Bank ersichtlich sind, kann ein Gefährdungsschaden ausscheiden. Dies entspricht der bisherigen Rechtsprechungslinie.

Zur Bezifferung des Gefährdungsschadens kann ein Sachverständiger hinzugezogen werden.

Begrüßenswert haben die Gerichte herausgearbeitet, dass der Unmittelbarkeit eines Gefährdungsschadens und damit der hinreichend konkreten Zugriffsmöglichkeit ein selbstvollziehender (*self-executing*) Geschehensablauf nicht entgegensteht. Beispielsweise sei dies bei der Ausstellung eines kassenärztlichen Rezeptes gegeben, da es zwar noch der Auswahl des konkreten Apothekers durch den Schädiger bedürfe. Jedoch habe der getäuschte Arzt mit der Ausstellung des Kassenrezepts alles aus der Hand gegeben und keinen Einfluss mehr auf den Geschehensfortgang. Mithin besteht überzeugend eine Art Automatismus durch die Ausstellung eines kassenärztlichen Rezepts, nach der nur noch unwesentliche Zwischenschritte erfolgen müssen. Falls im Einzelfall tatsächliche Anhaltspunkte für eine mögliche Verweigerung der Ausgabe des Medikamentes durch den Apotheker bestehen, kann die Entstehung eines Gefährdungsschadens ausscheiden.

Dieses dogmatische Phänomen wird nicht sachgerecht im bisherigen Schrifttum unter den Bezeichnungen „Banken- oder Udituntreue", „Scheck- oder Wechselbetrug" oder „Kreditbetrug" erfasst oder gar nicht systematisiert. Die delikts- bzw. situationsbezogene Gruppierung hat keinen schadensrechtlichen Nutzen, da insbesondere keine Gemeinsamkeiten bei der Feststellung eines Gefährdungsschadens bei §§ 253, 263, 263a, 266 und 266b StGB aufgezeigt werden. Angemessener geschieht die Systematisierung durch die Fallgruppe der ungehinderten Zugriffsmöglichkeit.

Zur Erleichterung bei der Erfassung des Gefährdungsschadens kann das zivilrechtliche Pendant der Eingriffskondiktion gem. § 812 I 1 Var. 2 BGB herangezogen werden, bei der der Bereicherte eine geschützte Rechtsposition des Gläubigers zu eigenen Zwecken nutzt und sein Vermögen auf Kosten des Entreicherten mehrt. Denn ebenso wie in der hiesigen Fallgruppe bekommt der Bereicherte dort nicht etwas, sondern nimmt es sich. Die vergleichbaren Situationen führen regelmäßig zu einer einheitlichen Schadensdogmatik, was einer erhöhten Rechtssicherheit und -klarheit dienlich ist.

II. Existenzgefährdender Eingriff

1. Einführung in die Konstellation

18 aussagekräftige in der Standardliteratur publizierte Rechtsprechungen befassen sich mit Fällen, die zur Feststellung eines Gefährdungsschadens dogmatisch der Konstellation des existenzgefährdenden Eingriffs zuzuordnen sind.[701] Das hiesige dogmatische Phänomen wird in der bisherigen Literatur meist gar nicht systematisiert; wenn überhaupt, dann unter der Bezeichnung „Unternehmensuntreue"[702].

Die historisch-chronologische Rechtsprechungsanalyse wird zeigen, dass diese (fehlende) systematische Einordnung nicht überzeugt, da diese schadensrechtlich mangels Erfassung des dogmatischen Phänomens keinen Nutzen hat. So hat doch der BGH herausgearbeitet, dass ein Vermögensschaden gegeben sein könne, wenn der Geschädigte in seiner Verfügungsfreiheit so beschränkt wird, dass ihm die Mittel entzogen werden, die für die Aufrechterhaltung einer seinen Verhältnissen angemessenen Wirtschafts- oder Lebensführung unerlässlich sind. Dies könne beispielsweise bei Unternehmen durch die Gefahr des Entzugs der Produktionsgrundlagen, der Liquidität oder besonders entgegenstehender Interessen vorliegen. Es wird sich zeigen, dass dies nicht nur aufgrund einer späteren Zahlungsunfähigkeit und Konkursreife angenommen werden kann. Denn im Wirtschaftsleben bestehen viele Faktoren, die diese Folgen hervorrufen können. Vielmehr muss z. B. durch die Aufstellung einer Vermögensbilanz oder aufgrund des tatsächlichen Geschehenslaufs zur Tatzeit der Eintritt eines Gefährdungsschadens festgestellt werden.

Es wird herausgearbeitet, dass dieser dogmatische Zuschnitt am sinnvollsten durch die Konstellation des existenzgefährdenden Eingriffs zu erfassen ist. Dieser wird dem dogmatischen Phänomen am besten gerecht, da auf diese Weise dogmatische Zusammenhänge zwischen den untersuchten Tatbeständen deutlich werden. Insbesondere überzeugt eine fehlende

---

701 BGHSt 16, 321 (sog. *Melkmaschinen-Fall*); 35, 333; 49, 147 (sog. *Bremer Vulkan-Urteil*); 54, 52; BGH GmbHR 2013, 820; wistra 1990, 99; 1991, 107; 1991, 183; 2006, 265; NStZ 1995, 185; 2013, 715 (sog. *Berliner Bankenkonsortium-Urteil*); NStZ-RR 2013, 345; NJW 1997, 66; 2000, 154; 2003, 2924; 2003, 2996; LG Görlitz, Urteil vom 17.2.2005 – 8 KLs 340 Js 2555/04 (unveröffentlicht); LG Berlin, Urteil vom 14.2.2011 – (526) 2 StBJs 1173/01 KLs (4/05) (unveröffentlicht).

702 Exemplarisch darstellend statt vieler *Saliger*, in: Hilgendorf/Kudlich/Valerius (Hrsg.), Handbuch des StGB, Band 5, 2020, § 35 Rn. 105 ff.

Systematisierung durch das bisherige Schrifttum nicht, da dadurch das Konzept des Gefährdungsschadens nicht handhabbar gemacht wird.

Das zivilrechtliche Pendant dieser Fallgruppe ist die Existenzvernichtungshaftung nach § 826 BGB, die der BGH seit der sog. *Trihotel-Entscheidung* annimmt.[703] Die Existenzvernichtungshaftung knüpft an den Vorwurf an, dass der Zugriff auf das Vermögen der Gesellschaft durch die Gesellschafter geeignet ist, die Insolvenz der Gesellschaft herbeizuführen. Die Innenhaftung nach § 826 BGB basiert mithin auf einem missbräuchlichen Eingriff in das zur vorrangigen Befriedigung der Gesellschaftsgläubiger dienende Gesellschaftsvermögen, der kompensationslos erfolgt und dabei zur Insolvenz führt bzw. diese vertieft und §§ 65 ff. GmbHG nicht eingehalten werden. Dies kann auf die Dogmatik des Gefährdungsschadens übertragen werden. Aus strafrechtlicher Sicht ist allerdings zu beachten, dass – im Gegensatz zum Zivilrecht – hier bereits die hinreichend konkrete Gefahr einer Insolvenzreife, also eine Existenzgefährdung, zur Tatbestandserfüllung ausreichen kann. Dieser zivilrechtliche Vergleich dient einer höheren Rechtssicherheit und -klarheit sowie der Einheit der Rechtsordnung.

2. BGHSt 16, 321 – sog. *Melkmaschinen-Fall*

1961 entschied der BGH im sog. *Melkmaschinen-Fall*, dass eine Vermögensschädigung darin liege, dass die Restmittel des Getäuschten nach der Auffassung eines sachlichen Beurteilers infolge ihrer an den bisherigen Bedürfnissen des jeweiligen Erwerbers gemessenen Unzulänglichkeit für ihn derart an Verwertbarkeit und damit an Wert verlieren, dass das Gesamtvermögen dadurch geringer werde. Wird das Vermögen durch den erschlichenen Anteil in einem solchen Grad beeinträchtigt, dass der verbleibende Rest nur noch zur Befriedigung der Mindestanforderungen genutzt werden könne, so führe dies zum Eintritt eines Gefährdungsschadens. Auf diese Weise werden die Fälle erfasst, bei denen der Geschädigte ein übermäßiges Opfer an wirtschaftlicher Bewegungsfreiheit erleide. Einschränkend müsse aber berücksichtigt werden, dass es im Rahmen einer vernünftigen Wirtschaftsführung liegen könne, wenn jemand freiwillig wesentliche Ein-

---

703 BGHZ 173, 246 (246 ff.); eingehend dazu *Wagner*, in: MüKo BGB, Band 7, 8. Auflage 2020, § 826 Rn. 182 ff.

schränkungen seines Bedarfs für gewisse Zeit auf sich nimmt, um einen hochwertigen Gegenstand (z. B. ein Haus) zu erwerben.[704]

3. BGHSt 35, 333 und BGH wistra 1991, 107

Nachdem der (speziellere) § 81a I GmbHG a.F. im Jahr 1969[705] aufgehoben wurde, wurden im Anschluss an den *Melkmaschinen-Fall* entsprechende Sachverhalte über den Tatbestand des § 266 I StGB gelöst.[706] Zunächst hatte der BGH im Jahr 1988 über einen Fall zu entscheiden, in dem der Geschäftsführer einer Gesellschaft durch fiktive Rechnungen Gelder in eine andere Gesellschaft verlagerte, um Steuernachzahlungen zu vermeiden. Diese Gelder stammten aus erzielten Gewinnen und deren Entzug gefährdete weder die Liquidität noch das Stammkapital der Gesellschaft. Später ging das Unternehmen insolvent. Der BGH führte aus, dass für die Annahme eines Gefährdungsschadens noch nicht die falsche Buchführung ausreiche, auch wenn sie mit den Grundsätzen eines ordentlichen Kaufmanns unvereinbar ist.[707] Allerdings könne ein Gefährdungsschaden darin liegen, dass der Angeklagte durch den Entzug liquider Mittel, einer falsche Buchführung und einer Steuerverkürzung die Gesellschaft der Gefahr aussetze, in absehbarer Zeit ins Gewicht fallende Liquiditätsschwierigkeiten mit erheblichen, den wirtschaftlichen Zusammenbruch der Gesellschaft fördernde Steuernachzahlungen zu erhalten, für die keine Vorsorge getroffen wurde. Weiter führte das Gericht aus:

---

704 BGHSt 16, 321 Rn. 19 f.; zustimmend *Fahl*, JA 1995, 198 (202 f.).

705 BGBl. 1969 I, S. 670; § 81a I GmbHG: „Wer als Geschäftsführer, Liquidator oder Mitglied eines Aufsichtsrats oder eines ähnlichen Organs einer Gesellschaft mit beschränkter Haftung vorsätzlich zum Nachteil der Gesellschaft handelt, wird mit Gefängnis und mit Geldstrafe bestraft. Daneben kann auf Verlust der bürgerlichen Ehrenrechte erkannt werden.“ Vgl. dazu auch *Waßmer*, Untreue bei Risikogeschäften, 1997, S. 7 ff. Zu § 81a GmbHG a.F. hier beispielhaft einzuordnende Rechtsprechungen: BGHSt 9, 203; BGH, Urteil vom 29.1.1964 – 2 StR 485/63 Rn. 6 ff.; Urteil vom 18.10.1956 – 2 StR 434/56, BeckRS 2010, 25730.

706 Vgl. BT-Dr. V/4094, S. 56.

707 BGHSt 35, 333 (336 ff.); vgl. dazu zivilrechtlich BGHZ 31, 258 Rn. 47 f.; 93, 146 Rn. 8 ff.; 95, 330 Rn. 11 ff.; BGH NJW 1984, 1037 (1037). Dagegen anscheinend noch der BGH in BGHSt 34, 379 Rn. 22 ff., der zwar keine explizite Aussage zum Vorliegen eines Gefährdungsschadens tätigte, aber diese Ansicht aus dem Kontext der Entscheidung zu schlussfolgern ist. Zu den Kriterien, wann eine unordentliche Buchführung zu einem Gefährdungsschaden führt, insbesondere in der Konstellation der Entziehung der Dispositionsmöglichkeit ab S. 182.

> „Für die Beurteilung der Frage, ob Gewinnentnahmen die Existenz oder die Liquidität einer GmbH gefährden, wird es nicht erforderlich sein, daß sich der Tatrichter stets durch Einholung eines Sachverständigengutachtens Gewißheit über die Vermögenslage der Gesellschaft verschafft. Er hat diese Frage unter Berücksichtigung aller Umstände des Einzelfalls zu prüfen. Die Annahme einer Existenz- oder Liquiditätsgefährdung, insbesondere einer ‚Aushöhlung' der GmbH durch vorweggenommene Gewinnausschüttungen [...], mag nahe liegen, wenn es sich um relativ große Entnahmen handelt und die Gesellschaft in absehbarem zeitlichem Zusammenhang damit in Konkurs gerät. In solchen Fällen wird sich eine durch die Entnahmen bewirkte Gefährdung des Gesellschaftsvermögens in der Regel auch ohne Aufstellung einer Vermögensbilanz allein aufgrund des tatsächlichen Geschehensablaufs feststellen lassen. Im übrigen wird eine Prüfung des Sachverhalts auf der Grundlage einer nach ‚Zerschlagungswerten' aufgestellten Bilanz [...] unter den bezeichneten Voraussetzungen nicht selten ergeben, daß das nach § 30 GmbHG geschützte Stammkapital [...] durch die Entnahmen bereits angegriffen worden ist. Doch gibt es keine starren Beweisregeln."[708]

Aus der Rechtsprechung zu § 81a I GmbHG a.F. sei anerkannt, dass eine Entnahme aus dem Gesellschaftsvermögen einen Schaden begründe, wenn sie etwa die Existenz der Gesellschaft durch Entzug der Produktionsgrundlage,[709] ihrer Liquidität oder besonders entgegenstehender Interessen der GmbH[710] gefährdet.[711] Dem fügte der BGH im Jahr 1990 hinzu, dass dies nicht allein deshalb anzunehmen sei, weil die Gesellschaft (kurze Zeit) später zahlungsunfähig und konkursreif werde. Vielmehr müsse durch eine Aufstellung von Aktiva und Passiva der Gesellschaft das Vermögen zur Tatzeit geklärt werden.[712]

---

708 BGHSt 35, 333 (338); zustimmend *Lipps*, NJW 1989, 502 (503 f.).

709 BGH, Urteil vom 29.1.1964 – 2 StR 485/63.

710 BGH, Urteil vom 18.10.1956 – 2 StR 434/56, BeckRS 2010, 25730.

711 BGHSt 35, 333 (338); sich anschließend BGH NStZ 1995, 185 (186); NJW 1997, 66 (69); 2000, 154 (155); 2003, 2924 (2926); zustimmend *Langkeit*, WiB 1995, 403 (404); *ders.*, WiB 1996, 1129 (1131); *Zeidler*, NZG 2000, 309 (309).

712 BGH wistra 1991, 107 (109); in diese Richtung ebenfalls BGH NJW 2003, 2996 (2998 f.).

4. BGH wistra 1991, 183

1991 hatte der BGH über den Fall eines Angeklagten zu entscheiden, der als einziger Kommanditist an einer KG beteiligt war, die Gelder teilweise entzogen und auf ein Privatkonto in die Schweiz transferiert hatte. Laut BGH kann diese Handlung bei einer KG nur zu einem Nachteil führen, wenn und soweit die Schädigung zugleich das Vermögen der einzelnen Gesellschafter berührt. Daneben könne ein Nachteil der GmbH vorliegen, die als Komplementärin an der GmbH & Co. KG beteiligt war:

> „Nach Anlaß, Art und Umfang der Entnahmen, die zum Zusammenbruch der Gesellschaft führten, ist es nicht zu beanstanden, daß das Landgericht den Vermögensschaden der GmbH in deren Liquiditätsgefährdung und Haftung als Komplementärin gesehen hat [...]. Eine GmbH kann rechtlich selbst dann noch geschädigt werden, wenn sie überschuldet und das Stammkapital verbraucht ist [...].“[713]

5. BGHSt 49, 147 – sog. *Bremer Vulkan-Urteil*

Im sog. *Bremer Vulkan-Urteil* aus dem Jahr 2004 hatte der 5. Strafsenat des BGH über Angeklagte zu entscheiden, die als Organe der Muttergesellschaft von zwei Tochtergesellschaften zwecks Aufrechterhaltung der Liquidität des Konzerns ein Sanierungskonzept etabliert hatten. Den Tochtergesellschaften wurden dafür alle finanziellen Mittel entzogen und in ein sog. Cash-Management-System eingezahlt.[714] Der Konzernverbund ist später insolvent geworden. Soweit im Strafrecht der Begriff des existenzgefährdenden Schadens verwendet werde, bedeutet dies, laut BGH, keinen wesentlichen Unterschied in den Voraussetzungen zu dem zivilrechtlichen

---

713 BGH wistra 1991, 183 (183); so auch bereits BGH wistra 1990, 99 (99); eingehend zum Gefährdungsschaden bei einer GmbH als Gesellschafterin: *Soyka*, Untreue zum Nachteil von Personengesellschaften, 2008, S. 75 f.

714 Ein solches Cash-Management-System bzw. Cash-Pooling verfolgt den Zweck, dass innerhalb eines Konzerns der Liquiditätsbedarf dort gedeckt werden kann, wo er entsteht. Dies soll die Liquiditätsplanung und -steuern auf Konzernebene erheblich vereinfachen und führt zu Einsparungen bei den Verwaltungskosten. Der wesentliche Vorteil liegt jedoch darin, dass die Fremdkapitalkosten auf das konzernweit erforderliche Mindestmaß reduziert werden (vgl. *Krause*, JR 2006, 51 [51]; *Seidel*, DStR 2004, 1130 [1132]). Vgl. zum Finanzmanagement in einem Konzern: *Guserl/Pernsteiner*, Finanzmanagement, 2. Auflage 2015, S. 527 ff.

existenzvernichtenden Eingriff.[715] Im Zivilrecht werde dadurch eine Ausfallhaftung des rechtswidrig handelnden Gesellschafters gegenüber dem Gläubiger der Gesellschaft begründet.[716]

> „Die terminologische Abweichung erklärt sich vielmehr daraus, daß für den strafrechtlichen Schadens- oder Nachteilsbegriff die schadensgleiche Vermögensgefährdung ausreicht [...], während im Zivilrecht der Gefährdungsgedanke in diesem Zusammenhang keine Rolle spielt. Hat sich die Gefahr nämlich letztlich dann doch nicht verwirklicht, besteht zivilrechtlich kein ausgleichsfähiger Schaden."[717]

Eine Schadenskompensation sei durch eine Absicherung der Einlagen für den Fall einer wirtschaftlichen Krise im Cash-Pool möglich.[718] Im Sinne der Einheit der Rechtsordnung ist diese Rechtsprechung überzeugend, da dem beherrschten Unternehmen nicht die Vermögenswerte in einem Umfang entzogen werden dürfen, die die Existenzfähigkeit des Unternehmens gefährdeten. Denn der Gesellschaft muss zumindest das Vermögen verbleiben, das sie zur Begleichung ihrer Verbindlichkeiten benötigt.[719]

---

715 Dazu bereits eingehend ab S. 268.

716 BGHSt 49, 147 Rn. 50 f.; dazu auch BGHZ 149, 10 Rn. 11 ff.; 150, 61 Rn. 7 ff.; 151, 181 Rn. 13 ff.; *Benecke*, BB 2003, 1190 (1190 ff.). Eingehend zur Vermögensbetreuungspflicht im konkreten Fall: *Kraatz*, ZStW 2011, 447; *Livonius*, wistra 2009, 91 (91 ff.); *Römermann*, EWiR 2009, 789 (789 f.).

717 BGHSt 48, 147 Rn. 52; kritisch *Kutzner*, NStZ 2005, 271 (271 f.).

718 BGHSt 48, 147 Rn. 49 ff.; zustimmend *Beiner/Lanzius*, NZI 2004, 687 (689); *Fleischer*, NJW 2004, 2867 (2870). Weiter führte der BGH noch aus: „Für die Abgrenzung, ob die Angeklagten sich wegen Tuns oder Unterlassens strafbar gemacht haben, kann es von Bedeutung sein, ab wann eine schadensgleiche Vermögensgefährdung der Einlagen vorgelegen hat und die Angeklagten dies auch erkannt haben. Bestand zum Zeitpunkt der von den Angeklagten vorgenommenen Weichenstellungen noch keine entsprechende Gefährdungslage, sondern trat diese erst später ein, kann dies für ein Unterlassen im Sinne des § 13 StGB sprechen. Denn dann läge der Unrechtsschwerpunkt darauf, daß die Angeklagten keine Sicherungsmaßnahmen ergriffen oder notfalls den Kapitaltransfer insgesamt nicht abgebrochen hätten.", BGHSt 49, 147 Rn. 65.

719 In diese Richtung ebenfalls *Ransiek*, wistra 2005, 121 (122 f.); gegen die Annahme eines Gefährdungsschadens bei einer Existenzgefährdung: *Arens*, Untreue im Konzern, 2010, S. 256.

6. BGH wistra 2006, 265

Als „ständige Rechtsprechung des Bundesgerichtshofs“ bezeichnete der 5. Strafsenat des BGH zwei Jahre später, dass ein Gefährdungsschaden entstehe, wenn die Existenz der Gesellschaft derart gefährdet wird, dass die nötigen Mittel für den Fortbestand entzogen sind. Dies könne gegeben sei, wenn die Gesellschafter die Gelder der Gesellschaft weitgehend in ihr Privatvermögen überführen, obwohl Verbindlichkeiten der insolventen Gesellschaft bestehen, die nicht durch andere Vermögenswerte abgesichert seien.[720]

7. BGHSt 54, 52

2009 hatte der 2. Strafsenat des BGH erneut über den Fall zu entscheiden, in dem im Rahmen eines konzerninternen Cash-Management-Systems die Konzernmutter von den von ihr beherrschten Untergesellschaften mehrfach Darlehen zur Schließung von Liquiditätslücken erhielt. Die Rückzahlungsansprüche der beherrschten Gesellschaften waren angesichts der schlechten Liquiditätslage der Konzernmutter nicht werthaltig und gefährdeten die Liquidität der Darlehensgeberinnen. Sicherheiten wurden weder gefordert noch bestellt. Ergänzend zum *Bremer Vulkan-Urteil* führte der BGH aus, dass für den Eintritt eines Gefährdungsschadens nicht an die Insolvenzgefahr, in die die Angeklagten die Untergesellschaften gebracht haben, sondern an die Vermögensverfügungen in Gestalt der einzelnen Darlehensanforderungen anzuknüpfen ist. Es müsse festgestellt werden, ab wann eine schädigende Gefährdung der Existenz vorlag.[721]

a. Vermögensinteressen der Gesellschaft

Grundsätzlich fraglich ist, ob durch die hiesige Annahme eines Gefährdungsschadens noch das Vermögen oder schon nur reine Gläubigerinter-

---

720 BGH wistra 2006, 265 (265); so auch schon vorgehend LG Görlitz, Urteil vom 17.2.2005 – 8 KLs 340 Js 2555/04.

721 BGHSt 54, 52 Rn. 32 ff.; grundsätzlich zustimmend *Eisner*, EWiR 2004, 723 (723 f.). Eingehend zur mittelbaren Täterschaft kraft Organisationsherrschaft im vorliegenden Fall: *Schlösser*, GA 2007, 161 (166 f.); *Tiedemann*, JZ 2005, 45 (45 ff.). Anmerkungen dazu, die fürs Hiesige nicht relevant sind: *Ehmann*, GWR 2009, 343 (343); *Weber*, Stbg 2004, 563.

essen geschützt werden. Es muss geklärt werden, ob die Gesellschaft ein eigenes Vermögensinteresse hat.[722] Trägerin der geschützten Vermögensinteressen ist bei einer GmbH aufgrund ihrer eigenen Rechtspersönlichkeit die Gesellschaft, vgl. § 13 I GmbHG. Das Vermögen der Gesellschaft steht somit nicht im Eigentum der Gesellschafter und ist für diese fremd.[723]

Allerdings ist es nicht überzeugend daraus ohne weiteres auf die Existenz eigener Vermögensinteressen der Gesellschaft zu schließen. Denn die GmbH kann nicht selbst Vermögensdispositionen treffen, sondern für diese handeln ihre Geschäftsführer, vgl. § 35 I 1 GmbHG. Das maßgebliche Willensbildungsorgan einer GmbH ist ferner die Gesellschafterversammlung gem. § 48 GmbHG. Beispielsweise sind die Gesellschafter auch – ohne Rücksichtnahme auf die Belange der Gesellschaft – berechtigt, diese durch Beschluss aufzulösen und zu beenden nach § 60 I Nr. 2 GmbHG. Des Weiteren wird gegen ein Eigeninteresse der GmbH eingewendet, dass darunter nur die gebündelten Gläubigerinteressen fallen. Eigene Vermögensinteressen der Gesellschaft, die unabhängig von den Interessen der Gesellschaft auf den Erhalt der Existenzfähigkeit gerichtet sind, bestünden nicht. Deren strafrechtlichen Schutz durch § 266 StGB führe zu einer nicht vertretbaren Annäherung zu § 283 StGB, der dem Gläubigerschutz dient.[724] Allerdings benötigt die GmbH, damit diese zuverlässig am Wirtschaftsverkehr teilnehmen kann, selbst einen gewissen Vermögensschutz, vgl. § 30 GmbHG. Es darf im Strafrecht keine strenge zivilrechtliche Sicht angewendet werden. Daneben haben auch die Gesellschafter in den hier einschlägigen Konstellationen keine Berechtigung zu einem derartigen Handeln, weshalb ein mögliches Einverständnis nicht tatbestandsausschließend wirken würde, da dies nichtig wäre.[725] Das spezifische Unrecht liegt im Fehlgebrauch der eingeräumten Pflichtenstellung.

---

722 Einen Überblick zur zivilrechtlichen Diskussion liefernd: *Benecke*, BB 2003, 1190.

723 Vgl. dazu statt vieler *Wilhelmi*, in: BeckOK GmbHG, 49. Edition, Stand: 1.5.2021, § 13 Rn. 16.

724 So etwa *Geerds*, JR 1997, 340 (341), da es dem BGH letztlich nicht um eine Gefährdung des Stammkapitals, sondern um die Existenzgefährdung der GmbH gehe; vgl. auch *Kasiske*, wistra 2005, 81 (83 f.); *Wessing/Krawczyk*, NZG 2009, 1176 (1177); *Leimenstoll*, ZIS 2010, 143 (146); *Arens*, Untreue im Konzern, 2010, S. 269.

725 Ebenso BGH, Urteil vom 28.5.2013 – 5 StR 551/11, BeckRS 2013, 10324 Rn. 33, soweit in NStZ 2013, 715 nicht abgedruckt.

Mithin wird vorliegend nicht das Gesellschafterinteresse, sondern das Vermögensinteresse der Gesellschaft selbst und mittelbar auch die Gläubigerinteressen geschützt. Wenn der GmbH in einem Maße Mittel entzogen werden, dass diese bei einer Fortsetzung der Geschäftstätigkeit nicht mehr ohne Schaden für die Gläubiger liquidiert werden kann, so vereint § 266 I StGB einen angemessenen Vermögens- und Gläubigerschutz. Denn durch einen Eingriff in das Stammkapital wird die GmbH wirtschaftlich zerstört. Eine unmittelbar drohende Existenzgefährdung kann mithin in einem Angriff auf das Stammkapital gesehen werden.[726] Daran hat die Gesellschaft ein vermögenswertes Eigeninteresse.

Obwohl auch Gläubigerinteressen erfasst werden, schließt dies den (hier vordergründigen) Vermögensschutz nicht aus. Beide Interessen können nebeneinander geschützt werden. Ein finanzielles Gleichgewicht eines Unternehmens liegt vor, wenn sowohl die Erfüllung der finanziellen Ansprüche der *Stakeholder* als auch die Existenz des Unternehmens kurz- und langfristig gesichert sind.[727] Das Schutzgut des § 266 I StGB wird damit ausreichend berücksichtigt. Ferner greift der Einwand, dass die Grenzen zwischen § 266 StGB und § 283 StGB verwischen nicht, denn bei § 283 StGB geht es um den Schutz der Existenz der Gesellschaft.[728] Dagegen schützt § 266 StGB das Vermögen der Gesellschaft dahingehend, dass es gar nicht erst zu einer Existenzgefährdung kommt. Mithin bestehen eigenständige strafrechtlich schützenswerte Interessen der Gesellschaft.

b. Grenze zum reinen Gläubigerschutz

Dies vorausgesetzt muss noch geklärt werden, ab wann durch eine Existenzgefährdung ein Gefährdungsschaden eintritt. Denn es ist unklar, wie z. B. eine angemessene Absicherung für den Fall einer wirtschaftlichen Krise ausgestaltet sei muss. Im Falle eines Cash-Pools entscheidet dies über die Werthaltigkeit des Rückzahlungsanspruchs der Tochtergesellschaft gegenüber der Muttergesellschaft.[729] Mithin müssen Grenzen gezogen werden, bei denen es im Einzelfall nur noch um reinen Gläubigerschutz und

---

726 Ebenso *Gehrlein*, NJW 2000, 1089 (1090). Eingehend zu dem Vermögen einer GmbH: *Ekkenga*, in: MüKo GmbHG, Band 1, 3. Auflage 2018, § 30 Rn. 189.

727 *Guserl/Pernsteiner*, Finanzmanagement, 2. Auflage 2015, S. 199 ff.

728 Zu dem Schutzgut des § 283 StGB: *Beukelmann*, in: BeckOK StGB, 50. Edition, Stand: 1.5.2021, § 283 Rn. 1.

729 Dazu *Arens*, GmbHR 2010, 905 (910).

nicht zugleich um schützenswerte Vermögensinteressen der Gesellschaft geht.[730]

c. Bedeutung des Eigenkapitals und der Eigenkapitalquote

Um dies feststellen zu können, bedarf es einer Auseinandersetzung mit den ökonomischen Hintergründen der Vermögensschutzvorschriften einer GmbH: Das wesentliche „Herzstück" des Eigenkapitals ist das Stammkapital, das die Existenz des Unternehmens absichern soll.[731] Damit ist nicht nur die Risikotragung von Gewinnen und Verlusten verbunden, der Anspruch auf Gewinnbeteiligung oder die Unternehmensleistung, sondern vor allem auch die Haftung für Schulden und Risiken des Unternehmens. Die Eigenkapitalausstattung eines Unternehmens kann mittels der Eigenkapitalquote berechnet werden, die aus dem Quotienten der Höhe des Eigenkapitals und dem Gesamtkapital multipliziert mit 100 folgt:

$$\text{Eigenkapitalquote} = \frac{\text{Eigenkapital}}{\text{Gesamtkapital}} * 100$$

Diese Eigenkapitalquote ist grundsätzlich eine statische Kennzahl zur Beurteilung der finanziellen Stabilität eines Unternehmens. Bei einer dynamischen Betrachtung z. B. durch einen Vergleich zu Vorjahren oder Konkurrenzunternehmen erhöht sich ihre Aussagekraft. Denn das Eigenkapital, das bei Unternehmenskrisen mit keinen fixen Zins- und Tilgungsverpflichtungen behaftet ist, kann mit möglichen Verlusten aufgerechnet werden.[732] Eine niedrige Eigenkapitalquote kann daher ein erstes Indiz für das Vorliegen eines Gefährdungsschadens sein. Denn es besteht eine wesentliche Verknüpfung zwischen dem finanziellen Gleichgewicht und der Bonität eines Unternehmens, d. h. eine jederzeitige Zahlungsfähigkeit ist nur dann nachhaltig gesichert, wenn ein finanzielles Gleichgewicht aufrechterhalten wird.[733]

---

730 Dies ebenso fordernd: *Salditt*, NStZ 2005, 270 (270 f.); vgl. auch *Wessing/Krawczyk*, NZG 2009, 1176 (1177); mögliche Lösungsansätze liefernd *Krause*, JR 2006, 51 (55 ff.).

731 *Fastrich*, in: Baumbach/Hueck, GmbHG, 22. Auflage 2019, § 5 Rn. 1; *Schmolke*, in: BeckOK GmbHG, 49. Edition, Stand: 1.8.2021, § 30 Rn. 5 f.; *Guserl/Pernsteiner*, Finanzmanagement, 2. Auflage 2015, S. 213.

732 *Guserl/Pernsteiner*, Finanzmanagement, 2. Auflage 2015, S. 214.

733 Vgl. dazu *Guserl/Pernsteiner*, Finanzmanagement, 2. Auflage 2015, S. 317.

8. BGH NStZ 2013, 715 – sog. Berliner Bankenkonsortium-Urteil

Im sog. *Berliner Bankenkonsortium-Fall* hatte der BGH im Jahr 2013 über einen Sachverhalt zu entscheiden, in dem durch ihre Organe eine Berliner Bankgesellschaft zwei Immobilienfonds aufgelegt hatte. Für diese übernahm die Bank für 25 Jahre (marktunübliche) Mietgarantien, obwohl eine Immobilienkrise absehbar war. Das Gericht stellte fest, dass die einem Risikogeschäft immanente Möglichkeit der Vermögensgefährdung noch nicht für die Annahme eines Gefährdungsschadens genüge. Etwas anderes gelte, wenn die Gefährdung des Vermögens den Grad der Existenzgefährdung des Unternehmens erreiche:

> „Denn nach der Rspr. bildet der existenzgefährdende Eingriff als Grenze der Verfügungsbefugnis des Gesellschafters wohl den Oberbegriff, der die Unterfälle Beeinträchtigung des Stammkapitals sowie Entziehung der Produktionsgrundlagen oder Gefährdung der Liquidität umfasst."[734]

Dafür müsse die wirtschaftliche Situation des Unternehmens zum Tatzeitpunkt gewürdigt werden. Risiken können jedoch durch vorgenommene bilanzielle Rückstellungen nach § 249 I HGB verringert werden. Allerdings sei ein Einverständnis der Gesellschafter in einen existenzgefährdenden Eingriff nicht tatbestandsausschließend, weil damit die Grenzen ihrer Verfügungsbefugnis überschritten seien und das Einverständnis unwirksam wäre.[735]

Mithin erfasst der BGH den existenzgefährdenden Eingriff als eine Art Oberbegriff für das Vorliegen eines Gefährdungsschadens in der hiesigen Fallgruppe. Dagegen möchte *Bittmann* zwischen den Arten der Gefährdung terminologisch unterscheiden: Bei dem existenzgefährdenden Eingriff werde eine Verminderung des Stammkapitals bewirkt, die keine Auswirkung auf die Insolvenzreife habe. Ein solcher sei bei Gesellschaften ohne gebundenes Stammkapital nicht möglich. Durch den existenzver-

---

734 BGH NStZ 2013, 715 (717); grundsätzlich zustimmend *Saliger*, ZWH 2014, 74 (74). Anmerkungen dazu, die fürs Hiesige nicht relevant sind: *Kubiciel*, StV 2014, 91; *Bung*, StV 2015, 176.

735 BGH, Urteil vom 28.5.2013 – 5 StR 551/11, BeckRS 2013, 10324 Rn. 33, soweit in NStZ 2013, 715 nicht abgedruckt; so auch vorinstanzlich LG Berlin, Urteil vom 14.2.2011 – (526) 2 StBJs 1173/01 KLs (4/05) (unveröffentlicht). Anmerkungen dazu, die fürs Hiesige nicht relevant sind: *Jahn*, JuS 2014, 82; *Reichard*, GWR 2013, 380; *Wessing*, EWiR 2013, 527; *Beukelmann*, NJW-Spezial 2013, 440; *Ahlbrecht*, BKR 2014, 98; *Gärtner*, BB 2014, 2627.

nichtenden Eingriff werde die Insolvenzreife herbeigeführt. Dies könne beispielsweise durch das Bewirken der Zahlungsunfähigkeit geschehen. Daneben sei noch eine Aushöhlung möglich, bei der ein Umstand gefährdet werde, der zum Fortbestand des Unternehmens notwendig ist. Als Beispiel könne hierfür das Umlenken von Aufträgen oder der Abzug einer produktionsnotwendigen Maschine angeführt werden.[736]

Eine derartige Unterscheidung überzeugt nicht. Zwar könnte diese Trennung nach der Art der Gefährdung die Bewertung des einschlägigen Tatzeitpunkts und die Schadensberechnung vereinfachen. Allerdings klingt der existenzvernichtende Eingriff nach einem endgültigen Schaden; so beschreibt es auch schon das Zivilrecht. Ferner ist die Herbeiführung einer vorläufigen Insolvenzreife von der eingetretenen Insolvenzreife zu unterscheiden. Die Bezeichnung ist insoweit irreführend. Ebenfalls ist es nicht überzeugend, die Existenzgefährdung von Aushöhlungen zu trennen, da auch die beschriebene Entziehung von Produktionsanlagen begrifflich eine Existenzgefährdung hervorruft. Warum eine Existenzgefährdung nur eine Gefahr für das Stammkapital sein soll, ist nicht ersichtlich. Bei dieser terminologischen Trennung wäre z. B. bei einer KG keine Existenzgefährdung möglich, obwohl dies bei einer Gefährdung des Vermögens der Gesellschafter der Fall gegeben sein könnte. Der Begriff „Aushöhlung" würde einer solchen Konstruktion nicht gerecht werden. Mithin ist von einem existenzgefährdenden Eingriff unabhängig von der Art der Gefährdung in der hiesigen Fallgruppe zu sprechen.

9. BGH GmbHR 2013, 820

2013 hatte der BGH über einen Fall zu entscheiden, in dem die Angeklagten allen Mitarbeitern gekündigt hatten, wobei einigen eine neue Beschäftigung in der neuen Betreibergesellschaft angeboten oder mit anderen Abfindungsvergleiche geschlossen wurden. Zeitgleich wurde das Anlage- und Umlaufvermögen der alten an die neue Betreibergesellschaft veräußert. Mit dem Vollzug des Kaufvertrags geriet das alte Unternehmen in die Überschuldung, weil es über keinerlei Vermögenswerte mehr verfügte, aber Verbindlichkeiten (wie z. B. Lohnforderungen) ausgesetzt war. Der BGH verneinte grundsätzlich den Eintritt eines Gefährdungsschadens, wenn eine Gesellschaft „planmäßig in eine Insolvenz" geführt wird, um

736 *Bittmann*, GmbHG 2009, 1206 (1207).

mit reduzierter Belegschaft ein neues Unternehmen zu gründen. Zum konkreten Fall führte er weiter aus:

> „Eine konkrete Vermögensgefährdung [...] bestehender Lohn- und Gehaltforderungen [...] ist nicht hinreichend belegt; die abstrakte Gefahr einer Inanspruchnahme reicht hierfür nicht aus. [...] Im vorliegenden Fall bestand die Besonderheit darin, dass mit der überwiegenden Anzahl der Arbeitnehmer außergerichtliche Einigungen erzielt wurden. Es hätte daher näherer Darlegungen bedurft, in welcher Höhe die Lohn- und Gehaltforderungen danach [...] noch durchsetzbar waren."[737]

Bei einer prozessual geltend gemachten Forderung und einer aus gerichtlichen Vergleichen müsse erörtert werden, in welcher Höhe die insolvenzreife GmbH bei einem etwaigen Betriebsübergang nach § 613a BGB Zahlungsansprüchen ausgesetzt gewesen sei, die nicht durch einen Anspruch im Innenverhältnis nach §§ 613a II 1, 426 I BGB kompensiert worden seien:

> „Die Rechtsfolge des § 613a BGB ist hier kein im Rahmen des Untreuetatbestands nach § 266 StGB unbeachtlicher Kompensationsanspruch, sondern ist aufgrund der gewählten Konstruktion der Überleitung der Betriebsmittel als ein zugunsten der Angeklagten zu berücksichtigender Schadensausschlussgrund anzusehen. [...] Das Bestehen eines Betriebsübergangs i.S.d. § 613a BGB würde [...] den Nachteil [...] beseitigen, wenn diese im Innenverhältnis von dem Nachfolgeunternehmen freigestellt wäre (oder sich ein solches Ereignis aufgrund einer Auslegung ergibt) und somit kein Gesamtschuldnerausgleich im Innenverhältnis zwischen abgebendem und aufnehmendem Unternehmen bestünde. Dieses müsste dann im Rahmen der Gesamtsaldierung bei der Nachteilsbestimmung i.S.d. § 266 StGB [...] ebenso berücksichtigt werden wie die Regelungen des danach geltenden Kapitalersatzrechts (§ 30 GmbHG a.F.), die auf Altfälle noch anwendbar sind [...]."[738]

---

737 BGH GmbHR 2013, 820 (821). Anmerkung dazu, die fürs Hiesige nicht relevant ist: *Krämer*, GmbH-StB 2013, 273.

738 BGH GmbHR 2013, 820 (821).

10. BGH NStZ-RR 2013, 345

Ebenfalls im Jahr 2013 hatte sich der BGH mit einem Sachverhalt auseinanderzusetzen, in dem einer Gesellschaft Gewinne entnommen und der Insolvenzantrag zwei Wochen später gestellt wurde. Laut BGH kann auch eine an sich zulässige Gewinnentnahme einen rechtswidrigen Nachteil für das Unternehmen bedeuten, wenn die Gewinnentnahme schädliche Folgen hat. Dies sei anzunehmen, wenn die Entnahme das Stammkapital beeinträchtigt oder die wirtschaftliche Existenz der Gesellschaft in anderer Weise gefährdet, weil der Gesellschaft beispielsweise die Produktionsgrundlagen entzogen oder ihre Liquidität gefährdet wird. Dies könne sich auch ohne die Aufstellung einer Vermögensbilanz allein aufgrund des tatsächlichen Geschehensverlaufs feststellen lassen. Allerdings reiche allein eine kurze Zeit später eintretende Zahlungsunfähigkeit für die Annahme, dass zum Tatzeitpunkt, also bei der Entnahme, eine Existenzgefährdung entstanden sei nicht aus.[739]

11. Zwischenfazit

Die historisch-chronologische Darstellung und Analyse der Judikatur hat die überzeugend konsequente Rechtsprechungslinie dieses dogmatischen Phänomens aufgezeigt. Der BGH hat im *Melkmaschinen-Fall* klargestellt, dass ein Vermögensschaden gegeben sein könne, wenn der Getäuschte in seiner Verfügungsfreiheit so beschränkt wird, dass ihm die Mittel entzogen werden, die für die Aufrechterhaltung einer seinen Verhältnissen angemessenen Wirtschafts- oder Lebensführung unerlässlich sind. Weiter stellten die Gerichte klar, dass z. B. durch den Entzug der Produktionsgrundlage, liquider Mittel oder einer Steuerverkürzung, die die Gesellschaft der Gefahr aussetze, in absehbarere Liquiditätsschwierigkeiten mit erheblichen, den wirtschaftlichen Zusammenbruch der Gesellschaft fördernde Steuernachzahlungen zu erhalten, für die keine Vorsorge getroffen wurde, ein Gefährdungsschaden entstehen könne. Dabei betonten die Gerichte überzeugend, dass dies nicht allein deshalb anzunehmen sei, weil die Gesellschaft (kurze Zeit) später zahlungsunfähig und konkursreif werde. Vielmehr müsse dies z. B. durch die Aufstellung einer Vermögensbilanz oder aufgrund des tatsächlichen Geschehensverlaufs zur Tatzeit festgestellt

739 BGH NStZ-RR 2013, 345 (346); vgl. dazu *Fischer*, StGB, 68. Auflage 2021, § 266 Rn. 156 ff. mwN.

werden. Anknüpfungspunkt für die Feststellung des Gefährdungsschadens sei nicht die Insolvenzgefahr, sondern die einzelnen Vermögensverfügungen. Ein Einverständnis der Gesellschafter in einen existenzgefährdenden Eingriff sei nicht tatbestandsausschließend, weil die Gesellschafter die Grenzen ihrer Verfügungsbefugnis überschreiten.

Diese Rechtsprechungslinie zur Bewertung des dogmatischen Phänomens überzeugt, da auch Gesellschaften, wie eine GmbH, damit diese zuverlässig am Wirtschaftsverkehr teilnehmen können, selbst einen gewissen Vermögensschutz benötigen. Zwar werden durch den Schutz des Vermögens der Gesellschaft mittelbar auch Gläubigerinteressen gefördert. Die Grenze zwischen reinem Gläubigerschutz und einem angemessenen Vermögensschutz der Gesellschaft haben die Gerichte jedoch gewahrt. Wenn der Gesellschaft in einem Maße Mittel entzogen werden, dass diese bei einer Fortsetzung der Geschäftstätigkeit nicht mehr ohne Schaden für die Gläubiger liquidiert werden kann, so vereint z. B. § 266 I StGB einen angemessenen Vermögens- und Gläubigerschutz. Denn durch einen Eingriff in das Stammkapital wird die GmbH wirtschaftlich zerstört. Auch aus betriebswirtschaftlicher Sicht überzeugt diese Ansicht, da die Eigenkapitalquote, in die auch das Stammkapital einberechnet wird, der Beurteilung der finanziellen Stabilität des Unternehmens dient.

Dem wird eine bisher meist ganz fehlende Gruppierung oder eine Systematisierung unter der Bezeichnung „Unternehmensuntreue“ in der Literatur nicht gerecht, da dogmatische Zusammenhänge und Anforderungen nicht klar werden. Dies hat keinen schadensrechtlichen Nutzen. Dagegen bildet die systematische Erfassung unter der Fallgruppe existenzgefährdender Eingriff das Konzept des Gefährdungsschadens angemessen wirtschaftlich ab.

Zur Erleichterung bei der Feststellung des Gefährdungsschadens kann das zivilrechtliche Pendant der Existenzvernichtungshaftung aus § 826 BGB herangezogen werden. Die Parallele zum Zivilrecht ist hier besonders klar, da eine eindeutige und begrüßenswerte Linie des BGH im *Bremer Vulkan-Urteil* besteht. Die Übertragung der zivilrechtlichen Wertungen auf die strafrechtliche Schadensbestimmung führt zu einer höheren Rechtssicherheit und -klarheit sowie dient der Einheit der Rechtsordnung. Da in der hiesigen Fallgruppe vergleichbare Aktionen, wie im Deliktsrecht, getätigt werden, muss dies typischerweise zu einem bestimmten Schaden und damit zu einer ähnlichen Schadensdogmatik führen. Dabei muss jedoch beachtet werden, dass im Zivilrecht der Begriff des existenzvernichtenden Eingriffs verwendet wird. Im Strafrecht reicht dagegen ein existenzgefährdender Schaden, also ein Gefährdungsschaden, zur Tatbestandserfüllung aus. Mithin ist die Bezeichnung eines existenzvernichtenden Eingriffs im Strafrecht abzulehnen, da z. B. auch die Herbeiführung einer Insolvenzreife von der endgültigen Insolvenzreife zu unterscheiden ist.

Kapitel 4: Zusammenfassung und Schlussfolgerungen für das Wirtschaftsstrafrecht

A. *Zusammenfassung*

Die Fallgruppenbildung bei der Rechtsfigur des Gefährdungsschadens geschah in der bisherigen Literatur meist sachverhalts- und deliktsbezogen. Dafür wurden beispielsweise die Bezeichnungen „Eingehungsbetrug", „Sportwettenbetrug", „Scheckbetrug", „Parteispenden", „Anstellungsbetrug", „Haushaltsuntreue" oder auch „Schwarze Kassen" verwendet. Die Anzahl der konkreten Fallgruppen unterscheidet sich danach, wie fein bzw. grob der jeweilige Autor die Sachverhalte differenziert hat.

Insbesondere die vielfach in der Literatur verwendete Fallgruppe „Eingehungsbetrug" überzeugt nicht, da hier schlicht alle Sachverhalte erfasst werden, in denen ein Gefährdungsschaden aufgrund eines Wertvergleichs zwischen den wechselseitig begründeten Verpflichtungen bei einem Vertragsschluss entsteht. Zwar grenzt diese Fallgruppe sich dadurch von dem sog. Erfüllungsbetrug ab, bei dem der Schaden durch einen Wertvergleich von Anspruch und tatsächlicher Leistungserbringung ermittelt wird. Allerdings bleibt offen, woraus der Gefährdungsschaden beim Eingehungsbetrug genau folgt und wie der Wert der jeweiligen Leistung bestimmt wird. Nicht in jeder Gegenleistung, die die andere Vertragspartei so nicht gewollt hat, liegt gleich ein strafrechtlicher Schaden. Mithin werden in der Fallgruppe „Eingehungsbetrug" schadensrechtliche Besonderheiten in den unterschiedlichsten Verträgen nicht berücksichtigt. Beispielsweise verläuft die Schadensfeststellung bei Wettverträgen oder besicherten Darlehnsverträgen völlig unterschiedlich.

Fallgruppen in der bisherigen Literatur wie „Sportwettenbetrug" oder „Kredituntreue" sind dagegen zu speziell. Es ist unklar, warum diese Fallgruppen meist nur für den Betrug oder die Untreue gelten. Vielmehr bestehen dogmatische Gemeinsamkeiten bei der Entstehung eines Gefährdungsschadens bei §§ 253, 263, 263a, 266 und 266b StGB, die auch in der Fallgruppenbildung abgebildet werden müssen. Lediglich die Fallgruppe „Anstellungsbetrug" erfasst eine abgrenzbare dogmatische Besonderheit, wird allerdings in ihrer Bezeichnung dem dogmatischen Phänomen nicht gerecht.

Teilweise erfolgten auch weitere Versuche der Kategorisierung, um Gemeinsamkeiten herauszuarbeiten. So hat *Hefendehl* danach unterschieden, ob die Gefahr aus dem Umfeld des Täuschenden, des Getäuschten oder von dritter Seite stammt.[740] *Hoyer* hat zwei grundlegende Fallgruppen bei § 266 StGB gebildet: In der ersten Fallgruppe seien bestimmte Vermögenspositionen dem Opfer gegenwärtig noch nicht einmal verloren gegangen, sondern diesem drohe nur der Verlust für die Zukunft. In der zweiten Fallgruppe sei es schon zum Verlust einer bestimmten Vermögensposition gekommen, es sei aber ungewiss, ob die dafür eingetauschte Aussicht auf vollständige Kompensation sich künftig auch verwirklicht.[741] Wiederum andere Autoren systematisieren gar nicht, sondern zählen nur Beispiele auf, wann das Vermögen in der Vergangenheit durch die Rechtsprechung als hinreichend konkret gefährdet angesehen wurde.

Alle bisherigen Fallgruppenbildungen haben gemeinsam, dass sie nicht die dogmatischen Phänomene erfassen. Sie haben keinen schadensrechtlichen Nutzen, da die delikts- oder situationsbezogenen Fallgruppen eine einheitliche Erfassung dogmatischer Phänomene bei §§ 253, 263, 263a, 266 und 266b StGB verhindern. Diese Ansätze dienen zur Präzisierung und Konkretisierung der Dogmatik des Gefährdungsschadens nur wenig, tragen nicht zur Rechtssicherheit bei und sind somit unergiebig.

Erst durch die vorliegend entwickelten Fallgruppen werden Zusammenhänge ersichtlich und dogmatische Gemeinsamkeiten zwischen den verschiedenen Tatbeständen des StGB gebündelt. Um die Figur des Gefährdungsschadens bei allen einschlägigen Tatbeständen greifbar zu machen, muss man ihn nämlich in seiner Gesamtschau betrachten und nicht nur punktuell. Durch die induktiv-dogmatischen Fallgruppen wird nun die Kernfrage beantwortet, wo die Grenze zwischen vermögensrelevanten und -irrelevanten Gefährdungen verläuft. Die besondere Leistungsfähigkeit dieser Fallgruppen ist, dass diese dabei helfen, den Gefährdungsschaden greifbarer zu machen. Denn es wird an konkrete, dogmatische und wirtschaftliche Besonderheiten für die Begründung des Gefährdungsschadens angeknüpft. Auf diese Weise kann das Phänomen in der Praxis handhabbar gemacht und geklärt werden, wann welche Gefährdungen hinreichend konkret genug sind, um einen tatbestandlichen Schaden zu begründen. Die hier vorgeschlagene rein dogmatische schadensrechtliche Denkweise leistet somit einen Beitrag zur Verbesserung der Rechtssicherheit.

740 *Hefendehl*, in: MüKo StGB, Band 5, 3. Auflage 2019, § 263 Rn. 727 ff.

741 *Hoyer*, in: SK-StGB, Band V, 9. Auflage 2019, § 266 Rn. 102 ff.

Mit den hiesigen Fallgruppen als Auslegungskonzept kann allen bereits aufgetretenen und künftigen Problemen der Praxis bei der Bestimmung des Gefährdungsschadens bei §§ 253, 263, 263a, 266 und 266b StGB begegnet werden. Die Fallgruppen erfassen alle dogmatischen Phänomene des Konzepts des Gefährdungsschadens umfassend. Die Unterteilung dieses Gesamtbilds in Gefährdungen im Rahmen von Vertragsverhältnissen und wirtschaftlich-faktische Gefährdungen ist dabei eine Schlüsselposition für eine angemessene Feststellung der hinreichenden Konkretheit einer Vermögensgefährdung. Darunter konnten jeweils wirtschaftliche Kriterien als weiteren dogmatischen Anknüpfungspunkt gebildet werden, denen die einzelnen Fallgruppen wiederum zugeordnet werden können. Diese rein schadensrechtliche dogmatische Denkweise führt zu den folgenden zehn Fallgruppen zur Erfassung des Konzepts des Gefährdungsschadens:

- Manipulierte Prognosegrundlage
- Ausgebliebener Preisaufschlag oder -nachlass
- Nicht (jederzeit) ausgleichsfähiger oder -bereiter Täter
- Nicht ausreichende Sicherheit
- Für eine berufliche Position untauglicher Täter
- Wirtschaftlich geringerwertige oder nutzlose Gegenleistung
- Entziehung der Dispositionsmöglichkeit
- Erschwerte Durchsetzung oder drohende Inanspruchnahme
- Ungehinderte Zugriffsmöglichkeit
- Existenzgefährdender Eingriff

Eine stärkere Konkretisierung und Präzisierung der Fallgruppen – wie sie schon das BVerfG gefordert hat – wird dabei durch Vergleiche zum Bilanzrecht, betriebswirtschaftlichen Methoden und zivilrechtliche Pendants erreicht. Im bisherigen Schrifttum wurde bisher nur der Vergleich zum Bilanzrecht (insbesondere zu Abschreibungs- und Rückstellungsregelungen) gezogen. Dabei helfen vor allem betriebswirtschaftliche Ansätze und Methoden das Konzept des Gefährdungsschadens auf diejenigen Gefährdungen zu begrenzen, die aus wirtschaftlicher Sicht abbildbar sind und somit tatsächlich gegenwärtig zu einem Schaden führen. Reine abstrakte Gefährdungen werden durch diese Methodik ausgeschlossen. Auf diese Weise kann eine Normativierung bei der Schadensfeststellung vermieden und die heute vertretenen wirtschaftlich fundierten Schadensbegriffe können untermauert werden.

Daneben bieten die zivilrechtlichen Pendants zu den einzelnen Fallgruppen die Möglichkeit, eine einheitliche, rechtsgebietsübergreifende Schadensdogmatik zu entwickeln. Durch diese Herangehensweise können zusammengehörige dogmatische Phänomene von anderen Erscheinungen abgegrenzt werden. Denn vergleichbare Aktionen führen im Straf- als auch im Zivilrecht typischerweise zu einem bestimmten Schaden. Bei Gefährdungen im Rahmen eines Vertragsverhältnisses bestehen solche Parallelen insbesondere zum zivilrechtlichen Leistungsstörungsrecht. Bei wirtschaftlich-faktischen Gefährdungen können keine Vergleiche zum Vertragsrecht, dafür aber zum Bereicherungs- und Deliktsrecht gezogen werden. Eine identische Übertragung der Wertungen ist freilich nicht möglich. Die zivilrechtlichen Pendants zielen vielmehr darauf ab, aus der zivilrechtlichen Struktur Konkretisierungspotenzial für die strafrechtliche Schadensdogmatik zu gewinnen. Beispielsweise können die Parallelen dabei helfen festzustellen, wann ein Umstand wesentlich ist, sodass über diesen bei Vertragsschluss hätte aufgeklärt werden müssen. Derartige zivilrechtliche Überlegungen können in die strafrechtliche Entscheidung für die Annahme eines Gefährdungsschadens einfließen. Auf diese Weise wird eine spürbar höhere Rechtssicherheit und -klarheit erreicht.

Durch diese rein schadensrechtlich-wirtschaftliche Betrachtung konnten zehn induktiv-dogmatischen Fallgruppen aus den jeweiligen dogmatischen Phänomenen herauskristallisiert werden. Zugleich wird dessen praktische Relevanz aufgezeigt sowie einzelnen Kritiken der Gerichte an der Bezifferbarkeit des Gefährdungsschadens begegnet. Auch wird der Vorwurf aus der Literatur entkräftet, dass die Rechtsfigur des Gefährdungsschadens zu ausschweifend sei. Denn die Dogmatik des Gefährdungsschadens kann durch das Zusammenspiel der drei methodischen Elemente, also der Orientierung am Bilanzrecht, an betriebswirtschaftlichen Modellen und mit Hilfe der zivilrechtlichen Pendants, konturiert werden. Mit der aufgezeigten Methodik kann das Konzept des Gefährdungsschadens somit angemessen begrenzt und handhabbar werden, denn es werden nur derartige Gefährdungen erfasst, die aus wirtschaftlicher Sicht zu einem gegenwärtigen Schaden führen. Dies beweist auch, dass das Konzept des Gefährdungsschadens kein Scheinproblem ist, sondern ein wesentliches Element des Wirtschaftsstrafrechts abbildet. Würde dieser nicht bei der Schadensfeststellung berücksichtigt werden, käme es zu nicht akzeptablen Strafbarkeitslücken.

B. Schlussfolgerungen für das Wirtschaftsstrafrecht

I. Generelle Auswirkungen der Digitalisierung

Fraglich ist, welche Konsequenzen für das Wirtschaftsstrafrecht aus der Bildung der zehn induktiv-dogmatischen Fallgruppen folgen könnten. Da vor allem die Digitalisierung das Wirtschaftsstrafrecht künftig immer stärker prägen wird, soll diese beleuchtet werden. Denn durch die zunehmende Digitalisierung lässt sich einfacher und schneller Geld transferieren, beispielsweise in eine schwarze Kasse. Die Umgehung von Schutzmechanismen wird so leichter. Auf diese Weise kann eine Schattenwirtschaft mit größeren internationalen Zusammenhängen entstehen. Zugleich steigen aber auch mit der Digitalisierung die Möglichkeiten der Schadensverhinderung. So können z. B. Banken automatisiert bestellte Sicherheiten[742] und die Bonität eines Vertragspartners überprüfen, wodurch das Schadensrisiko sinkt.

II. Auswirkungen auf den Bereich des Crypto Crime

1. Definition digitaler Währungen und deren Technologie

Das Rechtsfeld des sog. Crypto Crime[743] beschäftigt sich mit Straftaten im Zusammenhang mit digitalen Währungen. Diese bilden heute bereits einen lebendigen Bestandteil des Finanzmarkts. Selbst die EZB plant mittlerweile die Einführung eines digitalen Euro.[744] Aus strafrechtlicher Sicht spielen bei digitalen Währungen nicht nur § 261 StGB oder § 89c StGB eine Rolle,[745] sondern auch §§ 253, 263, 263a, 266, 266b StGB im Zusammenhang mit der Dogmatik des Gefährdungsschadens. Für die Frage, wann genau der Gefährdungsschaden in diesem Kontext relevant wird, ist

742 Vgl. zu den Grundlagen des Einsatzes von IT-Systemen: *Quedenfeld*, Bekämpfung von Geldwäsche und Wirtschaftskriminalität, 5. Auflage 2021, S. 145 ff.

743 Zu diesem Begriff schon *Franke-Roericht/Figatowski*, Crypto Crime – ein neues Rechts- und Beratungsfeld, LTO vom 18.6.2021.

744 *Panetta*, Rede in Frankfurt am Main am 14.4.2021, „Ein digitaler Euro, der den Erwartungen der Menschen in Europa entspricht"; *Siedenbiedel*, Angriff auf die Kryptowährungen, FAZ vom 21.6.2021.

745 Statt vieler: *Kochheim*, Cybercrime und Strafrecht in der Informations- und Kommunikationstechnik, 2015, Rn. 804 ff.; *Grzywotz*, Virtuelle Kryptowährungen und Geldwäsche, 2019, S. 97 ff.

zunächst zumindest überblicksartig darauf einzugehen, was digitale Währungen sind und ob diese überhaupt unter das Schutzgut des Vermögens fallen.

Unter dem Überbegriff „digitale Währungen“ werden alle virtuellen Währungen und Kryptowährungen zusammengefasst. Digitale Währungen sind alle digitalen Finanztransaktionen auf privaten Plattformen, bei denen üblicherweise mit gesetzlichen Zahlungsmitteln gezahlt wird. Beispielsweise sind dies PayPal,[746] Google Pay und Apple Pay.

Für virtuelle Währungen existiert dagegen keine einheitliche Definition. Untechnisch beschreibt die europäische Bankenbehörde EBA virtuelle Währungen als

> „digital representation of value that is neither issued by a central bank or public authority nor necessarily attached to a [Confidential Fiat Currency], but is used by natural or legal persons as a means of exchange and can be transferred, stored or traded electronically“.[747]

Diese Definition enthält ebenfalls § 77a I StVollstrO. Ergänzend stellt § 77a I 2 StVollstrO klar, dass es sich bei virtuellen Währungen nicht um Echt- oder Landeswährungen handelt. Diesen Aspekt unterstreichen die EZB und der IWF, in dem sie betonen, dass virtuelle Währungen nicht von einer Zentralbank, einem Kreditinstitut oder einer E-Geld-Einrichtung ausgegeben werden und daher nur eine digitale Alternative zu staatlichem Fiat-Geld[748] sind.[749]

Eine Unterkategorie der virtuellen Währung stellen die Kryptowährungen dar. Dies sind Währungen, die auf kryptographischen Funktionen ba-

---

746 Eingehend zu der Ausbreitung von PayPal: *Meder/Grabe*, BKR 2005, 467 (467 ff.).

747 *EBA*, EBA Opinion on „virtual currencies“, 2014, S. 11. Zu Deutsch: „Eine digitale Wertdarstellung, die weder von einer Zentralbank oder öffentlichen Behörde ausgegeben noch notwendigerweise mit einer [vertraulichen Fiat-Währung] verbunden ist, sondern von natürlichen oder juristischen Personen als Tauschmittel verwendet wird und elektronisch übertragen, gespeichert oder gehandelt werden kann.“

748 *Fiat* entstammt dem Lateinischen und bedeutet „Es geschehe“. Fiat-Geld ist eine gesetzlich geregelte Bezugsmitteleinheit, die als gesetzliches Zahlungsmittel verwendet wird.

749 *EZB*, Virtual currency schemes – a further analysis, 2015, S. 23; *IWF*, Virtual Currencies and Beyond: Initial Considerations, 2016 S. 7 ff.; *BaFin*, Virtual Currencies (Virtuelle Währungen), Stand: 13.2.2017, https://www.bafin.de/DE/Verbraucher/Finanzwissen/Fintech/VirtuelleWaehrungen/virtuelle_waehrungen_artikel.html.

sieren, um Transaktionen zu autorisieren und zu verifizieren. Sie werden in der Regel *peer-to-peer* übertragen.[750] Um Transaktionen durchführen zu können, benötigt man den Zugang zum entsprechenden Kryptowährungskonto und einen sog. *Private Key* als eine Art Passwort/PIN.[751] Transaktionen werden bei Kryptowährungen regelmäßig mittels sog. *Smart Contracts* abgewickelt, die auf einem speziellen Computercode basieren, der beim Vorliegen von vorprogrammierten Umständen die Transaktionen automatisiert ausführt.[752] Dies beruht auf der sog. Blockchain-Technologie.[753] Die Blockchain ist eine dezentrale Verschlüsselungs- und Identifikationstechnologie, die ein Register, z. B. für Geldeinheiten, erstellt, in dem automatisch alle Transaktionen verzeichnet werden.[754] Eine vollständige Kopie der Blockchain ist für jeden jederzeit einsehbar und die eingespeisten Daten sind unveränderbar.[755] Damit sollen die Effizienz und die Sicherheit der Transaktionen gesteigert werden. Das Verhältnis der Begriffe zueinander, ist wie folgt zu verdeutlichen:

750 Statt aller *Baier*, CCZ 2019, 123 (124); *Börner*, NZWiSt 2018, 48 (48 ff.).

751 *Kochheim*, Cybercrime und Strafrecht in der Informations- und Kommunikationstechnik, 2015, S. 280. Detailliert u.a. zu Bitcoins: *Bussac*, Bitcoin, Ethereum & Co, 2018; *Hönig*, ICO und Kryptowährungen, 2020, S. 65 ff.; *Izzo-Wagner/Siering*, Kryptowährungen und geldwäscherechtliche Regulierung, 2020, S. 7 ff. Ausführlich zu der Funktionsweise insbesondere von Bitcoin: *Grzywotz*, Virtuelle Kryptowährungen und Geldwäsche, 2019, S. 30 ff.

752 *Willems*, CB 2016, 325 (325); *Europäisches Parlament*, Wie die Blockchain-Technologie unser Leben verändern könnte, 2017, S. 7. Eingehend zu Smart Contracts: *Paulus*, JuS 2020, 107; *ders./Matzke*, ZfPW 2018, 431; *Eschenbruch/Gerstenberger*, NZBau 2018, 3; *Heckelmann*, NJW 2018, 504.

753 *Eibner/Rätzsch/Schulz/Rolapp*, Estonian Discussions on Economic Policy 2018, Vol. 26, Nr. 1–2. Ausführlich zu den rechtlichen Aspekten der Blockchain: *Schrey/Thalhofer*, NJW 2017, 1431; *Schawe*, MMR 2019, 218; *Martini/Weinzierl*, NVwZ 2017, 1251.

754 *Hungerland/Quitzau/Rotterdam/Hüning/Vöpel/Wolf*, Hamburg Institute of International Economics 2017, Nr. 24; *Europäisches Parlament*, Wie die Blockchain-Technologie unser Leben verändern könnte, 2017, S. 5 f.; *Spindler/Bille*, WM 2014, 1357 (1358); *Kochheim*, Cybercrime und Strafrecht in der Informations- und Kommunikationstechnik, 2015, Rn. 280 f., S. 579 f.

755 *Beaucamp/Henningsen/Florian*, MMR 2018, 501 (502); *Börner*, NZWiSt 2018, 48 (49).

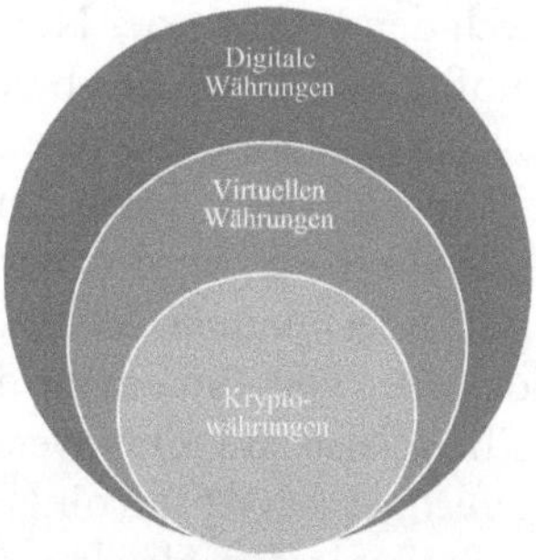

Abbildung 3: Übersicht über die begrifflichen Grundlagen und Zusammenhänge der relevanten Begriffe im Kontext der digitalen Währungen (Quelle: Eigene Darstellung).

Derzeit existieren weltweit fast 5.500 Kryptowährungen mit einer Gesamtmarktkapitalisierung von ca. 1,38 Billionen Euro. Das wohl bekannteste Beispiel ist Bitcoin mit einem aktuellen Marktanteil von rund 41 %.[756] Da diese Kryptowährung auch am stärksten polarisiert, wird im Folgenden auf diese eingegangen.

2. Bitcoin als „Vermögen"

Werden digitale Währungen selbst zum Gegenstand von Straftaten, kann die Anwendbarkeit der klassischen Tatbestände des StGB nicht einfach angenommen werden. Fraglich ist, ob Bitcoin zum Vermögen gehören und damit von §§ 253, 263, 263a, 266, 266b StGB geschützt werden. Derzeit gibt es nur wenig Urteile und Auseinandersetzungen in der Literatur mit diesem Thema. Dafür besteht jedoch ein Bedürfnis, da in den kommenden Jahren Delikte in diesem Bereich zunehmen und die Strafgerichte vor neue Herausforderungen stellen werden. Freilich kann dies im Rahmen dieser Arbeit nur übersichtsartig geschehen, da die genaue rechtliche Einordnung von digitalen Währungen unklar ist.

Digitale Währungen sind ein immaterielles und vor allem ein virtuelles Gut, das nicht in einer physischen Form existiert.[757] Der Wert von

---

756 Stand: 7.6.2021, 15:24 Uhr, wird fortlaufend aktualisiert unter: https://coinmarketcap.com.

757 Vgl. *Boehm/Pesch*, MMR 2014, 75 (77). Eingehend zu den Auswirkungen von Blockchain auf das Immaterialgüterrecht: *Hohn-Hein/Barth*, GRUR 2018, 1089.

Bitcoin bestimmt sich durch den Konsens der Nutzer und das gegenseitige Vertrauen darauf, dass künftig andere Nutzer bereit sein werden, Bitcoin als Zahlungsmittel zu akzeptieren und zu nutzen. Mithin richtet sich die Werthaltigkeit nach dem volkswirtschaftlichen Prinzip von Angebot und Nachfrage. Die Nachfrage nach Bitcoin wird besonders durch die Mengenbegrenzung des Gründers *Satoshi Nakamoto* auf 21 Mio. Bitcoin angeregt.[758] Der steigende Wert von Bitcoin in den letzten Jahren zeigt sich vor allem darin, dass beispielsweise im November 2016 ein Cappuccino im Wert von 3 € umgerechnet 0,0042 Bitcoin[759] gekostet hätte. Im Juni 2021 betrug dagegen der Preis für den gleichen Cappuccino 0,00003332 Bitcoin.[760] Allein am 7.6.2021 wurden 24.527.344.897 € an Bitcoin in den letzten 24 Stunden gehandelt. Dabei entspricht ein Bitcoin aktuell 30.004,65 €.[761] Die hohe Preisvolatilität zeigt, dass Bitcoin derzeit noch den Charakter eines Spekulationsobjekts innehaben, was gegen die Annahme der Wertanlage-Funktion für ihre Einordnung als Geld spricht.[762]

Da Bitcoin einen erheblichen Wert im Geschäftsverkehr haben, stellen diese eine wirtschaftliche Position[763] und somit Vermögen nach dem wirtschaftlichen Vermögensbegriff dar.[764] Einschränkend muss jedoch bei dem juristisch-ökonomischen Vermögensbegriff beachtet werden, dass es zwar heute viele legale Zahlungsmöglichkeiten mit Bitcoin gibt. Allerdings sind Bitcoin weiterhin das wichtigste Zahlungsmittel für kriminelle Waren und Dienstleistungen und ein häufig gefordertes Zahlungsmittel

---

758 *Börner*, NZWiSt 2018, 48 (48 f.).

759 *KryptoJournal* vom 24.11.2017, Bundesbank: „Bitcoin ist kein Geld, sondern ein Spekulationsobjekt“, https://www.wallstreet-online.de/nachricht/10090052-kryptowaehrungen-bundesbank-bitcoin-geld-spekulationsobjekt/all.

760 Stand: 7.6.2021, 12:52 Uhr (Berechnung auf Grundlage vom Währungsrechner Euro-Bitcoin, https://www.finanzen.net/waehrungsrechner/euro_bitcoin).

761 Stand: 7.6.2021, 15:30 Uhr, wird fortlaufend aktualisiert unter: https://coinmarketcap.com.

762 Eingehend zur volkswirtschaftlichen Einordnung von virtuellen Währungen schon: *Epe*, Ökonomische Effekte und juristische Herausforderungen durch digitale Währungen, Masterarbeit, 2019, S. 12 ff. (unveröffentlicht).

763 Im Ergebnis ebenso und als „Gegenstand“ zivilrechtlich einordnend: *Spindler/Bille*, WM 2014, 1357 (1360); dagegen *Grzywotz*, Virtuelle Kryptowährungen und Geldwäsche, 2019, S. 204 ff. Die genaue zivilrechtliche Rechtsnatur von Kryptowährungen ist im Detail stark umstritten. Dies zu klären, ist jedoch nicht Gegenstand dieser Arbeit.

764 So anscheinend auch: *Grzywotz*, Virtuelle Kryptowährungen und Geldwäsche, 2019, S. 195.

bei Cyber-Erpressungen.[765] Hintergrund ist die Anonymität der Transaktionen.[766] Mithin sind gerade Bitcoin nach dem juristisch-ökonomischen Vermögensbegriff wegen ihrer rechtswidrigen Erlangung häufig nicht als Vermögen anzusehen. Ob Bitcoin daher zum geschützten Vermögen gehören, hängt von dem vertretenen Vermögensbegriff und ihrem konkreten Ursprung ab.

3. Einordnung in die induktiv-dogmatischen Fallgruppen

Im Jahr 2017 prüfte der BGH in einem Fall, ob ein Gefährdungsschaden durch eine unter Vorbehalt erfolgte Gutschrift auf ein PayPal-Konto (also einer digitalen Währung) des Zahlungsempfängers eingetreten ist. Der BGH verwies dabei auf seine Rechtsprechung zur Lastschriftreiterei aus dem Jahr 2012, nach der bei einer Einreichung gefälschter Schecks die über die Existenz einer wirksamen Scheckanweisung getäuschte Inkassobank durch die Erteilung einer Vorbehaltsgutschrift eine Vermögensverfügung zulasten ihres Vermögens treffe. Die Vorbehaltsgutschrift führe zum Entstehen eines Gefährdungsschadens, wenn und soweit der Kontoinhaber tatsächlich die Möglichkeit hat, auf den vorläufig gutgeschriebenen Geldbetrag zuzugreifen. Ein Gefährdungsschaden scheide aus, wenn erstens, auf Grund der Rückbuchung mit einem Debetsaldo zu rechnen ist, zweitens, ein aus dem Wegfall der Vorbehaltsgutschrift resultierender Ausgleichsanspruch der Bank anderweitig abgesichert ist oder drittens, ein solcher Ausgleichsanspruch der Bank für diese ohne Schwierigkeiten realisiert werden kann, da der Kontoinhaber ausgleichsfähig und -willig ist.[767] Das Gericht wendete daher die Konstellation der ungehinderten Zugriffsmöglichkeit[768] an. Im Ergebnis konnte der BGH mangels ausreichender Sachverhaltsfeststellungen jedoch keinen Eintritt eines Gefährdungsschadens feststellen.[769]

Ebenfalls könnte beispielsweise in die Konstellation der ungehinderten Zugriffsmöglichkeit der künftige Sachverhalt eingeordnet werden, dass

---

765 Vgl. *Rettke*, NZWiSt 2020, 45 (45); *Rückert*, MMR 2016, 295 (295); *Bachmann/Arslan*, NZWiSt 2019, 241 (241 ff.).

766 Statt vieler *Achtelik*, in: Herzog/Achtelik (Hrsg.), GWG, 4. Auflage 2020, § 25h KWG Rn. 6; *Spindler/Bille*, WM 2014, 1357 (1359).

767 Zu dieser Fallgruppe bereits ausführlich ab S. 91, vgl. darin BGH wistra 2012, 267 (269).

768 Dazu bereits ab S. 250.

769 BGH, Beschluss vom 19.7.2017 – 4 StR 638/16, BeckRS 2017, 119809.

durch eine Täuschung oder Erpressung die ungehinderte Zugriffsmöglichkeit auf das Bitcoin-Konto durch Kenntnis des *Private Keys* zum Transferieren des Guthabens erlangt wird. Dieser Sachverhalt ist wie die Erlangung einer EC-Karte samt der Kenntnis der richtigen PIN rechtlich einzuordnen.

Im Fall einer Lösegelderpressung, bei der das Lösegeld per Bitcoin bezahlt wird, könnte grundsätzlich angenommen werden, dass durch die polizeiliche Überwachung der Transaktion der Eintritt eines Gefährdungsschadens ausgeschlossen ist. Allerdings haben die Strafverfolgungsbehörden aufgrund der Anonymität der Zahlungen bei Kryptowährungen praktisch keine Möglichkeit, die Person hinter dem Empfängerkonto ausfindig zu machen. Ob in einem solchen Fall durch eine polizeiliche Überwachung der Erpresser nicht mit dem Geld entkommen könnte, ist daher zu bezweifeln.

Dies wirft gleichzeitig die Frage auf, ob aufgrund der Unveränderbarkeit von automatisiert durchgeführten Transaktionen bei Kryptowährungen das Vorliegen eines Gefährdungsschadens nicht grundsätzlich ausgeschlossen sein muss. Zwar ist innerhalb der Blockchain der Abwicklungsvorgang nicht manipulierbar, jedoch ist der Eingabeprozess in die Blockchain – wie bei jeder Dateneingabe[770] – beinflussbar, vgl. § 263a StGB. Durch den Start eines manipulierten Prozesses ist eine Vermögensgefährdung auch hinreichend konkret wahrscheinlich, da die Blockchain-Technologie diese sicher ausführt.

Mithin ist – soweit ersichtlich – keine besondere Fallgruppenbildung im Bereich des Crypto Crime erforderlich. Allerdings muss rechtspolitisch durch den Gesetzgeber überwacht werden, ob weitere vermögensschützende Tatbestände künftig eingeführt werden müssen oder ob künftige technische Entwicklungen weiterhin unter die bisherigen Tatbestandsmerkmale zu subsumieren sind.

III. Auswirkungen auf die richterliche Entscheidungsfindung

Die induktiv-dogmatischen Fallgruppen könnten in eine sog. Entscheidungsunterstützungssoftware programmiert werden. Der Zweck einer solchen Software liegt in der Unterstützung bei der materiellen Lösungsfin-

770 Vgl. *Gercke*, in: Spindler/Schuster (Hrsg.), Recht der elektronischen Medien, 4. Auflage 2019, § 263a StGB Rn. 5.

dung durch das Erkennen gleichgelagerter Fälle.[771] Gerade bei objektiv zu bestimmenden Rechtsbegriffen – wie einem Vermögensschaden – ist dies gut möglich. Dies würde erheblich zur Effizienzsteigerung einer Gerichtsentscheidung und zur Kostensenkung bei der Schadensfeststellung beigetragen. Der Entscheidungsbaum in einer solchen Software könnte wie folgt aussehen:

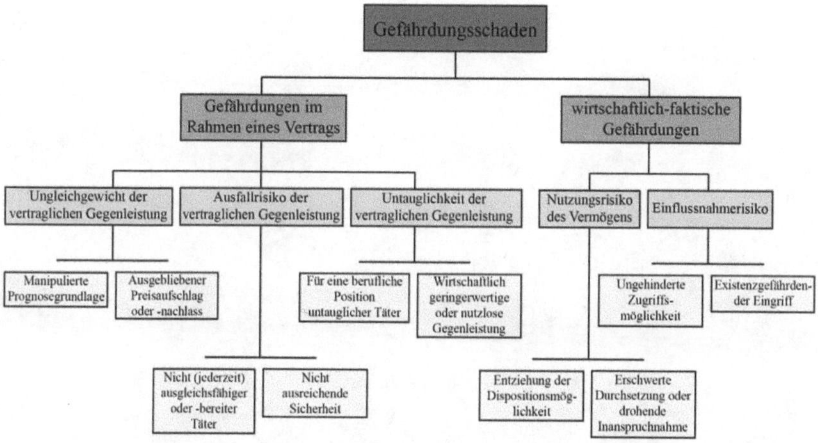

Abbildung 4: Entscheidungsbaum für die Annahme eines Gefährdungsschadens (Quelle: Eigene Darstellung).

Freilich hinterfragt eine solche Software das Ergebnis nicht kritisch.[772] Auch könnte der Einsatz einer Software zu einer eingeschränkten Transparenz der gerichtlichen Entscheidung mangels Erkennbarkeit der Entscheidungsgründe führen. Da ein Strafurteil erhebliche Freiheitseinschränkungen zur Folge haben kann, können nur gute Gründe den Rechtsfrieden und die Anerkennung der Entscheidung herbeiführen.[773] Daher sollte eine partielle Lösung gewählt werden: Der Richter muss das Resultat der Software kontrollieren. Durch diese Überprüfung erfolgt keine derart starke

771 Vgl. auch Entscheidungsunterstützungssysteme, https://de.wikipedia.org/wiki/Entscheidungsunterst%C3%BCtzungssystem.

772 Davon unabhängig ist die (teilweise ethische) Frage zu beurteilen, ob der Einsatz neuer Technologien in der richterlichen Entscheidungsfindung überhaupt stattfinden sollte. Dies soll jedoch nicht Gegenstand dieser Arbeit sein.

773 Vgl. *Kirchhoff*, NJW 2020, 1492 (1496); *Joecks/Erb*, in: MüKo StGB, Band 1, 4. Auflage 2020, Einleitung Rn. 1 ff.

Einwirkung auf das Verantwortungsprinzip, da ggf. sich später herausstellende falsche Entscheidungen durch die menschliche zwischengeschaltete Verantwortung legitimiert werden. Dies überzeugt, da eine Software nur dem Menschen dienen und diesen nicht ersetzen soll.

Anhang

Die im Folgenden aufgeführte Rechtsprechung wurde mangels hinreichender Aussagekraft zur Dogmatik des Gefährdungsschadens nicht in die Fallgruppenbildung miteinbezogen:

RG JW 1935, 2963 Nr. 24	In dieser Entscheidung wiederholt das RG lediglich die Aussagen aus RGSt 16, 1 zum Eingehungsbetrug. Das Gericht ging weder auf den konkreten Sachverhalt noch auf die Dogmatik des Gefährdungsschadens ein.
BGHSt 34, 379	In diesem Judikat nimmt der BGH vermutlich einen Gefährdungsschaden an, allerdings äußert er sich nicht zur Dogmatik. Dies ist nur aus dem Kontext zu entnehmen.
BGH, Beschluss vom 17.12.2002 – 1 StR 412/02	Dogmatisch müsste ein Gefährdungsschaden aufgrund der unmittelbaren Zugriffsmöglichkeit des Täters auf das Vermögen des Geschädigten vorliegen. Der BGH äußert sich dazu jedoch nicht, sondern nimmt nur eine Abgrenzung von Computerbetrug und Betrug vor.
BGHSt 48, 354	Der BGH nimmt zwar einen Gefährdungsschaden an, allerdings wird dieser nur im Kontext des Regelbeispiels nach § 263 III 2 Nr. 2 StGB diskutiert. Auf die Dogmatik wird nicht weiter eingegangen.
BGH NStZ-RR 2008, 239	Der BGH geht nur auf die Voraussetzungen des subjektiven Tatbestands beim Vorliegen eines Gefährdungsschadens ein.
BGH wistra 2010, 476	In dem Beschluss fasst der BGH kurz den Sachverhalt zusammen – nach welchem ein Gefährdungsschaden dogmatisch vorliegen muss –, aber wendet sich sogleich den Konkurrenzverhältnissen beim Betrug zu.

OLG Hamm, Beschluss vom 29.4.2010 – 2 Ws 313/09, BeckRS 2010, 12300	Das Gericht hat sich nicht mit den dogmatischen Anforderungen an das Vorliegen des Gefährdungsschadens befasst, da dies nicht entscheidungserheblich gewesen sei.
BGH NStZ 2014, 517	In dem Beschluss beschäftigt sich das Gericht *primär* mit der Figur des persönlichen Schadenseinschlags und erwähnt die Dogmatik des Gefährdungsschadens nur am Rande.

Rechtsprechungsverzeichnis

BVerfG

BVerfG, Beschluss vom 7.12.2011 – 2 BvR 2500/09 = BVerfGE 130, 1 = StraFo 2012, 27 = NJW 2012, 907 = JR 2012, 211 = NStZ 2012, 496 = StV 2012, 641.

BVerfG, Beschluss vom 23.6.2010 – 2 BvR 2559/08 = BVerfGE 126, 170 = NStZ 2010, 626 = StV 2010, 564 = wistra 2010, 380 = NJW 2010, 3209.

BVerfG, Urteil vom 30.6.2009 – 2 BvE 2/08 = BVerfGE 123, 267 = NJW 2009, 2267 = JZ 2009, 890.

BVerfG, Nichtannahmebeschluss vom 10.3.2009 – 2 BvR 1980/07 = BVerfGK 15, 193 = NJW 2009, 2370 = JR 2009, 290 = wistra 2009, 385 = NStZ 2009, 560 = StV 2010, 70 = JR 2011, 220.

BVerfG, Beschluss vom 20.5.1998 – 2 BvR 1385/95 = NJW 1998, 2589 = NStZ 1998, 506 = NJ 1998, 472.

BVerfG, Beschluss vom 31.3.1998 – 2 BvR 1877/97 = BVerfGE 97, 350 = NJW 1998, 1934.

BVerfG, Beschluss vom 10.1.1995 – 1 BvR 718/89 = BVerfGE 92, 1 = NJW 1995, 1141 = StV 1995, 242 = NStZ 1995, 275 = JZ 1995, 778.

BVerfG, Urteil vom 6.5.1987 – 2 BvL 11/85 = BVerfGE 75, 329 = StV 1987, 432 = NJW 1987, 3175 = NStZ 1987, 450.

BVerfG, Urteil vom 11.11.1986 – 1 BvR 713/83 = BVerfGE 75, 206 = NJW 1987, 43.

BVerfG, Beschluss vom 23.10.1985 – 1 BvR 1053/82 = BVerfGE 71, 108 = NStZ 1986, 261 = NJW 1986, 1671.

BVerfG, Beschluss vom 15.3.1978 – 2 BvR 927/76 = BVerfGE 48, 48 = NJW 1978, 1423.

BVerfG, Beschluss vom 17.1.1978 – 1 BvL 13/76 = BVerfGE 47, 109 = NJW 1978, 933.

BVerfG, Beschluss vom 15.4.1970 – 2 BvR 386/69 = BVerfGE 28, 175.

BVerfG, Urteil vom 3.7.1962 – 2 BvR 15/62 = BVerfGE 14, 174 = NJW 1962, 1339 = NJW 1962, 1563.

BGH

BGH, Beschluss vom 16.6.2021 – 6 StR 334/20, BeckRS 2021, 20231.

BGH, Beschluss vom 23.2.2021 – 1 StR 6/21 = wistra 2021, 320.

BGH, Beschluss vom 2.2.2021 – 2 StR 155/20 = wistra 2021, 201.

BGH, Urteil vom 27.1.2021 – 3 StR 628/29 = NZG 2021, 748.

BGH, Beschluss vom 19.5.2020 – 2 StR 398/19 = wistra 2021, 67.

BGH, Urteil vom 7.5.2020 – 4 StR 586/19 = NZWiSt 2020, 322.

BGH, Beschluss vom 15.4.2020 – 5 StR 513/19 = NStZ-RR 2020, 281 = NZWiSt 2021, 71.

BGH, Beschluss vom 12.2.2020 – 2 StR 291/19 = NZWiSt 2020, 318 = NStZ 2020, 544 = wistra 2020, 416.

BGH, Urteil vom 17.12.2019 – 1 StR 171/19 = wistra 2020, 459.

BGH, Beschluss vom 26.11.2019 – 2 StR 588/18 = NStZ 2020, 418 = NJW 2020, 1689 = StraFo 2020, 303 = wistra 2020, 337 = NZWiSt 2020, 412 = StV 2020, 764.

BGH, Beschluss vom 23.10.2019 – 1 StR 444/19 = wistra 2020, 511 = StV 2020, 754.

BGH, Beschluss vom 8.10.2019 – 2 StR 83/19 = NStZ-RR 2020, 33 = StraFo 2020, 85.

BGH, Beschluss vom 21.8.2019 – 3 StR 221/18 = NStZ 2020, 291 = wistra 2020, 254 = JR 2020, 255.

BGH, Beschluss vom 4.7.2019 – 4 StR 36/19 = NStZ 2020, 157 = StV 2019, 744 = wistra 2020, 67.

BGH, Beschluss vom 26.6.2019 – 1 StR 551/18 = GmbHR 2019, 1343 = wistra 2020, 257.

BGH, Urteil vom 23.10.2018 – 1 StR 234/17 = wistra 2019, 190 = GmbHR 2019, 401.

BGH, Urteil vom 4.10.2018 – 3 StR 283/18 = NStZ 2019, 144 = wistra 2019, 114 = StraFo 2019, 161 = NZWiSt 2019, 225.

BGH, Urteil vom 4.10.2018 – 3 StR 251/18 = wistra 2019, 151.

BGH, Beschluss vom 19.9.2018 – 1 StR 194/18 = NZG 2019, 195 = NJW 2019, 378 = NStZ-RR 2019, 53 = NZWiSt 2019, 230 = wistra 2019, 238 = JR 2019, 529.

BGH, Beschluss vom 6.4.2018 – 1 StR 13/18, BeckRS 2018, 14694.

BGH, Beschluss vom 6.3.2018 – 3 StR 552/17 = NJW 2018, 3040 = NStZ 2018, 713 = StV 2019, 24.

BGH, Beschluss vom 20.2.2018 – 1 StR 467/17 = NStZ-RR 2018, 316.

BGH, Urteil vom 10.8.2017 – 3 StR 549/16 = NStZ 2018, 111 = wistra 2018, 127.

BGH, Urteil vom 27.7.2017 – 3 StR 490/16 = NStZ 2018, 105 = wistra 2018, 209 = JR 2018, 400.

BGH, Beschluss vom 25.7.2017 – 5 StR 46/17 = NStZ-RR 2017, 313 = StraFo 2017, 430 = wistra 2017, 486 = NZWiSt 2018, 74.

BGH, Beschluss vom 19.7.2017 – 4 StR 638/16, BeckRS 2017, 119809.

BGH, Beschluss vom 28.6.2017 – 4 StR 186/16 = NStZ 2017, 708 = wistra 2017, 494.

BGH, Beschluss vom 9.3.2017 – 1 StR 350/16 = NStZ 2017, 413 = wistra 2017, 310.

BGH, Urteil vom 21.2.2017 – 1 StR 296/16 = BGHSt 62, 144 = NJW 2018, 177 = NStZ 2018, 218 = wistra 2018, 311.

BGH, Beschluss vom 20.9.2016 – 2 StR 497/15 = NStZ 2017, 30 = StV 2017, 95.

BGH, Urteil vom 6.9.2016 – 1 StR 104/15 = wistra 2017, 193 = WM 2017, 32 – sog. *Siemens/Sharef-Entscheidung.*

BGH, Beschluss vom 16.8.2016 – 4 StR 163/16 = NJW 2016, 3253 = StraFo 2016, 478 = NStZ 2017, 32 = wistra 2017, 26 = NZWiSt 2017, 152 = JZ 2017, 901 = StV 2018, 291.

BGH, Beschluss vom 14.7.2016 – 3 StR 105/16 = NStZ-RR 2016, 340 = StV 2017, 97.

BGH, Urteil vom 16.6.2016 – 1 StR 20/16 = NJW 2016, 3543 = wistra 2017, 20.

BGH, Beschluss vom 11.5.2016 – 5 StR 147/16, BeckRS 2016, 9875.

BGH, Beschluss vom 26.11.2015 – 3 StR 17/15 = NZG 2016, 703 = BGHSt 61, 48 = wistra 2016, 314 = NJW 2016, 2585 = JR 2017, 234 – sog. *Nürburgring-Beschluss.*

BGH, Urteil vom 26.11.2015 – 3 StR 247/15 = NStZ 2016, 343 = wistra 2016, 228.

BGH, Beschluss vom 26.11.2015 – 2 StR 144/15 = wistra 2016, 152.

BGH, Urteil vom 19.11.2015 – 4 StR 115/15 = NStZ 2016, 280 = StV 2017, 91.

BGH, Beschluss vom 1.10.2015 – 3 StR 102/15 = NStZ-RR 2016, 12 = StV 2017, 89.

BGH, Beschluss vom 23.7.2015 – 3 StR 518/14 = NStZ-RR 2015, 341.

BGH, Urteil vom 11.6.2015 – VII ZR 216/14 = BGHZ 206, 69 = NJW 2015, 2406 = wistra 2015, 358.

BGH, Urteil vom 15.4.2015 – 1 StR 337/14 = NStZ 2015, 514 = StraFo 2015, 299 = NZWiSt 2015, 427 = StV 2016, 158.

BGH, Beschluss vom 29.1.2015 – 1 StR 587/14 = NJW 2015, 1190 = wistra 2015, 232 = NStZ 2015, 517.

BGH, Urteil vom 11.12.2014 – 3 StR 265/14 = BGHSt 60, 94 = NJW 2015, 1618 = wistra 2015, 311.

BGH, Urteil vom 8.10.2014 – 1 StR 359/13 = BGHSt 60, 1 = NStZ 2015, 89 = wistra 2015, 59 = NZWiSt 2015, 187 = JZ 2015, 837 = StV 2016, 20.

BGH, Beschluss vom 27.8.2014 – 5 StR 181/14 = NStZ 2014, 646 = NStZ-RR 2014, 343 = NZWiSt 2015, 37 = StV 2015, 438.

BGH, Beschluss vom 24.7.2014 – 2 StR 221/14 = NStZ 2015, 277 = wistra 2015, 27.

BGH, Beschluss vom 9.7.2014 – VII ZB 9/13 = NJW 2014, 2732.

BGH, Beschluss vom 2.7.2014 – 5 StR 182/14 = NStZ 2014, 517 = wistra 2014, 403 = StV 2015, 439.

BGH, Beschluss vom 17.6.2014 – 5 StR 216/14, BeckRS 2014, 13795.

BGH, Urteil vom 20.2.2014 – 3 StR 178/13 = NStZ 2014, 579 = StraFo 2014, 298 = wistra 2014, 392.

BGH, Beschluss vom 19.2.2014 – 5 StR 510/13 = NStZ 2014, 318 = wistra 2014, 270 = NZWiSt 2014, 270 = StV 2014, 673.

BGH, Urteil vom 12.12.2013 – 3 StR 146/13 = NStZ 2015, 220 = NZWiSt 2014, 135 = wistra 2014, 186 = StV 2014, 687.

BGH, Beschluss vom 11.12.2013 – 3 StR 302/13 = NStZ 2014, 578 = wistra 2014, 224 = StV 2014, 678.

BGH, Beschluss vom 3.12.2013 – 1 StR 526/13 = NStZ 2014, 18 = wistra 2014, 139 = StV 2014, 688.

BGH, Urteil vom 19.9.2013 – 3 StR 119/13 = NStZ 2014, 316 = StraFo 2014, 30.

BGH, Urteil vom 10.7.2013 – 1 StR 532/12 = NJW 2013, 3590 = NStZ 2014, 42 = StV 2014, 73 = StraFo 2014, 23 = StraFo 2014, 34 = wistra 2014, 18 = JZ 2014, 909 = NZWiSt 2014, 346.

BGH, Beschluss vom 30.5.2013 – 5 StR 309/12 = GmbHR 2013, 820.

BGH, Urteil vom 28.5.2013 – 5 StR 551/11 = NStZ 2013, 715 = StV 2014, 88 = StV 2015, 175 – sog. *Berliner Bankenkonsortium-Fall.*

BGH, Urteil vom 20.3.2013 – 5 StR 344/12 = BGHSt 58, 205 = NJW 2013, 1460 = NStZ 2013, 404 = wistra 2013, 311 = NZWiSt 2013, 391 = NZWiSt 2015, 192 = JZ 2014, 96 = StV 2014, 679.

BGH, Beschluss vom 13.3.2013 – 2 StR 275/12 = wistra 2013, 347.

BGH, Beschluss vom 19.2.2013 – 5 StR 427/12 = NStZ-RR 2013, 345 = wistra 2013, 232.

BGH, Beschluss vom 29.1.2013 – 2 StR 422/12 = NStZ 2013, 711 = wistra 2013, 268.

BGH, Beschluss vom 22.1.2013 – 1 StR 416/12 = BGHSt 58, 119 = wistra 2013, 228 = NJW 2013, 2608 = NStZ 2013, 525 = JR 2013, 572.

BGH, Urteil vom 20.12.2012 – 4 StR 55/12 = BGHSt 58, 102 = NJW 2013, 883 = wistra 2013, 143 = StraFo 2013, 162 = NStZ 2013, 234 = JR 2013, 224.

BGH, Beschluss vom 19.12.2012 – 1 StR 590/12 = ZWH 2013, 191.

BGH, Beschluss vom 3.5.2012 – 2 StR 446/11 = wistra 2012, 438 = StraFo 2012, 374 = StV 2013, 86 = NStZ 2013, 40.

BGH, Beschluss vom 13.4.2012 – 5 StR 442/11 = NJW 2012, 2370 = JR 2012, 354 = wistra 2012, 306 = StV 2012, 725 = NStZ 2012, 698 = NZWiSt 2014, 178 – sog. *LBS Darlehen-Fall.*

BGH, Beschluss vom 6.3.2012 – 4 StR 669/11 = StV 2012, 407 = wistra 2012, 267.

BGH, Urteil vom 7.9.2011 – 2 StR 600/10 = NJW 2011, 3528 = wistra 2012, 23 = NStZ 2012, 151 = StV 2012, 82.

BGH, Beschluss vom 5.7.2011 – 3 StR 444/10 = NStZ-RR 2011, 312 = StV 2011, 733.

BGH, Beschluss vom 8.6.2011 – 3 StR 115/11 = wistra 2011, 387 = NStZ 2013, 37.

BGH, Beschluss vom 14.4.2011 – 2 StR 616/10 = NJW 2011, 2675 = wistra 2011, 340 = NStZ 2011, 638 = JR 2012, 79 = StV 2012, 727.

BGH, Beschluss vom 13.4.2011 – 1 StR 94/10 = BGHSt 56, 203 = NJW 2011, 1747 = NStZ 2011, 403 = StV 2011, 484 = wistra 2011, 301 – sog. *Kölner Parteispenden-affäre.*

BGH, Beschluss vom 7.12.2010 – 3 StR 434/10 = StraFo 2011, 238.

BGH, Beschluss vom 14.10.2010 – 2 StR 447/10 = NStZ 2011, 160.

BGH, Urteil vom 30.9.2010 – 3 StR 294/10 = NStZ 2011, 212.

BGH, Beschluss vom 30.9.2010 – 5 StR 259/10 = wistra 2011, 22 = NStZ 2011, 160.

BGH, Beschluss vom 14.9.2010 – 4 StR 422/10 = wistra 2010, 476 = NStZ-RR 2010, 375.

BGH, Urteil vom 27.8.2010 – 2 StR 111/09 = BGHSt 55, 266 = NJW 2010, 3458 = NStZ 2010, 700 = StV 2011, 20 = wistra 2011, 106 – sog. *Trienekens-Fall.*

BGH, Beschluss vom 7.4.2010 – 2 StR 153/09 = NJW 2010, 1764 = StraFo 2010, 258 = wistra 2010, 266.

BGH, Beschluss vom 2.2.2010 – 4 StR 345/09 = NStZ 2010, 502.

BGH, Beschluss vom 25.11.2009 – 2 StR 495/09, BeckRS 2009, 89126.

BGH, Beschluss vom 10.11.2009 – 4 StR 194/09 = NStZ 2010, 330 = StraFo 2010, 168 = wistra 2010, 181 = JR 2010, 404.

BGH, Beschluss vom 20.10.2009 – 3 StR 410/09 = NStZ 2010, 329 = wistra 2010, 65 = StV 2010, 77.

BGH, Urteil vom 14.8.2009 – 3 StR 552/08 = BGHSt 54, 69 = NJW 2009, 3448 = StV 2009, 675 = NStZ 2010, 44 = wistra 2010, 62 = JR 2010, 443 – sog. *Al Qaida-Fall*.

BGH, Urteil vom 13.8.2009 – 3 StR 576/08 = wistra 2010, 21 = StV 2010, 78 – sog. *WestLB-Fall*.

BGH, Beschluss vom 31.7.2009 – 2 StR 95/09 = BGHSt 54, 52 = NJW 2009, 3666 = wistra 2010, 26 = NStZ 2010, 89 = StV 2010, 74.

BGH, Urteil vom 5.5.2009 – 3 StR 475/08 = wistra 2009, 350 = StraFo 2009, 342.

BGH, Beschluss vom 5.3.2009 – 3 StR 559/08 = NStZ-RR 2009, 206 = wistra 2009, 236.

BGH, Beschluss vom 18.2.2009 – 1 StR 731/08 = BGHSt 53, 199 = StV 2009, 242 = NStZ 2009, 330 = StraFo 2009, 214 = wistra 2009, 232 = NJW 2009, 2390 = JR 2009, 294 = JZ 2009, 799.

BGH, Beschluss vom 4.2.2009 – 5 StR 260/08 = StraFo 2009, 166 = wistra 2009, 189 – sog. *Berliner Bankenskandal-Beschluss*.

BGH, Beschluss vom 18.11.2008 – 4 StR 486/08 = wistra 2009, 107.

BGH, Beschluss vom 18.11.2008 – 4 StR 485/08 = NStZ 2009, 329 = StV 2009, 245.

BGH, Beschluss vom 21.10.2008 – 3 StR 420/08 = NStZ 2009, 150 = StraFo 2009, 37 = wistra 2009, 60 = StV 2009, 243.

BGH, Urteil vom 29.8.2008 – 2 StR 587/07 = BGHSt 52, 323 = NJW 2009, 89 = NStZ 2009, 95 = wistra 2009, 61 = StV 2009, 246 – sog. *Siemens-Fall*.

BGH, Beschluss vom 16.4.2008 – 5 StR 615/07 = NStZ-RR 2008, 239 = wistra 2008, 342 = StV 2008, 526.

BGH, Beschluss vom 2.4.2008 – 5 StR 354/07 = BGHSt 52, 182 = NJW 2008, 1827 = StraFo 2008, 251 = NStZ 2008, 455 = wistra 2008, 306 = JR 2008, 344 = StV 2008, 527.

BGH, Beschluss vom 20.3.2008 – 1 StR 488/07 = NJW 2008, 2451 = StraFo 2008, 303 = JR 2008, 302 = NStZ 2008, 457 = StV 2008, 414 = wistra 2008, 343.

BGH, Urteil vom 13.11.2007 – 3 StR 462/07 = NStZ 2008, 96 = wistra 2008, 149.

BGH, Beschluss vom 17.7.2007 – 3 StR 207/07 = wistra 2007, 422.

BGH, Urteil vom 16.7.2007 – II ZR 3/04 = BGHZ 173, 246 = NJW 2007, 2689 – sog. *Trihotel-Entscheidung*.

BGH, Urteil vom 6.6.2007 – 5 StR 127/07 = BGHSt 51, 356 = NJW 2007, 2864 = NStZ 2007, 596 = wistra 2007, 388.

BGH, Beschluss vom 25.5.2007 – 2 StR 469/06 = NStZ 2007, 704 = wistra 2007, 384 = StraFo 2007, 429 = StV 2007, 581.

BGH, Beschluss vom 25.4.2007 – 2 StR 25/07 = wistra 2007, 306 = StraFo 2007, 327.

BGH, Beschluss vom 24.4.2007 – 4 StR 558/06 = NStZ-RR 2007, 236 = wistra 2007, 305.

BGH, Urteil vom 15.12.2006 – 5 StR 181/06 = BGHSt 51, 165 = NStZ 2007, 151 = NJW 2007, 782 = wistra 2007, 102 = JZ 2007, 900 = JR 2007, 471 – sog. *Hoyzer-Fall.*

BGH, Beschluss vom 18.10.2006 – 2 StR 499/05 = BGHSt 51, 100 = wistra 2007, 136 = NJW 2007, 1760 = NStZ 2007, 584 – sog. *Kanther/Weyrauch-Fall.*

BGH, Beschluss vom 17.8.2006 – 4 StR 117/06 = NStZ-RR 2006, 378 = StraFo 2006, 508 = StV 2007, 31 = wistra 2007, 21.

BGH, Urteil vom 22.3.2006 – 5 StR 475/05 = wistra 2006, 265.

BGH, Urteil vom 7.3.2006 – 1 StR 379/05 = BGHSt 51, 10 = NJW 2006, 1679 = wistra 2006, 259.

BGH, Urteil vom 2.12.2005 – 5 StR 119/05 = BGHSt 50, 299 = wistra 2006, 96 = StV 2006, 126 = NJW 2006, 925 = NStZ 2006, 210 – sog. *Kölner Müllskandal-Urteil.*

BGH, Beschluss vom 22.11.2005 – 1 StR 571/04 = NStZ 2006, 221 = wistra 2006, 105.

BGH, Beschluss vom 24.8.2005 – 5 StR 211/05 = wistra 2006, 20.

BGH, Beschluss vom 17.8.2005 – 2 StR 6/05 = NStZ-RR 2005, 374 = StV 2006, 402.

BGH, Urteil vom 15.6.2005 – 2 StR 30/05 = BGHSt 50, 147 = NJW 2005, 3008 = NStZ 2005, 634 = wistra 2005, 423 = StV 2005, 607.

BGH, Urteil vom 24.3.2005 – IX ZR 123/04 = BGHZ 163, 134 = NJW 2005, 3062 = wistra 2005, 432.

BGH, Urteil vom 3.2.2005 – 5 StR 84/04 = NStZ-RR 2005, 343 = wistra 2005, 223.

BGH, Beschluss vom 11.11.2004 – 5 StR 299/03 = BGHSt 49, 317 = NJW 2005, 300 = wistra 2005, 58 = StraFo 2005, 123 = JR 2005, 114 = StV 2005, 423 = NStZ 2005, 569 – sog. *System Schreiber-Fall.*

BGH, Urteil vom 28.10.2004 – I ZR 59/02 = NJW 2005, 150.

BGH, Urteil vom 17.8.2004 – 5 StR 197/04 = NStZ-RR 2004, 333.

BGH, Beschluss vom 7.7.2004 – 5 StR 412/03 = NStZ 2005, 160 = StraFo 2004, 359 = StV 2004, 521 = wistra 2004, 429.

BGH, Beschluss vom 9.6.2004 – 5 StR 136/04 = NJW 2004, 2603 = StraFo 2004, 323 = NStZ 2004, 557 = wistra 2004, 384 = StV 2004, 539.

BGH, Urteil vom 13.5.2004 – 5 StR 73/03 = BGHSt 49, 147 = NJW 2004, 2248 = StV 2004, 425 = wistra 2004, 341 = NStZ 2004, 559 = JZ 2005, 40 = JR 2006, 77 – sog. *Bremer Vulkan-Urteil.*

BGH, Beschluss vom 12.5.2004 – 5 StR 46/04 = NStZ 2004, 559 = wistra 2004, 348.

BGH, Beschluss vom 27.4.2004 – 1 StR 165/03 = NStZ 2004, 568 = wistra 2004, 422.

BGH, Urteil vom 25.11.2003 – 4 StR 239/03 = BGHSt 49, 17 = NJW 2004, 454 = wistra 2004, 143 = NStZ 2004, 266 = StV 2004, 422.

BGH, Urteil vom 5.11.2003 – 1 StR 287/03 = NStZ 2004, 264 = wistra 2004, 60.

BGH, Beschluss vom 30.10.2003 – 3 StR 276/03 = NStZ-RR 2004, 54 = StraFo 2004, 33 = StV 2004, 80 = wistra 2004, 61.

BGH, Urteil vom 7.10.2003 – 1 StR 212/03 = BGHSt 48, 354 = NJW 2003, 3717 = wistra 2004, 20 = StV 2004, 18 = StraFo 2004, 30 = NStZ 2004, 95.

BGH, Urteil vom 18.6.2003 – 5 StR 489/02 = NJW 2003, 2996 = StV 2003, 559 = wistra 2003, 385 = NStZ 2004, 41 = StraFo 2004, 63.

BGH, Urteil vom 22.5.2003 – 5 StR 520/02 = NJW 2003, 2924 = wistra 2003, 344 = StV 2004, 24 = NStZ 2004, 578.

BGH, Beschluss vom 27.3.2003 – 5 StR 508/02 = NStZ 2003, 539 = StV 2003, 446 = StraFo 2003, 287 = wistra 2003, 343.

BGH, Beschluss vom 15.1.2003 – 5 StR 525/02 = wistra 2003, 230 = StraFo 2003, 214 = StV 2003, 447.

BGH, Beschluss vom 20.12.2002 – 2 StR 251/02 = BGHSt 48, 147 = NJW 2003, 1058 = StV 2003, 214 = StraFo 2003, 137 = NStZ 2003, 308 = JZ 2003, 741 = JR 2004, 160.

BGH, Beschluss vom 17.12.2002 – 1 StR 412/02.

BGH, Urteil vom 24.6.2002 – II ZR 300/00 = BGHZ 151, 181 = NJW 2002, 3024 = JZ 2002, 1047 = JR 2003, 198.

BGH, Urteil vom 23.5.2002 – 1 StR 372/01 = BGHSt 47, 295 = NJW 2002, 2801 = wistra 2002, 344 = StraFo 2002, 330 = NStZ 2002, 648.

BGH, Urteil vom 25.2.2002 – II ZR 196/00 = BGHZ 150, 61 = NJW 2002, 1803.

BGH, Beschluss vom 21.11.2001 – 2 StR 260/01 = BGHSt 47, 160 = NJW 2002, 905 = StV 2002, 135 = wistra 2002, 139 = JR 2002, 340 = NStZ 2002, 545.

BGH, Urteil vom 15.11.2001 – 1 StR 185/01 = BGHSt 47, 148 = wistra 2002, 101 = NJW 2002, 1211 = StV 2002, 193 = NStZ 2002, 262 = StraFo 2002, 171.

BGH, Urteil vom 17.9.2001 – II ZR 178/99 = BGHZ 149, 10 = NJW 2001, 3622 = wistra 2002, 58.

BGH, Beschluss vom 19.7.2001 – 3 StR 203/01 = NStZ 2001, 650 = NStZ-RR 2002, 10.

BGH, Urteil vom 11.7.2001 – 1 StR 576/00 = BGHSt 47, 83 = StV 2001, 514 = NStZ 2001, 540 = wistra 2001, 384 = StraFo 2001, 390 = NJW 2001, 3718 = JZ 2002, 252 = JR 2002, 389.

BGH, Beschluss vom 12.6.2001 – 4 StR 402/00 = NStZ-RR 2001, 328 = wistra 2001, 423 = StV 2002, 133.

BGH, Beschluss vom 26.4.2001 – 5 StR 587/00 = BGHSt 47, 8 = NStZ 2001, 432 = wistra 2001, 341 = StV 2001, 573 = NJW 2001, 3638.

BGH, Urteil vom 26.4.2001 – 4 StR 264/00 = wistra 2001, 340.

BGH, Urteil vom 15.3.2001 – 5 StR 454/00 = BGHSt 46, 310 = NJW 2001, 2102 = wistra 2001, 267.

BGH, Urteil vom 6.2.2001 – 5 StR 571/00 = wistra 2001, 295.

BGH, Beschluss vom 30.1.2001 – 1 StR 512/00 = NJW 2001, 1508 = wistra 2001, 178 = NStZ 2001, 316 = StV 2001, 403.

BGH, Urteil vom 14.12.2000 – 5 StR 123/00 = NJW 2001, 2411 = wistra 2001, 146 = NStZ 2001, 248 = StraFo 2001, 172 = JR 2002, 116.

BGH, Urteil vom 17.10.2000 – XI ZR 42/00 = BGHZ 145, 337 = NJW 2001, 286.

BGH, Beschluss vom 6.9.2000 – 3 StR 326/00 = NStZ-RR 2001, 41.

BGH, Urteil vom 14.7.2000 – 3 StR 53/00 = NStZ-RR 2001, 241.

BGH, Urteil vom 11.7.2000 – 1 StR 93/00 = wistra 2000, 384.

BGH, Beschluss vom 6.6.2000 – 1 StR 161/00 = NStZ-RR 2000, 331 = StV 2000, 478 = wistra 2000, 350.

BGH, Urteil vom 6.4.2000 – 1 StR 280/99 = BGHSt 46, 30 = NJW 2000, 2364 = wistra 2000, 305 = StV 2000, 483 = NStZ 2000, 655 = JR 2000, 515.

BGH, Urteil vom 23.3.2000 – 4 StR 19/00 = NStZ 2000, 375 = StV 2000, 477 = wistra 2000, 264.

BGH, Beschluss vom 18.1.2000 – 4 StR 599/99 = NStZ-RR 2000, 234.

BGH, Beschluss vom 14.12.1999 – 5 StR 520/99 = NStZ 2000, 206 = wistra 2000, 136 = StV 2000, 490.

BGH, Beschluss vom 9.11.1999 – 4 StR 492/99 = NStZ 2000, 197.

BGH, Beschluss vom 24.8.1999 – 1 StR 232/99 = wistra 2000, 60.

BGH, Urteil vom 11.8.1999 – 5 StR 207/99 = NStZ 1999, 618.

BGH, Urteil vom 20.7.1999 – 1 StR 668/98 = NJW 2000, 154 = wistra 2000, 18 = StV 2000, 487.

BGH, Urteil vom 13.7.1999 – 5 StR 667/98 = wistra 1999, 420.

BGH, Urteil vom 4.3.1999 – 5 StR 355/98 = NStZ 1999, 353 = wistra 1999, 263.

BGH, Beschluss vom 18.2.1999 – 5 StR 193/98 = BGHSt 45, 1 = NJW 1999, 1485 = NStZ 1999, 302 = wistra 1999, 181 = NJ 1999, 324 = StraFo 1999, 205 = JZ 1999, 735 = JR 2000, 161.

BGH, Urteil vom 17.2.1999 – 5 StR 494/98 = BGHSt 44, 376 = NJW 1999, 1489 = StraFo 1999, 168 = wistra 1999, 268 – sog. *Diestel-Fall.*

BGH, Beschluss vom 30.7.1998 – 4 StR 298/98 = StV 1998, 661.

BGH, Beschluss vom 5.2.1998 – 4 StR 622/97 = NStZ-RR 1998, 233 = StV 1999, 316.

BGH, Urteil vom 4.11.1997 – 1 StR 273/97 = BGHSt 43, 293 = NJW 1998, 913 = StraFo 1998, 92 = wistra 1998, 103 = JR 1998, 379 = NStZ 1998, 514 = StV 2003, 448 – sog. *Bugwellenprozess.*

BGH, Beschluss vom 22.10.1997 – 3 StR 539/97 = StV 1998, 80.

BGH, Urteil vom 18.9.1997 – 5 StR 331/97 = NStZ 1998, 85 = wistra 1998, 59 = StV 1999, 24.

BGH, Urteil vom 15.5.1997 – 1 StR 233/96 = BGHSt 43, 96 = NJW 1997, 3034 = NStZ 1997, 540 = StV 1997, 579 = wistra 1997, 336 = JR 1998, 71.

BGH, Urteil vom 7.5.1997 – 1 StR 638/97 = NStZ-RR 1997, 298.

BGH, Urteil vom 29.1.1997 – 2 StR 633/96 = NStZ 1997, 542 = wistra 1997, 144.

BGH, Urteil vom 28.8.1996 – 3 StR 180/96 = NJW 1997, 265 = StV 1998, 78 = JR 1999, 117.

BGH, Beschluss vom 30.7.1996 – 5 StR 168/96 = NStZ 1997, 32.

BGH, Urteil vom 10.7.1996 – 3 StR 50/96 = NJW 1997, 66 = NStZ 1996, 540 = wistra 1996, 344 = JR 1997, 336.

BGH, Beschluss vom 16.2.1996 – 3 StR 185/94 = NStZ 1996, 543 = wistra 1996, 184 = StV 1996, 431.

BGH, Urteil vom 6.2.1996 – 1 StR 705/95 = StV 1997, 416.

BGH, Beschluss vom 29.11.1995 – 5 StR 495/95 = NStZ 1996, 191 = StV 1996, 212 = wistra 1996, 183.

BGH, Urteil vom 17.10.1995 – 1 StR 372/95 = NStZ 1996, 203 = wistra 1996, 140.

BGH, Beschluss vom 23.8.1995 – 5 StR 371/95 = BGHSt 41, 224 = NJW 1996, 65 = wistra 1996, 24 = NStZ 1996, 81 = JR 1997, 26.

BGH, Urteil vom 10.5.1995 – 1 StR 764/94 = NJW 1995, 2301 = wistra 1995, 266 = NStZ 1995, 551.

BGH, Beschluss vom 9.2.1995 – 4 StR 662/94 = wistra 1995, 222.

BGH, Beschluss vom 20.12.1994 – 1 StR 593/94 = NStZ 1995, 185 = wistra 1995, 144 = StV 1995, 298.

BGH, Beschluss vom 13.12.1994 – 1 StR 622/94 = NStZ 1995, 233 = wistra 1995, 144 = StV 1995, 302.

BGH, Urteil vom 21.10.1994 – 2 StR 328/94 = BGHSt 40, 287 = StV 1995, 1 = NJW 1995, 603 = NStZ 1995, 144 = wistra 1995, 63.

BGH, Beschluss vom 14.10.1994 – V ZR 233/93 = VIZ 1995, 102.

BGH, Beschluss vom 1.9.1994 – 1 StR 468/94 = wistra 1995, 28 = StV 1995, 254.

BGH, Beschluss vom 31.8.1994 – 2 StR 256/94 = NJW 1995, 737 = StV 1994, 653 = wistra 1994, 346 – sog. *Rheinausbau-II-Entscheidung.*

BGH, Urteil vom 19.7.1994 – 1 StR 362/94 = MDR 1994, 1071.

BGH, Urteil vom 7.12.1993 – 5 StR 171/93 = wistra 1994, 110 = NStZ 1994, 194 = StV 1994, 225.

BGH, Urteil vom 2.6.1993 – 2 StR 144/93 = wistra 1993, 265.

BGH, Urteil vom 2.2.1993 – 1 StR 849/92 = NStZ 1993, 283 = wistra 1993, 183.

BGH, Urteil vom 17.12.1992 – IX ZR 226/91 = BGHZ 121, 98 = NJW 1993, 735 = JR 1995, 148.

BGH, Urteil vom 12.5.1992 – 1 StR 133/92 = BGHSt 38, 281 = NJW 1992, 2167 = NStZ 1992, 437 = wistra 1992, 257 = StV 1992, 467 = JZ 1992, 1138.

BGH, Urteil vom 16.1.1992 – 4 StR 509/91 = NStZ 1992, 233 = wistra 1992, 183.

BGH, Urteil vom 8.1.1992 – 2 StR 102/91 = BGHSt 38, 186 = wistra 1992, 98 = NJW 1992, 921 = JZ 1993, 420 – sog. *Rheinausbau-I-Entscheidung.*

BGH, Urteil vom 10.12.1991 – 5 StR 523/91 = wistra 1992, 142.

BGH, Beschluss vom 27.11.1991 – 2 StR 312/91 = StV 1992, 117 = wistra 1992, 101.

BGH, Beschluss vom 27.11.1991 – 3 StR 157/91 = NJW 1992, 1709 = wistra 1992, 192 = NStZ 1992, 602.

BGH, Beschluss vom 12.6.1991 – 3 StR 155/91 = NStZ 1991, 488 = NJW 1991, 2573 = wistra 1991, 307 = StV 1991, 516.

BGH, Beschluss vom 22.2.1991 – 3 StR 348/90 = wistra 1991, 183.

BGH, Urteil vom 24.10.1990 – 3 StR 16/90 = wistra 1991, 107 = NStZ 1991, 89.

BGH, Urteil vom 16.10.1990 – 5 StR 418/90, BeckRS 1990, 31093308.

BGH, Urteil vom 30.8.1990 – 3 StR 459/87 = BGHSt 37, 168 = wistra 1991, 68 = NStZ 1991, 48 = NJW 1991, 1622 = JR 1992, 34 = StV 1992, 3.

BGH, Urteil vom 8.5.1990 – 1 StR 52/90 = JR 1990, 517.

BGH, Beschluss vom 11.8.1989 – 3 StR 75/89 = wistra 1990, 99.

BGH, Beschluss vom 29.11.1988 – 5 StR 517/88 = StV 1989, 149.

BGH, Urteil vom 24.8.1988 – 3 StR 232/88 = BGHSt 35, 333 = wistra 1989, 23 = NJW 1989, 112 = NStZ 1989, 23 = StV 1989, 105.

BGH, Beschluss vom 16.8.1988 – 4 StR 346/88.

BGH, Beschluss vom 8.6.1988 – 2 StR 219/88 = wistra 1988, 353.

BGH, Urteil vom 27.1.1988 – 3 StR 61/87 = wistra 1988, 191.

BGH, Urteil vom 8.1.1988 – 2 StR 551/87 = NStZ 1988, 236 = StV 1988, 190.

BGH, Urteil vom 17.12.1987 – 4 StR 628/87 = NStZ 1988, 216.

BGH, Urteil vom 3.11.1987 – 1 StR 292/87 = wistra 1988, 188.

BGH, Beschluss vom 17.7.1987 – 2 StR 292/87 = wistra 1988, 26.

BGH, Urteil vom 9.7.1987 – 4 StR 216/87 = BGHSt 34, 394 = StV 1989, 478 = JZ 1988, 419 = wistra 1987, 332 = NJW 1987, 3144.

BGH, Urteil vom 29.5.1987 – 3 StR 242/86 = BGHSt 34, 379 = NJW 1988, 1397 = wistra 1987, 334 = StV 1987, 516.

BGH, Urteil vom 19.3.1987 – IX ZR 166/86 = NJW 1987, 3201.

BGH, Urteil vom 22.10.1986 – 3 StR 226/86 = BGHSt 34, 199 = wistra 1987, 62 = NJW 1987, 388.

BGH, Beschluss vom 5.8.1986 – 4 StR 377/86 = wistra 1987, 21 = StV 1987, 535.

BGH, Urteil vom 12.6.1986 – 4 StR 210/86 = StV 1986, 421.

BGH, Urteil vom 7.1.1986 – 1 StR 486/85 = NJW 1986, 1183 = JZ 1986, 407 = NStZ 1986, 218 = StV 1986, 203 = wistra 1986, 108.

BGH, Urteil vom 30.10.1985 – 2 StR 383/85 = NStZ 1986, 361 = StV 1986, 204 = wistra 1986, 71.

BGH, Urteil vom 1.10.1985 – 1 StR 274/85 = wistra 1986, 67.

BGH, Urteil vom 16.9.1985 – II ZR 275/84 = BGHZ 95, 330 = NJW 1986, 188 = JZ 1986, 901.

BGH, Urteil vom 13.6.1985 – 4 StR 213/85 = BGHSt 33, 244 = NJW 1985, 2280 = StV 1985, 412 = JZ 1985, 1005 = wistra 1985, 225 = NStZ 1985, 548.

BGH, Urteil vom 16.4.1985 – 1 StR 144/85 = StV 1985, 323.

BGH, Urteil vom 21.3.1985 – 1 StR 417/84 = wistra 1985, 190.

BGH, Urteil vom 23.1.1985 – 1 StR 691/84 = NJW 1985, 1563 = wistra 1985, 149 = StV 1985, 368 = JR 1986, 345.

BGH, Urteil vom 10.12.1984 – II ZR 308/83 = BGHZ 93, 146 = NJW 1985, 1030.

BGH, Beschluss vom 9.8.1984 – 4 StR 459/84 = StV 1985, 186 = wistra 1985, 23.

BGH, Urteil vom 1.8.1984 – 2 StR 341/84 = NStZ 1984, 549 = wistra 1985, 69.

BGH, Urteil vom 4.4.1984 – 2 StR 3/84.

BGH, Urteil vom 21.12.1983 – 2 StR 566/83 = BGHSt 32, 211 = wistra 1984, 106 = JZ 1984, 530 = StV 1984, 377 = NJW 1985, 75.

BGH, Urteil vom 12.12.1983 – II ZR 14/83 = NJW 1984, 1037.

BGH, Urteil vom 28.1.1983 – 1 StR 820/81 = BGHSt 31, 232 = NJW 1983, 1807 = wistra 1983, 149 – sog. *Pfarrpfunde-Stiftungs-Fall.*

BGH, Urteil vom 18.1.1983 – 1 StR 490/82 = BGHSt 31, 207 = wistra 1983, 118 = NJW 1983, 1919.

BGH, Beschluss vom 17.12.1982 – 3 StR 453/82 = NStZ 1983, 133.

BGH, Urteil vom 3.11.1982 – 2 StR 159/82 = MDR 1983, 280 zu § 263 = NJW 1983, 461 = StV 1983, 63.

BGH, Urteil vom 3.11.1982 – 2 StR 622/82 = MDR 1983, 280 zu § 266.

BGH, Urteil vom 6.4.1982 – 5 StR 8/82 = NStZ 1982, 331 = wistra 1982, 150.

BGH, Urteil vom 24.3.1982 – 3 StR 68/82 = wistra 1982, 148.

BGH, Beschluss vom 23.2.1982 – 5 StR 685/81 = BGHSt 30, 388 = NJW 1982, 1165 = JZ 1982, 432 = wistra 1982, 106.

BGH, Urteil vom 25.1.1982 – II ZR 154/81 = BGHZ 83, 28 = JZ 1982, 424 = NJW 1982, 1466.

BGH, Urteil vom 15.12.1981 – 5 StR 603/81.

BGH, Urteil vom 8.7.1981 – 3 StR 457/80 = BGHSt 30, 177 = NJW 1981, 2131 = JZ 1981, 673 = NStZ 1981, 436 = JR 1982, 120 = StV 1981, 547.

BGH, Urteil vom 20.5.1981 – 2 StR 209/81 = NStZ 1981, 351.

BGH, Urteil vom 20.2.1981 – 2 StR 644/80 = BGHSt 30, 46 = NJW 1981, 1457 = JZ 1981, 489.

BGH, Beschluss vom 9.1.1981 – 2 StR 766/80.

BGH, Urteil vom 14.11.1978 – 5 StR 546/78 = MDR 1979, 636 zu § 263 und § 266.

BGH, Urteil vom 9.5.1978 – 1 StR 104/78 = NJW 1978, 2042.

BGH, Urteil vom 8.3.1977 – 5 StR 607/76 = GA 1977, 342.

BGH, Urteil vom 4.5.1976 – 5 StR 624/75.

BGH, Urteil vom 30.7.1975 – 3 StR 27/75.

BGH, Urteil vom 6.3.1975 – II ZR 165/73 = BGHZ 64, 79 = NJW 1975, 1168 = JZ 1975, 377.

BGH, Urteil vom 27.2.1975 – 4 StR 571/74 = NJW 1975, 1234.

BGH, Urteil vom 5.2.1975 – VIII ZR 151/73 = NJW 1975, 735.

BGH, Urteil vom 4.12.1974 – 2 StR 95/74 = MDR 1975, 196 zu § 263.

BGH, Urteil vom 30.4.1974 – 4 StR 78/74 = MDR 1975, 23 zu § 266.

BGH, Beschluss vom 3.1.1973 – 4 StR 544/72 = MDR 1973, 370 zu § 263.

BGH, Urteil vom 5.11.1970 – 4 StR 423/70 = MDR 1971, 546 zu § 263.

BGH, Beschluss vom 16.7.1970 – 4 StR 505/69 = BGHSt 23, 300.

BGH, Urteil vom 14.3.1969 – 1 StR 353/68.

BGH, Urteil vom 21.1.1969 – 5 StR 688/68.

BGH, Urteil vom 20.2.1968 – 5 StR 694/67 = BGHSt 22, 88.

BGH, Urteil vom 9.1.1968 – 5 StR 603/67 = BGHSt 22, 38 = MDR 1968, 428 = JZ 1968, 395 = JR 1968, 345.

BGH, Urteil vom 28.11.1967 – 5 StR 556/67 = BGHSt 21, 384.

BGH, Urteil vom 20.7.1966 – 2 StR 188/66 = BGHSt 21, 112 = NJW 1966, 1975.

BGH, Urteil vom 7.12.1965 – 5 StR 312/65 = BGHSt 20, 304 = NJW 1966, 261.

BGH, Urteil vom 18.6.1965 – 2 StR 435/64.

BGH, Urteil vom 17.2.1965 – 2 StR 561/64.

BGH, Urteil vom 18.12.1964 – 2 StR 461/64 = BGHSt 20, 136.

BGH, Urteil vom 24.11.1964 – 1 StR 471/64, BeckRS 1964, 00100.

BGH, Urteil vom 23.10.1964 – 4 StR 374/64 = GA 1966, 51.

BGH, Urteil vom 9.10.1964 – 2 StR 300/64.

BGH, Urteil vom 21.2.1964 – 4 StR 1/64 = NJW 1964, 874.

BGH, Urteil vom 29.1.1964 – 2 StR 485/63.

BGH, Urteil vom 8.5.1963 – 1 StR 87/53.

BGH, Urteil vom 22.2.1963 – 4 StR 503/62.

BGH, Beschluss vom 15.2.1963 – 4 StR 404/62 = BGHSt 18, 271 = NJW 1963, 1069.

BGH, Urteil vom 29.1.1963 – 1 StR 526/62, BeckRS 1963, 00089.

BGH, Urteil vom 4.5.1962 – 4 StR 71/62 = BGHSt 17, 254 = NJW 1962, 1521.

BGH, Urteil vom 6.3.1962 – 5 StR 652/61.

BGH, Urteil vom 21.11.1961 – 1 StR 424/61 = BGHSt 16, 367 = NJW 1962, 312 – sog. *Freiburger Mensa-Fall.*

BGH, Urteil vom 30.8.1961 – 2 StR 353/61 = GA 1962, 213.

BGH, Beschluss vom 16.8.1961 – 4 StR 166/61 = BGHSt 16, 321 – sog. *Melkmaschinen-Fall.*

BGH, Urteil vom 21.7.1961 – 4 StR 93/61 = NJW 1961, 2027.

BGH, Beschluss vom 18.7.1961 – 1 StR 606/60 = BGHSt 16, 220.

BGH, Urteil vom 18.4.1961 – 1 StR 602/60.

BGH, Urteil vom 6.2.1961 – AnwSt (R) 3/60 = BGHSt 15, 372 = BGHZ 35, 385 = NJW 1961, 931.

BGH, Urteil vom 10.1.1961 – 5 StR 353/60.

BGH, Urteil vom 16.12.1960 – 4 StR 401/60 = BGHSt 15, 342 = NJW 1961, 685 = JR 1961, 267.

BGH, Urteil vom 15.11.1960 – 1 StR 483/60.

BGH, Urteil vom 2.9.1960 – 5 StR 231/60 = GA 1961, 114.

BGH, Beschluss vom 19.7.1960 – 1 StR 213/60 = BGHSt 15, 83.

BGH, Urteil vom 3.6.1960 – 4 StR 121/60 = BGHSt 15, 24 = NJW 1961, 182.

BGH, Urteil vom 31.5.1960 – 1 StR 106/60.

BGH, Urteil vom 29.4.1960 – 4 StR 544/59 = NJW 1960, 1629.

BGH, Urteil vom 25.3.1960 – 1 StR 606/59.

BGH, Urteil vom 11.3.1960 – 4 StR 588/59 = BGHSt 14, 170.

BGH, Urteil vom 14.12.1959 – II ZR 187/57 = BGHZ 31, 258 = NJW 1960, 285 = JR 1960, 180 = JZ 1960, 539.

BGH, Urteil vom 6.10.1959 – 1 StR 203/59, BeckRS 1959, 104549.

BGH, Urteil vom 21.9.1959 – III ZR 103/58 = BGHZ 30, 374.

BGH, Urteil vom 8.10.1957 – 1 StR 310/57.

BGH, Urteil vom 16.4.1957 – 5 StR 431/56.

BGH, Urteil vom 18.10.1956 – 2 StR 434/56, BeckRS 2010, 25730.

BGH, Urteil vom 13.9.1956 – 1 StR 62/56.

BGH, Urteil vom 20.3.1956 – 5 StR 580/55.

BGH, Urteil vom 12.1.1956 – 3 StR 626/54 = BGHSt 9, 203.

BGH, Urteil vom 15.12.1955 – 2 StR 213/55 = GA 1956, 154.

BGH, Urteil vom 23.9.1955 – 5 StR 110/55 = BGHSt 8, 221 = NJW 1956, 68 = NJW 1956, 1714.

BGH, Urteil vom 31.8.1955 – 2 StR 110/55 = GA 1956, 121.

BGH, Urteil vom 8.7.1955 – 5 StR 115/55 = BGHSt 9, 42.

BGH, Urteil vom 5.7.1955 – 5 StR 252/55 = GA 1956, 182.

BGH, Urteil vom 20.1.1955 – 3 StR 388/54.

BGH, Urteil vom 6.7.1954 – 5 StR 192/54.

BGH, Urteil vom 6.4.1954 – 5 StR 74/54 = BGHSt 6, 115.

BGH, Urteil vom 16.3.1954 – 5 StR 552/53 = BGHSt 5, 358 = NJW 1954, 890.

BGH, Urteil vom 19.1.1954 – 1 StR 579/53, BeckRS 1954, 105317.

BGH, Urteil vom 13.11.1953 – 2 StR 150/53.

BGH, Urteil vom 13.8.1953 – 4 StR 320/53.

BGH, Urteil vom 21.5.1953 – IV ZR 192/52 = BGHZ 10, 69 = NJW 1953, 1099 = JZ 1954, 40.

BGH, Urteil vom 30.4.1953 – 5 StR 941/52 = BGHSt 4, 199.

BGH, Urteil vom 26.3.1953 – 4 StR 574/52 = NJW 1953, 836.

BGH, Urteil vom 9.1.1953 – 1 StR 628/52 = BGHSt 3, 370 = NJW 1953, 475.

BGH, Urteil vom 26.6.1952 – 5 StR 58/52.

BGH, Urteil vom 24.4.1952 – 4 StR 860/51 = MDR 1952, 408 zu § 263.

BGH, Urteil vom 22.4.1952 – 1 StR 384/51 = MDR 1952, 408 zu § 263.

BGH, Urteil vom 13.12.1951 – 3 StR 841/51.

BGH, Urteil vom 23.10.1951 – 1 StR 398/51.

BGH, Urteil vom 19.6.1951 – 1 StR 42/51 = BGHSt 1, 262.
BGH, Beschluss vom 4.4.1951 – 1 StR 92/51 = BGHSt 1, 92.
BGH, Urteil vom 5.1.1951 – 2 StR 29/50 = BGHSt 1, 13.

RG

RG, Urteil vom 18.10.1943 – 3 D 372/43 = RGSt 77, 228.
RG, Urteil vom 29.1.1942 – 3 C 937/41 (2 StS 1/42) = RGSt 76, 49.
RG, Urteil vom 23.5.1941 – 1 D 158/41 = RGSt 75, 227.
RG, Urteil vom 19.11.1940 – 1 D 498/40 = RGSt 75, 8.
RG, Urteil vom 18.3.1940 – 2 D 16/40 = RGSt 74, 129.
RG, Urteil vom 28.7.1939 – 1 D 551/39 = RGSt 73, 283.
RG, Urteil vom 13.7.1939 – 3 D 472/39 = RGSt 73, 268.
RG, Urteil vom 22.12.1938 – 3 D 904/38 = RGSt 73, 61.
RG, Urteil vom 15.8.1938 – 2 D 36/38 = JW 1938, 2900.
RG, Urteil vom 31.3.1938 – 2 D 887/37 = RGSt 72, 150.
RG, Urteil vom 15.2.1938 – 1 D 984/37 = HRR 1938, Nr. 997.
RG, Urteil vom 21.12.1937 – 4 D 824/37 = JW 1938, 503 Nr. 5.
RG, Urteil vom 18.10.1937 – 3 D 655/37 = HRR 1938, Nr. 352.
RG, Urteil vom 17.9.1937 – 1 D 573/37 = JW 1937, 3092 Nr. 17.
RG, Urteil vom 19.7.1937 – 5 D 438/37 = JW 1937, 2698 Nr. 9.
RG, Urteil vom 11.3.1937 – 2 D 572/36 = RGSt 71, 155.
RG, Urteil vom 22.5.1936 – 1 D 761/35 = HRR 1936 Nr. 1601.
RG, Urteil vom 14.5.1936 – 2 D 695/35 = RGSt 70, 225.
RG, Urteil vom 22.8.1935 – 3 D 138/35 = JW 1935, 2963 Nr. 24.
RG, Urteil vom 7.5.1935 – 1 D 58/35 = JW 1935, 2963 Nr. 25 = JW 1936, 2319 Nr. 15.
RG, Urteil vom 21.2.1935 – 5 D 79/35 = HRR 1935, Nr. 1100.
RG, Urteil vom 29.10.1934 – 3 D 1082/34 = RGSt 68, 379.
RG, Urteil vom 18.10.1934 – 2 D 1098/34 = RGSt 68, 371.
RG, Urteil vom 23.11.1933 – 2 D 961/33 = JW 1934, 615 Nr. 8.
RG, Urteil vom 20.2.1933 – 2 D 50/33 = JW 1933, 1331.
RG, Urteil vom 7.7.1932 – III 611/32 = RGSt 66, 337.
RG, Urteil vom 2.6.1932 – II 336/32 = RGSt 66, 255.
RG, Urteil vom 17.3.1932 – III 841/31 = RGSt 66, 175.
RG, Urteil vom 11.12.1931 – I 356/31 = RGSt 66, 56.
RG, Urteil vom 20.10.1931 – I 426/31 = RGSt 65, 422.
RG, Urteil vom 27.4.1931 – III 171/31 = RGSt 65, 281.
RG, Urteil vom 26.1.1931 – III 730/30 = RGSt 65, 99.
RG, Urteil vom 2.12.1929 – II 1265/29 = RGSt 64, 33.

RG, Urteil vom 7.6.1929 – I 52/29 = RGSt 63, 186.
RG, Urteil vom 2.4.1928 – 2 D 114/28 = HRR 1928 Nr. 1537.
RG, Urteil vom 5.1.1928 – 2 D 975/27 = HRR 1928 Nr. 796.
RG, Urteil vom 22.11.1927 – 1 D 853/27 = JW 1928, 411.
RG, Urteil vom 20.5.1927 – 1 D 463/27 = JW 1927, 2139 Nr. 45.
RG, Urteil vom 22.2.1927 – I 22/27 = RGSt 61, 211.
RG, Urteil vom 5.11.1926 – 1 D 450/26 = JW 1927, 905 Nr. 24.
RG, Urteil vom 21.12.1925 – 1 D 555/25 = JW 1926, 586 Nr. 6.
RG, Urteil vom 30.10.1919 – III 595/19 = RGSt 54, 37.
RG, Urteil vom 5.5.1919 – III 134/29 = RGSt 53, 260.
RG, Urteil vom 12.11.1914 – I 795/14 = RGSt 49, 16.
RG, Urteil vom 10.11.1914 – V 484/14 = RGSt 49, 21.
RG, Urteil vom 9.3.1914 – III 1361/13 = RGSt 48, 186.
RG, Urteil vom 5.2.1910 – III 731/09 = RGSt 43, 171.
RG, Urteil vom 28.12.1906 – V 760/06 = RGSt 39, 335.
RG, Urteil vom 9.10.1906 – V 546/06 = RGSt 39, 184.
RG, Urteil vom 10.7.1906 – V 238/06 = RGSt 39, 80.
RG, Urteil vom 1.12.1905 g.U. Rep. 576/05 = RGSt 38, 266.
RG, Urteil vom 16.4.1896 – 974/96 = RGSt 28, 310.
RG, Urteil vom 20.4.1887 – 2237/86 = RGSt 16, 1.
RG, Urteil vom 22.2.1883 – 213/83 = RGSt 8, 68.

OGH

OGH Wien, Entscheidung vom 15.6.1988 – 15Os9/88.

OLG

OLG Köln, Beschluss vom 30.4.2019 – III-1RVs 51/19 = ZWH 2020, 184 = StraFo 2019, 522 = wistra 2020, 127.
OLG Stuttgart, Urteil vom 6.4.2017 – 4 Ss 623/16 = ZWH 2017, 374.
OLG Köln, Beschluss vom 21.4.2016 – 2 Ws 162/15, BeckRS 2016, 117223.
OLG Köln, Beschluss vom 26.6.2014 – III-2 Ws 189/14 = wistra 2014, 362.
OLG Stuttgart, Urteil vom 18.12.2012 – 1 Ss 559/12 = NStZ-RR 2013, 174.
OLG Celle, Beschluss vom 23.8.2012 – 1 Ws 248/12 = ZWH 2013, 21.
OLG Hamm, Beschluss vom 22.11.2011 – III-3 RVs 89/11 = wistra 2012, 161.
OLG Düsseldorf, Beschluss vom 18.11.2010 – III-3 RVs 145/10 = StV 2011, 734.
OLG Hamm, Urteil vom 21.7.2010 – 20 U 203/09 = NJW-RR 2011, 326.
OLG Hamm, Beschluss vom 29.4.2010 – 2 Ws 313/09, BeckRS 2010, 12300.
OLG Hamm, Beschluss vom 14.7.2009 – 2 Ss 197/09 = wistra 2010, 76 = NStZ 2010, 334.

OLG Düsseldorf, Urteil vom 5.12.2007 – III-VI 10/05 (unveröffentlicht).

OLG München, Beschluss vom 27.6.2007 – 2 Ws 494–496, 501/06 = NJW 2007, 3734 = wistra 2007, 477 = NStZ 2008, 403.

OLG Jena, Beschluss vom 20.9.2006 – 1 Ss 226/06 = wistra 2007, 236.

OLG Hamm, Beschluss vom 9.9.2005 – 2 Ss OWi 356/05, BeckRS 2005, 13157.

OLG Hamm, Urteil vom 22.12.2004 – 3 Ss 431/04 = NStZ-RR 2006, 13.

OLG Frankfurt am Main, Beschluss vom 26.2.2004 – 2 Ws 73/03 = NStZ-RR 2004, 244.

OLG Frankfurt am Main, Beschluss vom 12.1.2004 – 3 Ws 1106/02 = NJW 2004, 2028.

OLG Hamm, Beschluss vom 29.4.1999 – 2 Ws 71/99 = wistra 1999, 350 = StraFo 1999, 243.

OLG Karlsruhe, Beschluss vom 29.11.1996 – 2 Ss 252/96 = wistra 1997, 109.

BayObLG, Beschluss vom 20.7.1995 – 4 StR RR 4/95 = NJW 1996, 268 = wistra 1996, 28 = StV 1997, 191.

OLG Düsseldorf, Beschluss vom 19.7.1995 – 2 Ss 198/95, 44/95 II = wistra 1996, 32.

OLG Karlsruhe, Beschluss vom 30.8.1989 – 1 Ws 60/89 = NStZ 1990, 82.

OLG Frankfurt am Main, Beschluss vom 24.7.1989 – 1 Ws 211/88 = NJW 1990, 1057.

OLG Düsseldorf, Urteil vom 13.11.1984 – 2 Ss 382/84 – 166/84 III = wistra 1985, 110 = NStZ 1985, 175 = StV 1985, 508.

OLG Düsseldorf, Beschluss vom 30.8.1983 – 5 Ss 190/83 – 266/83 I.

OLG Hamm, Beschluss vom 15.7.1981 – 5 Ws 29/81 = NJW 1982, 190.

OLG Hamm, Urteil vom 15.6.1977 – 4 Ss 363/76 = NJW 1977, 1834 = JZ 1977, 610.

OLG Köln, Urteil vom 23.7.1974 – Ss 92/74 = MDR 1975, 244 Nr. 75.

OLG Hamm, Urteil vom 9.1.1973 – 5 Ss 1277/72 = GA 1974, 26.

KG Berlin, Urteil vom 22.7.1971 – (2) Ss 65/71 (24/71) = NJW 1972, 218.

OLG Stuttgart, Urteil vom 19.8.1970 – 1 Ss 318/70 = NJW 1971, 64.

BayObLG, Urteil vom 23.1.1969 – Rreg 4b St 74/68 = GA 1969, 308.

OLG Stuttgart, Urteil vom 21.2.1968 – 1 Ss 689/67 = NJW 1968, 1340.

OLG Hamm, Urteil vom 18.12.1964 – 2 Ss 422/64 = NJW 1965, 702.

OLG Celle, Urteil vom 28.1.1960 – 1 Ss 350/59 = MDR 1960, 696 Nr. 118.

OLG Hamm, Urteil vom 17.9.1957 – 1 Ss 772/57 = NJW 1958, 1151.

OLG Hamburg, Urteil vom 5.10.1955 – Ss 113/55 = NJW 1956, 392.

OLG Hamburg, Urteil vom 3.10.1951 – Ss 124/11 = NJW 1952, 439.

OVG

OVG Berlin, Urteil vom 12.6.2002 – 3 B 2.01 = NJW 2002, 2896.

LG

LG Limburg, Urteil vom 29.1.2015 – 4 Js 11791/13 – 5 KLs, BeckRS 2016, 8275.

LG Coburg, Urteil vom 29.8.2014 – 1 KLs 105 Js 8958/1 (unveröffentlicht).

LG Koblenz, Urteil vom 16.4.2014 – 4 KLs 4/12 (unveröffentlicht).

LG Aachen, Urteil vom 30.1.2014 – 61 KLs – 804 Js 493/13 – 22/13 (unveröffentlicht).

LG Passau, Urteil vom 13.12.2012 – KLs 307 Js 13680/08, BeckRS 2012, 213432.

LG Augsburg, Urteil vom 14.5.2012 – 10 KLs 504 Js 107196/09, BeckRS 2013, 11546 = DVP 2013, 177.

LG Hildesheim, Urteil vom 8.5.2012 – 24 KLs 5423 Js 8423/10 (unveröffentlicht).

LG Berlin, Urteil vom 14.2.2011 – (526) 2 StBJs 1173/01 KLs (4/05) (unveröffentlicht).

LG Detmold, Urteil vom 28.9.2009 – 1 O 182/09 (unveröffentlicht).

LG Köln, Urteil vom 4.8.2009 – 106 – 13/06 – 114 Js 61/03 (unveröffentlicht).

LG Düsseldorf, Urteil vom 30.11.2007 – 4 KLs 10/07 – 50 Js 14/07 (unveröffentlicht).

LG Darmstadt, Urteil vom 14.5.2007 – 712 Js 5213/04–9 KLs, BeckRS 2007, 16611.

LG Mönchengladbach, Urteil vom 12.12.2005 – 12 KLs 11/01 (8) – 9 Js 224/99 (unveröffentlicht).

LG Berlin, Urteil vom 17.11.2005 – 68 Js 451/05, BeckRS 2006, 5289.

LG Wiesbaden, Urteil vom 18.4.2005 – 6 Js 3204/00 – 16 KLs (unveröffentlicht).

LG Würzburg, Urteil vom 21.3.2005 – 6 KLs 711 Js 21114/04 (unveröffentlicht).

LG Görlitz, Urteil vom 17.2.2005 – 8 KLs 340 Js 2555/04.

LG Köln, Urteil vom 13.5.2004 – 107-3/04, BeckRS 2004, 150928.

LG Darmstadt, Urteil vom 11.12.2003 – 2 Js 6016/00 – 15 KLs (unveröffentlicht).

LG Oldenburg, Urteil vom 10.2.2003 – 140 Js 328/99 – 5 KLs 14/02 (unveröffentlicht).

LG Bonn, Beschluss vom 28.2.2001 – 27 AR 2/01 = NJW 2001, 1736 = NStZ 2001, 375 – sog. *Helmut Kohl-Fall.*

LG München I, Urteil vom 30.5.2000 – 5 KLs 565 Js 410192/95 (unveröffentlicht).

LG München I, Urteil vom 19.4.2000 – 4 KLS 562 Js 43078/98 (unveröffentlicht).

LG Bochum, Urteil vom 20.1.2000 – 10 KLs 35 Js 400/97 (unveröffentlicht).

LG München I, Urteil vom 18.4.1995 – 4 KLs 345a Js 22473/97 (unveröffentlicht).

LG München I, Urteil vom 14.3.1994 – 2 KLs 113 Js 4332/93 (unveröffentlicht).

LG Frankfurt am Main, Urteil vom 26.7.1990 – 5/28 KLs 91 Js 36228/81 = NStZ 1991, 86 = wistra 1991, 152.

LG Stuttgart, Urteil vom 29.8.1989 – 5 KLs 89/88 – 160 Js 68078/87 (unveröffentlicht).

LG Kiel, Urteil vom 27.10.1986 – VII KLs (7/84) 41 Js 1130/80 (unveröffentlicht).
LG Augsburg, Urteil vom 18.3.1985 – 9 KLs 38b Js 15623/78 (unveröffentlicht).
LG Oldenburg, Urteil vom 26.3.1979 – 10a KLs 12/78 = NJW 1980, 1176.

Literaturverzeichnis

Achenbach, Hans, Aus der 1997–98 veröffentlichen Rechtsprechung zum Wirtschaftsstrafrecht, in: NStZ 1998, 560.

Achenbach, Matthias, Strafrechtlicher Schutz des Wettbewerbs? Eine kritische Analyse von Sinn und Zweck der Straftatbestände zum Schutz des Wettbewerbs, Frankfurt am Main 2009.

Adick, Markus, Zum Gefährdungsschaden und zum Eventualvorsatz bei der Untreue, in: HRRS 2008, 460.

Ahlbrecht, Heiko, Banken im strafrechtlichen Regulierungsfokus – Trennbankengesetz und Steuerhinterziehungsinstitute, in: BKR 2014, 98.

Albrecht, Anna H., Vorspiegeln von Bonität und Schadensbestimmung beim Betrug – Zugleich eine Besprechung von BGH, Urteil vom 20.3.2013 (5 StR 344/12), in: NStZ 2014, 17.

Albrecht, Anna H., Anmerkung zu BGH, Urteil vom 8.10.2014 – 1 StR 359/13, in: JZ 2015, 841.

Albrecht, Peter-Alexis (Hrsg.), Festschrift für Walter Kargl zum 70. Geburtstag, Berlin 2015.

Aldenhoff, Hans-Hermann / Kuhn, Sascha, § 266 StGB – Strafrechtliches Risiko bei der Unternehmenssanierung durch Banken?, in: ZIP 2004, 103.

Altenburg, Johannes, Anmerkung zu BGH, Urteil vom 11.12.2014 – 3 StR 265/14, in: NJW 2015, 1624.

Altenhain, Karsten, Der strafbare Mißbrauch kartengestützter elektronischer Zahlungssysteme, in: JZ 1997, 752.

Ambos, Kai, Zur Strafbarkeit der Drittmittelakquisition, in: JZ 2003, 345.

Ambrosy, Heike, Vermögensbetreuungspflicht des Vertragsarztes gegenüber der Krankenkasse, in: jurisPR-StrafR 4/2017 Anm. 2.

Amelung, Knut, Unternehmerpfandrecht und Schadensberechnung beim Betrug, in: NJW 1975, 624.

Arens, Stephan, Untreue im Konzern, Freiburg 2010.

Arens, Stephan, Untreue des Gesellschafters bei der Errichtung eines Cash-Pools, in: GmbHR 2010, 905.

Aselmann, Maike, Die Selbstbelastungsfreiheit im Steuerrecht im Lichte der aktuellen Rechtsprechung des Bundesgerichtshofs, in: NStZ 2003, 71.

Bachmann, Mario / Arslan, Nergiz, „Darknet"-Handelsplätze für kriminelle Waren und Dienstleistungen: Ein Fall für den Strafgesetzgeber?, in: NZWiSt 2019, 241.

BaFin, Virtual Currencies (Virtuelle Währungen), 13.2.2017, https://www.bafin.de/DE/Verbraucher/Finanzwissen/Fintech/VirtuelleWaehrungen/virtuelle_waehrungen_artikel.html.

Baier, Johannes, Kriminalpolitische Herausforderungen durch Bitcoin und andere Kryptowährungen – Teil 1, in: CCZ 2019, 123.

Bartmann, Gunnar C., Der Submissionsbetrug, Berlin 1997.

Basar, Eren, Anmerkung zu BGH, Beschluss vom 22.1.2013 – 1 StR 416/12, in: EWiR 2013, 293.

Baumann, Jürgen, Endlich strafrechtliche Bekämpfung des Submissionsbetruges, in: NJW 1992, 1661.

Baumbach, Adolf (Begr.) / *Hueck, Alfred* (Hrsg.), Kommentar zum GmbHG, 22. Auflage, München 2019.

Baumbach, Adolf / Hopt, Klaus J. (Hrsg.), Kommentar zum HGB, 40. Auflage, München 2021.

Baur, Alexander, Anmerkung zu BGH, Beschluss vom 19.9.2018 – 1 StR 194/18, in: JR 2019, 534.

Beaucamp, Sophie / Henningsen, Sebastian / Florian, Martin, Strafbarkeit durch Speicherung der Bitcoin-Blockchain? Ein Lösungsversuch aus technischer und rechtlicher Sicht, in: MMR 2018, 501.

Bechtold, Rainer / Bosch, Wolfgang (Hrsg.), Gesetz gegen Wettbewerbsbeschränkungen, 9. Auflage, München 2018.

Beckemper, Katharina, Nemo-tenetur-Grundsatz im Steuerstrafrecht. Verwertbarkeit einer gescheiterten Selbstanzeige?, in: ZIS 2012, 221.

Becker, Christian, Das Bundesverfassungsgericht und die Untreue. Weißer Ritter oder feindliche Übernahme? Zum Beschluss des BVerfG vom 23.6.2010 – 2 BvR 2559/08 = HRRS 2010 Nr. 656, in: HRRS 2010, 383.

Becker, Christian, Anmerkung zu BGH, Beschluss vom 4.2.2014 – 3 StR 347/13, in: NStZ 2014, 458.

Becker, Christian, Gefährdungsschaden und betriebswirtschaftliche Vermögensbewertung. Eine Kritik der objektiv-wirtschaftlichen Schadenslehre, Tübingen 2019.

Becker, Christian, Anmerkung zu BGH, Beschluss vom 14.4.2011 – 2 StR 616/10, in: JR 2012, 82.

Becker, Christian, Praxiskommentar zu BGH, Beschluss vom 6.3.2018 – 3 StR 552/17, in: NStZ 2018, 715.

Becker, Christian, Paradigmenwechsel in der Schadensdogmatik oder „Viel Lärm um nichts“?, in: HRRS 2009, 334.

Becker, Christian, Anmerkung zu BGH, Beschluss vom 27.8.2014 – 5 StR 181/14, in: NZWiSt 2015, 38.

Becker, Christian, Anmerkung zu BGH, Beschluss vom 20.9.2016 – 2 StR 497/15, in: NStZ 2017, 31.

Becker, Christian, Anmerkung zu BGH, Urteil vom 26.11.2015 – 3 StR 247/15, in: NStZ 2016, 345.

Becker, Christian, Und ewig lockt die Untreue. Randnotizen zum Stand der Dogmatik des § 266 StGB anlässlich von BGH HRRS 2011 Nr. 1153, in: HRRS 2012, 237.

Begemeier, Moritz / Wölfel, Johannes, Sale-and-Steal-Back: Betrug? – Zugleich Besprechung von BGH, Urt. v. 15.4.2015 – 1 StR 337/14, in: NStZ 2016, 129.

Begemeier, Moritz / Wölfel, Johannes, Betrugsschaden trotz gutgläubigen Erwerbs?, in: JuS 2015, 307.

Beiner, Torsten / Lanzius, Tim, Anmerkung zu BGH, Urteil vom 13.5.2004 – 5 StR 73/03, in: NZI 2004, 687.

Benecke, Martina, Existenzvernichtender Eingriff statt qualifiziert faktischer Konzern: Die neue Rechtsprechung des BGH zur Haftung von GmbH-Gesellschaftern, in: BB 2003, 1190.

Berger, Sebastian, Der Schutz öffentlichen Vermögens durch § 263 StGB. Zur Anwendbarkeit des § 263 StGB und zum Vorliegen eines Vermögensschadens bei Angriffen auf inländisches öffentliches Vermögen sowie auf Vermögen der Europäischen Gemeinschaften, Herbolzheim 2000.

Berger, Sebastian, Anmerkung zu BGH, Urteil vom 14.12.2000 – 5 StR 123/00, in: JR 2002, 118.

Bernsmann, Klaus, >>Kick-back<< zu wettbewerbswidrigen Zwecken – keine Untreue, in: StV 2005, 576.

Bernsmann, Klaus, Alles Untreue? Skizzen zu Problemen der Untreue nach § 266 StGB, in: GA 2007, 219.

Bernsmann, Klaus / Fischer, Thomas (Hrsg.), Festschrift für Ruth Rissing-van Saan zum 65. Geburtstag, Berlin 2011.

Bernsmann, Klaus / Gatzweiler, Nobert, Verteidigung bei Korruptionsfällen, 2. Auflage, Heidelberg 2014.

Bernsmann, Klaus / Schoß, Christian, Vertragsarzt und „kick-back" – zugleich Anmerkung zu OLG Hamm, Urteil vom 22.12.2004, in: GesR 2005, 193.

Best, Dominik, Betrug durch Kartellabsprachen bei freihändiger Vergabe. Besprechung von BGH, Urteil vom 11.7.2001, in: GA 2003, 157.

Beukelmann, Stephan, „Verwendungsbeschränkter" Kernbereichsschutz?, in: NJW-Spezial 2009, 712.

Beukelmann, Stephan, Anmerkung zu BGH, Urteil vom 20.12.2012 – 4 StR 55/12, in: NJW-Spezial 2010, 56.

Beukelmann, Stephan, Anforderungen an den Untreuevorsatz bei Gefährdungsschaden, in: NJW-Spezial 2013, 440.

Beukelmann, Stephan, Anmerkung zu BGH, Urteil vom 29.8.2008 – 2 StR 587/07, in: NJW-Spezial 2008, 600.

Beulke, Werner, Der praktische Fall, in: JuS 1977, 35.

Beulke, Werner / Fahl, Christian, Untreue zum Nachteil der CDU durch Dr. Kohl, in: NStZ 2001, 426.

Beulke, Werner / Witzigmann, Tobias, Anmerkung zu BGH, Beschluss vom 20.3.2008 – 1 StR 488/07, in: JR 2008, 430.

Bieneck, Klaus, Die Rechtsprechung des BGH zur Haushaltsuntreue – zugleich eine Anmerkung zu BGH wistra 1998, 103, in: wistra 1998, 249.

Bittmann, Folker, Selbstbedienung als Vergütung-Untreue. Pflichtwidrigkeit – angemaßte Zuständigkeit – Zeitpunkt des Nachteilseintritts – Kompensation – Prognoseentscheidung (zugleich Besprechung von BGH, NZWiSt 2014, 135), in: NZWiSt 2014, 129.

Bittmann, Folker, GmbHR-Kommentar zu BGH, Beschluss vom 31.7.2009 – 2 StR 95/09, in: GmbHG 2009, 1206.

Bittmann, Folker, Wettbetrug: Intersubjektiv bestimmter Quotenschaden, in: ZWH 2013, 137.

Bittmann, Folker, Keine Bevormundung des Inhabers: Gebrauchswert als Vermögen! Zugleich Besprechung von BGH, Beschl. v. 19.9.2018 – 1 StR 194/18, in: NStZ 2000, 263.

Bittmann, Folker, Das BGH-Urteil im sog. „Bugwellenprozeß" – das Ende der „Haushaltsuntreue"?, in: NStZ 1998, 495.

Bittmann, Folker, Dogmatische Fußangeln bei Betrug und Insolvenzverschleppung – zugleich Besprechung von BGH, Beschl. v. 23.7.2015 (3 StR 518/14), in: ZWH 2015, 373.

Bittmann, Folker, Anmerkung zu BGH, Beschluss vom 13.4.2011 – 1 StR 94/10, in: wistra 2011, 343.

Bittmann, Folker, Quantifizierung des Betrugsschadens und Untreuenachteils im Wege korrigierter ex-post-Betrachtung, in: NStZ 2013, 72.

Bittmann, Folker, Anmerkung zu BGH, Beschluss vom 11.12.2013 – 3 StR 302/13, in: ZWH 2014, 186.

Bittmann, Folker, Anmerkung zu OLG Stuttgart, Urteil vom 18.12.2012 – 1 Ss 559/12, in: ZWH 2013, 106.

Bock, Dennis, Anmerkung zu BGH, Urteil vom 11.12.2014 – 3 StR 265/14, in: ZIS 2016, 67.

Bockelmann, Paul, Zum Begriff des Vermögensschadens beim Betrug, in: JZ 1952, 461.

Bockelmann, Paul / Dahm, Georg / zu Dohna, Alexander / Engisch, Karl / Exner, Franz, Probleme der Strafrechtserneuerung, Festschrift für Eduard Kohlrausch zum 70. Geburtstag, Berlin 1978 (ursprünglich erschienen 1944).

Bockelmann, Paul / Gallas, Wilhelm (Hrsg.), Festschrift für Eberhard Schmidt zum 70. Geburtstag, Göttingen 1961.

Boehm, Franziska / Pesch, Paulina, Bitcoins: Rechtliche Herausforderungen einer virtuellen Währung. Eine erste juristische Einordnung, in: MMR 2014, 75.

Borgmann, Brigitte / Jungk, Antje / Schwaiger, Michael (Hrsg.), Anwaltshaftung. Systematische Darstellung der Rechtsgrundlagen für die anwaltliche Berufstätigkeit, 6. Auflage, München 2020.

Börner, René, Kryptowährungen und strafbarer Marktmissbrauch, in: NZWiSt 2018, 48.

Bosbach, Jens, Anmerkung zu BGH, Beschluss vom 26.11.2015 – 3 StR 17/15, in: WuB 2016, 662.

Bosbach, Jens, Anmerkung zu BGH, Urteil vom 27.8.2010 – 2 StR 111/09, in: WuB IX § 266 StGB 1.09.

Bosbach, Jens, Anmerkung zu BGH, Urteil vom 27.8.2010 – 2 StR 111/09, in: WuB IX § 266 StGB 1.11.

Bosch, Niklaus, Sportwettenbetrug, in: JA 2007, 389.

Bosch, Nikolaus, Vermögensbetreuungspflicht des Vermieters für Kautionen, in: JA 2008, 658.

Bosch, Nikolaus, Abschied vom Begriff der schadensgleichen Vermögensgefährdung, in: JA 2009, 548.

Bosch, Nikolaus, Untreue durch Einrichtung und Nichtaufdeckung schwarzer Kassen, in: JA 2009, 233.

Böse, Martin, Die Strafbarkeit wegen Steuerhinterziehung und der Nemo-tenetur-Grundsatz, in: wistra 2003, 47.

Bottke, Wilfried, Anmerkung zu BGH, Urteil vom 22.10.1986 – 3 StR 226/86, in: JR 1987, 428.

Brammsen, Joerg, Kurzkommentar zu BGH, Beschl. vom 26.11.2015 – 3 StR 17/15, in: EWiR 2016, 551.

Brammsen, Joerg, Kurzkommentar zu BGH, Beschluss vom 6.3.2018 – 3 StR 552/17, in: EWiR 2019, 175.

Brammsen, Joerg, Kurzkommentar zu BGH, Beschluss vom 19.9.2018 – 1 StR 194/18, in: EWiR 2019, 401.

Brammsen, Joerg / Apel, Simon, „Schwarze Kassen“ in Privatunternehmen sind strafbare Untreue, § 266 StGB – Zugleich eine Besprechung von BGH, Urt. v. 29.8.2008 = BGHSt 52, 323 = WM 2009, 40, in: WM 2010, 781.

Brand, Christian, Kommentar zu BGH, Urteil vom 23.10.2018 – 1 StR 234/17, in: GmbHR 2019, 408.

Brand, Christian, Anmerkung zu BGH, Beschluss vom 19.9.2018 – 1 StR 194/18, in: NJW 2019, 381.

Brand, Christian, Der GmbHR-Kommentar zu BGH, Beschluss vom 26.6.2019 – 1 StR 551/18, in: GmbHR 2019, 1346.

Brand, Christian, Missbrauch eines Geldausgabeautomaten durch dem berechtigten EC-Karteninhaber, in: JR 2008, 496.

Brand, Christian, Untreuestrafrechtliche Implikationen der Nürburgring-Sanierung, in: NZG 2016, 690.

Brand, Christian, Kommunale Spekulationen unter Untreueverdacht, in: NZG 2018, 293.

Brand, Christian, Anmerkung zu BGH, Urteil vom 10.7.2013 – 1 StR 532/12, in: NJW 2013, 3594.

Brand, Christian, Anmerkung zu BGH, Urteil vom 27.8.2010 – 2 StR 111/09, in: NJW 2010, 3463.

Brand, Christian, Anmerkung zu BGH, Urteil vom 27.8.2010 – 2 StR 111/09, in: JR 2011, 400.

Brand, Christian / Seeland, Annabella, Die langen (strafrechtlichen) Schatten des rheinland-pfälzischen CDU-Landtagswahlkampfs 2006 – zugleich Anmerkung zu BGH, Urt. v. 11.12.2014 – 3 StR 265/14, in: ZWH 2015, 258.

Brand, Christian / Wostry, Thomas, Anmerkung zu BGH, Beschluss vom 16.8.2016 – 4 StR 163/16, in: StV 2018, 296.

Bräunig, Alexander, Untreue in der Wirtschaft. Eine funktionale Interpretation des Untreuestrafrechts, Berlin 2011.

Brauns, Uwe, Anmerkung zu BGH, Urteil vom 4.11.1997 – 1 StR 273/97, in: JR 1998, 381.

Brauweiler, Hans-Christian, Risikomanagement in Unternehmen, 2. Auflage, Wiesbaden 2019.

Brescher, Ingo / Fleischer, Holger / Schmidt, Karsten (Hrsg.), Münchener Kommentar zum HGB, Band 4, 4. Auflage, München 2020.

Brettel, Hauke / Schneider, Hendrik (Hrsg.), Wirtschaftsstrafrecht, 2. Auflage, Baden-Baden 2018.

Brinkmann, Moritz, Kreditsicherheiten an beweglichen Sachen und Forderungen: Eine materiell-, insolvenz- und kollisionsrechtliche Studie des Rechts der Mobiliarsicherheiten vor dem Hintergrund internationaler und europäischer Entwicklungen, Tübingen 2011.

Brüning, Janique, Entscheidungsanmerkung zu BGH, Beschluss vom 18.2.2009 – 1 StR 731/08, in: ZJS 2009, 300.

Brüning, Janique, Entscheidungsanmerkung zu BGH, Urteil vom 15.4.2015 – 1 StR 337/14, in: ZJS 2015, 535.

Brüning, Janique / Wimmer, Nadine S., Anmerkung zu BGH, Urteil vom 29.8.2008 – 2 StR 587/07, in: ZJS 2009, 94.

Bruns, H. J., Können ordnungswidrige Preisabsprachen bei öffentlichen Ausschreibungen nach geltendem Recht auch als Betrug mit Kriminalstrafe geahndet werden?, in: NStZ 1983, 385.

Bruns, Wolfgang, Anmerkung zu BGH, Urteil vom 23.5.2002 – 1 StR 372/01, in: ArztR 2003, 103.

Bruns, Wolfgang, Anmerkung zu BGH, Urteil vom 23.5.2002 – 1 StR 372/01, in: ArztR 2003, 260.

Bülow, Peter, Recht der Kreditsicherheiten. Sachen und Rechte, Personen, 9. Auflage, Heidelberg 2017.

Bülte, Jens, Der Vertragsarzt-Beschluss des Großen Senats und die Vertragsarztuntreue – zugleich eine Besprechung von OLG Stuttgart, Urt. v. 18.12.2012 – 1 Ss 559/12, in: NZWiSt 2013, 346.

Bung, Jochen, Anmerkung zu BGH, Urteil vom 28.5.2013 – 5 StR 551/11, in: StV 2015, 176.

Burkard Thiele, Cedrik L., Die Anwendung steuer- und bilanzrechtlicher Bewertungsmaßstäbe zur Ermittlung des strafrechtlichen Vermögensschadens, Baden-Baden 2001.

Bussac, Enée, Bitcoin, Ethereum & Co. Praxiswissen Kryptowährungen und Blockchain, Berlin 2018.

BVerfG (Hrsg.), Nachschlagewerk der Rechtsprechung des BVerfG, 213. EL Dezember, Heidelberg 2020.

Carlé, Dieter / Stahl, Rudolf / Strahl, Martin (Hrsg.), Gestaltung und Abwehr im Steuerrecht, Festschrift für Klaus Korn zum 65. Geburtstag, Bonn 2005.

Coenen, Andreas, Die Strafbarkeit von Verstößen gegen das Haushaltsrecht bei der Bewirtschaftung öffentlicher Mittel, Köln 2000.

Corsten, Johannes, Erfüllt die Zahlung von Bestechungsgeldern den Tatbestand der Untreue?, in: HRRS 2011, 247.

Corsten, Johannes, Anmerkung zu BGH, Beschluss vom 13.4.2011 – 1 StR 94/10, in: wistra 2011, 389.

Corsten, Johannes / Raddatz, Johannes-Maximilian, Anmerkung zu OLG Stuttgart, Urteil vom 18.12.2012 – 1 Ss 559/12, in: MedR 2013, 538.

Cramer, Peter, Vermögensbegriff und Vermögensschaden im Strafrecht, Bad Homburg 1968.

Cramer, Peter, Zur Strafbarkeit von Preisabsprachen in der Bauwirtschaft – Der Submissionsbetrug, Heidelberg 1995.

Cramer, Peter, Urteilsanmerkung zu BGHSt BGH, Urteil vom 8.1.1992 – 2 StR 102/91, in: NStZ 1993, 42.

Dahs, Hans (Hrsg.), Kriminelle Kartelle? Zur Entstehung des neuen § 298 StGB, Baden-Baden 1998.

Dammann, Klaus / Kutscha, Martin, Das Verschweigen einer früheren MfS-Tätigkeit von Beschäftigten im öffentlichen Dienst – ein Pflichtenverstoß mit unabsehbaren Konsequenzen, in: NJ 1999, 281.

Dann, Matthias / Scholz, Karsten, Der Teufel steckt im Detail – Das neue Anti-Korruptionsgesetz für das Gesundheitswesen, in: NJW 2016, 2077.

Dannecker, Christoph, Vermögensschaden zwischen Verkehrswert, intersubjektiver Wertsetzung und Einbeziehung von Liquiditätsvorteilen – zugleich Anmerkung zu BGH, Urt. v. 8.10.2014 – 1 StR 359/13 und BGH, Urt. v. 20.3.2013 – 5 StR 344/12, BGHSt 58, 205, in: NZWiSt 2015, 173.

Däubler, Wolfgang / Hjort, Jens P. / Schubert, Michael / Wolmerath, Martin (Hrsg.), Arbeitsrecht. Individualarbeitsrecht mit kollektivrechtlichen Bezügen, 4. Auflage, München 2017.

Deubner, Karl G., Anmerkung zu BGH, Urteil vom 22.5.1968 – 4 StR 36/68, in: NJW 1969, 147.

Diehl, Heinz, Die Strafbarkeit von Baupreisabsprachen im Vergabeverfahren, in: BauR 1993, 1.

Diehl, Heinz, Schadensersatzansprüche und deren Nachweis bei Submissionsabsprachen, in: ZfBR 1994, 105.

Dierlamm, Alfred, Untreue – ein Auffangtatbestand?, in: NStZ 1997, 534.

Dierlamm, Alfred / Links, Martin, Anmerkung zu BGH, Urteil vom 6.4.2000 – 1 StR 280/99, in: NStZ 2000, 656.

Dietrich, Walter, Die Vermögensbeschädigung beim Betrug, Leipzig 1926.

Doster, Werner, Strafrechtliche Ermittlungsverfahren gegen Bankmitarbeiter wegen des Verdachts der Untreue, in: WM 2001, 333.

Dreier, Horst (Hrsg.), GG Kommentar, 3. Auflage, Tübingen 2018.

Duttge, Gunnar / Geilen, Gerd / Meyer-Goßner, Lutz / Warda, Günter (Hrsg.), Gedächtnisschrift für Ellen Schlüchter, Köln 2002.

EBA, EBA Opinion on „virtual currencies", Juli 2014, https://eba.europa.eu/documents/10180/657547/EBA-Op2014–08+Opinion+on+Virtual+Currencies.pdf.

Eckert, Hans-Georg, Kurzkommentar zu Kreditkartenmißbrauch, in: EWiR 1985, 963.

Eckert, Hans-Georg, Anmerkung zu BGH, Urteil vom 22.10.1986 – 3 StR 226/86, in: EWiR 1987, 401.

Ehmann, Erik, Praxishinweis zu BGH, Beschluss vom 31.7.2009 – 2 StR 95/09, in: GWR 2009, 343.

Eibner, Wolfgang / Rätzsch, Kurt / Schulz, Antonio / Rolapp, André, On the future of Bitcoins and Altcoins as currencies, tokens for smart contracts, and instruments of commitment (ICOS): Some considerations regarding Blockchain applications, in: Estonian Discussions on Economic Policy 2018, Vol. 26, Nr. 1–2.

Eichhorn, Michael / Eichhorn-Schurig, Melanie, Untreue im Kontext der MaK, in: Kreditwesen 2004, 699.

Eichler, Helmut, Submissionsabsprachen auf dem Bausektor zwischen Verwaltungsunrecht und Strafrecht, in: BB 1972, 1347.

Eisele, Jörg, Anmerkung zu BGH, Urteil vom 21.2.2017 – 1 StR 296/16, in: NJW 2018, 180.

Eisele, Jörg / Bechtel, Alexander, Der Schadensbegriff bei den Vermögensdelikten, in: JuS 2018, 97.

Eisele, Jörg / Fad, Frank, Strafrechtliche Verantwortlichkeit beim Missbrauch kartengestützter Zahlungssysteme, in: Jura 2002, 305.

Eisenberg, Johannes, Anmerkung zu BGH, Urteil vom 20.12.2012 – 4 StR 55/12, in: JR 2013, 232.

Eisner, Helmut, Kurzkommentar zu BGH, Urteil vom 13.5.2004 – 5 StR 73/03, in: EWiR 2004, 723.

El-Ghazi, Mohamad, Der diebische Betrüger?: „schadensgleiche" Vermögensgefährdung bei beabsichtigter späterer Entwendung des Kompensationsgegenstandes. Besprechung zu BGH, Urt. vom 15. April 2015, Az.: 1 StR 337/14 = HRRS 2015 Nr. 614, in: HRRS 2015, 386.

Emmenegger, Sigrid / Wiedmann, Ariane (Hrsg.), Linien der Rechtsprechung des BVerfG. Erörtert von den wissenschaftlichen Mitarbeitern, Band 2, Berlin 2011.

Engisch, Karl / Maurach, Reinhart (Hrsg.), Festschrift für Edmund Mezger zum 70. Geburtstag, München 1954.

Engländer, Armin, Anmerkung zu BGH, Urteil vom 15.12.2006 – 5 StR 181/06, in: JR 2012, 477.

Engländer, Armin, Anmerkung zu BGH, Urteil vom 20.12.2012 – 4 StR 55/12, in: JR 2012, 477.

Ensenbach, Kai, Der Prognoseschaden bei der Untreue. Vom „Gefährdungsschaden" zur wirtschaftlichen Prognose anhand der Sicherheitslösung, Tübingen 2016.

Epe, Melanie, Ökonomische Effekte und juristische Herausforderungen durch digitale Währungen, Masterarbeit an der EBS Business School, Wiesbaden 2019 (unveröffentlicht).

Epping, Volker / Hillgruber, Christian (Hrsg.), Beck'scher Online-Kommentar zum GG, 48. Edition, Stand: 15.8.2021, München.

Erbs, Georg / Kohlhaas, Max (Begr.), Strafrechtliche Nebengesetze, Werkstand: 236. EL Mai 2021, München.

Eschenbruch, Klaus / Gerstenberger, Robert, Smart Contracts. Planungs-, Bau- und Immobilienverträge als Programm?, in: NZBau 2018, 3.

Europäisches Parlament, Wie die Blockchain-Technologie unser Leben verändern könnte, Brüssel Februar 2017, https://www.europarl.europa.eu/RegData/etudes/IDAN/2017/581948/EPRS_IDA(2017)581948_DE.pdf.

Evers, Steffen, Das Verhältnis des Vermögensnachteils bei der Untreue (§ 266 StGB) zum Vermögensschaden beim Betrug (§ 263 StGB) – unter besonderer Berücksichtigung des Gefährdungsschadens, Heidelberg 2018.

Everts, Arne, Straflosigkeit erschlichener Grundstückskaufverträge. Zugleich Anmerkung zum Beschluss des BGH vom 6.3.2018, 3 StR 552/17, in: MittBayNot 2019, 320.

EZB, Virtual currency schemes – a further analysis, Frankfurt am Main Februar 2015, https://www.ecb.europa.eu/pub/pdf/other/virtualcurrencyschemesen.pdf.

Fahl, Christian, 30 Jahre und kein bisschen weiter – eigenverantwortliche Selbstgefährdung im Strafrecht, in: GA 2018, 418.

Fahl, Christian, Strafbarkeit der >>Lastschriftreiterei<< nach § 263 StGB, in: Jura 2006, 733.

Fahl, Christian, Vermögensschaden beim Betrug, in: JA 1995, 198.

Fasten, Ines / Oppermann, Gregor, Betrug im Rahmen manipuliertes Fußballwetten, in: JA 2006, 69.

Faust, Jutta, Zur möglichen Untreuestrafbarkeit im Zusammenhang mit Parteispenden, Frankfurt am Main 2006.

Feinendegen, Markus, BGH: Sportwettbetrug durch Spielmanipulation – Fußballwettskandal, in: NJW 2007, 787.

Fezer, Gerhard, Anmerkung zu BGH, Urteil vom 8.5.1990 – 1 StR 52/90, in: JR 1992, 36.

Fischer, Petra / Sittmann-Haury, Caroline, Risikovorsorge im Kreditgeschäft nach IAS 39, in: IRZ 2006, 217.

Fischer, Thomas, Wer den Schaden hat, Die Zeit vom 8.12.2015, https://www.zeit.de/gesellschaft/zeitgeschehen/2015-12/vermoegen-betrug-schaden-strafrecht-fischer-im-recht/komplettansicht?sort=desc.

Fischer, Thomas, Korruption und Abrechnungsbetrug im Medizinstrafrecht, in: medstra 2019, 257.

Fischer, Thomas, Kommentar zum StGB, 68. Auflage, München 2021.

Fischer, Thomas, Der Gefährdungsschaden bei § 266 in der Rechtsprechung des BGH, in: StraFo 2008, 269.

Fischer, Thomas, Strafbarer Gefährdungsschaden oder strafloser Untreueversuch – Zur Bestimmtheit der Untreue-Rechtsprechung, in: StV 2010, 95.

Fischer, Thomas, Prognosen, Schäden, Schwarze Kassen. Aktuelle Diskussionen im Untreue- und Betrugsstrafrecht, in: NStZ-Sonderheft 2009, 8.

Fischer, Thomas / Hoven, Elisa / Huber, Hans-Peter / Raum, Rolf / Rönnau, Thomas / Saliger, Frank / Trüg, Gerson (Hrsg.), Dogmatik und Praxis des strafrechtlichen Vermögensschadens, Baden-Baden 2015.

Fleischer, Holger, Konzernuntreue zwischen Straf- und Gesellschaftsrecht: Das Bremer Vulkan-Urteil, in: NJW 2004, 2867.

Fleischer, Holger / Goette, Wulf (Hrsg.), Münchener Kommentar zum GmbHG, Band 1, 3. Auflage, München 2018.

Fleßner, Theo, Anmerkung zu BGH, Beschluss vom 2.4.2008 – 5 StR 354/07, in: IBR 2008, 217.

Floeth, Michael, Anmerkung zu OLG Stuttgart, Urteil vom 18.12.2012 – 1 Ss 559/12, in: PharmR 2013, 248.

Floeth, Michael, Keine Entkräftung der Beweisanzeichen für Zahlungsunfähigkeit durch betrügerisch erlangte Zahlungseingänge im Rahmen der Insolvenzverschleppung, in: EWiR 2016, 103.

Flohr, Eckhard / Wauschkuhn, Ulf (Hrsg.), Kommentar zum Vertriebsrecht, 2. Auflage, München 2018.

Franke-Roericht, Thorsten / Figatowski, Martin, Crypto Crime – ein neues Rechts- und Beratungsfeld, LTO vom 18.6.2021, https://www.lto.de/persistent/a_id/45243/.

Franzheim, Horst, Zur Untreue-Strafbarkeit von Rechtsanwälten wegen falscher Behandlung von fremden Geldern, in: StV 1986, 409.

Frisch, Stefan, Anmerkung zu BGH, Beschluss vom 18.2.2009 – 1 StR 731/08, in: EWiR 2009, 555.

Frisch, Stefan, Zum Eingehungsbetrug bei Börsentermingeschäften, in: EWiR2008, 511.

Fuchs, Heiko, HOAI-Mindestsätze sind auch im Strafrecht zu beachten!, in: IBR 2010, 394.

Gaede, Karsten, Rationalisierungstendenzen zum Abrechnungsbetrug?!, in: medstra 2018, 1.

Gaede, Karsten, Betrug durch den Abschluss manipulierter Fußballwetten: Das Hoyzer-Urteil als Sündenfall der Ausdehnung des Betrugstatbestandes?, in: HRRS 2007, 16.

Gähler, Sven G., Der Gefährdungsschaden im Untreuetatbestand. Eine Untersuchung vor dem Hintergrund der neuen Entwicklung der Rechtsprechung, Baden-Baden 2016.

Gallandi, Volker, Die Untreue von Bankverantwortlichen im Kreditgeschäft. Tendenzen zur Haftung und (Ent-)kriminalisierung, in: wistra 2001, 281.

Gärtner, Olaf, BB-Rechtsprechungsreport zur Organhaftung 2013, in: BB 2014, 2627.

Geerds, Detlev, Urteilsanmerkung zu BGH, Urteil vom 8.1.1992 – 2 StR 102/91, in: DWiR 1992, 120.

Geerds, Detlev, Anmerkung zu BGH, Urteil vom 10.7.1996 – 3 StR 50/96, in: JR 1997, 340.

Geerds, Friedrich, Baubetrug. Über Formen krimineller Bautätigkeit und Probleme ihrer strafrechtlichen Ahndung, in: NStZ 1991, 57.

Gehrlein, Markus, Einverständliche versteckte Gewinnentnahme der Gesellschafter als Untreue (§ 266 StGB) zu Lasten der GmbH, in: NJW 2000, 1089.

Geißler, Christina, Strukturen betrugsnaher Tatbestände, Frankfurt am Main 2011.

Geis, Mark, Das sozialrechtliche Wirtschaftlichkeitsgebot – kriminalstrafbewehrtes Treuegesetz des Kassenarztes?, in: GesR 2006, 345.

Geppert, Klaus, Anmerkung zu Anstellungsbetrug durch früheren MfS-Mitarbeiter, in: NStZ 1999, 305.

Gerhold, Sönke, Untreue durch berufsrechtswidrigen Umgang mit Mandantengeldern. Anmerkung zu BGH, Beschluss vom 26.11.2019 – 2 StR 588/18, in: DStR 2020, 2336.

Göhler, Erich, Zum Bußgeld- und Strafverfahren wegen verbotswidrigen Kartellabsprachen – zugleich eine kritische Stellungnahme zu der Entscheidung des OLG Frankfurt wistra 1995, 279, in: wistra 1996, 132.

Görling, Helmut, Anmerkung zu BGH, Urteil vom 27.8.2010 – 2 StR 111/09, in: CCZ 2011, 77.

Götting, Susanne / Götting, Bert, Kriminalisierung des Kartellrechts? Eine Analyse von Gesetzgebung und Rechtsprechung – zugleich eine Anmerkung zu BGH – Urteil vom 11.7.2001 – 1 StR 576/00 (ZfBR 2002, 82 ff.), in: ZfBR 2003, 341.

Götz, Torben, Praxishinweis zu BGH, Beschluss vom 25.7.2017 – 5 StR 46/17, in: GuP 2018, 34.

Graba, Hans-Ulrich, Anmerkung zu BGH, Beschluss vom 16.7.1970 – 4 StR 505/69, in: NJW 1970, 2221.

Graf von Kanitz, Friedrich, Bilanzkunde für Juristen, 3. Auflage, München 2014.

Graf von Westphalen, Friedrich / Thüsing, Gregor (Hrsg.), Vertragsrecht und AGB-Klauselwerke, 46. EL Oktober, München 2020.

Graf, Jürgen P. (Hrsg.), Beck'scher Online-Kommentar zum OWiG, 32. Edition, Stand: 1.10.2021, München.

Graf, Jürgen P. / Jäger, Markus / Wittig, Petra (Hrsg.), Wirtschafts- und Steuerstrafrecht, 2. Auflage, München 2017.

Graf, Pia-Franziska, Das Vermögensstrafrecht vor den Schranken des Verfassungsrechts. Folgerungen aus dem BVerfG-Beschluss BVerfGE 126, 170 ff. für die Straftatbestände der Untreue und des Betrugs, Marburg 2016.

Greco, Luis, Annäherungen an eine Theorie der Korruption, in: GA 2016, 249.

Greulich, Sven, Anmerkung zu BGH, Urteil vom 27.8.2010 – 2 StR 111/09, in: StBW 2010, 954.

Grinblat, Roman, Anmerkung zu BGH, Beschluss vom 16.8.2016 – 4 StR 163/16, in: GesR 2017, 111.

Grottel, Bernd / Schmidt, Stefan / Schubert, Wolfgang J. / Störk, Ulrich (Hrsg.), Beck'scher Bilanz-Kommentar, Handels- und Steuerbilanz, 12. Auflage, München 2020.

Grüner, Gerhard, Der praktische Fall – Strafrecht: Die fehlgeschlagene Ausschreibung, in: JuS 2001, 882.

Grzywotz, Johanna, Virtuelle Kryptowährungen und Geldwäsche, Berlin 2019.

Gündl, Helmut / Perlet, Helmut (Hrsg.), Solvency II & Risikomanagement. Umbruch in der Versicherungswirtschaft, Wiesbaden 2005.

Guserl, Richard / Pernsteiner, Helmut, Finanzmanagement. Grundlagen – Konzepte – Umsetzung, 2. Auflage, Wiesbaden 2015.

Gusy, Christoph, Verfassungsverwirklichung durch Verwendung und Nichtverwendung von Informationen im Strafprozess, in: HRRS 2009, 489.

Gutmann, Alexander, Der Vermögensschaden beim Betrug im Licht der neueren höchstrichterlichen Rechtsprechung (II), in: MDR 1963, 91.

Gutmann, Alexander, Der Vermögensschaden beim Betrug im Licht der neueren höchstrichterlichen Rechtsprechung (I), in: MDR 1963, 3.

Habersack, Mathias / Joeres, Hans-Ulrich / Krämer, Achim (Hrsg.), Entwicklungslinien im Bank- und Kapitalmarktrecht, Festschrift für Gerd Nobbe, Köln 2009.

Habetha, Jörg, Anmerkung zu BGH, Beschluss vom 12.2.2020 – 2 StR 291/19, in: NStZ 2020, 546.

Hadamitzky, Anke / Richter, Hans, Anmerkung zu BGH, Urteil vom 15.6.2005 – 2 StR 30/05, in: NStZ 2005, 636.

Hadamitzky, Anke / Richter, Hans, Strafbarkeit beim Missbrauch des Lastschriftverfahrens, in: wistra 2005, 441.

Haft, Fritjof, Absprachen bei öffentlichen Bauten und das Strafrecht, in: NJW 1996, 238.

Haft, Fritjof, Anmerkung zu BGH, Urteil vom 15.5.1997 – 1 StR 233/96, in: NStZ 1998, 29.

Hamm, Rainer, Wie man in richterlicher Unabhängigkeit vor unklaren Gesetzeslagen kapituliert, in: NJW 2001, 1694.

Häring, Hans, Das Wettbewerbs- und Kartellrecht in der Bauwirtschaft, Neuwied 1973.

Hassemer, Winfried, Entscheidungsbesprechung zu BGH, Urteil vom 8.1.1992 – 2 StR 102/91, in: JuS 1992, 616.

Hassemer, Winfried, Anmerkung zu BGH, Urteil vom 13.6.1985 – 4 StR 213/85, in: JuS 1986, 70.

Hassemer, Winfried, Anmerkung zu BGH, Urteil vom 7.1.1986 – 1 StR 486/85, in: JuS 1986, 657.

Hassemer, Winfried, Anmerkung zu BGH, Urteil vom 22.10.1986 – 3 StR 226/86, in: JuS 1987, 499.

Hassemer, Winfried, Anmerkung zu BGH, Urteil vom 9.7.1987 – 4 StR 216/87, in: JuS 1988, 161.

Hassemer, Winfried / Kempf, Eberhard / Moccia, Sergio (Hrsg.), In dubio pro libertate, Festschrift für Klaus Volk zum 65. Geburtstag, München 2009.

Hassenpflug, Helwig (Hrsg.), Festschrift für Karl Schäfer zum 80. Geburtstag, Berlin 1980.

Hau, Wolfgang / Poseck, Roman (Hrsg.), Beck'scher Online-Kommentar zum BGB, 59. Edition, Stand: 1.8.2021, München.

Haupt, Wolfgang, Der Vermögensschaden beim Anstellungsbetrug, in: NJW 1958, 938.

Haus, Klaus-Ludwig / Krumm, Carsten / Quarch, Matthias (Hrsg.), Gesamtes Verkehrsrecht, 3. Auflage, Baden-Baden 2021.

Hebben, Sonja, Anmerkung zu OLG Stuttgart, Urteil vom 18.12.2012 – 1 Ss 559/12, in: jurisPR-StrafR 8/2013 Anm. 1.

Heckelmann, Martin, Zulässigkeit und Handhabung von Smart Contracts, in: NJW 2018, 504.

Hecker, Bernd, Strafrecht BT: Vermögensschaden trotz gutgläubigen Eigentumserwerbs, in: JuS 2015, 949.

Hecker, Bernd, Strafrecht BT: Sportwettenbetrug durch Spielmanipulationen, in: JuS 2013, 656.

Hecker, Bernd, Strafrecht BT: Erpresserischer Menschenraub, in: JuS 2014, 368.

Hefendehl, Roland, Vermögensgefährdung und Exspektanzen, Berlin 1994.

Hefendehl, Roland, Die Submissionsabsprache als Betrug: ein Irrweg! – BGHSt 38, 186, in: JuS 1993, 805.

Hefendehl, Roland, Fallen die Submissionsabsprachen doch unter den Betrugstatbestand? – zugleich eine Besprechung von BGH ZfBR 1992, 126, in: ZfBR 1993, 164.

Hefendehl, Roland, Die Feststellung des Vermögensschadens – auf dem Weg zum Sachverständigenstrafrecht?, in: wistra 2012, 325.

Heghmanns, Michael, Entscheidungsbesprechung zu BGH, Beschluss vom 22.1.2013 – 1 StR 416/12, in: ZJS 2013, 423.

Heide, Thomas / Schall, Alexander (Hrsg.), Handkommentar zum HGB, 3. Auflage, Baden-Baden 2020.

Heinrich, Bernd / Hilgendorf, Eric / Mitsch, Wolfgang / Sternberg-Lieben, Detlev (Hrsg.), Festschrift für Ulrich Weber zum 70. Geburtstag, Bielefeld 2004.

Heinze, Jürgen, Anmerkung zu BGH 2 StR 30/05, Urteil vom 15. Juni 2005 (= HRRS 2005 Nr. 530) – Betrug durch Lastschriftreiterei, in: HRRS 2005, 349.

Hellmann, Uwe, Risikogeschäfte und Untreuestrafbarkeit, in: ZIS 2007, 433.

Henssler, Martin / Strohn, Lutz (Hrsg.), Kommentar zum Gesellschaftsrecht, 5. Auflage, München 2021.

Herdegen, Gerhard, Anmerkung zu BGH, Urteil vom 21.10.1994 – 2 StR 328/94, in: NStZ 1995, 202.

Hermann, Paul P., Die Begrenzung der Untreuestrafbarkeit in der Wirtschaft am Beispiel der Bankenuntreue. Eine Untersuchung des § 266 StGB aus wirtschaftsstrafrechtlicher Perspektive unter besonderer Berücksichtigung der objektiven Zurechnung, Hamburg 2011.

Herzberg, Rolf D. (Hrsg.), Festschrift für Dietrich Oehler zum 70. Geburtstag, Köln 1985.

Herzog, Felix / Achtelik, Olaf (Hrsg.), Kommentar zum GWG, 4. Auflage, München 2020.

Hilgendorf, Eric / Kudlich, Hans / Valerius, Brian (Hrsg.), Handbuch des StGB, Strafrecht BT II, Band 5, Heidelberg 2020.

Hillenkamp, Thomas, Risikogeschäft und Untreue, in: NStZ 1981, 161.

Hinderer, Patrick, Anmerkung zu BGH, Beschluss vom 16.8.2016 – 4 StR 163/16, in: StraFo 2016, 481.

Hinrichs, Hauke, Konsequenzen der Vorgaben des BVerfG zur Figur des Gefährdungsschadens, in: wistra 2013, 161.

Hirsch, Hans J. / Wolter, Jürgen / Brauns, Uwe (Hrsg.), Festschrift für Günter Kohlmann zum 70. Geburtstag, Köln 2003.

Hofbeck, Julius, Der Charakter des Betrugs, ein Delikt gegen das Vermögen oder die Redlichkeit im Geschäftsverkehr, München 1954.

Hoffmann, Maike, Anmerkung zu BGH, Urteil vom 27.8.2010 – 2 StR 111/09, in: GmbHR 2010, 1150.

Hohmann, Olaf, Die strafrechtliche Beurteilung von Submissionsabsprachen. Ein altes Thema aber immer noch ein Problem? – Ein Überblick, in: NStZ 2001, 566.

Hohmann, Olaf, Kommentar zu BGH, Urteil vom 15.12.2006 – 5 StR 181/06, in: NJ 2007, 132.

Hohn-Hein, Nicolas / Barth, Günter, Immaterialgüterrechte in der Welt von Blockchain und Smart Contract, in: GRUR 2018, 1089.

Hohn, Kristian, Abschöpfung der Steigerung des Firmenwertes als Bruttowertersatzverfall?, in: wistra 2006, 321.

Hohnel, Andreas (Hrsg.), Kapitalmarktstrafrecht, 1. Auflage, München 2013.

Hönig, Michaela, ICO und Kryptowährungen. Neue digitale Formen der Kapitalbeschaffung, Wiesbaden 2020.

Höra, Knut (Hrsg.), Münchener Anwaltshandbuch Versicherungsrecht, 4. Auflage, München 2017.

Hotz, Dominik, Die Sanierung des Nürburgrings und ihre strafrechtlichen Folgen – zugleich Besprechung von BGH, Beschl. v. 26.11.2015 – 3 StR 17/15, in: ZWH 2016, 355.

Hoven, Elisa, Praxiskommentar zu BGH, Beschluss vom 27.07.2014, 5 StR 181/14, in: NStZ 2014, 646.

Hoven, Elisa, Unwirtschaftliche Verschreibungspraxis des Vertragsarztes als Untreue. Die vertragsärztliche Vermögensbetreuungspflicht gegenüber der Krankenkasse, in: NJW 2016, 3213.

Hubert, Boris, Einführung in die Bilanzierung und Bewertung. Grundlagen im Handels- und Steuerrecht sowie den IFRS, 2. Auflage, Wiesbaden 2017.

Huff, Martin W., Strafbarkeit der mißbräuchlichen Geldautomatennutzung durch den Kontoinhaber?, in: NJW 1986, 902.

Hugger, Heiner, Anmerkung zu BGH, Urteil vom 27.8.2010 – 2 StR 111/09, in: BB 2010, 2594.

Hungerland, Fabian / Quitzau, Jörn / Rotterdam, Jens / Hüning, Hendrik / Vöpel, Henning / Wolf, André, Die Zukunft des Geldes – das Geld der Zukunft, in: Hamburg Institute of International Economics, Nr. 24.

Hüttenrauch, Katrin, Anmerkung zu BGH, Urteil vom 20.12.2012 – 4 StR 55/12, in: NJ 2013, 351.

Institut für Kriminalwissenschaften und Rechtsphilosophische Frankfurt am Main (Hrsg.), Irrwege der Strafgesetzgebung, Frankfurt am Main 1999.

Ipsen, Jörn (Hrsg.), Kommentar zum Parteiengesetz, 2. Auflage, München 2018.

IWF, Virtual Currencies and Beyond: Initial Considerations, Washington D.C., Januar 2016, https://www.imf.org/external/pubs/ft/sdn/2016/sdn1603.pdf.

Izzo-Wagner, Anna / Siering, Lea M., Kryptowährungen und geldwäscherechtliche Regulierung, Wiesbaden 2020.

Jacobowitz, Samuel, Vermögen, Vermögensbeschädigung und Vermögensdisposition beim Betruge, Berlin 1918.

Jäger, Christian, Examens-Repetitorium Strafrecht BT I, 8. Auflage, Heidelberg 2019.

Jäger, Christian, Wettbetrug – Nicht nur ein Schaden für den Sport, sondern auch für das Vermögen!, in: JA 2013, 868.

Jahn, Matthias, Anmerkung zu BGH, Beschluss vom 18.2.1999 – 5 StR 193/98, in: JA 1999, 628.

Jahn, Matthias, Anmerkung zu BVerfG, Beschluss vom 7.12.2011 – 2 BvR 2500/09, in: JuS 2012, 266.

Jahn, Matthias, Anmerkung zu BGH, Beschluss vom 18.2.2009 – 1 StR 731/08, in: JuS 2009, 756.

Jahn, Matthias, Übernahme von Mietgarantien für Immobilienfonds – „Berliner Bankenkonsortium", in: JuS 2014, 82.

Jahn, Matthias, Anmerkung zu BGH, Beschluss vom 13.4.2011 – 1 StR 94/10, in: JuS 2011, 1133.

Jahn, Matthias / Kempf, Eberhard / Lüderssen, Klaus / Prittwitz, Cornelius / Schmidt, Reinhard H. / Volk, Klaus (Hrsg.), Unbestimmtes Wirtschaftsstrafrecht und gesamtwirtschaftliche Perspektiven, Berlin 2017.

Jahn, Matthias / Maier, Stefan, Der Fall Hoyzer – Grenzen der Normativierung des Betrugstatbestandes, in: JuS 2007, 215.

Jänicke, Harald, Gerichtliche Entscheidungen als Vermögensverfügung im Sinne des Betrugstatbestandes, Berlin 2001.

Janovsky, Thomas, Kurzhinweis zur Rechtsprechung des BGH: Betrug zum Nachteil der Mitbewerber bei der Auftragsvergabe, in: WiB 1997, 893.

Jarass, Hans D. / Pieroth, Bodo (Begr.), Kommentar zum GG für die Bundesrepublik Deutschland, 16. Auflage, München 2020.

Jerouschek, Günter / Koch, Arnd, Zur Neubegründung des Vermögensschadens bei „Amtserschleichung", in: GA 2001, 273.

Joecks, Wolfgang, Anmerkung zu BGH, Urteil vom 14.8.2009 – 3 StR 552/08, in: wistra 2010, 179.

Joecks, Wolfgang, Zur Schadensfeststellung beim Submissionsbetrug, in: wistra 1992, 247.

Joecks, Wolfgang / Miebach, Klaus (Hrsg.), Münchener Kommentar zum StGB, Band 1, 4. Auflage, München 2020.

Joecks, Wolfgang / Miebach, Klaus (Hrsg.), Münchener Kommentar zum StGB, Band 4, 4. Auflage, München 2021.

Joecks, Wolfgang / Miebach, Klaus (Hrsg.), Münchener Kommentar zum StGB, Band 5, 3. Auflage, München 2019.

Joecks, Wolfgang / Miebach, Klaus (Hrsg.), Münchener Kommentar zum StGB, Band 7, 3. Auflage, München 2019.

Joecks, Wolfgang / Ostendorf, Heribert / Rönnau, Thomas / Rotsch, Thomas / Schmitz, Roland (Hrsg.), Recht – Wirtschaft – Strafe, Festschrift für Erich Samson zum 70. Geburtstag, Heidelberg 2010.

Kantzenbach, Erhard, Die Funktionsfähigkeit des Wettbewerbs, 2. Auflage, Göttingen 1967.

Kapellmann, Klaus D. / Messerschmidt, Burkhard (Hrsg.), VOB-Kommentar, Teil A und B. Vergabe- und Vertragsordnung für Bauleistungen mit Vergabeverordnung, 7. Auflage, München 2020.

Kasiske, Peter, Existenzgefährdende Eingriffe in das GmbH-Vermögen mit Zustimmung der Gesellschafter als Untreue, in: wistra 2005, 81.

Keller, Alexander / Sauer, Dirk, Zum Unrecht der so genannten Bankenuntreue – zugleich Anmerkung zu BGH 1 StR 185/01 vom 15.11.2001, in: wistra 2002, 365.

Keller, R., Anmerkung zu BGH, Urteil vom 8.5.1990 – 1 StR 52/90, in: JR 1990, 519.

Keller, R., Anmerkung zu BGH, Urteil vom 3.11.1982 – 2 StR 159/82, in: JR 1983, 516.

Keul, Thomas, Gesellschaftsrechtliche Pflichtwidrigkeit und Untreue, in: DB 2007, 728.

Kiem, Roger (Hrsg.), Kaufpreisregelungen beim Unternehmenskauf, 2. Auflage 2018.

Kilian, Robert, Zur Strafbarkeit von Ponzi-schemes – Der Fall Madoff nach deutschem Wettbewerbs- und Kapitalmarktstrafrecht, in: HRRS 2009, 285.

Kindhäuser, Urs / Goy, Barbara, Zur Strafbarkeit ungenehmigter Drittmitteleinwerbung – Zugleich eine Besprechung von BGH – 1 StR 372/01 und BGH – 1 StR 541/01, in: NStZ 2003, 291.

Kindhäuser, Urs / Hilgendorf, Eric, Lehr- und Praxiskommentar zum StGB, 8. Auflage, Baden-Baden 2020.

Kindhäuser, Urs / Neumann, Ulfrid / Paeffgen, Hans-Ullrich (Hrsg.), Kommentar zum StGB, 5. Auflage, Baden-Baden 2017.

Kirchhoff, Ferdinand, Der Richter als Kontrolleur, Akteur und Garant der Rechtsordnung, in: NJW 2020, 1492.

Klages, Heinrich, Submissionskartelle. Mit einer Einführung in das Submissionswesen, Stuttgart 1932.

Klanten, Thomas, Anmerkung zu BGH, Urteil vom 15.11.2001 – 1 StR 185/01, in: DStR 2002, 1190.

Klemm, Michael, Anmerkung zu BGH, Urteil vom 12.12.2013 – 3 StR 146/13, in: NStZ 2015, 223.

Klötzer, Antje / Schilling, Hellen, Anmerkung zu BGH, Beschluss vom 20.3.2008 – 1 StR 488/07, in: StraFo 2008, 305.

Knauer, Christoph, Die Strafbarkeit der Bankvorstände für missbräuchliche Kreditgewährung, in: NStZ 2002, 399.

Knauer, Christoph, Anmerkung zu BGH, Urteil vom 29.8.2008 – 2 StR 587/07, in: NStZ 2009, 151.

Knauer, Christoph / Kaspar, Johannes, Restriktives Normverständnis nach dem Korruptionsbekämpfungsgesetz, in: GA 2005, 385.

Knierim, Thomas C., Neu strafrechtlich begründete Informationspflichten des Gläubigers beim Lastschriftenauftrag?, in: NJW 2006, 1093.

Kochheim, Dieter, Cybercrime und Strafrecht in der Informations- und Kommunikationstechnik, München 2015.

Köhler, Helmut / Bornkamm, Joachim / Feddersen, Jörg (Hrsg.), Kommentar zum UWG, 39. Auflage, München 2021.

Köhler, Michael, Anmerkung zu BGH, Urteil vom 8.5.1990 – 1 StR 52/90, in: StV 1992, 4.

Kohlmann, Günter (Hrsg.), Festschrift für Ulrich Klug zum 70. Geburtstag, Band II, Köln 1983.

Kohlmann, Günter / Brauns, Uwe, Zur strafrechtlichen Erfassung der Fehlleitung öffentlicher Mittel, Wiesbaden 1979.

Köllner, Rolf E. / Cyrus, Vera, Aktuelle strafrechtliche Fragen in Krise und Insolvenz, in: NZI 2016, 17.

Köneke, Vanessa / Müller-Peteres, Horst / Fetchenhauer, Detlef, Versicherungsbetrug verstehen und verhindern, Wiesbaden 2015.

König, Stefan, Anmerkung zu BVerfG, Beschluss vom 20.5.1998 – 2 BvR 1385/95, in: NJ 1998, 472.

Korte, Matthias, Anmerkung zu BGH, Urteil vom 23.5.2002 – 1 StR 372/01, in: NStZ 2003, 156.

Kraatz, Erik, Zum Eingehungsbetrug durch Abschluss von Lebensversicherungsverträgen in der Absicht rechtswidriger Inanspruchnahme der Versicherungsleistungen – zugleich eine Anmerkung zu BVerfG 2 BvR 2500/09, 2 BvR 1857/10, in: JR 2012, 329.

Kraatz, Erik, Anmerkung zu BGH, Beschluss vom 10.11.2009 – 4 StR 194/09, in: JR 2010, 407.

Kraatz, Erik, „Kick-Back"-Zahlungen als strafbare Untreue. Versuch einer dogmatischen Konkretisierung und Systematisierung, in: ZStW 2010, 521.

Kraatz, Erik, Zur „limitierten Akzessorietät" der strafbaren Untreue. Überlegungen zur Strafrechtsrelevanz gesellschaftsrechtlicher Pflichtverletzungen im Rahmen des § 266 StGB anhand von Beispielen zur „GmbH-Untreue", in: ZStW 2011, 447.

Krack, Ralf, Betrug durch Wettmanipulation. Das Urteil des BGH zum Schiedsrichterskandal, in: ZIS 2007, 103.

Krämer, Joachim, Anmerkung zu BGH, Beschluss vom 30.5.2013 – 5 StR 309/12, in: GmbH-StB 2013, 273.

Kramm, Dietrich, Urteilsanmerkung zu BGH, Urteil vom 8.1.1992 – 2 StR 102/91, in: JZ 1993, 422.

Krause, Daniel M., Konzerninternes Cash Management – der Fall Bremer Vulkan. Neue Ansätze bei der Untere (§ 266 StGB) und ihre Konsequenzen für die Praxis, in: JR 2006, 51.

Krawczyk, Lucian, Anmerkung zu BGH, Beschluss vom 27.4.2004 – 1 StR 165/03, in: medstra 2018, 167.

Krell, Paul, Der Eingehungsschaden bei Betrug und Untreue. Zugleich Besprechung von BGH, Urt. v. 20.3.2013 – 5 StR 344/12, in: NZWiSt 2013, 370.

Krell, Paul, Serienbetrugstaten als strafprozessuale Herausforderung – Zugleich zur analogen Anwendbarkeit des § 154a StPO, in: NStZ 2014, 686.

Krell, Paul / Eibach, Martin, Anmerkung zu BGH, Urteil vom 15.4.2015 – 1 StR 337/14, in: StV 2016, 159.

Kretschmer, Joachim, Tatbestands- oder Konkurrenzlösung: eine typische Argumentation im Strafrecht, in: JuS 2013, 24.

Kretschmer, Joachim, Anmerkung zu BGH, Beschluss vom 2.4.2008 – 5 StR 354/07, in: JR 2008, 348.

Krey, Volker / Hellmann, Uwe / Heinrich, Manfred, Strafrecht BT II, Vermögensdelikte, 18. Auflage, Stuttgart 2021.

Krüger, Matthias, Zum Risikogeschäft im Untreuestrafrecht und seinen Risiken. Überlegungen zur Untreue durch Belastung mit dem Risiko zukünftiger Sanktionen am Beispiel verdeckter Parteienfinanzierung, in: NJW 2002, 1178.

Krüger, Matthias, Neues aus Karlsruhe zu Art. 103 II GG und § 266 StGB. Bespr. von BVerfG, Beschl. vom 23.6.2010 – 2 BvR 2559/08, NStZ 2010, 626, in: NStZ 2011, 369.

Krüger, Matthias / Hilbert, Sven / Wengenroth, Lenard, Strafbarkeit von Spielmanipulationen, in: CaS 2013, 188.

Kruse, Susanne, Aktien-, Zins- und Währungsderivate, Wiesbaden 2014.

KryptoJournal, Bundesbank: „Bitcoin ist kein Geld, sondern ein Spekulationsobjekt" vom 24.11.2017, https://www.wallstreet-online.de/nachricht/10090052-kryptowaehrungen-bundesbank-bitcoin-geld-spekulationsobjekt/all.

Kubiciel, Michael, Anmerkung zu BGH, Urteil vom 20.3.2013 – 5 StR 344/12, in: JZ 2014, 99.

Kubiciel, Michael, Wetten und Betrug – Zur konkludenten Täuschung, in: HRRS 2007, 68.

Kubiciel, Michael, Anmerkung zu BGH, Urteil vom 28.5.2013 – 5 StR 551/11, in: StV 2014, 91.

Kudlich, Hans, Fast wie im richtigen Leben: Wo fängt eigentlich Untreue an ...?, in: JA 2011, 66.

Kudlich, Hans, Wie gewonnen, so zerronnen, in: JA 2015, 947.

Kudlich, Hans, Betrügerische Lebensversicherung? (Al Qaida-Fall), in: JA 2012, 230.

Kudlich, Hans, Anmerkung zu BGH, Beschluss vom 19.12.2012 – 1 StR 590/12, in: ZWH 2013, 192.

Kudlich, Hans, Anmerkung zu OLG Zelle, Beschluss vom 23.8.2012 – 1 Ws 248/12, in: ZWH 2013, 24.

Kudlich, Hans, Anmerkung zu BGH, Beschluss vom 21.11.2001 – 2 StR 260/01, in: JuS 2003, 537.

Kudlich, Hans, Konkretisierungsauftrag erfüllt? Eine Zwischenbilanz nach der Untreue-Entscheidung des BVerfG, in: ZWH 2011, 1.

Kudlich, Hans, Unzulässigkeit eines missbräuchlichen Hilfsbeweisantrags – BGHSt 40, 287, in: JuS 1997, 507.

Kuhn, Sascha, Zur Schadensfeststellung bei betrügerischer Kapitalerhöhung, in: EWiR 2012, 63.

Kulhanek, Tobias O., Bilanzrechtsorientierung und Quotenschaden als Beispiele einer modernen Schadensdogmatik, in: NZWiSt 2013, 246.

Kunkel, Carsten / Kunkel, Olga, Anmerkung zu BGH, Urteil vom 6.9.2016 – 1 StR 104/15, in: jurisPR-Compl 2/2017 Anm. 3.

Küper, Wilfried, Anmerkung zu BGH, Beschluss vom 18.2.2009 – 1 StR 731/08, in: JZ 2009, 800.

Küper, Wilfried / Zopfs, Jan, Strafrecht Besonderer Teil. Definitionen mit Erläuterungen, 10. Auflage, Heidelberg 2018.

Küpper, Georg, Die Kreditkartenentscheidung des BGH unter Geltung des § 266b StGB n.F., in: NStZ 1988, 60.

Kusnik, Katharina / Mandera, Anna, Anmerkung zu BGH, Beschluss vom 16.8.2016 – 4 StR 163/16, in: medstra 2017, 43.

Kutzner, Lars, Zweifelsfragen des Betrugstatbestands am Beispiel des Wettbetrugs, in: JZ 2006, 712.

Kutzner, Lars, Anmerkung zu BGH, Urteil vom 13.5.2004 – 5 StR 73/03, in: NStZ 2005, 271.

Kutzner, Lars, Anmerkung zu BGH, Urteil vom 15.6.2005 – 2 StR 30/05, in: WuB IX § 263 StGB 1.06.

Labsch, Karl H., Der Kreditkartenmißbrauch und das Untreuestrafrecht, in: NJW 1986, 104.

Lackner, Karl, Vermögen und Vermögensbeschädigung in der Betrugstheorie des Reichsgerichts, Bonn 1946.

Lackner, Kristian / Kühl, Martin (Hrsg.), Kommentar zum StGB, 29. Auflage, München 2018.

Ladiges, Manuel, Anmerkung zu BGH, Beschluss vom 8.6.2011 – 3 StR 115/11, in: wistra 2016, 231.

Lampert, Thomas / Götting, Susanne, Startschuss für eine Kriminalisierung des Kartellrechts?, in: WuW 2002, 1069.

Landau, Herbert, Die deutsche Strafrechtsdogmatik zwischen Anpassung und Selbstbehauptung – Grenzkontrolle der Kriminalpolitik durch die Dogmatik?, in: ZStW 2009, 965.

Lang, Volker, Kurzkommentar zu BGH, Urteil vom 15.6.2005 – 2 StR 30/05, in: EWiR 2005, 741.

Lange, Moritz, Anmerkung zu BGH, Urteil vom 21.2.2017 – 1 StR 296/16, in: ZWH 2018, 182.

Langkeit, Jochen, Anmerkung zu BGH, Beschluss vom 20.12.1994 – 1 StR 593/94, in: WiB 1995, 403.

Langkeit, Jochen, Anmerkung zu BGH, Urteil vom 10.7.1996 – 3 StR 50/96, in: WiB 1996, 1129.

Laufhütte, Heinrich W. / Tiedemann, Klaus / Rissing-van Saan, Ruth (Bearb.), Leipziger Kommentar zum StGB, 12. Auflage, Band 8: §§ 242–262, Berlin 2010.

Laufhütte, Heinrich W. / Tiedemann, Klaus / Valerius, Brian / Schünemann, Bernd / Vogel, Joachim / Möhrenschlager, Manfred, Rissing-van Saan, Ruth (Bearb.), Leipziger Kommentar zum StGB, 12. Auflage, Band 9/1: §§ 263–266b, Berlin 2012.

Leimenstoll, Ulrich, Der Vertragsarzt – Tauglicher Täter einer Untreue zu Lasten der gesetzlichen Krankenkasse, in: wistra 2013, 121.

Leimenstoll, Ulrich, Das Verhältnis der Vertragsärzte zu den Krankenkassen aus dem Blickwinkel des Wirtschaftsstrafrechts – Anmerkung zu BGH, Beschl. v. 16.8.2016 – 4 StR 163/16, in: MedR 2017, 96.

Leimenstoll, Ulrich, Entscheidungsbesprechung zu BGH, Beschluss vom 31.7.2009 – 2 StR 95/09, in: ZIS 2010, 143.

Leipold, Klaus / Tsambikakis, Michael / Zöller, Mark A. (Hrsg.), AnwaltKommentar StGB, 3. Auflage, Heidelberg 2020.

Lenckner, Theodor, Vermögensschaden und Vermögensgefährdung beim sog. Eingehungsbetrug, in: JZ 1971, 320.

Lenckner, Theodor, Zum Problem des Vermögensschadens (§§ 253, 263 StGB) beim Verlust richtiger Forderungen. Zugleich eine Besprechung des Urteils des OLG Hamburg v. 8.6.1966 – 1 Ss 97/65, in: JZ 1967, 105.

Lenski, Sophie-Charlotte, Handkommentar Parteiengesetz und Recht der Kandidatenaufstellung, Baden-Baden 2011.

Lilie, Astrid, Praxishinweis zu BGH, Beschluss vom 13.4.2012 – 5 StR 442/11, in: FD-StrafR 2012, 332942.

Lindemann, Michael / Hehr, Alexandra, Anmerkung zu BGH, Urteil vom 10.7.2013 – 1 StR 532/12, in: NZWiSt 2014, 350.

Lippert, Hans-Dieter, Vorteilsannahme und die Einwerbung von Drittmitteln durch Beschaffung von Medizinprodukten – die Zweite Runde, in: GesR 2003, 144.

Lipps, Wolfgang, Nochmals – Verdeckte Gewinnausschüttung bei der GmbH als strafrechtliche Untreue?, in: NJW 1989, 502.

Livonius, Barbara, Untreue wegen existenzgefährdenden Eingriffs – Rechtsgeschichte?, in: wistra 2009, 91.

Löffeler, Peter, Anmerkung zu BGH, Urteil vom 21.12.1983 – 2 StR 566/83, in: JA 1987, 106.

Löffelmann, Markus, Anmerkung zu BGH, Urteil vom 14.8.2009 – 3 StR 552/08, in: JR 2010, 455.

Lorenz, Dirk, Anmerkung zu BGH, Urteil vom 6.9.2016 – 1 StR 104/15, in: GWR 2017, 12.

Lucke, Ole-Steffen, Kommentar zu BGH, Urteil vom 4.10.2018 – 3 StR 283/18, in: NZWiSt 2019, 229.

Lüderssen, Klaus, Submissionsabsprachen sind nicht eo ipso Betrug, in: wistra 1995, 243.

Luipold, Ann, Die Bedeutung von Anfechtungs-, Widerrufs-, Rücktritts- und Gewährleistungsrechten für das Schadensmerkmal des Betrugstatbestandes, Pfaffenweiler 1998.

Luttermann, Claus, Anmerkung zu BGH, Urteil vom 6.4.2000 – 1 StR 280/99, in: ZIP 2000, 1212.

Maeder, Stefan, Gefährdung – Schaden – Vermögen. Zum sogenannten Schaden durch Vermögensgefährdung im Strafrecht, Basel 2017.

Mandelkow, Dietrich, Immobilienfonds. Verschweigen von Innenprovisionen strafbar?, in: IBR 2006, 475.

Mansdörfer, Marc, Strafrechtliche Haftung für Drittmitteleinwerbung an staatlichen Hochschulen, in: wistra 2003, 211.

Martin, Siegmund P., Anmerkung zu BGH, Beschluss vom 30.1.2001 – 1 StR 512/00, in: JuS 2001, 718.

Martin, Sigmund P., Betrug durch Nichtoffenbarung der Stasitätigkeit, in: JuS 1999, 922.

Martin, Sigmund P., Anmerkung zu BGH, Beschluss vom 21.11.2001 – 2 StR 260/01, in: JuS 2002, 506.

Martini, Mario / Weinzierl, Quirin, Die Blockchain-Technologie und das Recht auf Vergessenwerden. Zum Dilemma zwischen Nicht-Vergessen-Können und Vergessen-Müssen, in: NVwZ 2017, 1251.

Marxen, Klaus, Anmerkung zu BGH, Urteil vom 12.05.1992 – 1 StR 133/92, in: EWiR 1993, 395.

Marxen, Klaus / Karitzky, Holger, Kurzkommentar zu BGH, Urteil vom 6.4.2000 – 1 StR 280/99, in: EWiR 2001, 391.

Marxen, Klaus / Müller, Ulrike, Kurzkommentar zu BGH, Urteil vom 15.11.2001 – 1 StR 185/01, in: EWiR 2002, 307.

Marxen, Klaus / Taschner, Katharina, Kurzkommentar zu BGH, Urteil vom 29.8.2008 – 2 StR 587/07, in: EWiR 2009, 253.

Matt, Holger / Renzikowski, Joachim (Hrsg.), Kommentar zum StGB, 2. Auflage, München 2020.

Maunz, Theodor / Dürig, Günter (Begr.), Kommentar zum GG, Stand: 94. EL, München Januar 2021.

Maurach, Reinhart, Die strafrechtliche Beurteilung des unberechtigten Erwerbes von Volkswagenaktien, in: NJW 1961, 625.

Maurach, Reinhart / Schroeder, Friedrich-Christian / Maiwald, Manfred / Hoyer, Andreas / Momsen, Carsten, Strafrecht Besonderer Teil, Teilband 1, 11. Auflage, Heidelberg 2019.

Maurer, Rudi, Anmerkung zu BGH, Urteil vom 9.1.1953 – 1 StR 628/52, in: NJW 1953, 1480.

Meder, Stephan / Grabe, Olaf, PayPal – Die „Internet-Währung" der Zukunft?, in: BKR 2005, 467.

Mediger, Ulrich, Kurzkommentar zu BGH, Urteil vom 13.08.2009 – 3 StR 576/08, in: EWiR 2010, 31.

Merkel, Johannes, Die Vermögensbeschädigung beim Betrug, Nürnberg 1900.

Mettler, Ulrich C., Strafbarkeit des Vermittlers beim Vertrieb von Schrottimmobilien, in: IMR 2015, 250.

Meyer-Lohkamp, Jes, Anmerkung zu BGH, Beschluss vom 13.4.2012 – 5 StR 442/11, in: ZWH 2012, 318.

Meyer-Mews, Hans, Anmerkung zu BGH, Beschluss vom 7.4.2010 – 2 StR 153/09, in: NJ 2011, 36.

Meyer-Mews, Hans, Verbrauchsteuerhinterziehung im Lichte des Nemo-tenetur-Grundsatzes, in: StraFo 2018, 177.

Meyer, Tobias, Anmerkung zu BGH, Beschluss vom 25.7.2017 – 5 StR 46/17, in: NZWiSt 2018, 79.

Michalke, Regina, Drittmittel und Strafrecht – Licht am Ende des Tunnels?, in: NJW 2002, 3381.

Michalke, Regina / Köberer, Wolfgang / Pauly, Jürgen / Kirsch, Stefan (Hrsg.), Festschrift für Rainer Hamm zum 65. Geburtstag, Berlin 2008.

Miehe, Olaf, Die Erschleichung einer Anstellung bei einem privaten Unternehmen – BGH, NJW 1978, 2042, in: JuS 1980, 261.

Momsen, Carsten / Grützner, Thomas (Hrsg.), Wirtschaftsstrafrecht, 2. Auflage, München 2020.

Montenbruck, Axel, In dubio pro reo aus normtheoretischer, straf- und strafverfahrensrechtlicher Sicht, Berlin 1985.

Morlok, Martin, Spenden – Rechenschaft – Sanktionen – Aktuelle Rechtsfragen der Parteienfinanzierung, in: NJW 2000, 761.

Mosbacher, Andreas, Ist das ungenehmigte Veranstalten und Vermitteln von Sportwetten noch strafbar?, in: NJW 2006, 3529.

Möschel, Wernhard, Zur Problematik einer Kriminalisierung von Submissionsabsprachen, in: FIW-Schriftenreihe Heft 94, Köln 1980.

Mosenheuer, Andreas, Untreue durch mangelhafte Dokumentation von Zahlungen?, in: NStZ 2004, 179.

Mosiek, Marcus, Neues zur Unmittelbarkeit des Untreueschadens. Zugleich Anmerkung zu BGH, Beschluss vom 17. Juli 2009 – 5 StR 394/08 = HRRS 2009 Nr. 718, in: HRRS 2009, 565.

Mühlbauer, Tilo, Die Betrugsähnlichkeit des § 263a Abs. 1 Var. 3 StGB anhand der „Geschäftsgrundlagen" beim Geldautomatengebrauch, in: wistra 2003, 244.

Mühlenfeld, Leonhard, Anmerkung zu BGH, Urteil vom 27.8.2010 – 2 StR 111/09, in: jurisPR-StrafR 19/2010 Anm. 2.

Müller-Christmann, Bernd, Problematik des Vermögensschadens beim Betrug im Falle eines vereinbarten Rücktrittsrechts – BGH, NJW 1987, 388, in: JuS 1988, 108.

Müller-Gugenberger, Christian (Hrsg.), Wirtschaftsstrafrecht. Handbuch des Wirtschaftsstraf- und -ordnungswidrigkeitenrechts, 6. Auflage, Köln 2015.

Müller-Metge, Florian, Die Problematik des Sportwettenbetrugs im Zuge des jüngsten Skandals, in: CaS 2010, 118.

Müller, Arnold, Die Umsatzsteuerhinterziehung, in: AO-StB 2008, 80.

Müller, Henning E. / Snader, Günther M. / Válková, Helena (Hrsg.), Festschrift für Ulrich Eisenberg zum 70. Geburtstag, München 2009.

Musielak, Hans-Joachim, Die Grundlagen der Beweislast im Zivilprozeß, Berlin 1975.

Musielak, Hans-Joachim / Voit, Wolfgang (Hrsg.), Kommentar zur ZPO mit GVG, 18. Auflage, München 2021.

Nack, Armin, Bedingter Vorsatz beim Gefährdungsschaden – ein „doppelter Konjunktiv"?, in: StraFo 2008, 277.

Nauke, Wolfgang, Zur Lehre vom strafbaren Betrug. Ein Beitrag zum Verhältnis vom Strafrechtsdogmatik und Kriminologie, Berlin 1964.

Nauke, Wolfgang, Anmerkung zu BGH, Beschluss vom 9.8.1984 – 4 StR 459/84, in: StV 1985, 187.

Nelles, Ursula, Untreue zum Nachteil von Gesellschaften. Zugleich ein Beitrag zur Struktur des Vermögensbegriffs als Beziehungsbegriffs, Berlin 1991.

Neuhöfer, Daniel / Reschke, Dennis, Vermögensbetreuungspflicht des Kassenarztes, in: jurisPR-Compl 6/2016 Anm. 2.

Neye, Hans-Werner, Die „Verschwendung" öffentlicher Mittel als strafbare Untreue, in: NStZ 1981, 369.

Niederleithinger, Ernst, Kurzkommentar zu BGH, Urteil vom 8.1.1992 – 2 StR 102/91, in: EWiR 1992, 295.

Niederleithinger, Ernst / Werner, Rosemarie / Wiedemann, Gerhard (Hrsg.), Festschrift für Otfried Lieberknecht zum 70. Geburtstag, München 1997.

Nitsche, Sandro, Die schadensgleiche Vermögensgefahr im Untreuerecht, Berlin 2014.

Nix, Christoph, Anmerkung zu BGH, Urteil vom 4.11.1997 – 1 StR 273/97, in: NJ 1998, 325.

Noltensmeier, Silke, Anmerkung zu BGH, Urteil vom 2.12.2005 – 5 StR 119/05, in: StV 2006, 132.

Oğlakcıoğlu, Mustafa T., Anmerkung zu BGH, Beschluss vom 21.8.2019 – 3 StR 221/18, in: JR 2020, 258.

Oldings, Dirk, Möglichkeiten und Grenzen der strafrechtlichen Bekämpfung von Submissionsabsprachen, Heidelberg 1998.

Olßon, Lars, Kritik an der Rechtsprechung des 1. Strafsenats zur Parteiuntreue, in: BLJ 2013, 80.

Osterloh-Konrad, Christine, Rückstellungen für Prozessrisiken in Handels- und Steuerbilanz – Kriterien der Risikokonkretisierung und ihre Anwendung auf die Prozesssituation (Teil II), in: DStR 2003, 1675.

Ostermeier, Peter, Die strafrechtliche Bewertung der Wettmanipulation nach dem Wettskandal-Urteil, in: ZfWG 2007, 253.

Otto, Harro, Die Struktur des strafrechtlichen Vermögensschutzes, Berlin 1970.

Otto, Harro, Die neue Rechtsprechung zu den Vermögensdelikten – Teil 2, in: JZ 1985, 69.

Otto, Harro, Die neue Rechtsprechung zu den Vermögensdelikten – Teil 2, in: JZ 1993, 652.

Otto, Harro, Submissionsbetrug und Vermögensschaden, in: ZRP 1996, 300.

Otto, Harro, Wettbewerbsbeschränkende Absprachen bei Ausschreibungen, § 289 StGB, in: wistra 1999, 41.

Otto, Harro, Vermögensgefährdung, Vermögensschaden und Vermögensminderung, in: Jura 1991, 494.

Otto, Harro, Anmerkung zu BGH, Beschluss vom 18.2.1999 – 5 StR 193/98, in: JZ 1999, 738.

Otto, Harro, Mißbrauch von Scheck- und Kreditkarten sowie Fälschung von Vordrucken für Euroschecks und Euroscheckkarten, in: wistra 1986, 150.

Otto, Harro, Anmerkung zu BGH, Urteil vom 13.6.1985 – 4 StR 213/85, in: JZ 1985, 1008.

Otto, Harro, Anmerkung zu BGH, Urteil vom 15.5.1997 – 1 StR 233/96, in: JR 1998, 73.

Otto, Harro, Anmerkung zu BGH, Urteil vom 12.05.1992 – 1 StR 133/92, in: JZ 1992, 1139.

Otto, Harro, Anmerkung zu BGH, Urteil vom 6.4.2000 – 1 StR 280/99, in: JR 2000, 517.

Otto, Harro, Anmerkung zu BGH, Urteil vom 15.11.2001 – 1 StR 185/01, in: WuB I E 6 Sonstiges 1.02.

Palandt, Otto (Begr.), Kommentar zum Bürgerlichen Gesetzbuch, 80. Auflage, München 2021.

Pananis, Panos, Urteilsanmerkung zu BGH, Beschluss vom 11.11.2004 – 5 StR 299/03, in: NStZ 2005, 572.

Panetta, Fabio, Rede in Frankfurt am Main am 14.4.2021, „Ein digitaler Euro, der den Erwartungen der Menschen in Europa entspricht", https://www.ecb.europa.eu/press/key/date/2021/html/ecb.sp210414_1~e76b855b5c.de.html.

Pannenborg, Eerke, Anmerkung zu BGH, Urteil vom 15.4.2015 – 1 StR 337/14, in: NZWiSt 2015, 428.

Paulus, David, Was ist eigentlich ... ein Smart Contract?, in: JuS 2020, 107.

Paulus, David / Matzke, Robin, Smart Contracts und das BGB – Viel Lärm um nichts?, in: ZfPW 2018, 431.

Pawlik, Michael, Das unerlaubte Verhalten beim Betrug, Köln 1999.

Perron, Walter, Anmerkung zu BGH, Beschluss vom 18.10.2006 – 2 StR 499/05, in: NStZ 2008, 517.

Petropoulos, Vasileios / Morozinis, Ioannis, Der Sportwettbetrug durch Manipulation zu Lasten des Wettveranstalters oder des Wettenden, in: wistra 2009, 254.

Piel, Hannah M., Eingehungsbetrug bei Erwerb von Inhaberschuldverschreibungen, in: NStZ 2014, 399.

Podewils, Felix, Anmerkung zu BGH, Urteil vom 27.8.2010 – 2 StR 111/09, in: jurisPR-HaGesR 11/2010 Anm. 1.

Prittwitz, Cornelius, Lange Schatten: „Verbeamtungsbetrug" mit Stasi-Hintergrund – BGH, NJW 1999, 1485, in: JuS 2000, 335.

Protzen, Peer, Vermögensschaden durch Verschweigen ehemaliger Tätigkeit für das MfS bei der Überprüfung für eine Weiterbeschäftigung im Staatsdienst, in: NStZ 1997, 525.

Prowatke, Roswitha, Anmerkung zu BGH, Urteil vom 27.8.2010 – 2 StR 111/09, in: GmbH-StB 2010, 322.

Puppe, Ingeborg, Anmerkung zu BGH, Urteil vom 21.12.1983 – 2 StR 566/83, in: JZ 1984, 531.

Putzo, Eugen, Betrug durch Angabe fingierter Forderungen im Lastschrift-Einzugsverkehr, in: NJW 1978, 689.

Quack, Friedrich, Unzulässige Preisabsprache, in: BauR 1992, 387.

Quedenfeld, Rüdiger, Handbuch: Bekämpfung von Geldwäsche und Wirtschaftskriminalität, 5. Auflage, Berlin 2021.

Rackow, Peter, Neues zur Untreue des Kassenarztes, in: jM 2017, 215.

Radtke, Henning, Sportwettenbetrug und Quotenschaden, in: Jura 2007, 445.

Radtke, Henning, Untreue zu Lasten von Personenhandelsgesellschaften, in: NStZ 2016, 639.

Radtke, Henning, Strafrechtliche Untreue durch Manager und verfassungsrechtlicher Bestimmtheitsgrundsatz, in: GmbHR 2010, 1121.

Ranft, Otfried, Betrug durch Verheimlichung von Submissionsabsprachen – eine Stellungnahme zu BGHSt 38, 186, in: wistra 1994, 41.

Ranft, Otfried, Grundprobleme des Betrugstatbestandes, in: Jura 1992, 66.

Ranft, Otfried, Anmerkung zu BGH, Urteil vom 12.05.1992 – 1 StR 133/92, in: NStZ 1993, 185.

Ransiek, Andreas, Risiko, Pflichtwidrigkeit und Vermögensnachteil bei der Untreue, in: ZStW 2004, 634.

Ransiek, Andreas, Anmerkung zu BGH, Urteil vom 15.5.1997 – 1 StR 233/96, in: NStZ 1997, 519.

Ransiek, Andreas, „Verdecktes" Parteivermögen und Untreue, in: NJW 2007, 1727.

Ransiek, Andreas, Anmerkung zu BGH, Urteil vom 29.8.2008 – 2 StR 587/07, in: NJW 2009, 95.

Ransiek, Andreas, Untreue zum Nachteil einer abhängigen GmbH – „Bremer Vulkan", in: wistra 2005, 121.

Ransiek, Andreas / Reichling, Tilman, Entscheidungsanmerkung zu BGH, Beschluss vom 18.2.2009 – 1 StR 731/08, in: ZIS 2009, 315.

Reichard, Michael, Untreuevorsatz muss bei Risikogeschäft Verwirklichung des Risikos umfassen, in: GWR 2013, 380.

Reinhart, Michael, Das „Hoyzer-Urteil" des BGH: Genugtuung für den Sport oder Gefahr für die Betrugsdogmatik?, in: SpuRt 2007, 52.

Reinhold, Philipp, Der Arbeitgeber als Opfer „nützlicher Aufwendungen" seiner Mitarbeiter. Zugleich Anmerkung zu BGH, 2 StR 587/07, Urteil vom 29. August 2008 = BGH HRRS 2008 Nr. 1100, in: HRRS 2009, 107.

Rengier, Rudolf, Strafrecht Besonderer Teil I, 23. Auflage, München 2021.

Rettenmaier, Felix, BGH: Betrug beim Abschluss eines (manipulierten) Sportwettvertrages – der Fall Hoyzer, in: FD-StrafR 2007, 212572.

Rettenmaier, Felix, Außerstrafrechtliche Folgen der Verfahrenseinstellung nach Erfüllung von Auflagen, in: NJW 2013, 123.

Rettke, Arne, Bitcoin und die strafrechtliche Einziehung – Vorläufige und endgültige Vermögensabschöpfung, in: NZWiSt 2020, 45.

Reuter, Fritz, Die Vermögensbeschädigung beim Betrug, Quakenbrüd, 1927.

Richter, Ann-Christin, Kehrtwende im Kartellschadensersatzrecht? – Der Anscheinsbeweis nach dem Urteil des BGH in Sachen Schienenkartell, in: NZKart 2019, 90.

Riemann, Thomas, Vermögensgefährdung und Vermögensschaden, Heidelberg 1989.

Risse, Jörg / Morawietz, Matthias, Prozessrisikoanalyse, München 2017.

Roller, Reinhold / Elster, Thomas / Knappe, Jan C., Spread-abhängige Constant Maturity (CMS) Swaps – Funktionsweise, Risikostruktur und rechtliche Bewertung, in: ZBB 2007, 345.

Römermann, Volker, Kurzkommentar zu BGH, Beschluss vom 31.7.2009 – 2 StR 95/09, in: EWiR 2009, 789.

Rönnau, Thomas, Die Zukunft des Untreuetatbestandes, in: StV 2011, 753.

Rönnau, Thomas, Täuschung, Irrtum und Vermögensschaden beim Submissionsbetrug – BGH, NJW 2001, 3718, in: JuS 2002, 545.

Rönnau, Thomas, Anmerkung zu BGH, Beschluss vom 2.4.2008 – 5 StR 354/07, in: NStZ 2009, 633.

Rönnau, Thomas, Untreue und Vorteilsannahme durch Einwerbung von Drittmitteln? – BGH, NJW 2002, 2801, in: JuS 2003, 232.

Rönnau, Thomas, Anmerkung zu BGH, Urteil vom 29.8.2008 – 2 StR 587/07, in: StV 2009, 246.

Rönnau, Thomas / Becker, Christian, Von der Überholspur in den Totalschaden: die untreuestrafrechtliche Aufarbeitung der causa >>Nürburgring<< – zugleich Besprechung von BGH, Beschl. v. 26.11.2015 – 3 StR 17/15, in: JR 2017, 204.

Rönnau, Thomas / Soyka, Till, Der „Quotenschaden“ im Fall „Hoyzer“ – ein Verstoß gegen das Bestimmtheitsgebot?, in: NStZ 2009, 12.

Rose, Frank, Betrug durch wettbewerbswidrige Preisabsprache bei freihändiger Vergabe, in: NStZ 2002, 41.

Rose, Frank, Betrug bei Warentermingeschäften – mehr Klarheit beim Vermögensschaden? – zugleich Anmerkung zu BGH, wistra 2008, 149, in: wistra 2009, 289.

Röß, Simon, Die strafrechtliche Bewertung eines Verstoßes gegen § 128 Abs. 2 SGB V, in: NStZ 2018, 441.

Rossa, Caroline B., Mißbrauch beim electronic cash. Eine strafrechtliche Bewertung, in: CR 1997, 219.

Rotsch, Thomas, Der Vermögensverlust großen Ausmaßes bei Betrug und Untreue, in: ZStW 2005, 577.

Rübenstahl, Markus, Die Untreue des Rechtsanwalts durch Verwahrung von Mandantengeldern auf den eigenen Konten. Zugl. Besprechung von BGH, Beschluss vom 30. Oktober 2003 – 3 StR 276/03, in: HRRS 2004, 54.

Rübenstahl, Markus, Die Rezeption der verfassungsrechtlichen Vorgaben zur bilanzorientierten Bestimmung des Vermögensschadens bei der Kreditvergabe, in: HRRS 2012, 501.

Rübenstahl, Markus, Anmerkung zu BGH, Beschluss vom 20.3.2008 – 1 StR 488/07, in: NJW 2008, 2454.

Rübenstahl, Markus, Anmerkung zu BGH, Beschluss vom 18.2.2009 – 1 StR 731/08, in: NJW 2009, 2392.

Rückert, Christian, Vermögensabschöpfung und Sicherstellung bei Bitcoins. Neue juristische Herausforderungen durch die ungeklärte Rechtsnatur von virtuellen Währungseinheiten, in: MMR 2016, 295.

Rutkowsky, Stefan, Der Schadensnachweis bei unzulässigen Submissionsabsprachen, in: NJW 1995, 705.

Rutkowsky, Stefan, Der Nachweis eines Vermögensschadens bei Submissionsabsprachen, in: ZfBR 1994, 257.

Säcker, Franz J. / Rixecker, Roland / Oetker, Hartmut / Limperg, Bettina (Hrsg.), Münchener Kommentar zum BGB, Band 7, 8. Auflage, München 2020.

Säcker, Franz J. / Rixecker, Roland / Oetker, Hartmut / Limperg, Bettina (Hrsg.), Münchener Kommentar zum BGB, Band 8, 8. Auflage, München 2020.

Säcker, Franz J. / Rixecker, Roland / Oetker, Hartmut / Limperg, Bettina (Hrsg.), Münchener Kommentar zum BGB, Band 2, 8. Auflage, München 2019.

Säcker, Franz J. / Rixecker, Roland / Oetker, Hartmut / Limperg, Bettina (Hrsg.), Münchener Kommentar zum BGB, Band 3, 8. Auflage, München 2019.

Säcker, Franz J. / Rixecker, Roland / Oetker, Hartmut / Limperg, Bettina (Hrsg.), Münchener Kommentar zum BGB, Band 4, 8. Auflage, München 2019.

Sadowski, Antje, Das Parteiengesetz wird wehrhaft, in: MIP 2007, 68.

Sadowski, Antje, Untreue durch „schwarze Kassen"?, in: MIP 2007, 78.

Saenger, Ingo (Hrsg.), Handkommentar zur ZPO, 9. Auflage, Baden-Baden 2021.

Safferling, Christoph, Bestimmt oder nicht bestimmt? Der Untreuetatbestand vor den verfassungsrechtlichen Schranken. Anmerkung zum Beschluss des BVerfG vom 23.6.2010 – 2 BvR 2559/08; 105/09; 491/09, in: NStZ 2011, 376.

Salditt, Franz, Anmerkung zu BGH, Urteil vom 13.5.2004 – 5 StR 73/03, in: NStZ 2005, 270.

Salditt, Franz, Anmerkung zu BGH, Beschluss vom 26.4.2001 – 5 StR 587/00, in: NStZ 2001, 544.

Saliger, Frank, Parteiengesetz und Strafrecht. Zur Strafbarkeit von Verstößen gegen das Parteiengesetz insbesondere wegen Untreue gemäß § 266 StGB, Tübingen 2005.

Saliger, Frank, Gibt es eine Untreuemode? Die neuere Untreuedebatte und Möglichkeiten einer restriktiveren Auslegung, in: HRRS 2006, 10.

Saliger, Frank, Das Untreuestrafrecht auf dem Prüfstand der Verfassung, in: NJW 2010, 3195.

Saliger, Frank, Grenzen der Opportunität: § 153a StPO und der Fall Kohl. Zugleich Besprechung von LG Bonn, Beschluss vom 28.2.2001, in: GA 2005, 155.

Saliger, Frank, Grundprobleme des Abrechnungsbetrugs im Gesundheitswesen – Aktueller Stand und Trends, in: medstra 2019, 258.

Saliger, Frank, Juristischer und wirtschaftlicher Schaden, in: HRRS 2012, 363.

Saliger, Frank, Parteienuntreue durch schwarze Kassen und unrichtige Rechenschaftsberichte, in: NStZ 2007, 545.

Saliger, Frank, Auswirkungen des Untreue-Beschlusses des Bundesverfassungsgerichts vom 23.6.2010 auf die Schadensdogmatik, in: ZIS 2011, 902.

Saliger, Frank, Anmerkung zu BGH, Urteil vom 28.5.2013 – 5 StR 551/11, in: ZWH 2014, 74.

Saliger, Frank / Gaede, Karsten, Rückwirkende Ächtung der Auslandskorruption und Untreue als Korruptionsdelikt – Der Fall Siemens als Startschuss in ein entgrenztes internationalisiertes Wirtschaftsstrafrecht?, in: HRRS 2008, 57.

Saliger, Frank / Rönnau, Thomas / Kirch-Heim, Claudio, Täuschung und Vermögensschaden beim Sportwettenbetrug durch Spielteilnehmer – Fall „Hoyzer", in: NStZ 2007, 361.

Saliger, Frank / Schweiger, Theresa, Probleme der Haushaltsuntreue de lege lata und de lege ferenda, in: ZG 2018, 16.

Saliger, Frank / Schweiger, Theresa, Urteilsanmerkung zu BGH, Beschluss vom 26.11.2015 – 3 StR 17/15, in: NJW 2016, 2600.

Samson, Erich, Grundprinzipien des strafrechtlichen Vermögensbegriffs, in: JA 1989, 510.

Sanchez-Hermosilla, Fernando, Korruptionsstrafrecht und Drittmittelforschung, in: Kriminalistik 2002, 506.

Sarstedt, Werner, Betrug durch Amtserschleichung, in: JR 1952, 308.

Sättele, Alexander, Anmerkung zu BGH, Urteil vom 15.4.2015 – 1 StR 337/14, in: FD-StrafR 2015, 370586.

Satzger, Helmut, Die Bedeutung des Zivilrechts für die strafrechtliche Bekämpfung von Submissionskartellen, in: ZStW 1997, 357.

Satzger, Helmut, Der Submissionsbetrug – Eine Untersuchung zur Strafbarkeit von Manipulationen bei Ausschreibungsverfahren als Betrug, Berlin 1994.

Satzger, Helmut, Urteilsanmerkung zu BGH, Urteil vom 11.7.2001 – 1 StR 576/00, in: JR 2002, 391.

Satzger, Helmut, >>Sportwettbetrug<< und >>Manipulation von berufssportlichen Wettbewerben<< – zwei neue Tatbestände mit zweifelhafter Existenzberechtigung, in: Jura 2016, 1142.

Satzger, Helmut, „Schwarze Kassen" zwischen Untreue und Korruption – Eine Besprechung des Urteils BGH – 2 StR 587/07 (Siemens-Entscheidung), in: NStZ 2009, 297.

Satzger, Helmut / Schluckebier, Wilhelm / Widmaier, Gunter (Hrsg.), Kommentar zum StGB, 5. Auflage, München 2021.

Schäfer, Gerhard, Vorbemerkung zu den beiden nachstehenden abgedruckten Entscheidungen des BVerfG und des 1. Strafsenats des BGH zur schadensgleichen Gefährdung bei Betrug und Untreue, in: JR 2009, 289.

Schauer, Hildburga, Ist eine Vermögensgefährdung als Vermögensbeschädigung im Sinne des § 263 StGB anzusehen?, Münster 1973.

Schaupensteiner, Wolfgang, Submissionsabsprachen und Korruption im öffentlichen Bauwesen, in: ZRP 1993, 250.

Schawe, Nadine, Blockchain und Smart Contracts in der Kreativwirtschaft – mehr Probleme als Lösungen? Einsatz von Blockchain-Anwendungen im Immaterialgüterrecht, in: MMR 2019, 218.

Scheider, Frédéric, Anmerkung zu BGH, Beschluss vom 12.2.2020 – 2 StR 291/19, in: NZWiSt 2020, 322.

Scheinfeld, Jörg, Kommentar zu BGH, Beschluss vom 13.4.2012 – 5 StR 442/11, in: NZWiSt 2014, 180.

Scheu, Udo, Anmerkung zu BGH, Urteil vom 8.7.1981 – 3 StR 457/80, in: JR 1982, 121.

Scheu, Udo, Zur strafrechtlichen Beurteilung hoher Vermittlungsaufschläge bei Rohstoff-Optionen. Zugleich eine Anmerkung zu OLG Hamburg, MDR 1980, 1041, in: MDR 1981, 467.

Schiemann, Anja, Anmerkung zu BGH, Urteil vom 20.12.2012 – 4 StR 55/12, in: NJW 2013, 888.

Schild, Wolfgang, Strafbarer Wettbetrug? Zum Fall Sapina/Hoyzer, in: ZfWG 2006, 213.

Schild, Wolfgang, Strafbarer Wettbetrug – zur Entscheidung des BGH im Fall Sapina/Hoyzer, in: ZfWG 2007, 10.

Schlösser, Jan, Die Darstellung der Schadenshöhe in den Urteilsgründen – Zugleich ein Beitrag zu den strafprozessualen Folgen der Rechtsprechung des 1. Senats des BGH zur schadensgleichen Vermögensgefährdung, in: StV 2010, 157.

Schlösser, Jan, Die schadensgleiche Vermögensgefährdung im Rahmen der Strafzumessung, in: StV 2008, 548.

Schlösser, Jan, Die Betrugsproblematik vor den Schranken des Verfassungsrechts. Anmerkung zu BVerfG, Beschluss vom 7.12.2011 – 2 BvR 2500/09, 1857/10, in: NStZ 2012, 473.

Schlösser, Jan, Der „Bundesliga-Wettskandal" – Aspekte einer strafrechtlichen Bewertung, in: NStZ 2005, 423.

Schlösser, Jan, Vom Quotenschaden über den Erfüllungsschaden zum Dispositionsschutz beim Wettbetrug. Zur verfassungswidrigen Neuorientierung der höchstrichterlichen Rechtsprechung in Folge der Entscheidungen des BVerfG zum Vermögensschaden, in: NStZ 2013, 629.

Schlösser, Jan, Anmerkung zu BGH, Beschluss vom 25.5.2007 – 2 StR 469/06, in: NStZ 2008, 397.

Schlösser, Jan, Anmerkung zu BGH, Beschluss vom 29.1.2013 – 2 StR 422/12, in: NStZ 2013, 713.

Schlösser, Jan, Täterschaft und Teilnahme bei der Untreue – zugleich Besprechung der >>Nürburgring<<-Entscheidung, BGH, Beschl. 26.11.2015 – 3 StR 17/17, BGHSt 61, 48 = StV 2017, 104 Ls, in: StV 2017, 123.

Schlösser, Jan, Zum Schaden beim betrügerisch veranlassten Eingehen eines Risikogeschäfts – Überlegungen zu BGH, Beschluss vom 18.2.2009 – 1 StR 731/08 –, NStZ 2009, 330, in: NStZ 2009, 663.

Schlösser, Jan, Anmerkung zu BGH, Beschluss vom 8.6.2011 – 3 StR 115/11, in: NStZ 2013, 162.

Schlösser, Jan, Die Bedeutung des Gegenleistungsanspruchs beim Eingehungsbetrug wegen Zahlungsunfähigkeit – zugleich ein Beitrag zur Schadensentstehung und zur Unterscheidung zwischen den Tatbestandsmerkmalen Täuschung und Schaden, in: wistra 2010, 164.

Schlösser, Jan, Anmerkung zu BGH, Urteil vom 8.10.2014 – 1 StR 359/13, in: StV 2016, 25.

Schlösser, Jan, Der Schaden der Siemens-Entscheidung. Zum Begriff des endgültigen Schadens bei der Untreue durch Führung verdeckter Kassen im Bereich privater Unternehmungen – Zugleich Besprechung von BGH, Urteil vom 29. August 2008 – 2 StR 587/07 (BGH HRRS 2008 Nr. 1100), in: HRRS 2009, 19.

Schlösser, Jan, Organisationsherrschaft durch Tun und Unterlassen. Zugleich Besprechung von BGH, Beschluss vom 26.8.2003 und Urteil vom 13.5.2004, in: GA 2007, 161.

Schloßer, Philipp, Vorteilsannahme und rechtfertigende Genehmigung nach § 331 Abs. 3 StGB in der Praxis der Klinikverwaltung, in: MedR 2011, 623.

Schmid, Reinhard T., Die staatliche Reaktion auf Baupreisabsprachen, in: wistra 1984, 1.

Schmidt, Eberhard, Lehrkommentar zur StPO und zum GVG Teil I: Die rechtstheoretischen und die rechtspolitischen Grundlagen des Strafverfahrensrechts, Göttingen 1952.

Schmidt, Heiner C., Praxiskommentar zu BGH, Beschluss vom 26.11.2019 – 2 StR 588/18, in: NStZ 2020, 420.

Schmidt, Heiner C., Die zweckwidrige Verwendung von Fremdgeldern durch den Rechtsanwalt, in: NStZ 2013, 498.

Schmidt, Heiner C., Persönlicher Schadenseinschlag bei Betrug und Untreue, in: NJW 2015, 284.

Schmidt, Heiner C., Anmerkung zu BGH, Beschluss vom 19.2.2014 – 5 StR 510/13, in: NZWiSt 2014, 274.

Schmidt, Karsten, Untreuestrafbarkeit bei der GmbH & Co. KG: kompliziert oder einfach?, in: JZ 2014, 878.

Schmidt, Klaus D., Versicherungsmathematik, 2. Auflage, Wiesbaden 2006.

Schmitt, Bertram, Untreue von Bank- und Sparkassenverantwortlichen bei der Kreditvergabe, in: BKR 2006, 125.

Schneider, Frédéric, Anmerkung zu BGH, Beschluss vom 19.9.2018 – 1 StR 194/18, in: NZWiSt 2019, 234.

Schneider, Hendrik, Strafrechtliche Grenzen des Pharmamarketings. Zur Strafbarkeit der Annahme umsatzbezogener materieller Zuwendungen durch niedergelassene Vertragsärzte, in: HRRS 2010, 241.

Schneider, Tamara, Anmerkung zu BGH, Beschluss vom 25.7.2017 – 5 StR 46/17, in: wistra 2019, 454.

Schneider, Tamara, Die unwirtschaftliche Verordnungstätigkeit des Vertragsarztes als strafbarer Betrug?, in: medstra 2019, 280.

Schneider, Tamara, Neuer zur Vermögensbetreuungspflicht des Vertragsarztes gegenüber den gesetzlichen Krankenkassen. Urteilsanmerkung zu BGH, Beschluss v. 16.08.2016 – 4 StR 163/16 (HRRS 2016 Nr. 974), in: HRRS 2017, 231.

Schneider, Wilhelm, Ansatz unverbriefter festverzinslicher Kredite in der Bankbilanz mit einem niedrigeren beizulegenden Wert, in: BB 1995, 2155.

Schönke, Adolf / Schröder, Horst (Hrsg.), Kommentar zum StGB, 30. Auflage, München 2019.

Schramm, Edward, Anmerkung zu BGH, Urteil vom 15.5.1997 – 1 StR 233/96, in: JuS 1999, 333.

Schreiber, Hans-Ludwig / Beulke, Werner, Untreue durch Verwendung von Vereinsgeldern zu Bestechungszwecken – BGH, NJW 1975, 1234, in: JuS 1977, 656.

Schrey, Joachim / Thalhofer, Thomas, Rechtliche Aspekte der Blockchain, in: NJW 2017, 1431.

Schröder, Horst, Zum Vermögensbegriff bei Betrug und Erpressung, in: JZ 1965, 513.

Schröder, Horst, Anmerkung zu BGH, Urteil vom 16.12.1960 – 4 StR 401/60, in: JR 1961, 268.

Schröder, Horst, Anmerkung zu BGH, Urteil vom 9.1.1968 – 5 StR 603/67, in: JR 1968, 346.

Schröder, Kathie, Praxishinweis zu OLG Hamm, Beschluss vom 14.7.2009 – 2 Ss 197/09, in: FD-StrafR 2009, 293313.

Schröder, Kathie, Anmerkung zu BGH, Beschluss vom 18.2.2009 – 1 StR 731/08, in: FD-StrafR 2009, 278858.

Schuhr, Jan C., Mehraktige Vermögensdispositionen beim Betrug und die Grenzen des sachgedanklichen Mitbewusstseins, in: ZStW 2011, 517.

Schuhr, Jan C., Anmerkung zu BGH, Beschluss vom 22.1.2013 – 1 StR 416/12, in: JR 2013, 579.

Schuhr, Jan C., Schaden und Tathandlungen beim Scheckbetrug zu BGH 4 StR 669/11, in: ZWH 2012, 229.

Schulz, Lorenz / Slowinski, Peter R., Die manipulierte Sportwette – der Fall Hoyzer, in: Jura 2010, 706.

Schulz, Lorenz / Tschwerwinka, Ralf, Probleme des Codekartenmißbrauchs, in: JA 1991, 119.

Schulze-Hagen, Alfons, Ist eine Preisabsprache zwischen Bauunternehmern wegen Betrugs strafbar?, in: IBR 1990, 405.

Schulze-Hagen, Alfons, Betrug durch Preisabsprachen künftig leichter nachweisbar!, in: IBR 2001, 593.

Schulze, Marcel, Die Konkretisierung und Quantifizierung des Vermögensnachteils bei ungetreuen Kreditgeschäften, Berlin 2014.

Schulze, Reiner / Dörner, Heinrich et al., Handkommentar zum BGB, 10. Auflage, Baden-Baden 2019.

Schumann, Antje, Strafwut. Zugleich Besprechung von BGH 5 StR 46/17 – Beschluss vom 25. Juli 2017 = HRRS 2017 Nr. 975, in: HRRS 2017, 511.

Schünemann, Bernd, Der Begriff des Vermögensschadens als archimedischer Punkt des Untreuetatbestandes (Teil 2); in: StraFo 2010, 477.

Schünemann, Bernd, Der Bundesgerichtshof im Gestrüpp des Untreuetatbestandes, in: NStZ 2006, 196.

Schünemann, Bernd, Die „gravierende Pflichtverletzung" bei der Untreue: dogmatischer Zauberhut oder taube Nuss?, in: NStZ 2005, 473.

Schünemann, Bernd, Zur Quadratur des Kreises in der Dogmatik des Gefährdungsschadens, in: NStZ 2008, 430.

Schünemann, Bernd, Der Begriff des Vermögensschadens als archimedischer Punkt des Untreuetatbestandes (Teil 1), in: StraFo 2010, 1.

Schünemann, Bernd (Hrsg.), Strafrechtssystem und Betrug, Herbolzheim 2002.

Schweiger, Theresa, Anmerkung zu BGH, Beschluss vom 19.9.2018 – 1 StR 194/18, in: WuB 2019, 159.

Schwennicke, Andreas, Strafbare Untreue bei Kreditvergabe ohne ausreichende Kreditprüfung – „WestLB", in: GWR 2009, 348.

Sebastian, Sascha / Lorenz, Henning, Der strafrechtliche Schutz der gesetzlichen Krankenkassen, in: medstra 2018, 283.

Sebastian, Sascha / Lorenz, Henning, Die „neue" Vertragsarztuntreue, in: JZ 2017, 876.

Seelmann, Kurt, Anmerkung zu BGH, Beschluss vom 18.2.1999 – 5 StR 193/98, in: JR 2000, 164.

Seelmann, Kurt, Anmerkung zu BGH, Urteil vom 23.1.1985 – 1 StR 691/84, in: JR 1986, 346.

Seidel, Wolfgang, Cash-Pooling nur noch im Vertragskonzern?, in: DStR 2004, 1130.

Selle, Stefanie / Wietz, Christopher, Anmerkung zu BGH, Beschluss vom 18.10.2006 – 2 StR 499/05, in: ZIS 2008, 471.

Sieber, Ulrich / Dannecker, Gerhard / Kindhäuser, Urs / Vogel, Joachim / Walter, Tonio (Hrsg.), Strafrecht und Wirtschaftsstrafrecht – Dogmatik, Rechtsvergleich und Rechtstatsachen, Festschrift für Tiedemann, Köln 2008.

Siedenbiedel, Christian, Angriff auf die Kryptowährungen, FAZ vom 21.6.2021, https://www.faz.net/aktuell/finanzen/digitaler-euro-angriff-auf-die-kryptowaehrungen-17400352.html?GEPC=s5.

Siegel, Caroline / Rulands, Eva, Zivil- und (betrugs-)strafrechtliche Aufklärungspflichten im Zusammenhang mit derivativen Finanzinstrumenten, in: ZWH 2018, 293.

Sonnen, Bernd-Rüdeger, Anmerkung zu BGH, Beschluss vom 23.2.1982 – 5 StR 685/81, in: NStZ 1983, 72.

Sonnen, Bernd-Rüdeger, Anmerkung zu BGH, Urteil vom 9.5.1978 – 1 StR 104/78, in: JA 1979, 166.

Sonnen, Bernd-Rüdeger, Anmerkung zu BGH, Urteil vom 22.10.1986 – 3 StR 226/86, in: JA 1987, 212.

Sonnen, Bernd-Rüdeger, Anmerkung zu BGH, Urteil vom 9.7.1987 – 4 StR 216/87, in: JA 1987, 642.

Sonnen, Bernd-Rüdeger, Anmerkung zu BGH, Urteil vom 9.7.1987 – 4 StR 216/87, in: StV 1989, 479.

Sonnen, Bernd-Rüdeger, Strafrecht – BT: Betrug durch Abschluß mehrerer Unfallversicherungen, in: JA 1985, 663.

Sowada, Christoph, Anmerkung zu BGH, Beschluss 23.8.1995 – 5 StR 371/95, in: JR 1997, 28.

Soyka, Martin, Das moderne Lastschriftsystem: Eine Einladung zum straflosen Betrug?, in: NStZ 2004, 538.

Soyka, Martin, Anmerkung zu BGH, Urteil vom 15.6.2005 – 2 StR 30/05, in: NStZ 2006, 637.

Soyka, Till, Untreue zum Nachteil von Personengesellschaften, Berlin 2008.

Soyka, Till, Anmerkung zu BGH, Beschluss vom 4.7.2019 – 4 StR 36/19, in: NStZ 2020, 158.

Spendel, Günter (Hrsg.), Studien zur Strafrechtswissenschaft, Festschrift für Ulrich Stock zum 70. Geburtstag, Würzburg 1966.

Spindler, Gerald / Bille, Martin, Rechtsprobleme von Bitcoins als virtuelle Währung, in: WM 2014, 1357.

Spindler, Gerald / Schuster, Fabian (Hrsg.), Kommentar zum Recht der elektronischen Medien, 4. Auflage, München 2019.

Staab, Helmut / Staab, Peter, Kreditvertrags- und Kreditsicherungsrecht. Die Rechtsprechung des BGH, Wiesbaden 2014.

Steinberg, Georg / Valerius, Brian / Popp, Andreas (Hrsg.), Das Wirtschaftsstrafrecht des StGB. Analysen zur aktuellen höchstrichterlichen Rechtsprechung, Baden-Baden 2011.

Steiner, Claus, Kreditbewilligung und strafrechtliche Untreue – Feinschliff eines „Damoklesschwerts“, in: Kreditwesen 2002, 595.

Steinhilper, Georg, Anmerkung zu BGH, Beschluss vom 16.8.2016 – 4 StR 163/16, in: MedR 2017, 138.

Steinhilper, Georg, Anmerkung zu BGH, Beschluss vom 16.8.2016 – 4 StR 163/16, in: GuP 2017, 34.

Steinhilper, Gernot, Anmerkung zu OLG Hamm, Urteil vom 22.12.2004 – 3 Ss 431/04, in: MedR 2005, 238.

Steinhilper, Udo, Zur Betrugsstrafbarkeit des Kreditkartenmißbrauchs, in: NJW 1985, 300.

Strauß, Samuel, Anmerkung zu BGH, Beschluss vom 19.9.2018 – 1 StR 194/18, in: ZWH 2019, 54.

Strelczyk, Christoph, Die Strafbarkeit der Bildung schwarzer Kassen, Herbolzheim 2008.

Stuckenberg, Carl-Friedrich, Zur Strafbarkeit von „Phishing“, in: ZStW 2006, 878.

Stuckenberg, Carl-Friedrich, Untersuchungen zur Unschuldsvermutung, Berlin 1998.

Stürner, Rolf (Hrsg.), Jauernig Kommentar zum BGB, 18. Auflage, München 2021.

Sünner, Eckart, Schwarze Kassen und Untreue – ein Synonym?, in: ZIP 2009, 937.

Tasamibikakis, Michael / Conen, Stefan, Anmerkung zu BGH, Urteil vom 15.12.2006 – 5 StR 181/06, in: StRR 2007, 35.

Taschke, Jürgen, Drittmittelforschung und Strafrecht – Zugleich eine Besprechung der Urteile des Bundesgerichtshofs vom 23. Mai 2002 (1 StR 372/01) und vom 23. Oktober 2002 (1 StR 541/01), in: PharmR 2002, 417.

Teixeira, Adriano, Der individuelle Schadenseinschlag beim Betrug, in: ZIS 2016, 307.

Tekin, Eda, Anmerkung zu BGH, Beschluss vom 27.4.2004 – 1 StR 165/03, in: ZWH 2018, 112.

Thalhofer, Thomas, Kick-Backs, Exspektanzen und Vermögensnachteil nach § 266 StGB, Frankfurt am Main 2008.

Theesfeld, Claudia, Die Mietkaution, in: NJ 2011, 502.

Thielmann, Jochen, Die „vierte Gewalt" als Kontrollinstanz der Justiz?, in: HRRS 2012, 149.

Thielmann, Jochen, Die Vorbereitung eines Erfüllungsbetruges als vollendeter Eingehungsbetrug – zugleich Besprechung des Urteils des 3. Strafsenats des Bundesgerichtshofs vom 14.8.2009, in: StraFo 2010, 412.

Thielmann, Jochen / Groß-Bölting, Andrea / Strauß, Jochen, Die „signifikante Erhöhung der Leistungswahrscheinlichkeit" als Vermögensschaden i.S.d. § 263 StGB, in: HRRS 2010, 38.

Tholl, Frank, Anmerkung zu BGH, Urteil vom 23.5.2002 – 1 StR 372/01, in: wistra 2003, 181.

Tiedemann, Klaus, Submissionskartelle als Betrug?, in: ZRP 1992, 149.

Tiedemann, Klaus, Anmerkung zu BGH, Urteil vom 13.5.2004 – 5 StR 73/03, in: JZ 2005, 45.

Tiedemann, Klaus / Sasse, Christoph, Delinquenzprophylaxe, Kreditsicherung und Datenschutz in der Wirtschaft, Köln 1973.

Tierel, Stefan, Schadensberechnung beim Eingehungsbetrug, in: jurisPR-StrafR 11/2012 Anm. 2.

Tierel, Stefan, Anmerkung zu BGH, Urteil vom 29.8.2008 – 2 StR 587/07, in: jurisPR-StrafR 2/2009 Anm. 3.

Tierel, Stefan, Anmerkung zu BGH, Beschluss vom 13.4.2011 – 1 StR 94/10, in: jurisPR-StrafR 12/2011 Anm. 3.

Trück, Thomas, Anmerkung zu BGH, Urteil vom 12.12.2013 – 3 StR 146/13, in: ZWH 2015, 113.

Trück, Thomas, Anmerkung zu BGH, Urteil vom 12.12.2013 – 3 StR 146/13, in: ZWH 2014, 361.

Trück, Thomas, Erwerb von Nichtberechtigten, Gefährdungsschaden und „Makeltheorie", in: ZWH 2012, 59.

Trüg, Gerson / Habetha, Jörg, Zur Rechtsfigur des Betrugs durch schlüssiges Verhalten – Der Fall „Hoyzer", in: JZ 2007, 878.

Ulsenheimer, Klaus, Der Vertragsarzt als Sachwalter der Vermögensinteressen der gesetzlichen Krankenkasse, in: MedR 2005, 622.

v. Komorowski, Alexis / Bredemeier, Barbara, Fußball, Vermögensstrafrecht und Schiedsrichterverhalten – Teil 1: Der Schiedsrichter als Beteiligter, in: SpuRt 2005, 181.

Vahle, Jürgen, Anmerkung zu BGH, Beschluss vom 21.11.2001 – 2 StR 260/01, in: Kriminalistik 2002, 384.

Vahle, Jürgen, Anmerkung zu BGH, Beschluss vom 30.10.2003 – 3 StR 276/03, in: Kriminalistik 2004, 456.

Vahle, Jürgen, Zum Amtsträgerbegriff im Strafrecht, in: DVP 1997, 172.

Valerius, Brian, Anmerkung zu BGH, Urteil vom 17.8.2004 – 5 StR 197/04, in: JA 2005, 330.

Vath, Andreas, Anmerkung zu BGH, Urteil vom 27.8.2010 – 2 StR 111/09, in: GWR 2010, 472.

Velten, Petra, Untreue durch Belastung mit dem Risiko zukünftiger Sanktionen am Beispiel verdeckter Parteienfinanzierung, in: NJW 2000, 2852.

Vogel, Joachim, Urteilsanmerkung zu BGH, Beschluss vom 11.11.2004 – 5 StR 299/03, in: JR 2005, 123.

Volk, Klaus, Kausalität im Strafrecht. Zur Holzschutzmittel-Entscheidung des BGH vom 2.8.1995 – NStZ 1995, 590, in: NStZ 1996, 105.

Volk, Klaus, In dubio pro reo und Alibibeweis – BGHSt 25, 285, in: JuS 1975, 25.

von der Meden, Philip, Zum Schaden beim Sportwettenbetrug, in: BLJ 2007, 61.

von Heintschel-Heinegg, Bernd (Hrsg.), Beck'scher Online-Kommentar zum StGB, 50. Edition, Stand: 1.5.2021, München.

von Hippel, Reinhard, Gefahr in der Strafrechtspraxis. Gefahrurteile und Prognoseentscheidungen in der Strafrechtspraxis, Berlin 1972.

von Sicherer, Klaus, Bilanzierung im Handels- und Steuerrecht, 5. Auflage, Wiesbaden 2018.

Vorwerk, Volkert / Wolf, Christian (Hrsg.), Beck'scher Online-Kommentar zur ZPO, 42. Edition, Stand: 1.9.2021, München.

Wabnitz, Heinz-Bernd / Janovsky, Thomas / Schmitt, Lothar (Hrsg.), Handbuch Wirtschafts- und Steuerstrafrecht, 5. Auflage, München 2020.

Wachter, Matthias, Das unerlaubte Verhalten bei den klassischen Korruptionstatbeständen. Zugleich eine Kritik am Rechtsgutdenken, in: GA 2019, 735.

Wackernagel, Udo, Investmentuntreue. Untreue bei Anlagegeschäften, Baden-Baden 2019.

Wagner, Jörg, Anmerkung zu BGH, Urteil vom 2.12.2005 – 5 StR 119/05, in: NStZ 2012, 381.

Wagner, Markus, Anmerkung zu BGH, Beschluss vom 13.4.2011 – 1 StR 94/10, in: ZIS 2012, 28.

Wagner, Susanne / Dierlamm, Alfred, Anmerkung zu BGH, Urteil vom 14.12.2000 – 5 StR 123/00, in: NStZ 2001, 371.

Walter, Tonio, Urteilsanmerkung zu BGH, Urteil vom 11.7.2001 – 1 StR 576/00, in: JZ 2002, 254.

Waßmer, Martin P., Untreue bei Risikogeschäften, Heidelberg 1997.

Waßmer, Martin P., Betrug durch Abschluss von Versicherungen?, in: HRRS 2012, 368.

Waßmer, Martin P. / Zeller, Jan-Maximilian, Anmerkung zu BGH, Beschluss vom 16.8.2016 – 4 StR 163/16, in: wistra 2017, 71.

Watzka, Victor, Über die Vermögensgefährdung beim Betrug, Hamburg 1965.

Weber, Fritz, Die Vermögensbeschädigung beim Betrug, Greifswald 1909.

Weber, Jörg-Andreas, Kreditsicherungsrecht, 10. Auflage, München 2018.

Weber, Klaus (Hrsg.), Creifelds, Rechtswörterbuch, 26. Edition, München 2021.

Weber, Simone, Anmerkung zu BGH, Beschluss vom 20.9.2016 – 2 StR 497/15, in: FD-StrafR 2016, 384131.

Weber, Till, Der enteignungsgleiche Eingriff, die Steuer, die Haftung und die AG. Anmerkungen zu BGH-Urteil vom 13.5.2004, in: Stbg 2004, 563.

Wegner, Carsten, Anmerkung zu BGH, Beschluss vom 20.3.2008 – 1 StR 488/07, in: wistra 2008, 347.

Weigend, Thomas / Küpper, Georg (Hrsg.), Festschrift für Hans Joachim Hirsch zum 70. Geburtstag, Berlin 1999.

Weimann, Thomas, Die Strafbarkeit der Bildung sog. schwarzer Kassen gem. § 266 StGB (Untreue), Tübingen 1996.

Weinrich, Christoph / Wostry, Thomas, Der Abrechnungsbetrug in der jüngeren Rechtsprechung, in: medstra 2019, 74.

Wengenroth, Lenard / Wallerstorfer, Patrick, Anmerkung zu BGH, Beschluss vom 16.8.2016 – 4 StR 163/16, in: NZWiSt 2017, 157.

Werner, Philipp, Der Gefährdungsschaden als Nachteil im Sinne des Untreuetatbestandes, Hamburg 2011.

Wessels, Johannes / Hillenkamp, Thomas / Schuhr, Jan, Strafrecht Besonderer Teil 2, Straftaten gegen Vermögenswerte, 43. Auflage, Heidelberg 2020.

Wessing, Jürgen, Untreue durch Kreditvergabe (WestLB/Boxclever) – zugleich Anmerkung zu BGH, Urt. v. 13.8.2009 – 3 StR 576/08, in: BKR 2010, 159.

Wessing, Jürgen, Kurzkommentar zu BGH, Urteil vom 28.5.2013 – 5 StR 551/11, in: EWiR 2013, 527.

Wessing, Jürgen, Bestechlichkeit und Untreue bei Kommanditgesellschaften, in: NZG 2014, 97.

Wessing, Jürgen, Anmerkung zu BGH, Urteil vom 27.8.2010 – 2 StR 111/09, in: EWiR 2010, 797.

Wessing, Jürgen / Krawczky, Lucian, Untreue zum Nachteil einer konzernabhängigen GmbH, in: NZG 2009, 1176.

Wessing, Jürgen / Krawczyk, Lucian, Der Untreueparagraf auf dem verfassungsrechtlichen Prüfstand, in: NZG 2010, 1121.

Willems, Marion, Funktionsweise und Risiken von virtuellen Währungen, in: CB 2016, 325.

Winkler, Walter, Verwendbarkeit von Erkenntnissen – Mitgliedschaft in einer terroristischen Vereinigung – Vollendung beim Versicherungsbetrug, in: jurisPR-StrafR 3/2010 Anm. 2.

Winterberg, Bruno, Anmerkung zu OLG Hamm, Urteil vom 15.6.1977 – 4 Ss 363/76, in: BB 1977, 1627.

Wittig, Petra, Anmerkung zu OLG Stuttgart, Urteil vom 6.4.2017 – 4 Ss 623/16, in: ZWH 2017, 377.

Wöhe, Günter / Mock, Sebastian, Die Handels- und Steuerbilanz, 7. Auflage, München 2020.

Wohlers, Wolfgang, Anmerkung zu BGH, Beschluss vom 30.1.2001 – 1 StR 512/00, in: NStZ 2001, 539.

Wolf, Gerhard, Die Strafbarkeit der rechtswidrigen Verwendung öffentlicher Mittel, Bonn 1997.

Wolf, Gerhard, Die Strafbarkeit des ehemaligen CDU-Vorsitzenden Dr. Helmut Kohl nach § 266 StGB. Ein Beleg für die Unbegründetheit der Einwände gegen den Untreuetatbestand, in: KJ 2000, 531.

Wolter, Jürgen (Hrsg.), Systematischer Kommentar zum StGB, Band V, 9. Auflage, Köln 2019.

Wostry, Thomas, Schadensbezifferung und bilanzielle Berechnung des Vermögensschadens bei dem Tatbestand des Betruges (§ 263 StGB), Berlin 2014.

Wülfing, Thomas, Anmerkung zu BGH, Beschluss vom 21.11.2001 – 2 StR 260/01, in: ITRB 2002, 159.

Würz, Roland, Die Vermögensgefährdung als Vermögensschaden beim strafbaren Betrug, München 1970.

Wybitul, Tim, Anmerkung zu BGH, Urteil vom 29.8.2008 – 2 StR 587/07, in: BB 2009, 111.

Zebisch, Thorsten / Kubik, Alexander, Zur Frage der Bestimmbarkeit des Gefährdungsschadens – dem Grunde und der Höhe nach, in: NStZ 2017, 322.

Zeidler, Finn, Anmerkung zu BGH, Urteil von 20.7.1999 – 1 StR 668/98, in: NZG 2000, 309.

Zielinski, Diethart, Anmerkung zu BGH, Beschluss vom 21.11.2001 – 2 StR 260/01, in: JR 2002, 342.

Ziemons, Hildegard / Jaeger, Carsten / Pöschke, Moritz (Hrsg.), Beck'scher Online-Kommentar zum GmbHG, 49. Edition, Stand: 1.5.2021/1.8.2021, München.

Zimmermann, Gernot, Anmerkung zu BGH, Beschluss vom 25.5.2007 – 2 StR 469/06, in: FD-StrafR 2007, 237686.

Zybon, Adolf, Wirtschaftskriminalität als gesamtwirtschaftliches Problem, München 1972.

Alle Internetquellen wurden zuletzt am 12. November 2021 abgerufen.

FSC
www.fsc.org
MIX
Papier | Fördert gute Waldnutzung
FSC® C083411

Kolibri 360 GmbH
Ferdinand-Jühlke-Straße 7
99095 Erfurt, Deutschland
produktsicherheit@kolibri360.de